高等学校经济与管理类核心课程教材

GUANLIXUE

管理学

（第二版）

主编　孙丽君　王满四

高等教育出版社·北京

内容提要

本书是高等学校经济与管理类核心课程教材。全书共 15 章，分别是管理学导论、管理环境、管理理论的形成与发展、管理的基本原理与方法、决策、计划与目标、战略管理、组织与组织设计、人力资源管理、领导、激励、沟通管理、控制基础、企业运营中的控制、管理前沿专题。

本书内容翔实、案例丰富，设有趣味阅读、管理启示、课后思考、技能训练等栏目，便于学生加强对管理学相关知识的理解。

本书既可作为高等学校经济与管理类核心课程教材，也可作为社会人士自学用书。

图书在版编目(CIP)数据

管理学/孙丽君，王满四主编.—2 版.—北京：高等教育出版社，2019.9(2022.10重印)
ISBN 978-7-04-052698-1

Ⅰ. ①管… Ⅱ. ①孙… ②王… Ⅲ. ①管理学-高等学校-教材 Ⅳ. ①C93

中国版本图书馆 CIP 数据核字(2019)第 197514 号

策划编辑 张正阳	责任编辑 刘自挥	张正阳	封面设计 张文豪	责任印制 高忠富

出版发行	高等教育出版社	网　　址	http://www.hep.edu.cn
社　　址	北京市西城区德外大街 4 号		http://www.hep.com.cn
邮政编码	100120	网上订购	http://www.hepmall.com.cn
印　　刷	上海当纳利印刷有限公司		http://www.hepmall.com
开　　本	787 mm×1 092 mm　1/16		http://www.hepmall.cn
印　　张	22.25	版　　次	2014 年 8 月第 1 版
字　　数	522 千字		2019 年 9 月第 2 版
购书热线	010-58581118	印　　次	2022 年 10 月第 2 次印刷
咨询电话	400-810-0598	定　　价	45.00 元

本书如有缺页、倒页、脱页等质量问题，请到所购图书销售部门联系调换
版权所有　侵权必究
物　料　号　52698-00

第二版前言

自 2014 年本书出版以来,有多届学生通过本书开启了对管理学课程的探知学习。学生们喜欢本书"体系构成完整、重点难点梳理清晰、内容表述生动易懂、章节栏目设计新颖"的特点,因此,第二版修订除保持了原书的上述特点外,还突出了教材教学易用、学练融合的风格。具体做了以下几点修改。

第一,概念表述更准确。

概念准确表达是一本教材的最基础性内容。我们在修订过程中,力求准确界定每个概念的基本含义,通过讲清楚"是什么",为管理理论的阐释和实践运用奠定坚实基础。

第二,案例更具时效性。

从 2014 年到 2019 年,中国和世界经济社会发生了重大转型,工作场所和管理实践中的创新层出不穷,因此,第二版所用案例也随之做了更新。

第三,章后"自我检测"栏目更有针对性。

全书各章的"自我检测"题目是对相应章节中的重点概念、知识点和理论的强化,学习者可以在学完每章的内容之后对照这些检测题来检验自己对课程内容的理解程度,及时了解需要加强之处,通过有针对性地阅读相应的内容,改善学习效果。

本书第二版修订工作的分工依照第一版的安排,孙丽君和王满四作为主编承担全书的统审工作,各章内容的具体修订承担者是:宋丹霞(第一、三章)、黄曼(第二章)、詹茜(第四、十五章)、孙丽君(第五、八、十二章)、马大卫(第六、七章)、刘得格(第九章)、欧湛颖(第十、十一章)、范丽繁(第十三、十四章)。

在本书第二版修订的过程中,我们先后得到了许多热心读者和同行的帮助,特别是赵云昌主任、张先国博士、刘芳博士、周翔博士和皮圣雷博士等都曾诚恳地提出过修改意见和具体方案。本书也受到了广州大学教材出版基金资助(JC201501)。在此,我们表示真挚的感谢。

限于我们的水平,第二版的内容难免仍有疏漏,我们恳请广大读者朋友、专家同行批评指正。

编 者
2019 年 8 月于广州

第一版前言

管理学是一门经济学与工商管理类等专业本科生和研究生必修的课程,主要讲授管理学的基本概念和理论。学生们系统学习并掌握好这些知识是学好后续专业课程的前提和基础。但是,对学生而言,管理学课程内容比较抽象、概念性强、不易理解、难以运用,因此,在编写本书的过程中我们着意兼顾教材的科学性、现实性、趣味性,注重突出以下几个特点:

首先,在结构上体系完整。本书由管理学导入、管理学基础、管理的职能和管理的创新四大部分构成,体现了理论原理与历史的结合,使学生在学习中能够完整地掌握课程的科学内容。

其次,在内容上生动可读。各章都安排了相关的趣味阅读和管理启示、现实案例、管理故事,力求理论与实践紧密结合,实例多源于近年管理实践,增强了教材的亲切感,给人印象深刻,使学生在学习中能够抱有兴趣、热情,专心投入、视野开阔。

最后,在编排上新颖别致。每章正文前列有趣味阅读、管理启示、学习目标、教学要求,章末附有课后思考、技能训练和自我检测,并且在表达上多有借助图表形式,使得本书内容更加明了、不拘一格,使学生在学习理论知识的同时,也能够提高实际技能,而且也为教师教学带来极大的方便。

本书由广州大学王满四总体构思设计,孙丽君和王满四作为主编承担全书的统稿和总纂工作。参与本书各章节编写的有:宋丹霞(第一、三章),黄曼(第二章),王满四和詹茜(第四、十五章),孙丽君(第五、八、十二章),马大卫(第六、七章),刘得格(第九章),欧湛颖(第十、十一章),范丽繁(第十三、十四章)。下图是本书内容的结构图。

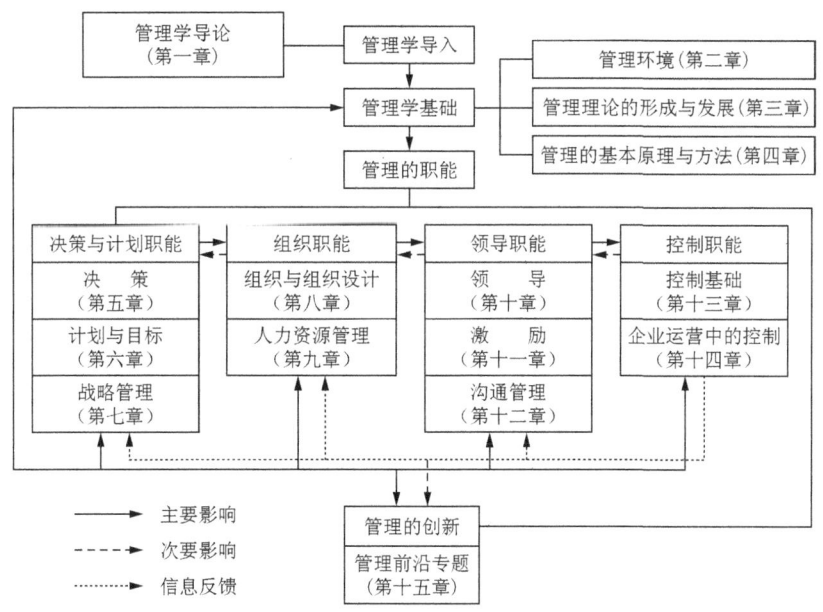

在本书的写作过程中,我们参阅了国内外大量的专著、教材和文献资料,还参考了许多期刊、报纸、网站上的资料和文章,在此向有关作者和传播机构表示由衷的感谢,向给我们提供各种建议的同事和朋友表示感谢,向广州大学工商管理学院研究生高颖超、潘振婷,以及2014级在职工程硕士研究生班的同学对本书的支持表示感谢。本书将作为广州大学创新创业教育课程的基础教材。

限于我们的水平,书中仍会存在不足和疏漏之处,敬请同行专家和广大读者批评指正。

编 者

2014年8月于广州

目 录

1 ‖ 第一章　管理学导论
　　趣味阅读/管理启示/学习目标/教学要求
2 ‖ 第一节　管理概述
7 ‖ 第二节　管理者
14 ‖ 第三节　管理学概述
18 ‖ *课后思考/技能训练/自我检测*

21 ‖ 第二章　管理环境
　　趣味阅读/管理启示/学习目标/教学要求
22 ‖ 第一节　管理环境概述
24 ‖ 第二节　常见的外部环境因素
28 ‖ 第三节　管理的内部环境
34 ‖ 第四节　组织环境与组织文化管理
39 ‖ *课后思考/技能训练/自我检测*

41 ‖ 第三章　管理理论的形成与发展
　　趣味阅读/管理启示/学习目标/教学要求
42 ‖ 第一节　早期管理思想
45 ‖ 第二节　古典管理理论
52 ‖ 第三节　行为管理理论
56 ‖ 第四节　现代管理理论
60 ‖ 第五节　当代管理理论的新发展
64 ‖ *课后思考/技能训练/自我检测*

67 ‖ 第四章　管理的基本原理与方法
　　趣味阅读/管理启示/学习目标/教学要求
68 ‖ 第一节　管理的基本原理
74 ‖ 第二节　管理的基本方法
78 ‖ *课后思考/技能训练/自我检测*

81 ‖ **第五章 决 策**
　　　趣味阅读/管理启示/学习目标/教学要求
82 ‖ 　第一节　决策概述
90 ‖ 　第二节　决策制定过程
92 ‖ 　第三节　决策方法
100 ‖ 　课后思考/技能训练/自我检测

104 ‖ **第六章 计划与目标**
　　　趣味阅读/管理启示/学习目标/教学要求
105 ‖ 　第一节　计划概述
109 ‖ 　第二节　计划的编制过程与影响因素
111 ‖ 　第三节　目标与目标管理
119 ‖ 　第四节　计划的方法
123 ‖ 　课后思考/技能训练/自我检测

126 ‖ **第七章 战略管理**
　　　趣味阅读/管理启示/学习目标/教学要求
127 ‖ 　第一节　战略与战略管理概述
130 ‖ 　第二节　战略管理过程
141 ‖ 　第三节　企业战略评估
148 ‖ 　课后思考/技能训练/自我检测

151 ‖ **第八章 组织与组织设计**
　　　趣味阅读/管理启示/学习目标/教学要求
152 ‖ 　第一节　组织概述
155 ‖ 　第二节　组织结构设计
165 ‖ 　第三节　组织结构形式
172 ‖ 　第四节　组织变革
177 ‖ 　课后思考/技能训练/自我检测

181 ‖ **第九章 人力资源管理**
　　　趣味阅读/管理启示/学习目标/教学要求
182 ‖ 　第一节　人力资源管理概述
185 ‖ 　第二节　人力资源规划
189 ‖ 　第三节　工作分析
194 ‖ 　第四节　员工招聘与甄选

199 ‖ 第五节　员工培训
203 ‖ 第六节　绩效管理
210 ‖ 课后思考/技能训练/自我检测

212 ‖ **第十章　领　导**
　　　趣味阅读/管理启示/学习目标/教学要求
213 ‖ 第一节　领导概述
216 ‖ 第二节　领导素质理论
217 ‖ 第三节　领导行为理论
220 ‖ 第四节　领导权变理论
225 ‖ 第五节　当代领导理论
228 ‖ 课后思考/技能训练/自我检测

233 ‖ **第十一章　激　励**
　　　趣味阅读/管理启示/学习目标/教学要求
234 ‖ 第一节　激励概述
235 ‖ 第二节　关于人性的认识
237 ‖ 第三节　内容型激励理论
242 ‖ 第四节　过程型激励理论
247 ‖ 课后思考/技能训练/自我检测

251 ‖ **第十二章　沟通管理**
　　　趣味阅读/管理启示/学习目标/教学要求
252 ‖ 第一节　沟通概述
258 ‖ 第二节　组织沟通网络
263 ‖ 第三节　沟通的障碍与改善
268 ‖ 课后思考/技能训练/自我检测

272 ‖ **第十三章　控制基础**
　　　趣味阅读/管理启示/学习目标/教学要求
273 ‖ 第一节　控制概述
279 ‖ 第二节　控制的过程
285 ‖ 第三节　控制的方法
296 ‖ 课后思考/技能训练/自我检测

300 ‖ **第十四章　企业运营中的控制**
　　 趣味阅读/管理启示/学习目标/教学要求

301 ‖ 　第一节　企业运营过程
302 ‖ 　第二节　企业运营中的库存控制
305 ‖ 　第三节　企业运营中的设备控制
311 ‖ 　第四节　企业运营中的成本控制
314 ‖ 　第五节　企业运营中的风险控制
319 ‖ 　*课后思考/技能训练/自我检测*

322 ‖ **第十五章　管理前沿专题**
　　 趣味阅读/管理启示/学习目标/教学要求

323 ‖ 　第一节　中国企业发展现状
327 ‖ 　第二节　企业社会责任问题
334 ‖ 　第三节　创业型企业管理问题
340 ‖ 　*课后思考/技能训练/自我检测*

344 ‖ **参考文献**

第一章 管理学导论

【趣味阅读】

有一个男孩子买到一条长裤,穿上一试,裤子长了一些。他请奶奶帮忙把裤子剪短一点,可奶奶说,眼下家务事太多,让他去找妈妈。而妈妈回答他,今天她已经同别人约好去打牌。男孩子又去找姐姐,但是姐姐有约会,时间就要到了。这个男孩子非常失望,担心明天穿不上这条裤子,他就带着这种担心的心情入睡了。奶奶忙完家务事,想起了孙子的裤子,就去把裤子剪短了一点;姐姐回来后心疼弟弟,又把裤子剪短了一点;妈妈回来后同样也把裤子剪短了一点。可以想象,第二天早上大家会发现其结果将是如何。

【管理启示】

家庭成员之间缺乏必要的沟通和协调,导致小男孩裤子的修改最终偏离了预期的目标。在现代社会中,管理无时不在、无处不有。不管你从事何种职业,都可能在参与管理。如管理国家、企业、家庭。国家的兴衰、企业的成败、家庭的贫富,可以说,无不与管理是否得当有关。

【学习目标】

1. 掌握管理的含义。
2. 区分管理的效率与效果。
3. 熟知管理的职能。
4. 知晓管理者扮演的角色。
5. 理解管理的科学性与艺术性。

【教学要求】

知识要点	能力要求	相关内容
管理概述	(1) 了解管理产生的根本原因 (2) 理解管理的含义、特征及其重要性 (3) 能够运用管理有效性的衡量方法	(1) 管理的产生 (2) 管理的含义、特征、重要性 (3) 组织管理有效性的衡量
管理者	(1) 识别组织中的管理者层次 (2) 理解管理者扮演的角色 (3) 知晓管理者应具备的技能	(1) 管理者及其分类 (2) 管理者角色 (3) 管理者的技能

续　表

知识要点	能力要求	相关内容
管理学	(1) 了解管理学的研究对象与研究方法 (2) 识记管理学的内容体系 (3) 理解管理学的特点和学习意义	(1) 管理学的研究对象、方法 (2) 管理学的架构 (3) 为什么学习管理学

第一节　管理概述

在现代社会中,管理可以说无时不在,无处不有,不管你任职于何种组织,从事何种工作,都可能参与管理。例如国家领导人需要管理国家、企业管理者需要管理企业、一对夫妇需要管理家庭。可以说,国家的兴衰、企业的成败、家庭的贫富,无不与管理是否得当有关。因此,并不是只有企业才会面临管理的问题,其实在我们身边随处都会见到有关管理的问题,例如学生们经常抱怨食堂里饭菜不好、价格太高,这是食堂管理问题;班级举行元旦晚会忘了灯光布置,影响到晚会的效果,这是班级活动管理问题;某一同学在暑假里制定了许多学习计划,但结果一项内容都没有完成,这是个人计划管理的问题;在团队里经常发生激烈的人际关系方面的冲突,这是团队管理问题。那么管理是如何产生的呢? 管理的内涵是什么? 管理具有什么样的特征? 如何研究组织管理问题? 这些都是我们即将在本章学习的内容。

一、管理的产生

自从人类诞生以来,欲望无限与资源有限之间的矛盾就一直困扰着人类。从原始社会如何索取必要的食物以满足人类生存的需要,到奴隶社会如何获得更多的土地、财富和奴隶以满足奴隶主们奢侈的生活,一直到现在人类如何合理地配置有限的资源以保持人类与自然的和谐发展,人类致力于协调这对矛盾的努力从来没有间断过。人类的发展史,从某种程度上而言也是人类寻找这对矛盾协调方法的历史,组织管理就是在人类寻求解决这对矛盾的过程中产生和逐步发展起来的。关于人类对欲望的无限性与资源的有限性这对矛盾的协调方式,如图1-1所示。

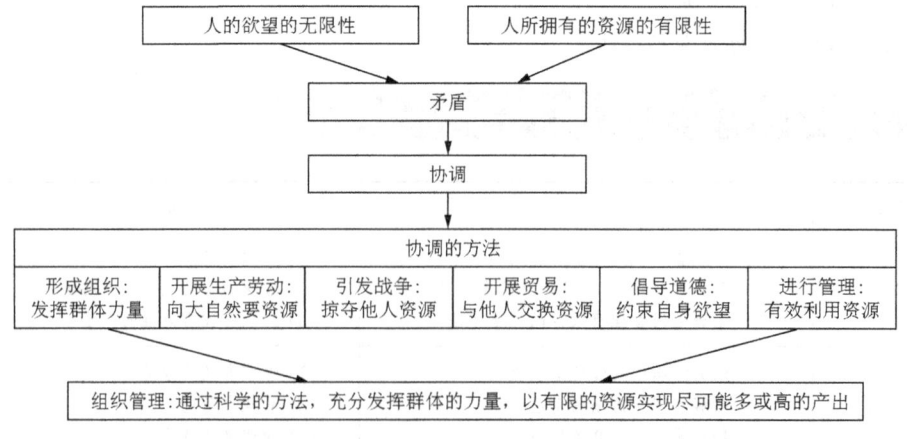

图1-1　欲望无限性与资源有限性的矛盾的协调方式总结

我们可以大致将管理产生的根本原因归结为人类欲望的无限性与所拥有的资源的有限性之间的矛盾。而组织管理的功能是通过科学的方法充分发挥群体的力量，以有限的资源实现尽可能多或高的产出。从一般意义上讲，进行管理与开展生产劳动、引发战争、开展贸易和倡导道德一样，是协调资源有限与欲望无限的一种手段。管理的实质是人们用以克服资源的有限性，以有限的资源实现尽可能多或高的产出的一种手段，其主要内容就是协调。

二、管理的含义和特征

（一）管理的含义

管理活动始于人类群体生活中的共同劳动，至今已经有上万年历史。管理思想源远流长，中外有文字记载已达数千年之久。对于什么是管理，不同的人因所处的环境、所受教育的不同，会有不同的认识。而在实际工作中，每个人又都是按照其对管理的认识来开展或从事管理工作的。对于什么是管理，首先来看看管理大师们是如何理解的。

科学管理之父泰勒给管理下过这样的定义："确切地知道你要别人去干什么，并使他用最好的方法去干"。在泰勒眼里，管理就是指挥他人能用其最好的工作方法去工作，所以他在《科学管理原理》中主要讨论和研究了两个问题：第一，员工如何能寻找和掌握最好的工作方法以提高效率；第二，管理者如何激励员工努力地工作以获得最大的工作业绩。

现代管理理论的创始人亨利·法约尔在其名著《工业管理和一般管理》中也给出了管理的概念："管理就是实行计划、组织、指挥、协调和控制。"计划包括预测未来和拟定一个行动计划；组织包括建立一个从事活动的双重机构（人的机构和物的机构）；指挥包括维持组织中人员的活动；协调就是把所有的活动和工作结合起来，使之统一并和谐；控制则是注意使所有的事情都按照已定的计划和指挥来完成。法约尔是用管理的职能来解释管理的。

诺贝尔经济学奖获得者赫伯特·西蒙教授对管理概念曾有一句名言："管理就是决策。"在西蒙教授看来，管理者所做的一切工作归根结底都是在面对现实与未来，面对环境与员工不断地做出各种各样的决策，使组织可以持续稳定地运行下去，直到获取令人满意的结果，实现令人满意的目标要求。

我国的一些管理学专家中也给管理下了一些定义。如周三多教授等认为："管理是社会组织为了实现预期目标，以人为中心进行的协调活动。"席酉民教授认为："管理是一种基础国力。"芮明杰教授认为："管理是对组织的资源进行有效整合以达到组织既定目标与责任的动态创造性活动。"杨文士教授等则认为："管理是指一定组织中的管理者，通过实施计划、组织、人员配备、指导与领导、控制等职能来协调他人的活动，使别人同自己一起实现既定目标的活动过程。"邢以群教授认为："管理是依据事物发展的客观规律，通过综合运用人力资源和其他资源，以有效地实现目标的过程。"

管理定义的多样化，既反映了人们研究立场、方法和角度的不同，也反映了管理科学的不成熟性。为了反映管理的本质，我们博采众长，形成了现代管理学中的管理概念，即管理是指管理者在一定的环境条件下，通过实施计划、组织、领导、控制等职能，以人为中心来协调各种资源，有效率和有效果地实现组织目标的过程。对这个定义可作进一步解释：

(1) 管理的内容是协调(coordination)。由于管理对象的多样性、管理过程的复杂性和管理环境的多变性，管理工作的形式呈现出多样化的特点。不管管理工作以何种形式进行，其实质内容是一样的，即协调。协调就是使组织中的各个部门、每个成员、各种资源、各项活动之间有机结合，同步和谐地开展活动。从管理工作的形式与内容来看，各种管理活动都是与协调密不可分的。例如管理者举办或出席宴请活动是协调组织与外界的关系，开会讨论是协调工作中的问题，分配任务是协调各项工作之间的关系，指导工作是协调活动与目标之间的关系，找人谈话是协调人与人之间的关系，签字把关是协调资源和活动之间的关系，考核奖惩是协调资源、活动与目标之间的关系。管理者进行决策、计划、组织、监督、检查等活动，实际上是在对目标、资源、任务、行为和活动等进行协调。

(2) 管理的本质是决策(make decision)。管理是一个连续的决策过程。对于组织而言，如果没有目标，组织就失去了前进的方向，就无法开展正常的组织活动，而组织目标的确立就是决策的重要内容。

(3) 管理的作用在于它的有效性(effectiveness)。组织之所以需要管理，是因为管理得当有助于有效地实现组织目标。所谓有效的管理就是既要讲究效率，又要讲究效果。

（二）管理的特征

管理是对组织的资源进行有效地整合以达到组织既定目标与责任的动态创造性活动。自从有人群组织以来，便存在管理活动。管理活动不同于文化活动、科学活动和教育活动等，是因为它有自己的特征。

1. 动态性

管理的动态性特征主要表现在这类活动需要在变动的环境与组织本身中进行，需要消除资源配置过程中的各种不确定性。因此，学习管理不仅需要学书面上的东西，还要学会在什么样的状况下如何实施具体的管理。哈佛大学注重案例教学，表明了哈佛的教授们对管理真谛的一种认识。事实上，由于各个组织的目标不同，所处的客观环境不同，所从事的行业不同，导致了每个组织中资源配置的不同，这种不同就是动态特性的一种派生，因此不存在一个标准的、放之四海而皆准的管理模式。

2. 科学性

管理的动态性特征并不意味着管理没有科学规律可循。管理的活动通常可以分为两大类：一类是程序性活动，一类是非程序性活动。所谓程序性活动就是指有章可循、照章运作便可取得理想效果的管理活动。所谓非程序性活动就是指无章可循、需要边运作边探讨的管理活动。这两类活动虽然不同，但又是可以转化的，实际上现实的程序性活动就是从以前的非程序性活动转化而来的，这种转化的过程事实上就是人们对这类活动与管理对象规律性的科学总结，管理的科学性在这里得到很好的体现。

3. 艺术性

由于管理对象分别处于不同环境、不同行业、不同的产出要求、不同的资源供给条件等状况下，这就导致了对每一具体管理对象的管理没有一个唯一的、完全有章可循的模式，特别是对那些非程序性的管理活动、全新的管理对象，则更是如此。事实上管理主体对这种管理技巧的运用与发挥，体现了管理主体设计和操作管理活动的艺术性。另一方面由于在达成资源有效配置的目标与现行责任的过程中可供选择的管理方式、手段多种多样，因此，在众多可选择的管理方式中选择一种合适的用于现实的管理之中，这也是管理主体进行管理的一种艺术性技能。管理的艺术性更多地取决于人的天赋与直觉，是一种非理性的活动。

4. 创造性

管理的艺术性特征实际上又与管理的另一个特征相关，这就是创造性。管理既然是一种动态活动，既然对每一个具体的管理对象没有一种唯一的、完全有章可循的模式可以参照，那么欲达到既定的组织目标与责任，就需要有一定的创造性。管理活动是一类创造性的活动，正因为它是创造性的活动，才会有成功与失败的存在。试想，如果有某种统一模式可参照，按照程序便可管理好企业的话，那么岂非人人都可成功，成为有效的管理者？管理的创造性根植于动态性之中，与科学性和艺术性相关，正是由于这一特性的存在，使得管理创新成为必需。

5. 经济性

资源配置是需要成本的，因此管理还具有经济性。管理的经济性首先反映在资源配置的机会成本之上，管理者选择一种资源配置方式是以放弃另一种资源配置方式的代价而取得的，这里有个机会成本的问题。其次，管理的经济性反映在管理方式方法选择上的成本比较，因为在众多可帮助进行资源配置的方法中，其所花费成本不同，如何选择就有个经济性的问题。再次，管理是对资源有效整合的过程，因选择不同的资源供给和配比，就有个成本大小的问题，这也是经济性的另一种表现。

三、管理的职能

管理任务的实现，需要发挥各项管理职能的作用。管理职能是对管理职责与功能的简要概括。管理有多少职能，不同的管理学派认识不一。管理职能的最早提出者法约尔认为，管理有计划、组织、指挥、协调和控制五大职能。美国管理学家孔茨认为，管理的五大职能是计划、组织、人员配备、领导和控制。而现代管理学界对管理职能的看法则一致归结为计划、组织、领导和控制四大职能。

（一）计划（planning）

计划是管理的首要职能。组织中所有层次的管理者，都必须从事计划活动。所谓计划，就是指制定目标并确定为达成这些目标所必需的行动。虽然组织中的高层管理者负责制定总体目标和战略，但所有层次的管理者都必须为其团队制定工作计划，以便为组织做贡献。

（二）组织（organizing）

组织指确定要完成的任务、由谁来完成任务以及如何管理和协调这些任务的过程。管理者必须把团队中的成员组织起来，以便使信息、资源和任务能够在组织内顺畅流动。组织文化和人力资源管理对这一职能至关重要。管理者必须根据组织的战略目标和经营目标来设计组织结构、配备人员和整合组织力量，以提高组织的应变能力。

（三）领导（leading）

所谓领导，是指激励和引导组织成员以使他们为实现组织目标做贡献。管理者必须具备领导其团队成员朝着组织目标努力的能力。为了使领导工作卓有成效，管理者必须了解个人和组织行为的动态特征、激励员工以及进行有效的沟通。只有通过卓有成效的领导，组织的目标才能得以实现。

（四）控制（controlling）

管理者必须对组织的运行状况以及战略计划和经营计划的实施情况进行监督，识别计划的目标与实际取得的结果之间的偏差。当一个组织的实际运行状况偏离计划时，管理者必须采取纠偏行动。纠偏行动可以是采取强有力的措施以确保原先计划的顺利实现，也可以是对原先计划进行调整以适应当前的形势。控制是管理过程中不可或缺的一种职能，它的存在可以确保组织朝其目标迈进。

四、管理的重要性

管理不仅是群体活动不可缺少的要素，而且管理工作的好坏很大程度上决定着每个企业、每个地区和每个国家的兴衰和存亡。统计资料显示，破产企业中，90%左右是与人浮于事、管理混乱、内耗严重相关。优秀的管理可以使企业运营规范、高效、蒸蒸日上；劣质的管理最终使企业人心涣散、坐吃山空、失去生存和发展能力。

管理对组织的作用常常随着组织规模的扩大而显得格外突出，不少企业创业时困难重重，但是当时人员精干、人心齐、群策群力，因而创造了非凡业绩。然而企业规模扩大后，有的居功自傲、挥霍无度，有的勾心斗角、争权夺利，导致管理失控，迅速衰败。这些情况表明管理的重要性随着组织规模的扩大而增强。因此，在当今市场化、全球化和信息化的社会，无论是微观管理还是宏观管理都显得格外重要。

许多有识之士把管理和土地、资本、劳动并列为社会的"四种经济资源"。有的把管理与人力、物力、财力、信息合称为"五大生产要素"。许多发达国家在总结工业化经验时提出："管理和科技是社会发展的两大车轮"。有的国家还提出"三分技术，七分管理"的理念。这说明科学技术是生产力，管理也是生产力，而且是影响更广的生产力，因为管理决定着其他各种要素作用的发挥。管理的改革和进步，是强国富民的有效途径。因此，学习管理，向管理要效益，已经成为当今世界的发展主流。总而言之，管理对于社会的进步与发展具有十分重要的意义。

五、管理有效性的衡量

如何衡量组织的管理是否有效呢？我们通常用效率和效果两个重要指标来衡量组织管理的有效性。效率是指以尽可能少的投入获得尽可能多的产出。因为管理者处理的是稀缺资源的输入，包括人员、资金和土地、厂房和设备等资源，所以他们必须有效率地利用这些资源。效率通常指的是"正确地做事（do things right）"，即不浪费资源。但是仅仅有效率是不够的，管理者还应该关注效果，也就是完成活动以便达到组织的目标。效果通常指"做正确的事"，即所从事的工作和活动有助于组织达到其目标。在成功的组织中高效率和高效果是相辅相成的。效率与效果不同组合的具体表现如图1-2所示。

低效率/低效果	高效率/低效果
管理者目标选择错误，利用资源不充分 结果：低质量的，顾客不需要的产品	管理者目标选择不当，但资源利用充分 结果：高质量的，但顾客不需要的产品
低效率/高效果	高效率/高效果
管理者目标选择正确，但不善于利用资源实现组织目标 结果：顾客需要的，但因为太贵而买不起的产品	管理者目标选择正确，并充分利用资源以实现组织目标 结果：顾客需要的，质量、价格都合适的产品

图1-2 效率与效果不同组合的具体表现

第二节 管理者

一、管理者的含义和分类

（一）管理者的含义

管理者是组织管理活动的主体，任何组织的管理活动都是与管理者密切相关的。大量事实证明，一个组织乃至一项活动的成功与失败，在很大程度上取决于管理者。那么什么是管理者？或者说，在一个组织中哪些成员属于管理者？

通常我们将在组织中工作的成员分为两种类型，即操作者（operator）和管理者（manager）。操作者是指在组织中直接从事具体的业务，且对他人的工作不承担监督职责的人，如工厂里的工人、饭店里的厨师、学校里的教师、医院里的医生、办公室的文员等，他们的任务就是做好组织分派的具体的操作性事务。管理者则是指那些在组织中指挥他人完成具体任务的人，如公司的经理和主管、饭店的经理、学校的校长与学院的院长、医院的院长、机关中的局长和科长等。他们虽然有时也做一些具体的事务性工作，如校长也可能讲课，医院院长也可能给患者做手术等，但其主要职责是指挥下属工作。

综上所述，我们可以把管理者定义为：管理者就是在组织中从事并负责对组织的资源进行计划、组织、领导和控制等管理活动的有关人员。以下对管理者的特性的描述，可加深对管理者的理解。

1. 管理者是居于职位和相应权力的人

管理者的职权是管理者从事管理活动的资格，管理者的职位越高，其权力越大。组织或团体必须赋予管理者一定的职权。如果一个管理者处在某一职位上，却没有相应的职权，那么他是无法进行管理工作的。马克斯·韦伯认为管理者有三种权力来源：即传统权力、超凡权力和法定权力。但实际上，在管理活动中，管理者仅具有法定的权力是难以做好管理工作的，管理者在工作中应重视"个人影响力",成为具有一定权威的管理者。这种"影响力"一旦形成,各种人才和广大员工都会被吸引到管理者周围,心悦诚服地接受管理者的领导和指挥。

2. 管理者是担负有一定责任的人

任何组织或团体的管理者,都具有一定的职位,都要运用和行使相应的权力,同时也要承担一定的责任。权力和责任是一个矛盾的统一体,一定的权力总是和一定的责任相联系。当组织赋予管理者一定的职务和地位,从而形成了一定的权力时,相应地,管理者同时也就担负了对组织一定的责任。在组织中的各级管理人员中,责和权必须对等,没有责任的权力,必然会导致管理者的用权不当,没有权力的责任是空泛的、难于承担的责任。有权无责或有责无权的人,都难以在工作中发挥应有的作用,都不能成为真正的管理者。

(二)管理者的分类

组织中的管理者,由于他们的责任和权限不同,他们在组织中所处的地位和所起的作用也不同,因此可以按不同的标志把组织中的管理者划分成不同的类型。最基本的划分方法是按照管理的层次和管理的内容来进行划分,即从组织的纵向和横向来进行划分,也存在另外一些侧重点不同的划分方法,这里主要介绍三种划分方法。

1. 按管理者所处的管理层次划分

包括高层管理者(top manager)、中层管理者(middle manager)和基层(或一线)管理者(first-line manager)。

(1)基层管理者。基层管理者是指处在组织基层的一线管理人员。其主要职责是按中层管理者指示的程序去组织、指挥和从事组织的具体管理活动,给下属人员分配工作、监督下属人员的工作情况并协调小范围内的人际关系等。例如工厂里不同工序的组长、学校里的系主任、机关里的科长等都属于基层管理者,他们主要关心的是具体任务的完成。

(2)中层管理者。中层管理者的职责主要是执行高层管理者所作出的决策和大政方针,并使高层管理者制定的目标、战略付诸实现。他们或者对组织的某个部分(如车间)负责,或者领导某个职能部门(如人事处)。中层管理者要为他们所负责的部分或部门制定为达到组织总目标的次一级的管理目标,筹划和选择达到目标的实施方案,按部门分配资源,协调组织内各单位的活动,制定对偏离目标的行动的纠正方案。他们向组织的高层管理者直接汇报工作,同时负责监督和协调基层管理者的工作,起着承上启下的作用。公司的部门经理、工厂的车间主任、政府机关的处长等都属于中层管理者,他们注重的是日常事务的管理。

(3)高层管理者。组织的高层管理者是站在组织整体的立场上,对整个组织实行综合指挥和统一管理的人员。高层管理者所考虑的问题和所从事的管理活动,都是与组织的总体发展和长远发展密切相关的。具体来说,高层管理者的主要职责是制定组织长远发展的战略目标和总体战略,对组织的重大问题做出决策,掌握组织的大政方针,对组织的整体活动统一指挥和综合管理,协调组织内外部关系,建立重要的规章制度等。公司的总经理、学校的校长、医院的院长、机关行政领导等都是高层管理者,他们注重的是良好环境的创造和重大决策的正确性。

2. 按管理者承担管理工作的性质划分

(1)专业管理者。与组织中主要专业职能相匹配的管理者称之为专业管理者,他们一般只负责组织中某一类专业活动(职能)。例如,生产管理、营销管理、人力资源管理、财务管理、技术管理、研发管理等部门都需要配备一定的专业管理者。一般对专业管理者的专业技能要求比较高。

(2) 综合管理者。综合管理者是指对组织的某些活动进行综合管理的管理人员。与专业管理者相比,其管理范围更加宽泛。例如组织的高层管理者、分公司(子公司)经理、事业部经理(主管)、区域经理等。

3. 按管理的工作性质和业务内容划分

(1) 业务管理人员。业务管理人员对组织目标的实现负有直接责任,负责计划、组织和控制组织内的日常业务活动的开展。如企业中的生产部、市场营销部、技术设计部等部门的负责人都属于业务管理人员。

(2) 财务管理人员。任何一个组织的运转都离不开资金的有效运作,财务管理人员主要从事与资金的筹备、预算、核算、投资和使用等有关的活动的管理。

(3) 人力资源管理人员。人力资源管理人员的任务是制定人力资源的计划,招聘和选择组织所需要的合格人才,并对这些人才进行有效的培训和合理使用,建立合理而有效的业绩评估、晋升、奖励、惩罚及报酬制度。

(4) 行政管理人员。行政管理人员主要负责后勤保障工作,以保证其他各部门各项工作的正常运转。

(5) 其他管理人员。其他管理人员就是除了上述几类管理人员以外的各类管理人员,例如公共关系人员,负责处理与传媒界之间的关系,提高组织的形象。这些专业管理人员就其人数、性质及重要性来看,因不同的组织而异。

二、 管理者的角色

早期西方管理学者关于管理者角色的主要理论是美国著名管理学家彼得·F.德鲁克(Peter F.Drucker)1955年提出"管理者角色"(the role of the manager)的概念。德鲁克认为,管理是一种无形的力量,这种力量是通过各级管理者体现出来的。所以管理者扮演的角色或者说责任大体上分为三类:

(1) 管理一个组织(managing a business),求得组织的生存和发展。为此管理者必须做到:一是确定该组织是干什么的,应该有什么目标,如何采取积极的措施实现目标;二是谋取组织的最大效益;三是"为社会服务"和"创造顾客"。

(2) 管理管理者(managing manager)。组织的上、中、下三个层次中,人人都是管理者,同时人人又都是被管理者,因此管理者必须做到:一是确保下级的设想、意愿、努力能朝着共同的目标前进;二是培养团队合作精神;三是培训下级;四是建立健全的组织结构。

(3) 管理工人和工作(managing workers and work)。管理者必须认识到两个假设前提:一是关于工作,其性质是不断急剧变动的,既有体力劳动又有脑力劳动,而且脑力劳动的比例会越来越大；二是关于人，要正确认识到"个体差异、完整的人、行为有因、人的尊严"对于处理各级各类人员相互关系的重要性。

虽然上述学者对管理角色理论进行了初步的阐述，但对管理角色的划分还是很模糊的。对经理角色的正式研究来自20世纪70年代西方出现的经理角色管理学派的学者，其中，最广为引用的一项研究是亨利·明茨伯格的管理角色理论。亨利·明茨伯格（Henry Mintzberg）以对五位总经理的工作的研究为依据，于1968年在麻省理工学院的斯隆管理学院完成了他的博士论文《工作中的经理——由有结构的观察确定的经理的活动、角色和程序》。在博士论文的基础上，《经理工作的性质》一书于1973年出版，这本书成为经理角色学派的代表著作。

经过长期的研究，明茨伯格发现，管理者在一个组织中要扮演十种不同但又高度相关的角色。这10种角色可以进一步组合成三类：人际关系、信息传递和决策制定，如表1-1所示。

表1-1　明茨伯格管理角色划分

角色	描述	主要活动
人际关系角色		
挂名首脑	象征性首脑；必须履行许多法律性或社会性的理性义务	迎接来访者；签署法律文件
领导者	负责激励下属；承担人员配备、培训以及有关职责	发布倡导书、书面指令来影响和改变员工的行为；通过口头或形体语言鼓舞员工
联络员	维护自行发展起来的外部关系网络，担当企业的公共关系负责人重任	从事外部委员会的工作；从事其他有外部人员参加的活动
信息传递角色		
监听者	寻求和获取各种外部和内部的信息，以便透彻地理解组织与环境	阅读期刊和报告；与有关人员如政府官员、大客户、员工等保持私人接触
传播者	将从外部人员和下级那里获取的信息传递给组织的其他成员	举行信息交流会；用打电话的方式转达信息
发言人	向外界发布组织的计划、政策、行动、结果等信息	召开董事会；向媒体发布信息
决策制定角色		
企业家	寻求组织和环境中的机会，制定改进方案，以发起改革	组织制定战略和督导战略决策的执行进程，不断开发新项目
混乱驾驭者	当组织面临重大的、意外的混乱时，负责采取纠正行动	组织应对混乱和危机的战略制定和检查会议
资源分配者	负责分配组织的各种资源，如时间、人力、信息等	调度、授权、开展预算活动，安排下级的工作
谈判者	在主要的谈判中作为组织的代表，调停各个下属与组织其他管理者之间、组织外部的竞争者之间的关系	参加与工会的合同谈判，或为购买专利、设备等与供应商洽谈

（1）人际关系方面的角色。挂名首脑的角色通常是指所有的管理者都要在组织中履行礼仪性和象征性的义务。当学院的院长在毕业典礼上颁发毕业文凭时，当工厂的厂长带领其他外来人员参观本企业生产车间时，他们都在扮演挂名首脑的角色。事实上这种角色对组织而言是非常重要的，有时足以影响组织的形象。管理者还要扮演领导者的角色，因为他们是管理活动的出发者，他

们必须按照组织目标和变动的环境来激励、培训、惩罚下属员工,否则目标就很难得以顺利实现。管理者扮演的第三种人际关系角色是指他们要在人群中充当联络员。管理者在人际关系方面所扮演的这三种角色是管理者必须要扮演的、工作范畴之内的工作。这三种角色的扮演在实践中有时并不是分离的,而常常是合为一体的。例如,当管理者代表组织出席由其他组织安排的会议时,管理者既是组织的挂名首脑,同时又是人群中的联络员和领导者。

(2) 信息传递方面的角色。信息角色是指所有的管理者在某种程度上,都要从外部的组织和机构等接受和传递信息,而且他们还要从组织内部某些方面接受和传递信息。明茨伯格把管理者的信息角色分为三种,即监听者角色、传播者角色和发言人角色。监听者角色的工作是从不同渠道用各种办法接收信息、了解信息以及掌握信息。传播者角色是把组织的信息、自己所收集加工的信息等向组织成员加以宣布传递,以便组织成员共享信息,更好地工作。发言人角色是指管理者有时必须代表组织向外界公布态度、决定、报表、报告、进行演讲等。

(3) 决策制定方面的角色。明茨伯格把决策制定分解为四个方面的工作,明确了决策制定方面的四种角色,如表1-1所示。作为企业家,管理者需要发起和监督那些将改进组织绩效的新项目;作为混乱驾驭者,管理者应采取纠正行动以应付那些未预料到的新问题;作为资源分配者,管理者负有分配人力、物力和财力的责任;作为谈判者,管理者需要为了自己组织的利益与其他组织协调合作和达成成交条件。

表1-1中所论及的十种角色,在现实中由于组织类型不同,管理者在组织内所处的层次不同,则所扮演的角色的侧重点或重要程度也是不同的。在不同规模的组织中,管理者角色的重要性不同,这种差别如表1-2所示。

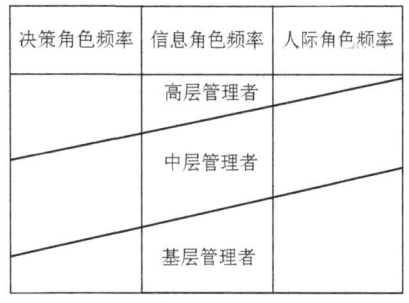

格力电器创始人所扮演的角色

表1-2 管理者角色在规模不同的组织中的重要性

小组织中的管理者角色	大组织中的管理者角色	角色的重要性
发言人	资源分配者	最重要
企业家	联络员	重要
挂名首脑	混乱驾驭者	重要
领导者	谈判者	重要
传播者	企业家	最不重要

从表1-2中可以看出,小组织管理者最重要的角色是发言人,这是因为小组织的管理者要花大量时间让他人认识本组织,要花大量时间筹措资源,寻找新的机会促进发展。而大组织管理者最重要的角色是资源分配者,其主要职责是处理组织内各种资源的有效配置,以获得最佳的资源配置效果。

处于不同层次、不同岗位的管理者在组织运行中扮演各种角色的频率、程序等也都不相同,如图1-3所示。

图1-3 不同层次管理者的角色分配

在决策角色、信息角色、人际角色这三种角色中,相对地说,高层管理者最重要的角色是决策角色,中层管理者在三个方面的角色分配基本上是平均的,基层管理者则以人际关系角色为主。

三、管理者的技能

管理劳动是社会生产过程中分离出来的一种专门劳动,并非任何人都可以成为管理者,只有具备一定素质和技能的组织成员,才有可能从事管理工作。

管理者应具备哪些基本技能,也有许多观点。管理学家罗伯特·卡特兹(R.L.Katz)认为,管理者应具备三种基本的管理技能,即技术技能、人际技能和概念技能。

(一) 技术技能(technical skill)

技术技能是指熟练完成特定工作所需的特定领域的知识和技术,也就是说,技术技能与一个人所从事的工作有关,例如编制计算机程序、撰写财务报告、分析市场统计数据、设计图纸等。对于管理者来说,就是要掌握和运用各种管理技术,并普遍熟悉和了解本部门及其他组织有关部门所从事的技术项目。管理技术主要有预测技术、决策技术、计划技术、诊断技术、组织设计技术、评价技术等。对于基层管理者来说,这些技能更重要,因为他们通常管理的是使用工具和技术生产产品、提供服务的雇员。正是因为组织基层中这些技能的重要性,拥有卓越技能的雇员往往凭借这些技能晋升为基层管理者。

(二) 人际关系技能(interpersonal skill)

人际关系技能是指与人共事、激励或指导组织中的各类员工或群体的能力。说简单一些,人际技能就是处理人际关系的能力。一个管理者的大部分时间都在与人打交道,对外要与有关的组织和人员接触,对内要联系上级、同级、下级、协调各级之间的关系,要指导下属的工作和激励员工的积极性,所有这些活动都要求管理人员必须具备处理人际关系的能力。研究表明,人际关系技能是管理者必须具备的最重要的一种技能,这种能力对各层次的管理人员都具有同等重要的意义。拥有良好人际关系技能的管理者能从别人那里获得更多的支持,知道如何沟通、鼓励、领导、调动热情和信任。

(三) 概念技能(conceptual skill)

概念技能又称思维技能,指的是管理者对抽象、复杂情况进行思考和概念化的技能。管理者必须能够将组织看做一个整体,理解各部分之间的关系,想象组织如何适应它所处的复杂的环境。作为一名管理者,需要快速敏捷地从混乱而复杂的环境中辨清各种因素之间的相互关系,抓住问题的实质。概念技能是最重要的也是最难培养的。处理竞争对手市场策略的变化、政府政策的改变、内部机构的重组等问题时都需要概念技能。概念技能显然是一种通常所说的抽象思维的能力,而这种抽象思维的能力主要是对组织的战略性问题的分析、判断和决策的能力。尤其对于高层管理者来说,这种技能是非常重要的。

四、管理者能力的培养与提高

管理能力是一个管理者有效地从事管理工作的必备条件。管理者的管理能力不是先天就有的,而是靠后天的学习培养而逐渐提高的。管理者能力的培养与提高的基本途径是通过教育和实践锻炼而获得。

（一）通过教育获得管理知识和技能

许多成功的管理者的经历都证明,一个管理者要获得成功,接受正规的管理教育是极为必要的。这种正规教育可分为两种情况：一是就业前的学历教育,如大专院校管理专业的专、本科生及研究生学习,另一种情况是就业以后的再教育,也称继续教育,如在职人员利用业余时间参加MBA(工商管理硕士)课程的学习,或参加各种形式的管理专业培训班的学习。目前,各种形式的继续教育极为普遍,也越来越受到人们的重视。

通过正规的教育,可以使受教育者集中精力,提高学习效率,能够尽快地了解和掌握管理方面的最新研究成果和各种不同的管理理论。许多有实践经验的管理者通过系统的理论学习和再教育,开阔了眼界,丰富了管理知识,管理能力和水平也有了进一步的提高。

（二）通过实践提高管理能力

通过正规的教育,可以使管理者学到很多的理论知识,但很难学到具体的管理技能。要想获得较全面、较具体的管理技能,除了正规的学习与教育外,更重要的是从实践中提高。实践是提高管理技能的最有效的方法。管理是一门实践性极强的科学,如果脱离实践,掌握再多的理论知识也不可能成为一名成功的管理者。要想成为一个成功的管理者就必须通过实践,只有在实践过程中才有可能遇到和处理各种类型的问题,体验到压力和各种严峻的考验,从而进一步深化书本知识,促使管理者对管理问题作深入的探索,使自身管理能力不断提高。通过实践来培养管理者管理能力主要有如下一些方法：

1. 管理工作扩大化

即从横向扩大管理者的工作范围,进行职务轮换。通过这种方法,可使管理者全面地提高管理能力。因为不同的职位有不同的能力要求和特点,通过职务轮换,可使管理者全面了解本组织各有关职务的管理知识,全面提高管理能力。

2. 管理工作丰富化

即从纵向扩大管理者的工作范围,通过职务的升降来扩大工作范围,提高管理者的管理能力。在一个组织中,不同层次的管理工作内容和特点是很不相同的,通过职务的升降,上级管理者可更好地体察下属的困难和要求,以提高领导的针对性和有效性。下属可理解上级的要求,从而加深上下级之间的沟通和理解,提高管理者的沟通和协调能力。

3. 设立副职或助理

通过设立副职或助理人员,一方面,主要管理者可充分发挥"传、帮、带"的作用,用实际行动去影响和训练副手,使之对管理工作有亲身的感受。另一方面,主要管理者可通过授权和委派任务的方式考察下属是否具有相应的管理能力。这种方法是培养年轻的管理者的有效方法。

4. 案例讨论与管理研讨会

这种方法在国外十分流行。具体做法是：若干人组成一个研讨小组,在阅读各种有关管理的背景资料后,充分进行自由讨论,讨论之后也不作任何结论,不提供任何答案,其目的是启发与会者的思路,锻炼思考问题、分析问题和解决问题的能力。

5. 敏感性训练

敏感性训练一度是国外训练管理者的重要方法,主要用于培养管理者自我认识和与人相处的能力。其要点是在一个人际关系实验室里由参与训练的管理人员通过巧妙的安排获得如何管理下属的知识。具体做法是由1~2位主训人员与1~15名受训人员组成一个无结构的群体。由于小群体的无目的性,受训人员就会出现紧张、茫然不知所措等情绪反应,并会主动地、自然地去体察他人的态度与情绪,而主训人员则及时加以指导,从而培养受训者体察他人的能力。

第三节 管理学概述

一、管理学的研究对象

一门学科成熟的标志在于其研究对象的确定。管理学的研究对象是对一切组织活动均有着重要指导意义的管理原理和一般方法,即研究如何依照客观的管理规律,建立一定的管理原则、组织形式、方法和制度,以指导人们的管理活动,实现组织预期目标。

管理学的研究对象有广义和狭义之分。广义的研究对象包括生产力、生产关系和上层建筑。在生产力方面,管理学主要研究生产力各种要素之间的相互关系,即如何合理组织生产力的问题。例如,如何获得、利用和配置有限的人力、物力等资源,实现资源的有效整合。在生产关系方面,管理学要研究如何正确处理人际关系,建立和完善组织结构,协调组织行为,调动一切积极因素,充分发挥群体和团队作用。在上层建筑方面,管理学主要研究如何建立和完善组织管理体制和规章制度,研究企业文化和价值观,以及组织的社会责任和伦理道德规范等,从而巩固和维护生产关系,促进社会生产力的蓬勃发展。

狭义的研究对象主要包括管理原理、管理职能、管理方法、管理者和管理的发展历史等。现代管理学首先研究管理的基本规律,即研究适用于一切社会和个别社会形态的各种基本规律。管理的各种职能既体现管理的基本任务,又反映了管理的全过程。而且管理的原理、原则都是通过管理的职能发挥作用的。管理职能的执行和完成,是靠管理方法、技术和手段来实现的。因此,对管理方法的研究是现代管理学中引人注目的领域。管理者是管理的主体,能否实现有效的管理,管理者起着关键的作用。所以,管理者个体素质、管理者群体优化结构以及它们之间的关系,是现代管理学的重要课题。现代管理学还要研究管理思想及实践的发展历史,以便更好地发展现代管理理论和方法。

二、管理学的知识架构

管理学课程有其自身的课程体系,本教材中对管理学的知识架构设计如图1-4所示,主要包括管理的认知、管理学的基础、管理的职能和管理的创新四个部分,其中重点需要掌握的是管理的职能部分。

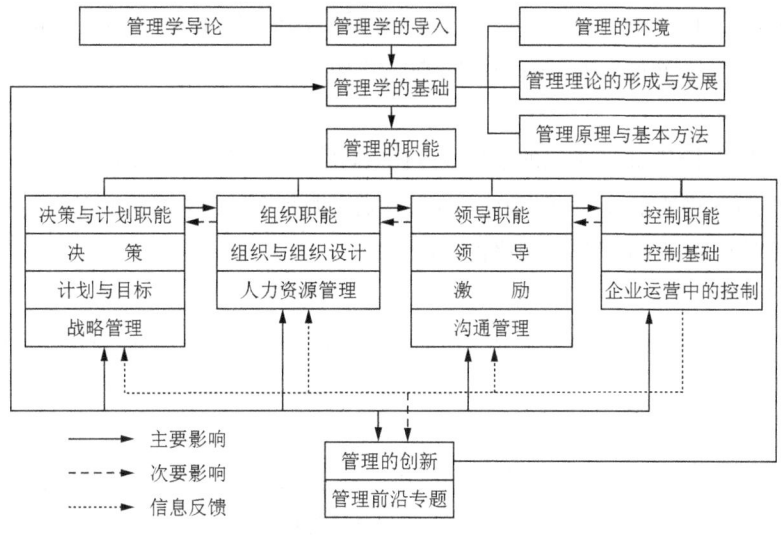

图 1-4 管理学的知识架构

三、管理学的思维方式和研究方法

管理学在创立的过程中形成了科学的思维方式和一系列科学的研究方法。

（一）管理学的思维方式

归纳法是管理学的重要思维方式。通过对客观存在的一系列典型事物（或经验）进行分析和归纳，从中找出事物变化发展的一般规律，这种从典型到一般的思维方式称为归纳法。在管理学研究中，归纳法应用广泛。但是，如果调查对象没有代表性，或代表性不够，归纳的结论就存在片面性；如果得出的结论不能通过实验证明，也不能重复再现，这种结论的可靠性就值得怀疑。

演绎法是管理学中又一个重要的思维方式。对于复杂的管理问题，可以从某种概念或统计规律出发，或由归纳法得到的一般规律出发，建立起能反映某种逻辑关系的管理模型（或模式），这是一种合乎逻辑的推理。演绎法简述为从一般到典型的思考方式。

系统法是管理中十分重要的思维方法。管理是一种综合性很强的系统活动，任何组织都是一个管理系统。无论在古代还是现代，系统思维都是一种重要的思维。自从 20 世纪 40 年代奥地利理论生物学家贝塔朗菲创立系统论以来，人们普遍认为系统思维就是把认识对象作为系统的一种思维范式。系统法把系统看成由相互联系、相互制约的若干要素结合而成的有特定功能的有机整体。为实现组织目标而有效地整合各种资源，这就是从管理系统整体性原理出发而提出的管理本质特征。系统思维是管理的指导性思维方式。

（二）管理学的一般研究方法

管理学的一般研究方法主要包括以下几种：

1. 观察研究法

观察法是为了解管理中某一事物的特征及变化规律采取实地观察的方法。不只是观察事物变化的现象，而主要是透过现象看到本质。观察前，可先提出假设，用观察的结果去验证假设。如美国哈佛大学教授梅奥观察了西方电器公司的冲床部门、绕线部门和继电器装配部门照明状况对产量的影响,结论是照明强度对产量没有决定性的影响。

2. 比较研究法

比较研究法是对不同的或类似的事物进行比较,用以鉴别事物之间的异同,分辨出一般性和特殊性,可以发现先进的东西,为我们所用;同时鉴别出哪些不适合本组织的东西,可以弃之不用。对待国外或者别人的经验都可以运用比较研究法。

3. 历史研究法

对从管理实践中得出的管理经验或已形成的管理理论加以系统研究,找出规律性的东西,是历史研究法的实质。

4. 调查研究法

通过访谈、问卷调查等方法,了解管理的成功经验、做法和存在的主要问题,分析其原因,咨询对策,是调查法应达到的目的。调查研究法是管理中最常用的、最重要的研究方法。

5. 实验研究法

为检验某一理论的正确性、某一方法的可行性或验证某一假设的正确性而采取实验法。通过实验资料的分析、综合和归纳,总结出经验,以方便推广。

6. 案例研究法

案例研究法是管理学中一种较特殊的研究方法,已被普遍采用。案例研究法就是通过对典型管理案例进行分析,从而总结管理的经验和方法。如管理学家德鲁克通过对企业管理的典型案例分析,提出目标管理的重要思想。

四、管理学的特点

管理学作为一门学科,与其他学科相比有其鲜明的特色,了解这些特点,将有助于更好地学习和掌握管理学基本原理和方法。

(一)管理学是一门综合性的学科

由于管理所涉及的内容极其宽泛,所面对的对象十分繁杂,所研究的问题往往又错综复杂,因而也往往需要引入各方面的知识来为其所用,方可解决管理活动中的问题,因此,管理活动的复杂性、多样性决定了管理学内容的综合性。

管理学的研究内容的复杂性决定了管理学要涉及社会科学、自然科学和技术科学中的众多学科,如哲学、史学、社会学、政治学、法学、伦理学、人类学、生理学、心理学、数学中的许多分支、系统学、经济学、统计学、计算机学等等,这也要求从事管理的实际工作者和管理学的教学工作者、研究工作者要以广博的知识作为基础。

(二)管理是一门实践性很强的学科

同任何理论一样,它们源于实践又指导实践。管理学的实践性主要体现在以下两个方面:其一,管理学较之一些其他学科更为抽象、更为概括,这些理论若离开了实践就难以准确理解和真正掌握;其二,管理学的实践领域和实践条件极为便利,我们可以十分方便地将所学的管理学知识用以解释发生在我们周围的各种管理现象和问题。在课程的学习过程中也提倡不断地进行管理实践和思考来对所学知识加以巩固。

（三）管理学是一门不精确的学科

不像数学、物理学等学科是精确的学科，根据规律和所给定的初始条件就可以得出问题的解，管理学所研究的许多问题因其边界很难准确划分，很多概念的内涵和外延都不是特别的明确，很难用数学模型将其抽象出来，所以往往难以量化和进行精确的计算，因此，管理的许多因素是欠精确和难以量化的。

管理要处理的多是一些两难问题，是悖论，如分工与协作、奖励与惩罚、投入与产出、集权与分权、民主与独裁等。这些问题没有永恒和终极的答案，如果在实践中照搬答案肯定要出问题。对管理的学习也是既容易又困难，容易是管理学一学就懂，难的是为什么管理学看上去这么浅显简单，却难倒了这么多出色的企业家、政治家。在这样复杂的情况下，我们还没有找出更有效的定量方法来使管理本身精确化，而只能借助于定性的办法，或者利用统计学的原理来研究管理，因此，我们说管理学是一门不精确的学科。

（四）管理学既是一门科学，又是一门艺术

管理学是对管理实践及管理规律的科学总结和高度抽象，因此，作为反映管理本质及其基本运行规律的管理学，具有其科学性。同时，由于管理者个人的知识结构和管理风格以及社会阅历的不同，使之在管理的实践中对管理基本原理的理解和认识有较大的差异，从而反映在管理实践中，同样的管理问题其管理方式和方法可能迥然不同，这导致管理富有较强的艺术性。管理既是科学又富于艺术性，人们正在寻求两者的完美结合，在现实条件下，将两者对立起来或者否定任何一方都是错误的。

五、学习管理学的意义

管理是有效地组织共同劳动所必需的。随着生产力和科学技术的发展，人们逐渐认识到管理的重要性。从历史上看，管理学经过了两次转折，才逐步形成并发展起来。第一次转折是泰勒的科学管理理论的出现，意在加强生产现场管理，使人们开始认识到管理在生产活动中所发挥的重要作用。第二次转折是第二次世界大战后，人们看到，如果不依照管理规律办事，就无法使企业兴旺发达，因此更要重视对管理人员的培养，这促进了管理学的发展。我们可以分别从国家、企业和个人的层面来分析学习管理学的必要性。

首先，从国家层面来看，管理日益表现出它在社会中的地位与作用。管理是促进现代社会文明发展的三大支柱之一，它与科学和技术三足鼎立。管理是促成社会经济发展的最基本、最关键的因素。先进的科学技术与先进的管理是推动现代社会发展的"两个轮子"，两者缺一不可。经济的发展，固然需要丰富的资源与先进的技术，但更重要的还是组织经济的能力，即管理能力。例如日本是一个自然资源极其匮乏的岛国，但由于极度重视企业管理，并在企业管理方面不断进行创新，从而使自己从资源贫乏国家一跃成为经济强国。从这个意义上说，管理本身就是一种资源，作为"第三生产力"在社会中发挥作用。先进的技术要有先进的管理与之相适应；否则，落后的管理就不能使先进的技术得到充分发挥。

其次，从企业层面来看，学习管理学的最重要的作用是帮助企业改进组织环境和管理方式。我们说科学是生产力，其实管理也是生产力。例如据美国通用电气公司统计，增加企业发电能力的5%，如要通过提高发电机能力的方法，就要花费相当多的时间和金钱，估计要花费几百万美元，但通过经营管理方法的改进和提高，无需花费多少金钱就可以达到提高发电能力5%的目的。像微软、丰田、西门子、海尔、华为、摩托罗拉这些知名的跨国公司的成功发展以及像雷曼兄弟、美林公司、柯达公司的破产和失败都能充分说明管理的重要性。

最后，从个人层面来看，管理问题普遍存在，改进组织的管理关系到我们每个人的切身利益。我们一生中每天都在和管理打交道。良好的管理在我们的社会生活中起着重要作用。组织中的员工，要么是管理别人要么是被别人管理，如果你渴望成为管理者，那么学习管理可以获得管理的知识，有助于让你成为有效的管理者；即使不打算从事管理的人，学习管理学能使其领悟上司的行为方式和组织的内部运作方式，有助于成为出色的下属。

学习和研究管理学不仅是当前国家、社会、企业和个人发展的需要，也是未来社会发展的需要。随着社会的发展，专业化分工会更加精细，社会化大生产会日益复杂，而日新月异的社会将需要更加科学的管理，因此管理在未来的社会中将处于更加重要的地位。

【课后思考】

1. 什么是管理？试对管理大师们关于管理的定义做出评价。
2. 管理的基本职能有哪些？它们之间的关系如何？
3. 简述效率与效果的区别，请你举例说明如何实现以最高的效率达到最好的效果？
4. 从事管理工作的人就是管理者吗？在你所在的组织中哪些是管理者，哪些是操作者？
5. 观察学校里的校长、系主任（或院长）、班长主要做哪些事情？他们的工作有共同之处吗？
6. 结合实际，谈谈如何扮演好管理者的角色。

【技能训练】

将全班同学分成若干个团队，每个团队由3~4人自由组合而成，并指定一个主要负责人或主发言人，根据以下所给具体情况按要求进行技能训练。

1. 出色的管理者

每个团队找一位大家感兴趣的国内外知名企业家，通过上网或书籍阅读收集相关资料，讨论他或她作为管理者，具备哪些素质和能力，在管理过程中又分别扮演了哪些角色？最后将这些出色的管理者的特征列在一张表上，并在团队之间进行交流。

2. 电影观后感

观看影片或阅读书籍《首席执行官》，讨论张瑞敏在海尔成长过程中所扮演的角色，分析其所具备的管理者素质和能力，并在团队之间进行交流。

3. 管理辩论赛

管理是科学还是艺术？学术界众说纷纭。有的学者认为管理是一种技巧的运用，有的则提出管理活动是有规律可循的，是建立在科学基础之上的。各团队成员先在团队内展开讨论或辩论，在此基础上在全班或班级之间进行辩论赛。

【自我检测】

一、单项选择题

1. 将管理要素按目标的要求结合成一个整体，体现了管理的（　　）。
   A. 计划职能　　　B. 组织职能　　　C. 领导职能　　　D. 控制职能
2. 要确保"事有人做，人有事做；事得其人，人得其事"，需做好管理中的（　　）。
   A. 计划工作　　　B. 组织工作　　　C. 领导工作　　　D. 控制工作
3. 一艘船要顺利驾驶到目的地，船长的角色职能包括：设计方向的领航员，实际控制方向的舵手，轮船的设计者或选用者，以及全体船员形成支持、参与和沟通关系的促进者。这些是组织中的（　　）职能。
   A. 计划、控制、组织和领导　　　　B. 计划、组织、领导和控制
   C. 领导、计划、组织和控制　　　　D. 领导、组织、计划和控制
4. 基层管理人员必须具备更多的（　　）。
   A. 技术技能　　　B. 人事技能　　　C. 概念技能　　　D. 协调技能
5. 根据明茨伯格的"十角色理论"，管理者在人际关系方面主要扮演（　　）角色。
   A. 监听者　　　　B. 联络者　　　　C. 传播者　　　　D. 发言人
6. 某研究所的一位管理人员告诉自己的好朋友，说他在单位的主要职责是给软件开发人员分派具体的工作任务，并指挥和监督各项具体工作任务的完成。由此可推断，这位管理人员是（　　）。
   A. 高层管理人员　　B. 中层管理人员　　C. 基层管理人员　　D. 无法推断
7. 一个管理者所处的层次越高，面临的问题越复杂，越无先例可循，就越需要具备（　　）。
   A. 领导技能　　　B. 组织技能　　　C. 概念技能　　　D. 人事技能
8. 管理的性质不包括（　　）。
   A. 经济性　　　　B. 科学性　　　　C. 理论性　　　　D. 艺术性
9. 管理人员与一般工作人员的根本区别在于（　　）。
   A. 管理人员需要与他人配合完成组织目标
   B. 管理人员需要从事具体的文件签发审阅工作
   C. 管理人员需要对自己的工作成果负责
   D. 管理人员需要协调他人的努力以实现组织目标
10. 企业管理者可以分为基层管理者、中层管理者和高层管理者三种。高层管理者主要负责制定（　　）。
    A. 日常程序性决策　　　　　　　B. 长远全局性决策
    C. 局部程序性决策　　　　　　　D. 短期操作性决策

二、判断题

1. 管理就是对一个组织所拥有的物质资源、人力资源进行计划、组织、领导和控制，去实现组织目标。（　　）

2. 效率与效果之间的差别可表述为：效果是使组织资源的利用成本达到最小化，而效率则是使组织活动实现预定的目标。（　　）

3. 组织中向外界发布信息的管理角色称为组织发言人。（　　）

4. 中层管理人员往往处理现场管理、指导操作等技术性工作较多，因此需要具备更多的技术技能。（　　）

5. 管理学反映了管理过程的客观规律，具有显著的科学性。但是，管理过程中的诸多不确定因素使管理本身无法完全量化，故而只是一种不精确的科学。（　　）

三、简答题

1. 什么是管理？管理具有什么特征？
2. 如何理解管理的效率和效果？
3. 明茨伯格对管理者的十种角色是如何定义的？
4. 管理者应具有何种技能？不同层次的管理者应具备的技能上有何侧重？
5. 简述管理的四大职能。

四、案例分析

技术人员的艰难转身——管理角色的认知和转变

某公司总裁提拔了两位年轻管理者：A 经理和 B 经理。两者都是各自部门的技术佼佼者，分别从研发部门 1 和研发部门 2 提升到部门经理岗位。

A 经理觉得责任重大，技术进步日新月异，部门中又有许多技术问题没有解决，很有紧迫感，每天刻苦学习相关知识，钻研技术，加班加点解决技术问题。他认为，问题的关键在于他是否能向下属证明自己在技术方面是如何的出色，这样才能树立自己的威望。

B 经理也认识到技术的重要性和自己部门的不足，因此他花很多的时间向下属介绍自己的经验和知识，当他们遇到问题，他也帮忙一起解决，并积极地和相关部门联系和协调。

三个月后，A 经理和 B 经理都非常好地解决了部门的技术问题，而且 A 经理似乎更突出。但半年后，A 经理发现问题越来越多，自己越来越忙，但下属似乎并不满意，觉得很委屈。B 经理却得到了下属的拥戴，部门士气高昂，以前的问题都解决了，还搞了一些新的发明。

问题：A 经理和 B 经理的不同遭遇给予你什么启示？从技术岗位转到管理岗位，在素质和技能方面需要什么转变？

第二章 管理环境

【趣味阅读】

不敢吃香蕉的猴子

有科学家曾做过一个实验:将四只猴子关在一个密闭的房间里,每天喂少量的食物,让猴子饿得嗷嗷叫。

数天后,实验者从房间上面的小洞放下一串香蕉,一只饿得头昏眼花的大猴子一个箭步冲向前,可是在它还没拿到香蕉时就被预设机关泼出的滚烫热水烫得全身是伤,当后面三只猴子依次爬上去拿香蕉时,一样被热水烫伤,于是猴子只好望"蕉"兴叹。

又过了几天后,实验者将一只新猴子放进房间,将原有四只猴子中的一只转移走。当这只猴子肚子饿得也想爬上去拿香蕉时,立刻被其他三只猴子制止,并告知有危险,千万不可尝试。

后来,实验者再换一只猴子放入房间。当这只新猴子想吃香蕉时,有趣的事情发生了:这次不仅剩下的两只老猴子制止它,就连没被烫过的半新猴子也极力阻止它。

实验继续,当所有猴子都已换新之后,没有一只猴子曾经被烫过,房间上头的热水机也已经取消,香蕉唾手可得,却没有猴子敢前去享用。

【管理启示】

组织内的禁忌经常故老相传,有时尽管时过境迁、情况已变,人们仍然恪守前人的失败教训,因此易错失良机。猴子不敢吃香蕉的故事折射出组织文化的约束作用。

【学习目标】

1. 理解管理环境对组织的影响。
2. 掌握组织环境的构成。
3. 了解组织与外部环境的关系。
4. 掌握组织文化的作用。

【教学要求】

知识要点	能力要求	相关内容
管理环境概述	(1) 理解并掌握管理环境的基本含义 (2) 掌握管理环境的重要性 (3) 识别管理环境的类型及相关概念	(1) 管理环境的概念点 (2) 管理环境的重要性 (3) 管理环境的类型
管理环境 外部影响因素	(1) 管理环境的一般环境因素 (2) 管理环境的任务环境因素	(1) 一般环境因素 (2) 任务环境因素
管理环境 内部影响因素	(1) 组织文化的基本含义 (2) 组织文化的分类和功能	(1) 组织文化的概念点 (2) 组织文化的类型

第一节 管理环境概述

管理环境的研究,目的是要通过分析管理活动的内外影响因素,为管理活动方向和内容的选择与调整提供依据。一方面,一个组织能够做什么、做到什么程度,不仅与这一组织的人员组成有关,而且还与这一组织拥有怎样的资源、能力、知识和文化有关;另一方面,任何一个组织的运行都摆脱不开政治、经济等宏观环境对其产生的影响作用。

一、管理环境的分类

管理环境是存在于组织内部和外部并影响组织绩效的各种力量,对管理当局的行为产生直接或间接影响。由于管理环境的复杂多变性,国内外管理学理论对其归类有着不同观点,其中最具有代表性的主要有"两分法"和"三分法"。"两分法"根据组织对环境因素的可控程度,将管理环境分为外部环境和内部环境;"三分法"是进一步将管理环境细分为宏观环境、竞争环境和内部环境。著名管理学者罗宾斯指出管理环境包括内部环境和外部环境两个方面,是两个方面共同作用于组织经济运行活动的。

(一)内部环境

一般来说,组织内部环境由组织文化和组织经营条件两大部分组成。组织文化(organizational culture)是处于一定社会文化背景下的组织,在长期发展的过程中逐步形成和发展起来、日趋稳定、独特的价值观,以及以此为核心而形成的行为规范、道德准则、群体意识、风俗习惯等。组织经营条件是指组织所拥有的各种经营资源、能力和知识,包括人员素质、资金实力、科研力量、专利技术和信誉等。组织文化决定了该组织中什么是被认可的,什么是被反对的,组织经营条件直接影响着组织能够做什么、不能够做什么,以及能够做到什么程度。组织内部环境不仅影响组织目标的制定,而且还将直接影响该组织管理者的决策和管理行为,从而对最终的组织绩效产生影响。

(二)外部环境

根据各种外部环境因素对组织业绩影响方式的不同,组织的外部环境可分为一般环境因素和竞争环境因素。一般环境因素是组织的宏观环境,主要包括经济环境、政治法律环境、社会文化环境、技术环境等。这些一般环境因素指可能对组织的活动产生某种重大影响,但其影响通常并不直接。

相对于一般环境,管理者更应注重对竞争环境因素的研究与分析。竞争环境因素是指对某一具体组织的组织目标有直接影响的那些外部环境因素。比较典型的竞争环境因素包括资源供应者、服务对象(顾客)、竞争对手、政府管理部门和社会特殊利益代表组织。对一个特定的组织而言,竞争环境是特定的,并直接增加或减少组织的效益。管理的外部环境组成如图 2-1 所示,具体内容在第二节中重点介绍。

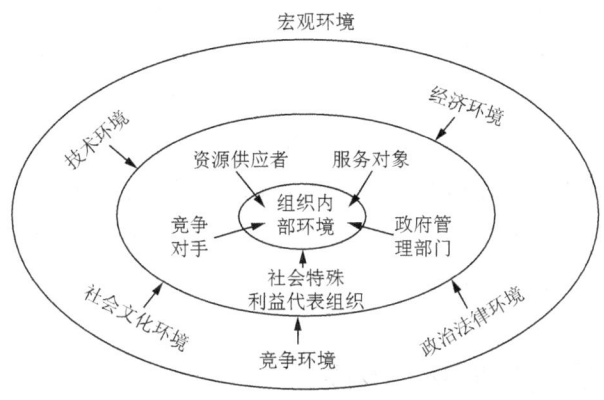

图 2-1 管理的外部环境

本书中采用罗宾斯关于管理环境的定义:"管理环境(management environment),是存在于组织内部和外部的影响组织业绩的各种力量和条件因素的综合。"因此,一个组织的绩效,不仅取决于管理者的努力,而且会受到存在于组织内部和外部的各种条件因素的影响。

二、管理环境的影响

以系统观点来看,任何组织都是整个社会大系统中的一个子系统,它不可能脱离整个社会而独立存在,而是总与社会的许多方面发生着千丝万缕的联系,这就决定了管理者所在组织必然是一个开放的系统。组织和环境进行的物质的交换不断地改变组织,从而影响到管理行为。环境的影响作用,具体地说,表现为以下几个方面:

(一)环境是组织系统生存和发展的必要条件

环境因素对组织的生存和发展至关重要。有利的环境条件能够促进组织结构的完善和功能的充分发挥,能够促进管理效率的提高,从而促进整个组织系统的发展,加速管理目标的实现;不利的环境条件则会阻碍管理活动的运行,延缓管理过程,甚至使管理活动完全中止。环境为组织的存在和发展提供了机会与可能,同时,环境的变化也会给组织带来威胁。从一定意义上说,组织系统对环境变化的适应能力如何,关系到该系统的生存、稳定和发展,关系到组织目标能否实现。只有对环境有及时的认识、理解和较强适应能力的组织,才能取得长远地发展,才能取得成功。管理者要获得成功和胜利,要实现预期的组织目标,就不能不重视对环境的研究。

（二）环境制约组织系统的内容

一个组织系统的性质和特点、结构和功能是由组织目的决定的,但是,环境的影响也不可忽视,甚至有的时候环境对组织系统的性质和特点、结构和功能起着决定性的作用。也就是说,建立什么样的组织结构、从事什么样的管理活动,实现什么样的组织目标,都必须从客观实际的环境状况出发,以现实条件为依据。

（三）环境影响管理决策

管理者在制定决策和计划时,也必须本着因地制宜的原则,充分利用环境的有利条件,把决策和计划建立在客观现实的基础之上。如20世纪70年代以来,组织环境变化越来越快,环境变化的不确定性也越来越明显,尤其是20世纪70年代的石油危机,对世界范围的组织产生了深远的影响。同一个组织从一个国家迁往另一个国家,或者从一个地区迁往另一个地区,都需要在各个方面作出重大调整,以适应其环境的变化。正是由于这个原因,现代许多跨国组织的成功经验都证明需要尽可能地给它在国外的子组织以相当大的主动权,允许它们在经营体制、组织目标、组织结构等各个方面可以不必和总组织完全保持一致,而是要灵活地根据当地的政治、经济、社会、文化的特点制定相应的管理目标和策略。

第二节 常见的外部环境因素

一、一般环境因素

通常而言,管理的一般环境因素主要包括政治法律、经济、社会文化、科学技术四方面的内容,如图2-2所示。

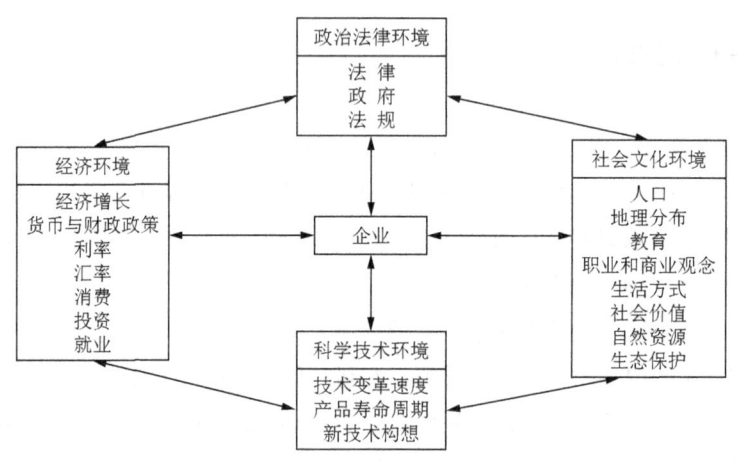

图2-2 管理的一般环境因素分析模型

（一）政治法律环境

政治法律环境主要是指总的政治形势及立法和司法现状,它涉及社会制度、政治结构、党派关系、政府的政策倾向、人民的政治倾向以及国家制定的有关法令、法规等。政治法律环境对组织的影响主要体现在地区政局的稳定性和政府对各类组织或活动的态度。因此,组织管理者必须通过对政治法律环境的研究,了解国家和政府目前禁止组织干什么,允许组织干什么,鼓励组织干什么,从而使组织活动符合社会利益和国家规定,受到政府的保护和支持。例如,一个国家如果认为金融行业应该由政府来经营,那么民营组织就很难涉足金融保险行业。

（二）经济环境

经济环境指整个国民经济的发展状况,包括宏观经济环境和微观经济环境两个方面。

宏观经济环境主要是指一个国家的人口数量及增长趋势、国民收入、国民生产总值及其变化情况以及通过这些指标能够反映的国民经济发展水平和发展速度。例如,人口数量众多既可以提供丰富的劳动力资源,又可能因其基本生活需求难以充分满足,从而构成经济发展的障碍；宏观经济的整体繁荣可以为组织提供蓬勃发展的机会,而宏观经济的衰退则可能给所有经济组织带来生存的困难。

微观经济环境主要是指组织所在地区或所需服务地区的消费者的收入水平、消费偏好、储蓄情况、就业程度等因素。假如其他条件不变,一个地区的就业越充分,收入水平越高,那么该地区的购买能力就越高,对经济组织的活动及其产品的需求就越大。一个地区的经济收入水平对其他非经济组织的活动同样有着重要的影响。

（三）社会文化环境

社会文化环境主要指教育水平、文化传统、风俗习惯、价值观念、道德伦理、宗教信仰、商业习惯等。社会文化环境对组织往往具有重要的影响：从组织内部看,会影响组织文化和员工的工作表现；从组织外部看,人们的信念、价值观、文化传统、风俗习惯等会影响甚至改变消费者偏好乃至生活方式,从而影响对社会产品和服务的需求。例如,就风俗习惯而言,有的国家或地区把服装款式看成是显示自己社会地位的一种象征,因此他们很讲究服装的款式并因而愿意花钱；而在有的国家,人民对服装的款式并不讲究,只要经济实惠即可。因此对于从事国际服装贸易的组织,就必须注意到这些国家在风俗习惯上的差异。

（四）科学技术环境

科学技术环境通常指社会科技总水平及其发展趋势。科学技术环境对组织的影响尤为明显。不同的产品,代表着不同的技术水平,对劳动者和劳动条件有着不同的技术要求。组织经营管理者必须关注科学技术环境的变化,以及时采取应对措施。

科学技术环境的研究,除了要考虑与所处领域的活动直接相关的科学技术手段的发展变化外,还应及时了解国家对科技开发的投资和支持重点、该领域科学技术发展动态和研究开发经费总额、技术转移和技术商品化速度、专利及其保护情况等方面的内容。

科学技术在任何组织的环境中都是一项关键的因素。20世纪下半叶以来变化最迅速的环境因素就是技术,信息化、激光、新材料、新能源层出不穷。在充满变化的技术环境中,组织必须在产品、设计、生产、研发方面保持技术的领先性。不同的技术和工艺过程,要求有不同的管理方式和方法,技术的发展也改变着管理活动的进行。

二、竞争环境因素

组织不仅在一般环境中生存，而且在特殊领域内活动。竞争环境因素就是指对特定组织构成影响的外部环境因素，是与某一具体的决策活动直接相关的各种特殊力量的总和。竞争环境又称特定环境、具体环境、任务环境，主要包括资源供应者、服务对象（顾客）、竞争对手、政府管理部门和社会特殊利益代表组织五个因素。

（一）资源供应者

资源供应者即供应商，是组织从外部获取投入要素的来源。主要包括原材料的供应者、机器设备的供应者、劳动力的供应者、资金的供应者和信息情报资料的供应者等。管理当局需要处理好与资源供应者之间的关系，确保人力、物力和财力的持续供应，寻求以尽可能低的成本来保证所需的投入的稳定供应，它们的不可获得或延误，都将极大地降低组织效果。

（二）服务对象（顾客）

顾客指组织的服务对象，即组织各种产出的实际或潜在的使用者或享受者，如组织的客户、商店的购物者、学校毕业生的用人单位、医院的病人、图书馆的读者都可称为相应组织的服务对象。

组织与顾客的关系实质上是生产与消费的关系。一方面，组织是为满足顾客需求而存在的。组织生产的每一个产品，都是为了满足顾客的需求，没有需求，生产就变成了一种无意义的行为。有些组织，如政府、学校，虽然不生产实物产品，但这些组织的存在为社会提供了服务，这种服务就是它们的产品——无形产品。另一方面，顾客的需求是不断变化的，组织只有不断地满足顾客变化了的需求，才能生存和发展。

（三）竞争对手

竞争对手是指与组织在资源的取得、分配与使用方面进行争夺的其他人或组织。任何一个组织都有竞争对手，即使是垄断组织也不例外。忽略竞争对手行为的组织往往要付出惨重的代价。

竞争不仅发生在生产同类产品或提供相同服务的不同组织之间，有时两个产品或服务完全不相关的组织也会为有限的资源而展开竞争，其中最常见的有人才竞争、资金竞争、原材料竞争等，如两个性质截然不同的组织因争取银行的一笔贷款而形成临时性竞争关系。汽车组织也可以把房地产组织看成是自己的竞争对手，因为对于消费者来说，在收入水平一定的条件下，买了房子可能就没有钱买汽车了。

当然，竞争中也会经常出现合作与联盟，管理者应该充分认识到这一点，并学会使用竞争中的合作和联盟手段，以达到双赢目的。

（四）政府管理部门

政府机构作为社会经济管理者，对组织的行为需要从全社会利益角度进行必要的调节和控制。政府代表公共利益，负责对社会进行管理，它规定组织可以做什么，不可以做什么。政府的相关机构依法对社会的各类组织进行监督，对有违法行为的组织施加压力。

正是由于政府对组织有多方面的行为和利益影响，所以管理者必须正确对待和努力协调组织与政府的关系。从管理者的角度看，要处理好与政府的关系，首要的一条就是要依法行事，这是正确处理组织与政府关系的基础;其次就是要利用各种渠道和形式加强与政府的联系,增进政府对组织的了解和支持;第三就是要主动协助政府解决一些社会问题,如出资赞助公益事业、提供就业机会、自觉保护生态环境等,以取得政府的信赖。

政府的政策法规一方面会增加或减少组织的运行成本,另一方面则会扩大或限制管理者的决策空间。例如为了取得消防管理部门的认可,组织必须按规定装设消防设备;《劳动法》的颁布对组织的招工、用人、辞退决定带来了一定的限制。

（五）社会特殊利益代表组织（压力集团）

社会特殊利益代表组织指所有实际上或潜在的关注、影响一个组织达到其目标的社会组织、金融机构、各类媒体、社区居民及个人。

社会组织通常指具有特殊利益的集团,如青少年权益保护委员会、消费者协会、组织家协会、绿色和平组织等,它们都代表着相关利益群体,保护其成员的利益。这些利益集团虽无政府机构那样的行政权力,但其多数行动会获得政府支持,并且有些利益集团本身就与政府关系密切。它们时刻关注组织的行为,并通过向组织施加压力来迫使组织改变其决策。金融机构指关心并可能影响组织获得资金能力的团体,如银行、信托投资组织等。各类媒体指报社、杂志社、电视台、广播电台等大众传播媒介。社区居民指组织所在地附近的居民。组织是否在居民心中留有良好印象,对于经营性组织,将直接影响其盈利能力;对于非经营组织则会提高或降低其受欢迎的程度。

三、组织与外部环境的关系

组织与外部环境的关系可以概括为:一方面,外部环境因素作用于组织,对其管理活动及生产经营活动产生影响,也就是说,组织必须适应外部环境;另一方面,组织又反作用于外部环境,能够通过自身的努力影响和改变环境,甚至创造适应组织发展所需要的新环境。

（一）组织与外部环境关系的实质

组织与外部环境之间的关系实质上揭示了管理的任务所在,即组织要通过有效的管理,使组织能适应外部环境;同时,要通过组织的有效管理,为组织改善、创造和选择一个良好的外部环境。如果说使组织适应外部环境是一种被动管理的话,那么,为组织创造和选择一个良好的外部环境,则是一种主动式的管理。

（二）组织必须适应外部环境

对于已经形成的外部环境,组织必须适应之。组织必须根据外部环境能提供什么要素,以及外部环境需要组织提供什么,来决定自己能为社会做些什么。组织只有适应并设法满足外部环境的要求,才能生存和发展。那些产品和服务没有销路,或资源没有充分保障的组织,注定是要被环境所淘汰的。任何组织要想求得长期生存和发展,就必须主动了解、认识、掌握环境,找准适合自己的位置,并根据环境的变化,不断调整经营领域和内部组织结构,寻求和把握组织生存发展的机会。

组织适应外部环境的具体策略包括:合理选择经营领域;聘任合适的高级管理人员;密切关注

环境变化,加强计划和预测;采取缓冲压力的保护性措施(如保持一定数量的原材料库存、建立内部人才交流中心、进行员工培训等);调整职位和部门,提高组织的有机化程度,保持组织与外部环境的动态平衡。

(三) 组织可以影响和改变外部环境

组织要不断适应环境,而且还要反作用于外部环境,甚至改变外部环境,为自身创造和选择一个良好的外部环境。

如前所述,外部环境分为一般环境和竞争环境。从组织对外部环境的反作用来看,组织对竞争环境的反作用程度比较高,而对一般环境的反作用程度则会比较低。也就是说,从短期来看,组织可以通过自身的活动为自身改善或者选择和创造一个良好的竞争环境,却很难为自身改变或选择一个良好的一般环境。但是,从长远来看,组织仍然可以通过自身的活动改变自身所处的一般环境,使之更有利于组织的生存和发展。

组织可以反作用于环境,甚至可以影响环境,这并非单纯理论上的推导,现实中许多企业正是这样做的。为提高产品质量,它们往往不是坐等或毫不挑剔地接受供应商提供的原材料和零部件,而是主动到众多的供应商中间去挑选,甚至主动向供应厂家提供技术管理人才,提供资金援助,进而获得高质量的原材料及零部件投入。许多企业不惜耗费巨资作广告,目的是激起消费者对本企业产品的需求,改变市场环境。总之,组织对外部环境发挥能动作用的具体策略包括:广告宣传;签订长期合同;兼并、收购或建立战略联盟;影响政府和权力机构的决策等。

第三节 管理的内部环境

一、内部环境的含义

内部环境由组织内部的物质环境和文化环境构成,是组织经营条件的重要组成部分。内部物质环境研究是要分析组织内部各种资源的拥有状况和利用能力,内部文化环境研究则是考察组织文化的构成要素及其特点。

(一) 内部物质环境

任何组织的活动都需要借助一定的资源来进行,这些资源的拥有状况和利用情况,影响甚至决定着组织活动的效率和规模。组织活动的内容和特点不同,需要利用的资源也有所区别,对大多数组织而言,内部物质环境主要由人力资源、物力资源和财力资源三个基本要素构成。

人力资源研究指根据不同的标准将人力资源划分成不同类型,并分析这些不同类型的人员的数量、素质和使用状况。物力资源研究指对在组织活动过程中,需要运用的物质条件的拥有数量和利用程度进行分析。财力资源研究指了解组织的资金拥有情况、构成情况、筹措渠道及利用情况,分析组织是否有足够的财力去组织新业务的挖掘、原有活动条件和手段的改造,在资金利用上是否还有其他潜力可挖等。

(二) 组织文化环境

组织文化指能影响或决定组织成员行为方式倾向的价值观念和行为准则的总和。它是随着组织的产生和发展而逐渐形成的。在组织文化的形成过程中,组织缔造者以及后来的管理者的价值观念及领导风格都具有重要影响作用。

二、组织文化的要素和特点

(一) 组织文化的含义和要素

组织文化是处于一定经济、社会、文化背景下的组织,在长期发展的过程中逐步形成和发展起来、日趋稳定、独特的价值观,以及以此为核心而形成的行为规范、道德准则、群体意识、风俗习惯等。组织文化实际上是组织的共同观念系统,是一种存在于组织成员之中的共同理解。因此,组织中不同背景和地位的人在描述其组织文化时基本上用的是相同的语言。在每一个组织中,有各种不断发展着的价值观、仪式、规章、习惯等,这些观念一旦为全体员工所接受,就变成了组织的共同观念,即成为组织文化的一部分。而组织文化一旦形成,就会在很大程度上对管理者的思维和决策施加影响,并具体体现在组织的各种行为准则和组织的外在形象中。

美国学者特雷斯·迪尔和阿伦·肯尼迪在其合著《组织文化——现代组织的精神支柱》一书中提出,构成组织文化的要素有五个,它们是:组织环境、价值观、英雄人物、典礼和仪式、文化网络。组织环境是形成组织文化的最重要的因素;价值观是一个组织的基本观念及信念,它们构成组织文化的核心和灵魂;英雄人物指那些体现组织文化的人物,这些人将组织的价值观人格化,是组织价值观的化身和组织力量的体现,因而成为组织成员效法的楷模;典礼和仪式是组织日常生活中的惯例和常规,组织通过仪式告诉成员应有的行为,通过典礼提供为组织所赞赏的范例;文化网络是组织内部的主要但非正式的交际手段,是组织价值观和有关英雄人物的神话、传说的传递渠道。

每个组织的文化都存在着多种形式,各种形式之间既有共性,又有差异,共性就形成了总文化,差异则形成了亚文化。总文化就是组织的各个部门、各个方面,至少是组织的高层管理者所共同拥有的价值观念和经营实践;亚文化就是组织中的一个分部(分组织、职能部门、车间、班组等)所特有的风格和习惯。亚文化总是受总文化影响,甚至是由组织总体管理理念、组织机构和政策控制的。但是,一个组织中众多亚文化彼此之间是永远不会完全一致的,并且也不会与组织总文化完全一致,每一种亚文化都有各自的特性。

(二) 组织文化的特点

1. 客观性

组织文化是组织在其所处的一定的政治、经济、社会、技术环境的合力作用下,长期发展的过程中逐步形成的。在组织文化的形成过程中,组织创始人起了关键性的作用。创始人通过对组织的规划或设想导致了早期组织文化的形成。著名管理学家本杰明·施奈德在1987年提出了一个"吸引—选择—自然减员"框架模型,来说明组织创始人在组织文化建设过程中的决定性。该模型指出,当创始人为其新创办的组织雇用员工时,他们更容易注意到和自己性格相近、观念相同的人,并因此而选择雇用他们,而那些个性迥异的员工更容易离开组织。经过吸引、选择,然后自然减员,最终使组织内的人员都有相似个性,并组成独特的组织文化。因此组织文化来源于组织创始人的志向、设想和第一批组织成员从其自身经验中所学到的东西的互相作用。但尽管如此,从总体上来说,组织文化的产生和存在不以人们的意志为转移的。只要是一个组织,在组织中就必然会形成组织文化,不管人们是否意识到,组织文化总是存在并发挥着或好或坏、或大或小的作用,成功的组织有优秀的组织文化,失败的组织有不良的组织文化。

2. 独特性

每个组织都有其独特的组织文化,这是由不同的国家和民族、不同的地域、不同的时代背景以及不同的行业特点所形成的。

3. 相对稳定性

组织文化是组织在长期的发展中逐渐积累而成的,具有较强的稳定性,不会因组织结构的改变、战略的转移或产品与服务的调整而急剧变化。一个组织中,精神文化比物质文化具有更多的稳定性。

4. 融合继承性

每一个组织都是在特定的文化背景之下形成的,必然会接受和继承这个国家和民族的文化传统和价值体系。但是,组织文化在发展过程中,也必须注意吸收其他组织的优秀文化,融合世界上最新的文明成果,不断地充实和发展自我。也正是这种融合继承性使得组织文化能够更加适应时代的要求,并且形成历史性与时代性相统一的组织文化。

5. 发展性

组织文化随着历史的积累、社会的进步、环境的变迁以及组织变革逐步演进和发展。强势、健康的文化有助于组织适应外部环境和变革,而弱势不健康的文化则可能导致组织的不良发展。

三、组织文化的分类和测量

（一）组织文化的分类

组织文化按照不同的标准可以作不同的类型划分。这里介绍几种常见的划分方法。

1. 按照组织文化的可见性划分

从可见性上来看,组织文化由物质文化、制度文化和精神文化三个层次构成。组织文化的这三个构成层次如图2-3所示。

(1) 表面层次的物质文化,称为组织的"硬文化"。包括厂容、厂貌、机械设备、产品造型、外观、质量等。

(2) 中间层次的制度文化。包括领导体制、人际关系以及各项规章制度和纪律等。

(3) 核心层次的精神文化,称为"组织软文化"。包括各种行为规范、价值观念、组织的群体意识、职工素质和优良传统等,是组织文化的核心,被称为组织精神。

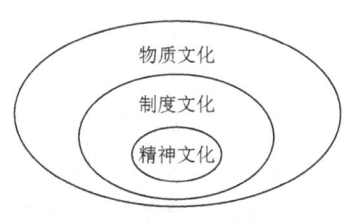

图2-3　组织文化三层次

2. 按照组织经营风险和工作绩效反馈速度划分

组织文化可以划分为硬汉型文化、尽力型文化、赌博型文化、过程型文化四种类型。

(1) 硬汉型文化又称明星文化,鼓励个人"冒尖",争当"明星","寻找山峰并征服它"是这种文化教育的信念。硬汉型文化的英雄们是那些敢想敢干的硬汉,他们态度强硬,个性坚强,保持强烈的进取心,能够承受孤注一掷的风险。这种文化适合于处在高风险快反馈的环境中的组织,如建筑业、风险投资业、娱乐业等。

(2) 尽力型文化又称行动文化,主张压倒一切的是行动,鼓励依靠集体的力量去获得成功,"发现需要并满足它"是这种文化的信念。行动文化的英雄们是那些极其优秀的推销员,他们态度友善,善于交际,是人际关系的能手。这种文化适合于处在低风险快反馈的环境中的组织,如房地产经纪组织、计算机组织、汽车批发商等销售行业。

(3) 赌博型文化拿组织的未来作赌注,主张深思熟虑的决策,给美好的想法一个合适的成功机会是这种文化的信念。赌博型文化的英雄们是那些具有足够的个性和信心,能帮助自己度过等待期的打赌者,他们有才干,特别尊重权威,在做决定前,总是仔细权衡,反复思索,一旦下定决心,决不轻易改变初衷。这种文化适合于处在高风险慢反馈的环境中的组织,如石油组织、飞机制造组织、采掘和冶金组织、军队等。

(4) 过程型文化重视程序和过程,强调用科学的方法解决所意识到的风险,做到过程和具体细节绝对正确是这种文化的信念。过程型文化的英雄们是那些谨慎者,他们处理事务谨小慎微,守时遵纪,拘于小节,循规蹈矩。这种文化适合于处在低风险慢反馈中的组织,如银行、保险组织、大多数的政府部门等。

3. 按照组织文化对员工的影响程度划分

按照组织文化对员工的影响程度划分,组织文化可以划分为强文化和弱文化两种类型。

(1) 一个强烈拥有并广泛共享基本价值观的组织具有强文化;反之,当一个组织分不清什么是重要的,什么是不重要的时候,则该组织具有弱文化的特征。强文化比弱文化对员工的影响更大。员工对组织的基本价值观的接受程度和承诺越大,文化就越强。

(2) 当今大多数组织已有一种强文化教育转变的趋势。强文化一般总是与仪式、表征、故事、英雄人物和口号等形式或因素联系在一起。这些因素增强了组织成员对组织价值观和战略的认同;他们对什么是重要的和正确的员工行为、是什么推动了组织的发展进步达成了共识。由此,我们有理由相信,当组织文化变得更强时,它将会对员工的所作所为产生愈来愈大的影响。

(二) 组织文化的测量

随着企业文化对企业重要性的提高,多数企业已经开展了企业文化建设,文化测量模型也越来越被重视,自20世纪80年代以来,研究者们开发出了一系列量表和工具用于组织文化评估。从中国研究成果来看,主要有台湾学者郑伯壎的组织文化价值观量表(values in organizational culture scale,简称VOCS)。共分九个维度:科学求真、顾客取向、卓越创新、甘苦与共、团队精神、正直诚信、表现绩效、社会责任和敦亲睦邻;北京大学光华管理学院的企业文化测评量表由7个维度34道测试题组成:人际和谐、公平奖惩、规范整合、社会责任、顾客导向、勇于创新和关心员工成长;清华大学经管学院提出了由8个维度40多道测试题组成的企业文化测评量表,分别为:客户导向、长期导向、结果导向、行动导向、控制导向、创新导向、和谐导向和员工导向。外国学者霍夫斯坦德(Hofstede)的组织文化模型认为,企业文化由价值观和实践两个部分组成,其中价值观由3个独立维度(对安全的需要、以工作为中心、对权威的需要)组成,实践部分则由 6 个独立的成对维度(过程导向—结果导向、员工导向—工作导向、本地化—专业化、开放—封闭、控制松散—控制严格、规范化—实用化)组成;赖利(O'Reilly)、查特曼(Chatman)则使用了组织文化框架(organizational culture profile,简称为 OCP)的测量工具,在研究组织文化对个体影响的相关文献中,OCP 量表是引用最多的量表。

OCP 由 7 个维度 54 个测量项目组成,这 7 个维度分别是创新性(innovation)、稳定性(stability)、关注员工(respect for people)、结果导向(outcome orientation)、关注细节(attnetion to detail)、团队导向(team orientation)、进取性(aggressiveness)。①创新性:即鼓励雇员创新并承担风险的程度;②稳定性:即组织决策的行动强调维持现状的程度;③关注员工:即管理者决策中考虑结果对组织成员影响的程度;④结果导向:即管理者关注结果或成果,而不是如何取得这些成果的程度;⑤关注细节:即期望雇员表现出精确性、关注细节的程度;⑥团队导向:即围绕团队而不是个人的程度;⑦进取性:即雇员富有进取性和竞争性而不是合作性的程度。OCP 具体计分采用了 Q 分类法,即要求被试者对每一测量项目的答案进行选择。每一答案都是 2—4—6—9—12—9—6—4—2 这样对称分布的 9 个选项,从左到右反映了个体的价值偏好,被试者选择一个数字代表他最认可的答案。获得由被试者价值观决定的对组织价值个体偏好的数据,也可获得组织实际价值观的得分,从而综合描述该组织的文化。在许多组织中,通常其中的一个文化维度会高于其他维度,并从本质上塑造该组织的个性以及组织成员的工作方式。当然,当组织文化处于强势时,它对组织施加的强影响力并不一定总是正面的。

四、组织文化的功能

一般来说,组织文化具有凝聚、导向、约束、激励、渗透、塑造等六项基本功能:

(一) 凝聚功能

组织文化通过影响个人的行为、思想、感情、信念、习惯,培育组织成员的认同感、使命感、自豪感和归属感,建立起成员与组织之间的相互依存关系,从而形成一种无形的合力与整体趋势。员工的这种认同感、使命感、自豪感和归属感的树立,将潜意识地对组织产生一种强烈的向心力,从而统一全体员工的信念和意志,形成共同的价值观念和思维、行为方式,使每个员工都自觉地把个人切身利益与组织的生存发展联系起来,把个人目标与组织目标统一起来,把个人的思想、感情与组织整体联系起来,凝聚成组织活力的源泉。

(二) 导向功能

组织文化反映了员工共同的价值观、共同的追求和共同的利益,对员工有一种强烈的感召力。这种感召力能把员工引导到组织所确定的目标上来,从而协调全体员工的行为并使其趋于一致,以确保组织目标的实现。组织文化的这种导向功能能产生一种精神力量,缓解或协调组织内部的矛盾和冲突,促进组织健康有序地发展。

(三) 约束功能

组织文化是员工在长期交往中的精神、风格、习惯、心理的沉淀,一经形成,反过来又会对组织成员的思想和行为起到约束作用。价值观以及体现价值观的英雄人物在告诉组织成员何种行为是组织需要的同时,也向他们表明了什么样的行为是组织不希望出现的,组织成员因此自觉调整自己的行为,使之符合组织的要求,形成自我约束能力。

（四）激励功能

在满足物质需要的同时,崇高的群体价值观带来的满足感、成就感和荣誉感,使组织成员的精神需要得到满足,从而产生深刻而持久的激励作用。优秀的组织文化是一种情感机制,它尊重个人感情,承认人的价值,关心人、爱护人,倡导亲密友爱、相互信任的组织气氛,产生一种精神振奋、朝气蓬勃、开拓进取的良好风气,激发组织成员的创造热情,从而形成一种激励环境和激励机制,这种环境和机制胜过任何行政指挥和命令,力量无穷。

（五）渗透功能

组织文化的渗透功能主要体现在对内融合和对外辐射两个方面。组织文化的对内融合,能潜移默化地影响员工的思想、性格、情趣和行为,使每一个新员工进入组织后自然而然地融入集体中去。组织文化的对外辐射,则可加速各具特色的组织文化的建设,使各组织之间的组织文化相互交流、融合,促进组织文化的发展、演进。

（六）塑造功能

即树立和塑造组织社会形象的功能。组织文化最集中地概括和体现了组织的宗旨、价值观和行为规范,因而具有塑造组织形象的功能。通过组织文化的宣传和辐射,可以树立组织的社会形象,提高组织的知名度和声誉,扩大组织的社会影响。

五、组织文化对管理决策的影响

因为组织文化规定了在组织中管理者可以做什么和不可以做什么的行为规范,因而在实践中对管理者的行为具有重大影响。组织文化对管理者的约束很少是清晰的,它们并不一定用文字写下来,甚至在口头上也很少明确地提出,但确实存在,并影响着管理者的决策。

当组织文化形成并得到加强时,它会到处蔓延并影响管理者所做的一切,通过左右管理者的知觉、思想和情感影响管理者的决策。组织文化对管理决策的影响如表2-1所示。

表2-1 组织文化对管理决策的影响

计　划	组　织
计划应包含的风险程度 计划应由个人或集体制定 员工是否应有明确和具体的目标 管理参与环境扫描的程度	员工工作中应有的自主权程度 任务应由个人还是小组完成 规范化程度的大小 部门经理间的相互联系程度
领　导	控　制
运用何种激励技术 采用怎样的领导方式 是否消除所存在的分歧	采用何种控制方式 员工业绩评价时应强调哪些标准 超过预算时应有怎样的反应

第四节　组织环境与组织文化管理

一、组织环境的管理

管理者的工作成效往往取决于他们对环境的了解、认识和掌握的程度。如果管理者不理解环境是如何影响他们的组织的,将不能分辨可能很重要的机会或威胁,那么,他们决策和实施计划的能力就十分有限。但是得到环境的信息是不容易的,环境的不确定性就意味着管理者没有足够的信息去了解环境和预测未来。不确定性是由两个因素引起的:复杂性与动荡性。复杂性指管理者处理问题的数量和其内部关联性;动荡性指行业内部发生连续的变化程度。随着环境的不确定性的加剧,管理者必须开发、收集、分类、解释环境信息的技术和方法,通过分析环境,管理者可以分辨出组织的机会和威胁。

（一）组织环境状态

要管理环境,首先必须了解组织所处的环境状态。不同的组织处于不同的环境之中,那么如何来衡量组织环境的不同状态呢？本章采用汤姆森(James D. Thompson)所提出的方法,即用环境的变化程度和复杂程度来衡量一个组织所处的环境状态。

1. 环境的变化程度

根据环境的变化程度,可将组织环境分为动荡环境和稳定环境两类。形成环境的各种因素变化大则为动荡环境;变化小则为稳定环境。稳定环境可能是一个没有新的竞争者,现有的竞争对手也没有技术上的创新,没有什么公众对组织施加压力的环境。在稳定的环境中,管理人员可以比较准确地进行计划和预测。例如,消费者对电力的需求一般是随季节和气候变化的,我们可以根据这个规律进行电力需求量预测,进而制定各季度发电和供电计划。但管理人员更加关注的是动荡环境,也就是预测的环境变化。如果某种变化是可预测的,那么它仍不属于管理者要专门处理的对象。

2. 环境的复杂程度

环境的复杂程度与组织环境的组成因素多少及组织对其环境影响因素的了解程度有关。根据环境的复杂程度,可将组织环境分为复杂环境和简单环境。一个组织需要接触的顾客、供应商、竞争对手、政府机构越少,其环境越简单;组织需要接触的顾客、供应商、竞争对手、政府机构越多,其环境越复杂。

3. 典型的组织环境状态

由环境的变化程度和环境的复杂程度可形成四种典型的组织环境状态,如表 2-2 所示。

（1）稳定而简单的环境。在这种环境中的组织处于相对稳定的状态,管理者对内部可采用强有力的组织结构形式,通过计划、纪律、规章制度及标准化程序等来管理。一般的日用品生产组织大都处于此种环境。

（2）动荡而简单的环境。处于这种环境中的组织一般都处于相对缓和的不稳定状态之中。面临这种环境的组织一般采用调整内部组织管理的方法来适应变化中的环境。纪律和规章制度仍占主导地位,但可能在其他方面(如市场营销)需要采取强有力的措施,以应对快速变化的市场。如音像制品组织等多属于这一环境中的组织,它们面临的竞争对手不多,材料供应商只有固定的几个,销售渠道单一,涉及的政府管理部门也有限。尽管环境影响因素不多,但它却面临着技术和市场需求的迅速变化。

表2-2 组织环境

环境状态		变化程度	
		稳定	动荡
复杂程度	简单	环境影响因素较少 环境因素变化不大 环境因素容易了解	环境影响因素较少 但在不断变化之中 环境因素比较容易掌握
	复杂	环境影响因素较多 环境因素基本保持不变 掌握环境因素较难	环境影响因素多 且在不断变化之中 掌握环境因素困难

(3)相对稳定但复杂的环境。一般来说,处于这种环境中的组织为了适应复杂的环境都采用分权的方式,强调根据不同的资源条件来组织各自的活动。不管怎样,它们都必须面对众多的竞争对手、资源供应者、政府部门和特殊利益代表组织,并作出管理上的相应改变。如汽车制造组织大多处于这种环境。

(4)动荡而复杂的环境。一般环境和任务环境因素的相互作用有时会形成非常动荡而复杂的环境。面临这样的环境,管理者就必须强调组织内部各方面及时有效地相互联络,并采用权力分散下放和各自相对独立决策的经营方式。一般而言,家电组织和高新技术组织都面临着技术周期缩短、创新过程加速、市场需求变化迅速、竞争对手对抗剧烈的动荡而复杂的环境。

(二)组织环境管理的一般步骤

1. 环境扫描

环境扫描犹如企业的一部自动化的雷达系统,应随时不断地对外部空域或环境进行快速扫描,发现目标、捕获信息,以解释和预测环境变化,为未来决策提供依据和方向。阿奎拉(F.J. Aguilar)在其著作《商务活动环境扫描》中将环境扫描定义为是指获取关于事件、趋势以及组织与环境关系的信息。本书认为,环境扫描是指收集、分析组织与环境关系的信息,觉察正在出现的趋势,以从信息、知识和情报的层次上保证决策的制定和实施的活动过程。

当今日益增大的不确定和难以预测的竞争环境,使得越来越多的企业认识到需要对它们的竞争环境进行系统的扫描和分析。

管理者可以提问以下类似的问题,对这些问题的回答是最好地面对竞争环境进行管理所必需的:①我们目前的竞争者是谁?②我们行业进入壁垒是多还是少?③我们产品和服务的替代品是什么?④我们是否依赖有势力的供应商?⑤组织是否非常依赖有势力的顾客?

根据上述环境扫描,组织可以描述出两个截然不同的竞争环境,一种是有吸引力的环境,为组织提供竞争优势;而另一种是无吸引力的环境,使组织处于竞争的劣势,如表2-3所示。

表 2-3 竞争环境扫描结果

环境因素	没有吸引力	有吸引力
竞争者	许多,较低的产业增长,相同规模,同类产品	少,产业增长快,规模不同,差异化
进入威胁	很大的威胁,进入壁垒少	威胁小,进入壁垒多
替代品	许多	很少
供应商	少,高的议价能力	许多,较低的议价能力
顾客	少,高的议价能力	多,较低的议价能力

2. 制定方案

管理者试图确定环境力量对组织的影响,他们经常制定假定方案,把各种因素的不同组合加入组织的环境中。假定方案中通常包括一个最佳方案,一个最坏的方案和几个一般的方案。假定方案的价值在于帮助管理者做出可能的应急计划。

3. 变化预测

环境扫描用来找出重要因素,假定方案用来构造未来的不同状况,预测用来精确的预计有哪些变量未来会变化。例如,为进行投资,为了确定扩大或者收缩业务,需要预测顾客对产品和服务的需求。预测用来帮助管理者对未来做出判断,其可行性依据应用状况而不同。因为他们依据过去预测未来,当未来与过去有许多的相似之处时,预测会很精确。当然,在这种情况下,我们不需要复杂的预测。当未来完全不同于过去时,预测最有用,遗憾的是,此时预测不可能精确。形势变化越大,预测的可靠性越低。

4. 对环境做出反应

组织对环境的反应可以分为三类:适应环境、影响环境、选择新环境。

(1) 适应环境。为了与环境的不确定性对应,组织经常对他们的结构和工作流程进行调整。在环境的复杂性引起的不确定性的情况下,组织可以通过分权来适应,例如,如果组织在很多的市场面临竞争者的增加,如果不同的顾客需要不同的产品,如果不同的产品的不同特性持续增加,如果产品在不同的国家和地区生产,那么要求管理者了解所有的活动、理解所有的运作细节是不可能的,在这些情况下,高层管理者可以向较低层次的管理者授权以便他们做出于组织有利的决定。

为了响应环境变化引起的不确定性,组织趋向于建立更加灵活的组织结构。在今日的商界,大多数人已经认识到官僚组织不能与"不符合规则"的变化或者例外环境适应。环境稳定时官僚组织是有效的和控制的,当产品、技术、顾客、竞争者变化时它变化缓慢,在这些情况下,更有机的组织结构具有适应变化的灵活性,决策多是通过相互交流和个人之间的相互调整达成的。管理环境不确定性的四种反应方法如表 2-4 所示。

表 2-4 管理环境不确定性的四种反应方法

情况	稳定	动态
复杂	分权、官僚(标准技能)	分权、有机(相互调整)
简单	集权、官僚(标准工作流程)	集权、有机(直接监督)

(2) 影响环境。除了适应和反应环境,组织可以主动的影响和改变环境,两种主动反应类型包括独立行动和合作行动。

① 独立行动。独立行动是指一个组织依靠自己改变现有环境。下表列出了这些独立行动形式的定义和使用。例如,西南航空组织进入一个新的市场,他们通过竞价从而使其他效率低的组织也得跟着降价来说明其竞争威胁。相反,克劳格公司采取联盟的策略有效地增强力量,并减少了组织的成本和风险。许多的例子显示出组织依靠自身的力量是如何影响环境的,如表2-5所示。

表2-5 组织独立行动的形式

独立行动形式	定 义
竞争攻击	挖掘独特竞争力或者提高内部效率创造竞争优势
竞争妥协	与竞争者改善关系的独立行动
公共关系	在环境组成人员中建立和保持良好形象
义务行动	义务参加各种利益集团、解决活动、社会问题
法律行动	组织与竞争者就不信任、欺骗广告等其他问题,进行司法活动
政治行为	努力影响法人代表创造一个更有利的商业环境或者减少竞争者

② 合作行动。即两个或者多个组织通过合作影响环境。供应商和消费者、管理者和工会就他们未来的关系签署正式协议就是这样的例子。在更有组织性的情况下,组织建立战略联盟、合伙、合资组织以及与竞争者联合来适应环境的不确定性。合作行动在下列情况下有用:联合行动将减少组织的成本和风险;合作将增强他们的力量。表2-6是几个合作行动的例子。

表2-6 合作行动的形式

合作行动形式	定 义
合 同	组织与其他集团就交换产品、服务、信息、专利等方面的活动进行谈判
增 添	在组织领导结构中吸收新的要素,规避对其稳定和生存的威胁
联 盟	在一段时间内就某一系列问题,两个或者多个组织结合联盟

如上所述,组织可以通过改变自身来适应环境,或者改变环境来减少环境的不确定性。这称之为战略调配。

(3) 选择新环境。组织对环境的积极反作用不仅表现为采取诸如主动地了解环境状况,获得及时、准确的环境信息;通过调整自己的目标,避开对自己不利的环境;通过自己的力量控制环境的状况和变化,使之适应自己活动和发展等做法,也包括通过自己的积极活动创造和开拓新的环境,并主动地改造自身,建立组织与环境新的相互作用关系这一选择新环境的反应方式。

二、组织文化的管理

(一) 组织文化管理的重要性

面对的市场竞争愈加激烈,需要不断地来应对来自国内外的各种挑战,而想要实现组织管理的有效进行，保持组织可持续发展，就必须实现组织管理制度和组织文化之间的有效融合，达到共生与双向互动。作为管理者，对管理制度和组织文化之间的关系进行深入的剖析，正确处理两者之间的关系已成为当今组织提高核心竞争力的重要途径。组织文化涵盖了组织的物质文化、行为文化、制度文化和精神文化，组织管理制度本身能体现出组织文化，因此组织管理制度化过程是推动组织文化发展的重要手段。组织文化有着促进组织制度的有效实施和不断创新的作用。在组织文化形成之前，制度的执行只能靠外在的监督进行约束，一旦监督不力员工就极有可能不按要求去做，组织管理成本很高；组织文化一旦形成，员工的行动就会变成一种自愿的行为，无需加强监管。优秀组织文化的建设，可以激发员工的"自律意识"，从而降低组织管理成本，更有助于组织长期稳定的发展。

（二）组织文化管理的步骤

1. 初创期的组织文化建设

组织在创立和发展过程中逐渐形成一套行之有效，组织内部广泛认可的一些组织运营的理念或者思想。这一阶段组织文化的基本特点就是具有鲜活的个性特征，零散的而非系统的，在组织内部可能是"未经正式发布的或声明的规则"。在这一个过程中，组织关注的是发展进程中那些难忘的、重大的事件或者案例背后所体现出的文化气质或者精神价值。这些事件或者案例的背后往往是在组织面临着巨大的利益的冲突和矛盾的情境下发生的，这种冲突和矛盾下的组织选择正是组织价值观的具体体现。

2. 成长期的文化总结

组织经过一段时间的发展，在取得一定的市场进步或者成功时候，就需要及时总结和提炼组织市场成功的核心要素有哪些。这些成功要素是组织在一定时期内的成功的工具和方法，具有可参考或者复制的一般性意义。更加重要的是，组织往往在取得市场成功的同时，吸引了更大范围、更多数量的成员加盟。各种管理理念与工作方法交汇冲突，组织如果缺乏共同的价值共识往往会发生内部离散效应。这一阶段对组织而言最重要的就是亟待自觉地进行一次文化的梳理与总结，通过集体的系统思考进行价值观的发掘与讨论，并在共同的使命和愿景的引领下确定共同的价值共识。

3. 发展期的文化冲突管理

日益庞大的组织规模和多元化的员工结构，为文化的传播和价值理念的共享提出了新的挑战，前期总结和提炼的价值理念体系如何得到更大范围内组织成员的认同就成了这一阶段最为重要的事情。文化落地与传播的手段和工具不计其数，从实践来看，组织应该遵循"从易到难、由内而外、循序渐进"的原则开展文化落地建设。

（1）文化传播平台和渠道的建设。组织首先要建设一个打通内外，联系上下的传播平台。所谓打通内外就是要发挥好文化对内凝聚人心，对外传播形象的作用，既要在内部传播，更要重视对外的展示。所谓联系上下，就是要建立一套高层与员工能够平等互动的文化沟通管道。从实践来看这样几个平台是必不可少的：信息交流与沟通平台，文化案例与杰出人物代表，日常活动建设以及专题活动建设等。

（2）价值观的识别与管理。组织在确立自我的价值体系之后，要能有效地识别和管理组织内部的价值观,最重要的就是做好人才输入时的价值观甄选、组织内部日常的价值观检测以及员工的价值观培养与矫正等三项工作。首先,价值观测评是一个对人才进行有效甄选的工具和方法,保证进入的员工在价值观与理念方面与组织具有较强的一致性或较高的匹配度;其次,岗位素质模型也是落实文化理念与价值规范的良好载体。

4. 组织文化的再造与重塑

任何一个阶段性的总结和提炼并不代表着组织的经营者们掌握了全部真相或绝对真理,因此,一个健康的组织一定是有一个"活的"文化体系与之相伴相生,这个活的文化体系并不具备自动进化的智能,需要组织持续不断地进行系统思考,并根据组织内外的环境与组织发展的需要进行文化的更新、进化,甚至是再造。

海尔集团的组织文化

【课后思考】

1. 环境与组织的关系如何?为什么环境研究对于管理十分重要?
2. 造成组织业绩不确定的因素主要有哪些?这些因素主要是竞争环境因素还是一般环境因素或者是其他因素?
3. 请分析学校所处的社会风气是否属于环境因素?如果是,属于什么环境因素?
4. 组织文化有哪些基本功能?它是如何影响管理实践的?
5. 管理者应如何面对管理环境的挑战?

【技能训练】

1. 选择自己熟悉的一家组织,了解影响该组织经营业绩的各方面因素。然后运用本章所学知识,系统描述该组织的一般环境因素和竞争环境因素,并说明这些因素如何对该组织的绩效产生影响。
2. 请与你的同学一起,运用本章所学知识,描述你所在班级的文化,并与同学总结归纳该班级文化的形成过程,以及它对你学习与生活的影响。

【自我检测】

一、单项选择题

1. 下列选项中不属于一般环境因素的是(　　)。
 A. 经济环境　　　　　　　　B. 人社会文化环境
 C. 科学技术环境　　　　　　D. 竞争环境

2. 一般环境因素中的(　　)条件包括教育水平、价值观念、道德伦理、自然资源等。
 A. 技术　　　　B. 经济　　　　C. 文化　　　　D. 政治

3. 环境不确定性中反映环境构成要素的数量,以及组织对要素了解的程度的维度是环境的(　　)。
 A. 稳定性　　　　　　　　　B. 复杂性
 C. 相关性　　　　　　　　　D. 竞争信息

4. 下列选项中不属于精神文化的是（　　）。
A. 价值观念　　　　　　　　　　B. 职工素质
C. 优良传统　　　　　　　　　　D. 规章制度
5. 下列选项中不属于组织文化基本功能的是（　　）。
A. 凝聚功能　　　　　　　　　　B. 约束功能
C. 激励功能　　　　　　　　　　D. 变革功能

二、判断题

1. 企业的绩效如何完全取决于其自身的人、财、物各方面状况，与外部经营环境无关。（　　）
2. 企业的一般外部环境就是指竞争环境。（　　）
3. 就企业与外部环境的关系而言，只能是外部环境影响企业经营，企业无法改变外部环境。（　　）
4. 社会风俗、文化传统往往对组织产生重要的影响。（　　）
5. 企业文化的功能在于凝聚人心，对员工的思想、行为影响不大。（　　）

三、简答题

1. 如何理解管理环境的定义？
2. 一般环境因素有哪些？
3. 具体环境因素有哪些？
4. 如何理解组织文化的含义？
5. 组织文化如何分类？

四、案例分析

共享单车的困境

共享单车是共享经济形态下产生的新物种，企业与政府进行合作，在户外公共区域如校园、公交地铁站点、居民区、商业区、公共服务区等提供自行车共享服务，它的特点主要是共享经济、互联网＋、智能解锁、低碳和环保。2016年底，OFO共享单车最先进入共享单车行业，摩拜单车紧跟其后，据统计，2016年至少有25个新的共享单车品牌进入这一行业。共享单车的出现对于满足公众"最后一公里"出行需求，带动健康、环保、绿色出行有着重要的意义，与当下崇尚低碳环保、健身强体的生活理念相吻合。

共享单车行业发展快速，但欲速则不达，随之而来的一些社会问题也不断出现。一方面，部分企业对城市单车的投放数量以及投放位置没有进行合理规划。另一方面，共享单车企业自身运营的管理水平参差不齐；例如对故障单车维修不及时，对不规范停车的行为没有进行有效监管。2017年8月，全国各地开始出台单车限投禁令，交管部门开始加强对城市共享单车的清理力度。

问题：
1. 你认为组织外部环境对企业的经营产生了什么样的影响？
2. 共享单车行业的环境不确定性程度如何？
3. 请尝试对共享单车行业进行PEST模型分析。

第三章　管理理论的形成与发展

【趣味阅读】

有一天,动物园管理员们发现袋鼠从笼子里跑出来了,经过一番讨论,大家一致认为是笼子的高度过低所致,所以就决定将笼子的高度由原来的 3 米加高到 4 米。但是,第二天他们发现袋鼠还是跑到了笼子外面。于是,管理员们决定再将笼子的高度加到高 5 米。

没想到隔天袋鼠居然全跑出来了。管理员们大为紧张,决定一不做二不休,将笼子的高度加高到 100 米。

后来长颈鹿和袋鼠们闲聊,"你们看,这些人会不会再继续加高你们的笼子?"长颈鹿问。

"很难说。"袋鼠说,"如果他们再继续忘记关门的话!"

【管理启示】

其实,很多时候人都是这样,只知道有问题,却不能抓住问题的核心和根本。那么,引发问题产生的管理原因究竟何在,对策如何? 相信学习完本章内容,你能找到答案所在。

【学习目标】

1. 了解中西方早期管理思想的萌芽。
2. 熟悉古典管理理论的代表人物及其主要管理思想。
3. 熟悉行为管理理论的代表人物及其主要管理思想。
4. 了解现代管理理论丛林中的主要管理学派及其思想。
5. 了解当代管理理论的新发展。

【教学要求】

知识要点	能力要求	相关内容
早期管理思想	(1) 了解中西方早期管理思想的萌芽 (2) 理解儒家、道家、墨家的管理思想 (3) 识记亚当·斯密的劳动分工理论内容	(1) 中国早期管理思想代表人物及其主要观点 (2) 西方早期管理思想的代表人物及其主要观点
古典管理理论	(1) 掌握泰罗科学管理理论的主要内容 (2) 掌握法约尔的一般管理理论主要思想 (3) 知晓官僚制组织的基本特征	(1) 泰罗的科学管理理论 (2) 法约尔的一般行政管理理论 (3) 马克斯·韦伯的管理组织理论

续 表

知识要点	能力要求	相关内容
行为管理理论	(1) 了解人际关系学说的早期贡献者 (2) 知晓霍桑试验的主要阶段 (3) 掌握梅奥的人际关系学说理论	(1) 人际关系学说的早期贡献者 (2) 梅奥及其领导的霍桑试验 (3) 人际关系学说
现代管理理论	(1) 了解"管理理论的丛林"现象提出者 (2) 掌握系统理论、权变理论、管理科学等学派的代表人物及其观点 (3) 了解当代管理理论的新发展	(1) 现代管理思想 (2) 管理理论丛林 (3) 当代管理理论的新发展

第一节　早期管理思想

一、早期管理思想形成的历史背景

在古代社会的长期历史进程中,人们对管理实践的思考处在不自觉的状态中,对管理的具体问题与具体环节、方法等提出了很多见解,记录下了许多成功的管理经验和方法,从而形成了丰富的古代管理思想遗产。然而,这些管理思想是分散零碎的,缺乏理论的分析和概括,更谈不上思想体系。直到 19 世纪后期,在社会生产力高度发展与科学技术飞跃进步的推动之下,管理问题才得到重视和关注,对管理实践的观察研究和总结不断发展,使人们对管理的认识不断系统与深入,管理思想逐渐形成一个独立的思想体系,进而发展成为一门学科。管理学的产生,使管理思想的发展进入了一个崭新的境界。

二、早期管理思想的代表人物及其主要观点

（一）中国早期管理思想

中国古代传统的管理思想,对世界,特别是对东方的文化产生过巨大影响,出现过像孔子(孔丘)、管子(管仲)、荀子(荀况)、墨子(墨翟)、老子(老聃)、庄子(庄周)、孙子(孙武)、韩非子、商鞅、李斯、诸葛亮、李世民(唐太宗)、王安石、康熙(玄烨)等一大批政治家、军事家、思想家和教育家,同时他们也称得上是伟大的管理学家。中国早期的管理思想主要包括儒家管理思想、道家管理思想和墨家管理思想。

1. 儒家管理思想

孔子是儒家管理思想的代表人物。儒家管理思想归纳起来主要包括以下几个方面：

（1）民本思想。民本思想强调管理活动要以民为本,重视人的因素,提倡德治和仁政。孔子在《为政》中强调"为政以德,譬如北辰,居其所,而众星共之",此处为政即指管理,其意思是说如果领导者以德治路线进行管理,就会像北极星一样定居在天的中枢,而其他星球就会围绕着它转动。

（2）中庸思想。中庸是孔子和儒家管理思想的基础,中庸的本意是讲对事不偏不倚,折中和调和。用中庸去引导人们,用中庸思想启发大家去认识在管理工作中存在着一个"度"的问题,例如

用财有度、用人有度、赏罚有度、批评有度、处理人际关系有度等等。这一观念应该说对管理活动是颇有启发和现实意义的。

(3) 人和思想。儒家主张"礼之用,和为贵"。在《论语·子路》中,孔子说"君子和而不同,小人同而不和"。这里所说的"和"是指社会成员之间协调与和睦,而不是无原则的苟同与同流合污。人和在现代管理中,可以理解为企业成员之间通过彼此理解和沟通,建立良好的人际关系,同心协力,完成组织目标。

(4) 义利观。孔子所强调的"义"是指礼仪道德,"利"是指利益。孔子在《里仁》一文中强调"君子喻于义,小人喻于利"。从现代的观点看,"利"和"义"是矛盾的统一体,彼此相互渗透,相互转化,企业经营和激励中的义利观也是辩证的统一,对人的管理既要重视物质利益,又要重视精神因素。尤其是领导层,重义轻利、先义后利的提法实质上是对西方国家早期的功利主义的批判和否定。

2. 道家管理思想

老子是道家学派的创始人,著有《老子》一书,《老子》又称《道德经》,分《道经》和《德经》上下两篇。《老子》这部书有丰富的管理思想,既有"治国",又有"用兵";既有宏观调控,又有微观权术,因此被称为"君王南面之术"的重要著作。战国时期道家学派的代表人物有庄周、杨朱等。道家的管理思想主要表现在以下几个方面。

(1) 无为而治的管理原则。老子哲学的最高范畴是道。"道"本义指道路,后来引申为法则、规律的意思。老子认为,实现"无为"的管理原则,是要使社会上的一切人,包括统治者和被统治者,都"无为"和"不敢为"。"无为"是一个普遍适用于任何管理过程的原则,不论是政治管理、经济管理、军事管理或社会文化管理,都概莫能外。老子在治国问题上一贯强调"政简刑轻",反对以繁复苛重的政治、法律手段治国。"无为"作为一个宏观的管理原则,意味着国家对私人的活动(尤其是经济活动)应采取不干预、少干预的放任的态度。

(2) 以弱胜强的管理策略。《老子》的"以弱胜强"思想包括以下内容:其一,"哀者胜"——以弱胜强的前提条件。老子曾经指出"抗兵相加,哀者胜矣"的观点。"哀者胜"只是以弱胜强的一个前提条件。其二,"以正治国"——以弱胜强的基础。要想在战争中取胜,首先要做好内治工作来加强自己的实力,这些治国、治军的工作事先做得越充分,战斗的实力就越强大。其三,后动制敌——以弱胜强的实现。老子的以弱胜强思想,除了要求"以正治国"外,还要求"以奇用兵"。"以奇用兵"最大的特点是提倡后敌而动、伺机制敌的原则。

(3) 善下的用人思想。老子说:"知人者智。"这就是说,认识人才,发现人才,才称得上有智慧。如何使用人才呢?老子形象地比喻:"江海之所以为百谷王者,以其善下之,故能为百谷王。"在这里,老子把江海比作领导者,把许多河流比作众多的人才,领导者对待人才应该谦下。这对于现代管理中如何识别人才,使用人才有启示作用。

3. 墨家管理思想

墨子是战国时期墨家学派的创始人。墨家的管理思想是针对当时社会的现实问题,站在劝说当权者治国的立场阐述有关管理问题的,有丰富的内容和值得借鉴之处。墨家的管理思想主要包括以下几方面。

(1) 管理目标——民富治国。墨子认为,统治者治理国家的目标是政治清明,法纪井然,国富民众,民富国治。在墨子看来,国家是超阶级的,政府代表全体人民的利益,官府财政充裕有利于对外与四邻诸侯交往,对内食饥息劳,将养万民,所以富国也包含着利民、裕民,强调发展社会经济的意义。

(2) 人际关系——兼相爱,交相利。所谓"兼相爱",即是长幼贵贱皆爱;所谓"交相利",就是利人才能利己,利人也是为了利己。只有这样才能万民和、国家富,百姓温饱无忧虑的理想便可达到了。

(3) 用人之道——尚贤。墨子主张用人唯贤。墨子的尚贤思想,如果补上人才的培养一环,则将是先秦时期较为系统的人才管理思想。

(4) 行政管理——尚同。尚同是与尚贤相辅而行的行政管理原则。墨子认为,政令不一,只能导致社会纷乱。墨子的尚同思想是高度的集权主义,实施自上而下的控制与有效管理。墨子认为的上下级关系是要贯彻高层意志的组织系统与组织原则,用这样的组织关系,建立起自上而下的绝对领导与有效的逐级管理。

(二) 西方早期管理思想

西方文化起源于希腊、罗马、埃及、巴比伦等文明古国,他们在公元前6世纪左右即建立了高度发达的奴隶制社会,在文化、艺术、哲学、数学、物理学、天文学、建筑等方面都对人类做出了辉煌的贡献。埃及金字塔、罗马水道、古巴比伦"空中花园"等伟大的古代建筑工程堪与中国的长城并列为世界奇观。这些古国在国家管理、生产管理、军事、法律等方面也曾有过许多光辉的实践。公元3世纪后,随着奴隶制的衰落和基督教的兴起,这些古文化逐渐被基督教文化所取代。在基督教圣经中所包含的伦理观念和管理思想,对以后西方封建社会的管理实践起着指导性的作用。

随着资本主义的发展和工厂制度的形成,旧的基督教教义与资本主义精神发生了冲突,于是产生了基督教新教的兴起。在基督教新教教义的鼓励下,经商和管理日益得到社会的重视,有愈来愈多的人来研究社会实践中的经济与管理问题。其中,最早对经济管理思想进行系统论述的学者,首推英国经济学家亚当·斯密。他在1776年出版了《国民财富的性质和原因研究》一书,系统地阐述了劳动价值论及劳动分工理论。

斯密认为,劳动是国民财富的源泉,各国人民每年消费的一切生活日用必需品的源泉是本国人民每年的劳动。这些日用必需品供应情况的好坏,决定于两个因素:一是这个国家的人民的劳动熟练程度、劳动技巧和判断力的高低;二是从事有用劳动的人数和从事无用劳动人数的比例。他同时还提出,劳动创造的价值是工资和利润的源泉,并经过分析得出了工资越低,利润就越高,工资越高,利润就会降低的结论。这就揭示出了资本主义经营管理的本质。

斯密在分析增进"劳动生产力"的因素时,特别强调了分工的作用。他对比了一些工艺和一些手工制造业实行分工前后的变化,对比了易于分工的制造业和当时不易分工的农业的情况,说明分工可以提高劳动生产率。他认为,分工的益处主要是:劳动分工可以使工人重复完成单项操作,从而提高劳动熟练程度,提高劳动效率;劳动分工可以减少由于变换工作而损失的时间;劳动分工可以使劳动简化,使劳动者的注意力集中在一种特定的对象上,有利于创造新工具和改进设备。

他的上述分析和主张,不仅符合当时生产发展的需要,而且也成了以后企业管理理论中的一条重要原理。

20世纪前对管理最重要的影响还有工业革命(industrial revolution),机械力代替了人力,使得在工厂中制造商品更加经济。机械力的出现,大量生产,促进了大公司的发展。约翰·D.洛克菲勒建立了垄断性的标准石油公司,安德鲁·卡内基公司控制了钢铁工业的三分之二,类似的企业家们建立了其他大型企业,这些企业需要正规化的管理,对于规范的管理理论的需求也应运而生。

第二节 古典管理理论

工业革命以后,西方各国社会发生了巨大的变化,如何有效利用技术进步的成果来适应不断扩大的企业规模,成为人们日渐关注的焦点,促使人们对管理的重视和探索上了一个台阶。正是在这种背景下,以泰罗的科学管理理论、法约尔的一般行政管理理论以及韦伯的组织理论等为主要内容的古典管理理论登上了历史舞台。

一、泰罗及其科学管理理论

科学管理理论的基本出发点是提高劳动生产效率。创始人是美国的弗雷德里克·泰罗(Frederick W.Taylor,1856—1915),他是最先突破传统经验管理格局的先锋人物,被称为"科学管理之父"。他从基层管理者角度研究了磨洋工、劳资冲突等问题。科学管理学派的其他代表人物还包括吉尔布雷斯夫妇(Frank B.Gilbreth,1868—1924;Lillian M.Gilbreth,1878—1972)以及甘特(Henry L.Gantt,1861—1919)等。

(一)泰罗的贡献

泰罗从"车床前的工人"开始,重点研究企业内部具体工作的效率。在他的管理生涯中,他不断在工厂实地进行试验,系统地研究和分析工人的操作方法和动作所花费的时间,逐渐形成其科学管理理论体系。泰罗在他的著作《科学管理原理》一书中阐述了科学管理理论,使人们认识到了管理是一门建立在明确的法规、条文和原则之上的科学。泰罗的科学管理理论主要有两大贡献:一是管理要走向科学,二是劳资双方的精神革命。泰罗认为科学管理的根本目的是谋求最高劳动生产率,最高的工作效率是雇主和雇员达到共同富裕的基础,达到最高的工作效率的重要手段是用科学化的、标准化的管理方法代替经验管理。泰罗的科学管理理论主要包括以下几方面内容:

1. 劳动定额

泰罗认为科学管理的根本就在于提高劳动生产效率,因为科学管理如同节省劳动的机器一样,其目的在于提高每一单位劳动力的产量,所以需要制定出有科学依据的工人的"合理的日工作量"。泰罗的方法是把工人的操作分解为基本动作,再对尽可能多的工人测定完成这些基本动作所需的时间。同时选择最适用的工具、机器,确定最适当的操作,消除错误的和不必要的动作,将得出的最有效的操作方法作为标准,最后将完成这些基本动作的时间汇总,加上必要的休息时间和其他延误时间,就可以得到完成这些操作的标准时间,据此制定一个工人的"合理的日工作量",即所谓的劳动定额。泰罗在伯利恒钢铁公司进行了一项工人搬运生铁的实验,操作方法改进后使工人每天搬运生铁的数量普遍从12.5吨提高到47.5吨,增加了3.8倍,工人工资由每天1.15美元增加到1.85美元。

2. 挑选和培训工人

泰罗认为想要提高劳动生产效率必须为工作挑选第一流的工人。所谓第一流工人包括两个方面:一是该工人的能力最适合他所从事的工作,二是该工人从内心愿意从事这项工作。因为每个人的天赋与才能不同,他们所适宜做的工作也各异,要根据人的不同能力和天赋把他们安排到相应的工作岗位,使之成为第一流的工人。泰勒在西蒙兹滚轧机公司做的自行车滚珠实验证明了科学挑选工人的重要性。对那些不适合从事工作的工人,应加以培训,使之适合工作需要,或把他们重新安排到其他适宜的工作岗位上去。泰罗认为培训工人使其成为第一流的工人是领导的职责。

3. 标准化

要求工人掌握标准化的操作方法,使用标准化的工具、机器和材料,并使作业环境标准化就是标准化原理。泰罗在伯利恒钢铁公司做过有名的铁锹实验。当时公司的工人各自拿着自家的铁锹上班,而且铁锹的形状、大小不等。泰罗经过观察发现,由于物料的比重不一样,一把铁锹的负载大小也会不一样。经过实验,最后确定一个头等铲运工的铲运负载大致为21磅时,每天完成的铲运量最大。根据实验的结果,泰罗针对不同的物料设计不同形状和规格的铁锹,以后工人上班时不再自带铁锹,而是根据物料情况从公司领取特制的标准铁锹,工作效率大大提高,这是工具标准化的典型事例。

4. 差别计件工资制

制定标准定额是泰罗工资制的基础。泰罗认为,工人磨洋工的一个重要原因是报酬制度不合理,计时工资不能体现劳动的数量。计件工资虽能体现劳动的数量,但工人担心劳动效率提高后雇主会降低工资率,这样等同于劳动强度的加大。针对这些情况,泰罗提出在标准定额的基础上实行新的工资制度,即差别计件工资制。差别计件工资制是在"工资支付对象是工人而不是职位"思想指导下,按照工人是否完成其定额而采取高低不同的工资率,即完成定额的可按工资标准的125%计算工资,而完不成定额的只按80%计算工资,以鼓励工人千方百计完成工作定额。

5. 计划职能与执行职能相分离

泰罗认为一个"全面"的工长应具备九种品质,即教育、专门知识或技术知识、机智、充沛的精力、毅力、诚实、判断力或常识、良好的健康情况等。泰罗认为要找到一个具备上述三种品质的人并不太困难,找到一个具备上述五种或六种品质的人就比较困难,而要找到一个能具备七八种上述品质的人,几乎是不可能的。为解决这一矛盾,泰罗提出了分阶段的职能工长的主张,因为把工长的工作专业化后,对任职者的体力和脑力的要求也就相应降低了。

泰罗把责任分为两大类:执行职责和计划职责。在执行部门可分解为:工作分派负责人、速度管理员、检查员、维修保养员。在计划部门又可分解为:工作流程管理员、指示卡片管理员、工时成本管理员、车间纪律管理员。这样,原旧式组织中一个工长的工作由八名职能工长分管,为此解决当时缺少综合管理人才的矛盾。泰罗认为,工人在其工作中的任何一个具体方面只有一个职能工长领导,因此不会引起多头领导而使工人无所适从。而且,由于每个职能工长只需学会履行有限的职责,所以培训职能工长的工作将较为容易。

6. 例外原则

泰罗认为,规模较大的企业管理必须应用例外原则。所谓例外原则,是指企业的高级管理人员把一般的日常事务授权给下级管理人员去负责处理,而自己只保留对例外事项、重要事项的决策和监督权,如重大的企业战略问题和重要的人员更替问题等。泰罗在《工厂管理》一书中曾指出:"经理只接受有关超常规或标准的所有例外情况、特别好和特别坏的例外情况、概括性的、压缩的报告,以便使他有时间考虑大政方针并研究他手下的重要人员的性格和合适性。"泰勒提出的这种以例外原则为依据的管理控制方式,后来发展为管理上的授权原则、分权化原则和实行事业部制等管理体制。

（二）科学管理理论的其他贡献者

美国工程师弗兰克·吉尔布雷斯（Frank Bunker Gilbreth）夫妇以及亨利·L.甘特（Henry L. Gantt）是坚定且杰出的科学管理理论的追随者,他们在寻找最优作业方法的过程中,创造了许多实用管理方法,他们的动作研究等成果至今仍在运用、传播与发展。后人将他们的主张称为"效率主义"。

1. 吉尔布雷斯夫妇对科学管理的贡献

吉尔布雷斯夫妇的主要贡献有分解各种最基本的操作,进行细致的动作研究;进行疲劳研究,寻找工作时间和休息时间的最佳搭配方式;强调进行制度管理;探讨工作、工人和环境之间的互动关系;重视管理人员的培训和发展。他们的研究步骤是:①通过拍摄照片来记录工人的操作动作;②分析哪些动作是合理的、应该保留的,哪些动作是多余的;③制定标准的操作程序。与泰罗相比,吉尔布雷斯夫妇的动作研究更加细致和广泛。

2. 甘特对科学管理思想的贡献

美国管理学家、机械工程师甘特是泰罗在米德维尔钢铁公司和伯利恒钢铁公司工作时的重要合作者。他最主要的贡献是创造了用来帮助管理的计划图,后人称这种用于标明计划与实际作业情况的图为"甘特图";甘特提出实行"工作任务和资金"的工资制度,又称为"计件奖励工资制",即对于超额完成定额的工人,除了支付日工资外,超额部分还以计件的方式发给工人奖金;对于完不成定额的工人,工厂只支付工人日工资。由于这种工资制可使工人感到收入有保证,劳动积极性也因此而提高。这也说明了有保障的工资也是工作动力的一种。甘特还提出了实行对工人进行指导而不是驱使的管理思想,他在晚年强调企业的重点是服务而不是追求利润。

（三）科学管理理论的局限性

泰罗的科学管理理论使人们认识到了管理学是一门建立在明确的法规、条文和原则之上的科学,它适用于人类的各种活动,从最简单的个人行为到大公司的业务活动。科学管理理论对管理学理论和管理实践的影响是深远的,科学管理的许多思想和做法被许多国家参照采用。20世纪以来,科学管理在美国和欧洲大受欢迎。一百多年来,科学管理思想仍然发挥着巨大的作用。

当然,泰罗的科学管理理论也有一定的局限性,如研究的范围比较小,内容比较窄,侧重于生产作业管理。另外,泰罗对于现代企业的经营管理、市场营销、财务管理等都没有涉及。更为重要的是他对人性假设的局限性,即认为人仅仅是"经济人",这无疑限制了泰罗的视野和高度。但这些也正是需要泰罗之后的管理大师们创建新的管理理论来加以补充的地方。

二、法约尔及其一般行政管理理论

泰勒的科学管理开创了西方古典管理理论的先河。在科学管理理论被传播之时,欧洲也涌现一批古典管理的代表人物,其中影响最大的是亨利·法约尔。亨利·法约尔(Henri Fayol)是古典管理理论在法国的杰出代表,他提出的一般管理理论对西方管理理论的发展具有重大影响,是管理过程学派的理论基础,也是以后各种管理理论和管理实践的重要依据之一。亨利·法约尔的代表著作是1916年发表的《工业管理与一般管理》,他主要从高层管理者角度研究了整个组织的管理问题。法约尔一般管理理论的主要管理思想及贡献包括以下几方面:

(一)区分了经营与管理的概念并论述了人员能力的相对重要性

亨利·法约尔认为,经营和管理是两个不同的概念。经营由六项活动组成,即①技术活动,指生产、制造、加工等;②商业活动,指购买、销售、交换等;③财务活动,指资金的筹措及运用;④安全活动,指设备和人员保护;⑤会计活动,指存货盘点、成本核算、统计等;⑥管理活动,指组织内行政人员所从事的计划、组织、指挥、协调和控制活动。亨利·法约尔认为,所有的组织成员都应具备从事上述六种活动能力,但对不同层次和不同组织的人员来说,这些能力的相对重要性不同。

(二)概括并详细分析了管理的五项职能

亨利·法约尔指出,管理是一种普遍存在于各类组织内的活动,对应着计划、组织、指挥、协调和控制五项职能。计划是指对有关事件的预测,并且以预测的结果为根据,拟定出工作方案。组织是指为组织中各项劳动、材料、人员等资源提供一种结构。指挥是指有关促使组织成员为达成目标而行动的领导艺术。协调是指为达成组织目标而进行的维持必要的统一的工作。控制是指保证各项工作按既定计划进行。

(三)提出了管理中具有普遍意义的十四项原则

法约尔根据自己的管理经验,总结出具有普遍意义的十四项管理原则。

1. 劳动分工原则

劳动分工不只适用于技术工作,也适用于管理工作,应该通过分工来提高管理工作的效率。但是,劳动分工有一定的限度,不应超越这些限度。

2. 权力与责任原则

法约尔认为,要贯彻权力与责任相符的原则,就应该设置有效的奖励和惩罚制度,应该鼓励有益的行动而制止与其相反行动。即权、责、利相结合的原则。

3. 纪律原则

纪律应包括两个方面:企业与下属人员之间的协定和人们对这个协定的态度及遵守的情况。法约尔认为,纪律是一个企业兴旺发达的关键,没有纪律,任何一个企业都不能兴旺繁荣。纪律是领导人造就的,无论哪个社会组织,其纪律状况都主要取决于其领导人的道德状况。

4. 统一指挥原则

按照统一指挥原则的要求，一个下级人员只能接受一个上级的命令。如果两个领导人同时对同一个人或同一件事行使他们的权力，就会出现混乱。

5. 统一领导原则

统一领导原则与统一指挥原则不同。统一领导原则是指对于力求达到同一目的的全部活动，只能有一个领导人和一项计划。统一指挥原则讲的是，一个下级只能接受一个上级的指令。这两个原则之间既有区别又有联系。统一领导原则讲的是组织机构设置的问题，即在设置组织机构的时候，一个下级不能有两个直接上级。而统一指挥原则讲的是组织机构设置以后运转的问题，即当组织机构建立起来以后，在运转的过程中，一个下级不能同时接受两个上级的指令。"统一指挥"里"指挥"一词词义偏重于动词，而"统一领导"中领导一词偏重于名词，指的是组织机构的一环节。

6. 个人利益服从整体利益的原则

法约尔认为这是人们都十分明白清楚的原则，但是，往往无知、贪婪、自私、懒惰以及人类的一切冲动总是使人为了个人利益而忘掉整体利益。成功坚持这个原则的办法是：①领导人的坚定性和好的榜样；②尽可能签订公平的协定；③认真的监督。

7. 人员的报酬原则

确定人员的报酬首先要考虑的是维持职工的最低生活消费和企业的基本经营状况，在此基础上，再根据职工的劳动贡献，决定适当的报酬方式。不管哪种报酬方式，都应该做到以下几点：①它能保证报酬公平；②它能奖励有益的努力和激发热情；③它不应导致超过合理限度的过多的报酬。

8. 集权原则

法约尔认为，权力的集中或分散是一个尺度问题，关键在于适合企业。在小型企业里，一般由上级领导者直接把命令传到下层人员，所以权力就相对比较集中；而大型企业，在高层领导者与基层人员之间，还有许多中间环节，因此，权力就比较分散。所以提高下属作用的重要性的做法就是权力分散，降低下属作用的重要性的做法则是权力集中。

9. 等级制度原则

贯彻等级制度原则就是要在组织中建立一条不中断的等级链。组织中的等级链能够表明两方面的问题：一是组织内各部门、各环节之间的权力关系。通过等级链，组织成员可以明确谁可以对谁下达指令，谁应该对谁负责。二是组织中信息传递的路线，在正式组织中，信息是按照组织的等级系列来传递的。贯彻等级制度原则，有利于组织加强统一指挥原则，保证组织内信息联系的畅通。但是，一个组织如果严格地按照等级系列进行信息的沟通，则可能由于信息沟通的路线太长而使得信息联系的时间长，同时容易造成信息传递的过程中失真。

10. 秩序原则

秩序原则包括物品的秩序原则和人的社会秩序原则。所谓物品的秩序原则是指每一件物品都有一个最适合它存放的地方。坚持物品的秩序原则就是要使每一件物品都在它应该放的地方。人的社会秩序原则是指人各有长短，管理者要确定出最适合每个人的能力发挥的工作岗位，使每

第二节 古典管理理论

个人都在最能使自己的能力得到发挥的岗位上工作。贯彻人的社会秩序原则,管理者要注意消除任人唯亲、偏爱徇私、野心奢望和无知等弊病。

11. 公平原则

法约尔认为公平是由善意与公道产生的。公道是实现已订立的协定。贯彻公道原则就是要按已定的协定办事。但是,在执行过程中可能会因为各种因素的变化使得原来制定的"公道"的协定变成"不公道"的协定,这样一来,即使严格地贯彻"公道"原则,也会使员工的努力得不到公平体现,从而不能充分调动员工的劳动积极性。因此,在管理中要贯彻"公平"原则。所谓"公平"原则就是"公道"原则加上善意地对待职工,也就是说在贯彻"公道"原则的基础上,根据实际情况对职工的劳动表现给予"善意"的评价。

12. 人员的稳定原则

法约尔认为,要使一个人的能力得到充分发挥,就要使他在一个工作岗位上相对稳定地工作一段时间,使他能有一段时间来熟悉自己的工作,了解自己的工作环境,并取得别人对自己的信任。这就是"人员的稳定原则"。但是,人员的稳定是相对的,年老、疾病、退休、死亡等都会造成企业中人员的流动。因此人员的流动是绝对的。对于企业来说,应掌握人员的稳定和流动的合适的度,以利于企业中成员能力得到充分的发挥。人员的稳定原则也是一个尺度问题。

13. 首创精神

法约尔认为,人的自我实现需求的满足是激励人们的工作热情和工作积极性的最有力的刺激因素。领导者要极有分寸地,并要有某种勇气来激发和支持大家的首创精神。纪律原则、统一指挥原则和统一领导原则等的贯彻,会使得组织中人们的首创精神的发挥受到限制。

14. 团队精神

人们往往由于管理能力的不足,或者由于自私自利,或者由于追求个人的利益等而忘记组织的团结。为加强组织的团结,法约尔提出在组织中要禁止滥用书面联系。在处理一个业务问题时,用当面口述的方式要比书面方式快,并且简单得多。一些冲突、误会可以在交谈中得到解决。因此,每当可能时,人们应直接联系,这样更迅速、更清楚,并且更融洽。

(四)阐述了管理教育和建立管理理论的必要性

针对当时法国的实际情况,即不少企业领导者都认为,只有实践和经验才是走上管理职位的唯一途径,学校也不开设管理方面的课程,亨利·法约尔认为,人的管理能力可以通过教育来获得,管理能力像其他技术能力一样,首先在学校里,然后在车间里得到。亨利·法约尔很强调管理教育的必要性与可能性,认为当时缺少管理教育的原因,是因为缺少管理理论,每一个管理者都按自己的方法、原则、判断行事,没有人把可以为大家共同接受的经验教训总结概括为管理理论。亨利·法约尔强调了建立管理理论的必要性,并担起了这一重任。

英国管理学家厄威克在《管理备要》中提到:"法约尔是20世纪上半叶为止,欧洲贡献给管理运动的最杰出的人物。"西方也称他为"现代管理之父"。美国管理学家孔茨甚至认为法约尔是"现代管理理论的真正创始人"。法约尔的一般管理理论比泰罗的科学管理理论更具有系统性和理论性,他对管理五大职能的分析为管理科学提供了一套科学的理论构架。法约尔提出的许多观念、术语及原理在现代管理学中仍被普遍地继承和运用。

三、马克斯·韦伯及其管理组织理论

马克斯·韦伯是德国著名古典管理理论学家、经济学家和社会学家,19世纪末20世纪初西方社会科学界最有影响的理论大师之一,被尊称为"组织理论之父"。他在管理领域上的研究主要集中在组织理论方面,主要贡献是提出了"理想的行政组织体系"理论,这集中反映在其代表作《社会和经济组织的理论》一书中。马克斯·韦伯的管理组织理论的基本内容包括:

(一)揭示了组织与权威的关系并划分了权威的类型

马克斯·韦伯认为,任何组织都必须以某种权威为基础才能实现目标,只有权威才能变混乱为秩序,但不同组织赖以建立的权威不同。组织赖以建立的权威有三种:一是传统权威,它以对社会习惯、社会传统的尊崇为基础;二是超凡权威,它以对领袖人物的品格、信仰或超人智慧的崇拜为基础;三是合理—合法的权威,它以对法律确立的职位权力的服从为基础。马克斯·韦伯认为,以传统权威或超凡权威为基础建立的组织不是科学的、理想的组织,只有建立在合理—合法权威基础上的组织,才能更好地开展活动,是理想的组织。这种组织在精确性、稳定性、纪律性和有效性等方面比其他组织更优越。他称这种组织为官僚制组织。

(二)归纳了官僚制组织的基本特征

马克斯·韦伯从六个方面归纳了官僚制组织的基本特征,如图3-1所示。①实现劳动分工,明确规定每一成员的权力与责任,并作为正式职责使之合法化。②各种公职或职位按权力等级严密组织起来,形成指挥链或等级体系。③通过正式考试的成绩或在培训中取得的技术资格来挑选组织的所有成员。④组织成员的职务活动是私人事务以外的事情,应受组织规则、制度、标准和运作程序约束,而且毫无例外。⑤组织规则和控制的实施应具有一致性,避免掺杂个人感情和偏好。⑥管理者是职业化的人员,而不是其所管理组织的所有者。

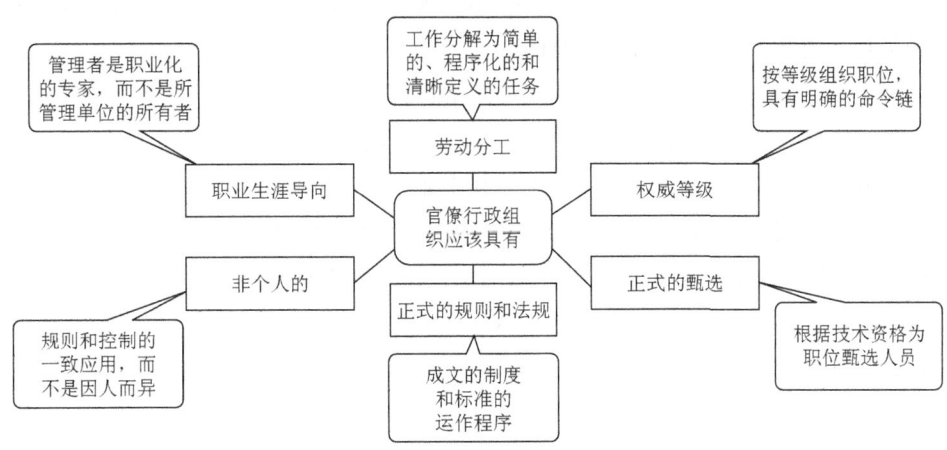

图3-1 韦伯理想的官僚行政组织

(三)划分了官僚制组织的结构层次

马克斯·韦伯认为,官僚制组织体系的结构可分为三个层次,即最高领导层、行政官员层和一

一般工作人员层。在官僚制组织中,最高领导相当于组织的高级管理层,其主要职能是决策;行政官员相当于中间管理层,其主要职能是贯彻最高领导层决策;一般工作人员相当于直接操作层,其主要职能是从事各项具体的实际工作。

马克斯·韦伯提出的"理想的"行政性组织,为20世纪初的欧洲企业从不正规的业主式管理向正规化的职业性管理过渡提供了一种纯理性化的组织模型,对当时新兴资本主义企业制度的完善起了划时代的作用。官僚制组织理论是适应传统封建社会向现代工业社会转变的需要而提出的,影响十分深远,这使马克斯·韦伯作为与弗雷德里克·泰勒、亨利·法约尔齐名的管理学说开创者而载入史册。

四、对几种典型古典管理理论的评述

广汽丰田的管理理论效用

泰罗、法约尔和韦伯处在同一历史时期,他们从不同的视角对管理进行了考察。泰罗主要关注工厂现场的管理问题,法约尔则更多的是从组织整体的角度来进行思考,而韦伯则集中研究了管理中的组织问题。强调管理要用事实、理性、逻辑框架和规则来代替随心所欲和个人习惯,是几种典型的古典管理理论所共同具有的精神实质。

第三节 行为管理理论

古典管理理论在实践中的广泛运用大大提高了生产效率,但古典管理理论着重于生产过程、组织控制方面的研究,较多地强调科学性、精密性、纪律性,而对人的因素注意较少,工人常常被视为机器的附属品,这就激起了工人的强烈不满。20世纪20年代前后,一方面工人阶级反对资产阶级剥削压迫的斗争日益高涨,另一方面周期性经济危机的不断加剧,使得传统的管理理论和方法已不能有效地达到提高生产效率和利润的目的。

在这种背景下,一些学者开始从生理学、心理学、社会学等领域出发研究企业中有关人的问题,由此催生了行为科学。行为科学作为一种管理理论学派始于20世纪20年代末30年代初的霍桑实验。其发展可以分为两个时期,前期以人际关系学说为主要内容,50年代以后发展为行为科学,即组织行为理论。行为科学学派主要研究个体行为、团体行为与组织行为,重视研究人的心理、行为等因素对高效率地实现组织目标的影响作用。行为科学的主要成果有梅奥(Mayo,1880—1949)的人际关系理论、马斯洛(A. H. Maslow,1908—1970)的需求层次理论、赫茨伯格(F.Herzberg)的双因素理论、麦格雷戈(D.M.McGregor,1906—1960)的"X理论—Y理论"等。本节将主要介绍梅奥的人际关系学说理论,其他行为科学理论将在后续相应章节介绍。

一、人际关系学说的早期贡献者

人际关系学说的早期贡献者有欧文、芒斯特伯格、福莱特和巴纳德,如图3-2所示。

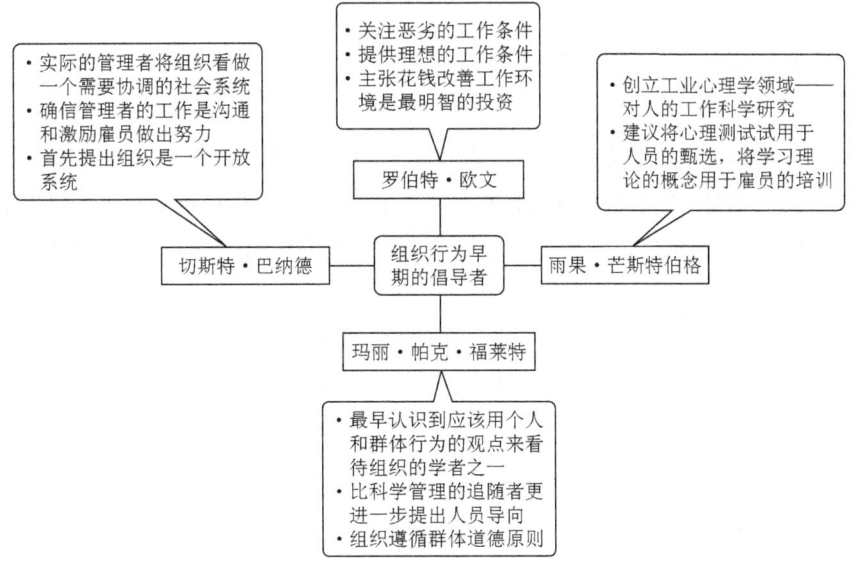

图 3-2 人际关系学说的早期贡献者

（一）罗伯特·欧文（Robert Owen）

罗伯特·欧文是19世纪初最有成就的实业家之一，是一位杰出的管理先驱者。欧文于1800年至1828年间在苏格兰自己的几个纺织厂内进行了试验。他摒弃了过去那种把工人当作工具的做法，着力改善工人劳动条件。诸如提高童工参加劳动的最低年龄，缩短雇员的劳动时间，为雇员提供厂内膳食，设立按成本向雇员出售生活必需品的模式等，从而改善了当地整个社会状况，他被后人称为"现代人事管理之父"。

（二）雨果·芒斯特伯格（Hugo Munsterberg）

雨果·芒斯特伯格是德国人，所学专业是心理学和医学，但后来把研究兴趣转向了心理学在工业中的运用。他首先将心理学应用于工业以提高生产率，被誉为"工业心理学之父"。

（三）玛丽·帕克·福莱特（Mary Parker Follett）

福莱特是最早认识到应当从个体行为和群体行为的角度来观察组织的学者之一。她比众多科学管理思想的先驱者提出了更多的人员导向管理理念。她的代表作包括《动态的管理》（1941）、《自由和协作》（1949）、《众议院里的发言人》（1909）。伟大的管理学家彼得·德鲁克称她为"管理学的先知"。

（四）切斯特·巴纳德（Chester Z.Barnard）

巴纳德长期担任美国新泽西州贝尔电话公司总经理一职，他对管理理论的贡献主要体现在《经理人的职能》一书中。巴纳德认为，组织是两人或更多人经过有意识地协调而形成的系统。他认为在组织中，经理人员是最为重要的因素，经理人员至少要承担三项管理职能：维持沟通体系、促进合作意愿、确立组织目标。巴纳德把组织分为正式组织和非正式组织。对正式组织来说，不论规模大小，其存在和发展都必须具备三个条件，即明确的目标、协作的意愿和良好的沟通。在正式组织中还存在着一种因为工作上的联系而形成的有一定看法、习惯和准则的无形组织，即非正式组织。巴纳德的这一理论为后来的"社会系统学派"奠定了理论基础。

第三节 行为管理理论

二、梅奥及其领导的霍桑试验

霍桑试验是美国国家科学院在20世纪20年代中至30年代初在美国的西方电器公司的霍桑工厂进行的一系列试验。实验的领导者梅奥是澳大利亚人,曾获得逻辑学和哲学硕士学位,后又研究医学,成为一名研究精神病理学的副研究员。他后来移居美国,在宾州大学的沃顿商学院从事教学工作。

霍桑工厂是一个制造电话交换机的工厂,具有较完善的娱乐设施、医疗制度和养老金制度,但工人们仍愤愤不平,生产业绩很不理想。为找出原因,美国国家研究委员会组织研究小组开展实验研究。这个实验的本来目的是研究企业中物质条件与工人劳动生产率之间的关系。但实验的结果却出乎人们的意料,促使了人际关系学说的产生,大大地改变了管理理论发展的进程。霍桑实验有以下几个主要的阶段:

（一）工作场所照明实验

这一阶段的实验时间从1924年11月至1927年4月,实验的主要目的是探讨车间照明度的变化对工人劳动生产率的影响。实验开始时,研究人员把12名女工分成两组,每组6人,分别在两个房间中工作。一组叫做"对照组",其照明条件始终不变;另一组叫做"实验组",其照明条件及其他条件可以改变。经过两年多实验发现,照明度的改变对生产效率并无影响。具体结果是:当实验组照明度增大时,实验组和控制组都增产;当实验组照明度减弱时,两组依然都增产,甚至实验组的照明度减至烛光时,其产量亦无明显下降;直至照明减至如月光一般、实在看不清时,产量才降下来。研究人员对此感到迷惑不解,于是就放弃把照明度作为可变因素,而就工资报酬、工作日和工作周的长度、工间休息等因素进行实验,霍桑试验也就进入第二个阶段。从1927年起,以梅奥教授为首的一批哈佛大学心理学工作者将实验工作接管下来,继续进行。

（二）继电器装配室实验

这一阶段的实验时间是从1927年4月至1929年6月。实验目的是查明福利待遇的变换与生产效率的关系。但经过两年多的实验发现,不管福利待遇如何改变(包括工资支付办法的改变、优惠措施的增减、休息时间的增减等),都不影响产量的持续上升,甚至工人自己对生产效率提高的原因也说不清楚。

后经进一步的分析发现,导致生产效率上升的主要原因如下:①参加实验的光荣感。实验开始时6名参加实验的女工曾被召进部长办公室谈话,她们认为参加实验是莫大的荣誉。这说明被重视的自豪感对人的积极性有明显的促进作用。②成员间良好的相互关系。

通过这两个阶段的实验,研究人员并不能从中得出结论,物质条件与工人的劳动生产率之间的关系究竟如何,到底是什么原因促使工人的产量提高。

（三）大规模访谈实验

在前两阶段的实验结论基础上,研究人员又提出新的假设,也就是企业中人际关系的改善使工人的心理状况发生了变化,这种变化促使工人的劳动积极性提高,从而使工人的产量提高。并进行了霍桑试验的第三个阶段实验,即访谈实验。这个阶段的实验是整个霍桑实验的一个转折点,实验的结果促使了人际关系学说的产生,从而根本地改变了管理理论发展的进程。

访谈实验从 1930 年开始,研究人员计划就企业中管理当局的规划、企业的政策、工头的态度、企业的工作条件等问题与工人进行交谈。但是研究人员发现,工人往往想就研究人员事先拟好的问题以外的问题进行交谈。所以研究人员就改为不事先拟定谈话的内容,也不规定谈话的时间,让工人就他们想谈的问题自由地发表他们的意见。工人们长期以来对工厂的各项管理制度和方法心存许多不满,无处发泄,访谈实验为他们提供了发泄机会。在谈话过程中,研究人员认真地倾听、详细记录工人的不满和意见。访谈计划持续了两年多,工人通过访谈发泄不满过后心情舒畅、士气高涨,使产量得到大幅提高。

根据访谈实验结果,梅奥等人建议,管理人员应与工人建立良好的人际关系,这种良好的人际关系能导致工人心理需要满足,而心理满足能提高工人的劳动生产率。因此,应该对工头进行训练,使之能理解工人个人的问题,在与工人交谈时,应多听少说,要防止任何的道德说教。管理人员在管理过程中应注意企业中人的因素,应该掌握建立良好的人际关系的能力。

(四)绕线室的实验

这个阶段的实验是从 1930 年开始在装配交换机的接线器的绕线室中进行的。梅奥等人在这个实验中选择 14 名男工在单独的房间里从事绕线、焊接和检验工作。对这个班组实行特殊的工人计件工资制度。实验者原来设想,实行这套奖励办法会使工人更加努力工作,以便得到更多的报酬,但观察的结果发现,产量只保持在中等水平上,每个工人的日产量平均都差不多,而且工人并不如实地报告产量。深入的调查发现,这个班组为了维护他们群体的利益,自发地形成了一些规范。他们约定,谁也不能干得太多,突出自己;谁也不能干得太少,影响全组的产量;并且约定不准向管理当局告密,如有人违反这些规定,轻则挖苦谩骂,重则拳打脚踢。进一步调查发现,工人们之所以维持中等水平的产量,是担心产量提高,管理当局会改变现行奖励制度,或裁减人员,使部分工人失业,或者会使干得慢的伙伴受到惩罚。这一试验表明,为了维护班组内部的团结,员工可以拒绝物质利益的引诱。梅奥等人由此提出"非正式群体"的概念,认为在正式的组织中存在着自发形成的非正式群体,这种群体有自己的特殊的行为规范,对人的行为起着调节和控制作用,同时,加强了内部的协作关系。

三、由霍桑实验引出的人际关系学说

霍桑实验的研究结果否定了传统管理理论关于人的假设,表明了工人不是被动的、孤立的个体,他们的行为不仅仅受工资的刺激,影响生产效率的最重要因素不是待遇和工作条件,而是工作中的人际关系。梅奥所建立的人际关系学说,提出了与当时流行的泰罗"科学管理"理论不同的一些新观点。

(一)人是"社会人"而不是"经济人"

在人际关系学说产生以前,西方社会流行的观点是把职工看成是"经济人",梅奥等人以霍桑实验的结果为依据,提出了与"经济人"观点不同的"社会人"的观点,强调金钱并非刺激职工积极性的唯一动力,新的刺激重点必须放在社会心理需求方面,以使人们之间更好地合作,提高

第三节 行为管理理论

生产率。

（二）企业中存在着"非正式组织"

由于人是社会高级动物，在共同工作过程中，人们必然发生相互之间的联系，共同的社会感情形成了非正式群体。在这种无形组织里，有它的特殊感情、规范和倾向，并且左右着群体里每一个成员的行为。企业中除了存在着为了实现企业目标而明确规定各成员相互关系和职责范围的正式组织之外，还存在着非正式组织。这种非正式组织的作用在于维护其成员的共同利益，使之免受其内部个别成员的疏忽或外部人员的干涉所造成的损失。非正式组织与正式组织是相互依存的，对生产率的提高有很大影响。

（三）工人的人际关系满足度是提高生产效率的关键

传统的科学管理理论认为，生产效率与作业方法、工作条件之间存在着单纯的因果关系。可是，霍桑实验表明，这两者之间并没有必然的直接的联系。生产效率的提高，关键在于工人的工作士气。而士气的高低则主要取决于职工的满足度，这种满足度首先体现为人际关系，其次才是金钱的刺激。工人的人际关系满足度越高，士气也越高，生产效率也就越高。

四、对早期人际关系学说的评价

霍桑实验对古典管理理论进行了大胆的突破，第一次把管理研究的重点从工作上和从物的因素转到人的因素上来，不仅在理论上对古典管理理论作了修正和补充，开辟了管理研究的新领域，还为现代行为科学的发展奠定了基础，对管理实践产生了深远的影响。梅奥和泰罗之间在目标上其实是有相通之处的。他们两人都看到管理当局与劳工之间的矛盾和冲突，都试图通过管理部门来达到双方利益的一致和矛盾的解决。

梅奥的人际关系理论的局限性主要表现在过分强调非正式组织的作用；过多地强调感情的作用，似乎职工的行为主要受感情和关系的支配；过分否定经济报酬、工作条件、外部监督、作业标准的影响。

随着社会生产力的发展、企业之间竞争的加剧和企业劳资关系的紧张，使得管理者开始重新认识"人性"问题。从"经济人"的假设到"社会人"的假设，从以工作任务中心的管理到以职工为中心的管理，无疑是管理思想与管理方法上的进步。资本家实行参与管理，满足工人一些心理需要，确实起到了缓和劳资矛盾的效果。在这方面，许多西方企业都收到了显著的效果。尽管如此，"社会人"假设也存在不可摆脱的局限性。"社会人"的假设认为人与人之间的关系对于激发动机、调动职工积极性是比物质奖励更为重要的，因此，这一点对于企业制定奖励制度有一定参考意义，但它过于偏重非正式组织的作用，对正式组织有放松研究的趋向，而且对人的积极主动性及其动机研究还缺乏深度。

第四节 现代管理理论

第二次世界大战以后，科技与生产迅速增长，企业规模越来越大，国际化进程加速，这一切都给管理工作提出了许多新问题,引起了人们对管理的普遍重视。除管理工作者和管理学家外,其他领域的一些专家,如社会学家、经济学家、生物学家、数学家等都纷纷加入了研究管理的队伍,他们从不同角度用不同方法来研究管理理论,出现了管理理论研究的各种学派,呈现出"百花齐放、百家争鸣"的繁荣景象。其中主要的代表学派有:管理过程学派、决策理论学派、系统理论学派、权变理论学派、管理科学学派、经验主义学派等。在《管理理论的丛林》与《再论管理理论的丛林》两部作品中,哈罗德·孔茨形象地把这种现象称之为"管理理论的丛林"。

一、管理过程学派

管理过程学派又称管理职能学派,是美国加利福尼亚大学的教授哈罗德·孔茨和西里尔·奥唐奈里奇提出的。管理过程学派的主要特点是将管理理论同管理人员所执行的管理职能,也就是管理人员所从事的工作联系起来。

管理过程学派认为,无论组织的性质和组织所处的环境有多么不同,管理人员所从事的管理职能却是相同的。管理过程学派把管理的职能作为研究的对象,他们先把管理的工作划分为若干职能,然后对这些职能进行研究,阐明每项职能的性质、特点和重要性,论述实现这些职能的原则和方法。管理过程学派认为,应用这种方法就可以把管理工作的主要方面加以理论概括并有助于建立起系统的管理理论,用以指导管理的实践。

孔茨和奥唐奈里奇将管理职能分为计划、组织、人事、领导和控制五项,而把协调作为管理的本质。孔茨利用这些管理职能对管理理论进行分析、研究和阐述,最终得以建立起管理过程学派。孔茨继承了法约尔的理论,并把法约尔的理论更加系统化、条理化,使管理过程学派成为管理各学派中最具影响力的学派。

二、决策理论学派

决策理论学派是在二战之后,吸收了行为科学、系统理论、运筹学和计算机程序等学科的内容发展起来的一门新兴的管理学派。决策理论学派的主要代表人物是曾获1978年度诺贝尔经济学奖的赫伯特·西蒙(Herbert A.Smion)。西蒙是美国管理学家、计算机学家和心理学家,西蒙虽然是决策学派的代表人物,但他的许多思想是从巴纳德的管理思想中吸取来的。他发展了巴纳德的社会系统学派,并提出了决策理论,建立了决策理论学派,形成了一门有关决策过程、准则、类型及方法的较完整的理论体系,主要著作有《管理行为》《组织》《管理决策的新科学》等。

决策理论学派认为,管理过程就是决策的过程,管理的核心就是决策。西蒙认为,任何作业开始之前都要先做决策,制定计划就是决策,组织、领导和控制也都离不开决策。西蒙对决策的程序、准则、程序化决策和非程序化决策的异同及其决策技术等作了分析,他提出决策过程包括四个阶段:搜集情况阶段、拟定计划阶段、选定计划阶段、评价计划阶段。这四个阶段中的每一个阶段本身就是一个复杂的决策过程。西蒙强调决策职能在管理中的重要地位,以有限理性的人代替完全理性的人,用"满意原则"代替"最优原则"。

第四节 现代管理理论

三、系统理论学派

系统理论学派是指将企业作为一个有机整体,把各项管理业务看成相互联系的网络的一种管理学派。该学派重视对组织结构和模式的分析,应用一般系统理论的范畴、原理,全面分析和研究企业和其他组织的管理活动和管理过程,并建立起系统模型以便于分析。系统理论学派的重要代表人物是弗里蒙特·卡斯特(Fremont E.Kast)。弗里蒙特·卡斯特是美国系统管理理论的重要代表人物,著名的管理学家,主要著作有《系统理论与管理》(与约翰逊、罗森茨韦克合著)、《组织与管理:系统与权变方法》(与罗森茨韦克合著)等。系统管理理论向社会提出了整体优化、合理组合、规划库存等管理新概念和新方法,因而,系统管理理论被认为是20世纪最伟大的成就之一,是人类认识史上的一次飞跃。

系统管理理论认为企业是由人、物资、机器和其他资源在一定的目标下组成的一体化系统,它的成长和发展同时受到这些组成要素的影响,在这些要素的相互关系中,人是主体,其他要素则是被动的。企业是一个由许多子系统组成的、开放的社会技术系统。企业是社会这个大系统中的一个子系统,它受到周围环境的影响,也同时影响环境。它只有在与环境的相互影响中才能达到动态平衡。运用系统观点来考察管理的基本职能,可以提高组织的整体效率,使管理人员不至于只重视某些与自己有关的特殊职能而忽视了大目标,也不至于忽视自己在组织中的地位与作用。

四、权变理论学派

权变理论学派认为,企业管理要根据企业所处的内外条件随机应变,没有什么一成不变、普遍适用的、最好的管理理论和方法。企业管理要根据企业所处的内部条件和外部环境来决定其管理手段和管理方法,即要按照不同的情景、不同的企业类型、不同的目标和价值,采取不同的管理手段和管理方法。其代表人物有卢桑斯、菲德勒、豪斯等人。卢桑斯(F.Luthans)在1976年出版的《管理导论:一种权变学》是系统论述权变管理的代表著作。

权变理论就是要把环境对管理的作用具体化,并使管理理论与管理实践紧密地联系起来。环境是自变量,而管理的观念和技术是因变量。权变管理理论的核心内容是环境变量与管理变量之间的函数关系就是权变关系。

权变理论认为权变主要体现在计划、组织与领导方式等方面,如计划要有弹性、组织结构要有弹性、领导方式应权宜应变。权变管理理论强调随机应变,主张灵活应用各学派的观点,但是过于强调管理的特殊性,忽视管理的普遍原则与规律。

五、管理科学学派

管理科学学派,也称计量管理学派、数量学派。管理科学学派的管理科学理论是指以系统的观点运用数学、统计学的方法和电子计算机的技术,为现代管理的决策提供科学的依据,通过计划和控制以解决企业中生产与经营问题的理论。该理论是泰罗科学管理理论的继承和发展,其主要目标是探求最有效的工作方法或最优方案,以最短的时间、最少的支出,取得最大的效果。管理科学学派的主要代表人物有兰彻斯特和希尔、埃尔伍德·斯潘赛·伯法、霍勒斯卡文森。

管理科学学派希望建立一套决策程序和数学模型以增加决策的科学性。他们将众多方案中的各种变数或因素加以数量化,利用数学工具建立数量模型研究各变数和因素之间的相互关系,寻求一个用数量表示的最优化答案。决策的过程就是建立和运用数学模型的过程。各种可行的方案均是以经济效果作为评价的依据,例如成本、总收入和投资利润率。建立模型后,广泛地使用电子计算机,使数学模型应用于企业和组织成为可能。

六、经验主义学派

经验主义学派又称为经理主义学派、经验管理学派,以向大企业的经理提供管理企业的经验和科学方法为目标。它重点分析成功管理者实际管理的经验,并加以概括、总结出他们成功经验中具有的共性东西,然后使之系统化、合理化,并据此向管理人员提供实际建议。

经验主义学派的代表人物有:彼得·德鲁克(Peter F.Drucker),其主要作品有《管理实践》《管理——任务、责任、实践》等;欧内斯特·戴尔(Dale),其代表作是《伟大的组织者》;事业部管理体制的首创人之一、艾尔弗雷德·斯隆;流水线大量生产管理技术的倡导者亨利·福特。

经验主义学派认为管理学就是研究管理经验,认为通过对管理人员在个别情况下成功的和失败的经验教训的研究,会使人们懂得在将来相应的情况下如何运用有效的方法解决管理问题。因此,这个学派的学者把对管理理论的研究放在对实际管理工作者的管理经验教训的研究上,强调从企业管理的实际经验而不是从一般原理出发来进行研究,强调用比较的方法来研究和概括管理经验。

七、社会系统学派

社会系统学派是从社会学的角度来分析各种组织。它的特点是将组织看作是一种社会系统,是一种人的相互关系的协作体系,它是社会大系统中的一部分,受到社会环境各方面因素的影响。美国的切斯特·巴纳德是这一学派的创始人,他的著作《经理的职能》对该学派有很大的影响。

巴纳德的组织理论的主要贡献包括:①关于经理的职能,他与前人不同,他的前人多采用叙述的方式来说明,而巴纳德则采用分析性和动态性的方式加以说明。②巴纳德首先对"沟通""动机""决策"和"目标"等问题进行了开创性的专题研究,引发了后人对此进行更深入的研究。③巴纳德将法约尔等人的研究向前推进了一大步。法约尔等人主要从原则和职能的角度来研究管理,而巴纳德却从心理学和社会学的角度来研究管理,并且将其中的概念加以发展,从而为管理研究开辟了新的领域。巴纳德的理论具有广泛的影响。他用社会的、系统的观点来分析管理,这是他的独到之处。后人把他的主要观点归纳"社会系统学派"。

八、经理角色学派

经理角色学派是 20 世纪 70 年代才出现的一个管理学派,代表人物是亨利·明茨伯格。之所以被人们叫做经理角色学派,是由于它以对经理所担任角色的分析为中心来考虑经理的职务和工作,以求提高管理效率。该学派所指的"经理"是指一个正式组织或组织单位的主要负责人,拥有正式的权力和职位,而"角色"这一概念是从舞台的术语中借用的,是指属于一定职责或地位的一套有条理的行为。经理角色学派是以对经理所担任角色的分析为中心来考虑经理的职务和工作,该学派认为针对经理工作的特点及其所担任的角色等问题,如能有意识地采取各种措施,将有助于提高经理的工作成效。

经理角色学派理论来源于对传统管理职能的认识。明茨伯格认为传统的管理职能和人们所认识的管理工作大不一样,传统的管理职能研究不能全面地理论结合实际,没有对经理的工作进行深入的研究,缺乏有效的证据,不能反映出经理工作的真正面貌和实质。

经理角色理论是在现代企业组织理论基础上发展起来的,是在经营权与所有权分离以后经理成为一种职业的产物。该理论不仅对人们理解经理人的角色、工作性质、职能、经理的培养具有重要意义,而且还对如何提高经理工作效率,尤其是对改革中国传统的经营管理体制(如激励机制、监控机制、决策机制)具有重要的现实意义。由于经理工作极为重要,权力又非常之大,其行为的影响又非常深远,因此如何建立既不影响经理发挥职能,又能有效发挥其积极性、创造性,同时又能约束其滥用职权的制度,就是中国建立现代企业制度的当务之急。过去人们对管理体制中经理的复杂角色欠缺全面考虑,因此经理的角色未能得到充分地发挥。经理角色理论为人们在这方面的改革提供比较好的理论。

第五节 当代管理理论的新发展

一、企业流程再造理论

现代商业社会的发展日新月异,市场信息瞬息万变,顾客需求日益增高,市场竞争异常激烈。在这样的背景下,业务流程再造的思想应运而生,并迅速成为席卷全球的一种重要的管理学理论和实践方法。它主要强调对企业现有的核心业务流程进行颠覆性的再思考和设计,从而使得企业的资源得以实现以流程为中心进行再次整合,最终达到提高企业运营效率和经营业绩的目的。

20 世纪 80 年代为企业再造时代,该理论的创始人是原美国麻省理工学院教授迈克尔·哈默(M. Hammer)与詹姆斯·钱皮(J. Champy),他们认为企业应以工作流程为中心,重新设计企业的经营、管理及运作方式,进行所谓的"流程再造"。美国企业从 20 世纪 80 年代起开始了大规模的企业重组革命,日本企业也于 20 世纪 90 年代开始进行所谓第二次管理革命,这十几年间,企业管理经历着前所未有的、类似脱胎换骨的变革。

企业流程再造是一种企业活动,内容为重新而彻底地去分析与设计企业程序,并管理相关的企业变革，以追求绩效，使企业达到戏剧性的成长。流程再造的重点在于选定对企业经营极为重要的几项企业程序加以重新规划，以求提高其营运效果，目的是在成本、品质、对外服务和时效上形成重大改进。

二、学习型组织理论

20世纪80年代末以来，信息化和全球化浪潮迅速席卷全球，顾客的个性化、消费的多元化决定了企业必须适应不断变化的消费者的需要，在全球市场上争得顾客的信任，才有生存和发展的可能。在这一时代背景下，管理理论研究主要针对学习型组织而展开。彼得·圣吉（P.M. Senge）在所著的《第五项修炼》中更是明确指出企业唯一持久的竞争优势源于比竞争对手学得更快更好的能力，学习型组织正是人们从工作中获得生命意义、实现共同愿景和获取竞争优势的组织蓝图。

彼得·圣吉提出了学习型组织的五项修炼，认为这五项修炼是学习型组织的技能。

第一项修炼：自我超越。"自我超越"的修炼是学习不断深入并加深个人的真正愿望，集中精力，培养耐心，并客观地观察现实。它是学习型组织的精神基础。

第二项修炼：改善心智模式。"心智模式"是根深蒂固于每个人或组织之中的思想方式和行为模式。个人与组织往往不了解自己的心智模式，故而对自己的一些行为无法认识和把握。第二项修炼就是把镜子转向自己，先修炼自己的心智模式。

第三项修炼：建立共同愿景。如果有任何一项理念能够一直在组织中鼓舞人心、凝聚一群人，那么这个组织就有了一个共同愿景，就能够长久不衰。第三项修炼就是要求组织能够在今天与未来环境中寻找和建立这样一种愿景。

第四项修炼：团队学习。团队学习的有效性不仅在于团队整体会产生出色的成果，而且其个别成员学习的速度也比其他人的学习速度快。团队学习的修炼从"深度会谈"开始。

第五项修炼：系统思考。组织与人类其他活动一样是一个系统，我们作为系统的一部分，置身其中而想要看清整体的变化，非常困难。因此第五项修炼是要让人与组织形成系统观察、系统思考的能力，并以此来观察世界，从而决定我们正确的行动。

"学习型组织理论"是关于组织变革理论最具独创性、最具新颖性的管理理论。它总结出在自我超越、改善心智模式、建立共同愿景、团队学习四项修炼基础上的第五项修炼——系统思考，使社会组织转型为学习型组织有章可循。

三、信息化与电子商务

管理信息化可以被划分为20世纪50年代初到60年代中期的电子数据处理阶段、60年代中期到70年代初期的综合数据处理阶段、70年代以后的系统数据处理阶段等。进入90年代以后，管理信息化有了新的发展，尤其是朝着网络化、信息技术集成化方向迅速发展。管理信息化实现了从个人电脑到群体计算机网络、从孤立系统到联合系统以及从内部到跨企业计算机网络的飞跃,信息化给企业管理带来的变化是革命性的。正如著名学者莫顿·斯科特(Morton M.Scott)所指出的,这种变化至少可以归纳为六个方面:一是信息化给企业生产、经营活动的方式带来了根本性的变革;二是信息技术将企业组织内外的各种经营职能、机制有机地结合起来;三是信息化将在许多方面改变产业竞争格局和态势;四是信息化给企业带来了新的、战略性的机遇,促使企业对其使命和活动进行反思;五是为了成功地运用信息技术,企业必须进行组织结构和管理方法的变革;六是对企业的重大挑战是如何改造企业,使其有效地运用信息技术,适应信息社会,在全球竞争中立于不败之地。

随着互联网技术日渐成熟,人类进入以IT产业为支柱的新经济时代,越来越多的交易以电子数据交换方式以及通称为电子商务的其他通讯方式进行,其交易量及增长速度均十分惊人。事实上,电子商务已成为现代人生活的一部分,成为现代经济和商业的一种不可或缺的必备工具,并逐渐成为21世纪的主要经济贸易方式。联合国国际贸易程序简化工作组对电子商务的定义是:采用电子形式开展商务活动,它包括在供应商、客户、政府及其他参与方之间通过任何电子工具,如EDI、Web技术、电子邮件等共享非结构化商务信息,并管理和完成在商务活动、管理活动和消费活动中的各种交易。

电子商务涵盖的范围很广,一般可分为企业对企业(business-to-business,即B2B)、企业对消费者(business-to-consumer,即B2C)、个人对消费者(consumer-to-consumer,即C2C)、企业对政府(business-to-government,即B2G)四种模式,其中主要的有B2B、B2C两种模式。随着国内互联网使用人数的增加,利用互联网进行网络购物并以银行卡付款的消费方式已日渐流行,市场份额也在迅速增长,电子商务网站也层出不穷。

电子商务具有如下特征:

① 普遍性。电子商务作为一种新型的交易方式,将生产企业、流通企业以及消费者和政府带入了一个网络经济、数字化生存的新天地。

② 方便性。在电子商务环境中,人们不再受地域的限制,客户能以非常简捷的方式完成过去较为繁杂的商务活动。

③ 整体性。电子商务能够规范事务处理的工作流程,将人工操作和电子信息处理集成为一个不可分割的整体,这样不仅能提高人力和物力的利用,也可以提高系统运行的严密性。

④ 安全性。在电子商务中,安全性是一个至关重要的核心问题,它要求网络能提供一种端到端的安全解决方案,如加密机制、签名机制、安全管理、存取控制、防火墙、防病毒保护等等,这与传统的商务活动有着很大的不同。

⑤ 协调性。商务活动本身是一种协调过程,它需要客户与公司内部、生产商、批发商、零售商间的协调,在电子商务环境中,它更要求银行、配送中心、通信部门、技术服务等多个部门的通力协作,往往电子商务的全过程是一气呵成的。

四、供应链管理

在世界经济全球化的时代,市场竞争逐渐演变成供应链之间的竞争,如何在供应链中取得共赢成为业内人士关注的焦点。因此供应链管理作为一种新的学术概念被提出后,很多人即对此开展研究,企业也开始这方面的实践。世界权威的《财富》杂志,就将供应链管理能力列为企业的一种重要的战略竞争资源。

供应链的概念最早来源于彼得·德鲁克提出的"经济链",后经由迈克尔·波特发展成为"价值链",最终演变为"供应链"。那么什么是"供应链"呢? 其定义为:"围绕核心企业,通过对信息流、物流、资金流的控制,从采购原材料开始,制成中间产品以及最终产品,最后由销售网络把产品送到消费者手中。它是将供应商、制造商、分销商、零售商,直到最终用户连成一个整体的功能网链模式。"

所谓的供应链管理就是使供应链运作达到最优化,以最少的成本,令供应链从采购开始,到满足最终客户的所有过程,包括工作流、实物流、资金流和信息流等均能高效率地操作,把合适的产品、以合理的价格,及时准确地送达消费者手上。供应链管理是一种集成的管理思想和方法,它执行供应链中从供应商到最终用户的物流的计划和控制等职能。从单一的企业角度来看,是指企业通过改善上、下游供应链关系,整合和优化供应链中的信息流、物流、资金流,以获得企业的竞争优势。

在全球经济一体化的今天,从供应链管理的角度来考虑企业的整个生产经营活动,形成这方面的核心能力,对广大企业提高竞争力将是十分重要的。

五、精益思想

精益思想源于 20 世纪 80 年代日本丰田发明的精益生产方式。二战结束不久,汽车工业中统治世界的生产模式是以美国福特为代表的大量生产方式,在当时,大批量生产方式即代表了先进的管理思想与方法,大量的专用设备、专业化的流水生产是降低成本、提高生产率的主要方式。日本丰田汽车公司在参观美国的几大汽车厂之后发现,在日本进行大批量少品种的生产方式是不可取的。以丰田的大野耐一等人为代表的精益生产的创始者们,在不断探索之后,终于找到了一套适合日本国情的汽车生产方式:准时制生产、全面质量管理、并行工程、充分协作的团队工作方式和集成的供应链关系管理,逐步创立了独特的多品种、小批量、高质量和低消耗的精益生产方法。1973 年的石油危机,使日本的汽车工业闪亮登场。由于市场环境发生变化,大批量生产所具有的弱点日趋明显,而丰田公司的业绩却开始上升,与其他汽车制造企业的距离越来越大,精益生产方式开始为世人所瞩目。

精益思想包括精益生产、精益管理、精益设计和精益供应等一系列思想,精益思想的核心就是消除浪费,以越来越少的投入创造出尽可能多的价值;同时也越来越接近用户,提供他们确实要的东西。精益生产方式是通过"及时适量""零库存""看板"等现场管理手段实现"订货生产",从而确保产品质量并降低成本。精益思想最初是体现在对产品质量的控制中,即指不追求产品的成本优势和技术领先,而是强调产品的成本与技术的合理匹配、协调。

如今,精益思想更进一步从理论的高度归纳了精益生产中所包含的新的管理思维,并将精益方式扩大到制造业以外的所有领域,尤其是第三产业,把精益生产方法外延到企业活动的各个方面,不再局限于生产领域,从而促使管理人员重新思考企业流程,消灭浪费,创造价值。

【课后思考】

1. 结合你身边的企业的例子谈谈哪些管理做法是符合科学管理思想的?
2. 梅奥的人际关系思想与泰勒的科学管理思想有何区别?
3. 结合实际谈谈法约尔的14条原则中的哪些原则在今天依然是有效的。
4. 试比较你的父亲和母亲在管理家庭上所持的管理思想。
5. 试用表格形式写出管理发展各主要阶段的主要代表人物及主要贡献?

【技能训练】

将全班同学分成若干个团队,每个团队由3~4人自由组合而成,并指定一个主要负责人或主发言人,根据以下所给具体情况按要求进行技能训练。

1. 高层领导访谈

每个团队的所有成员一起拜访一位企业界高层管理者,请他谈谈如何管理一家企业,然后根据本章所学的内容来分析他所持有的管理观点,并与其他团队分享你们的成果。

2. "老字号"的演变

据统计,目前我国有150多家老字号,如"同仁堂"药店、富春茶社、"全聚德""老通城"等,这些老字号多数已过百年。每个团队找出一个广州的老字号企业,探讨其管理思想的演变过程,运用相关的管理理论进行分析与评价,并与其他团队分享你们的成果。

3. 管理的明天

每个团队通过上网或查阅有关文献资料,了解管理理论与思想的最新发展动态。要求总结归纳出最新的发展趋势,基于这样的发展趋势,你们认为未来的管理者必须具备什么类型的技能,并与其他团队分享你们的观点。

【自我检测】

一、单项选择题

1. 差别计件工资制的内容之一是( )。
   A. 泰罗的科学管理理论   B. 法约尔的一般管理理论
   C. 韦伯的行政管理理论   D. 现代管理理论

2. 科学管理理论基于对人的( )的认识而提出的。
   A. 理性人   B. 经济人   C. 社会人   D. 一般人

3. 科学管理理论的创始人是( )。
   A. 泰勒   B. 巴贝奇   C. 甘特   D. 福特

4. 法约尔提出了包括劳动分工在内的一般管理的( )项原则。
   A. 10   B. 12   C. 14   D. 16

5. 官僚行政组织理论的代表人物是( )。
   A. 韦伯   B. 吉尔布雷思   C. 梅奥   D. 哈罗德·孔茨

6. 梅奥通过霍桑实验得出,人是( )。

A. 经纪人　　　　B. 社会人　　　　C. 理性人　　　　D. 复杂人

7. 非正式组织是指( )。

A. 未经上级主管机关正式批准的组织

B. 未在有关部门登记的组织

C. 由于价值观、性格、爱好等的趋同而自发形成的组织

D. 由于价值观、性格、爱好等的趋同而被上级机关批准成立的组织

8. 如果你是一位公司的总经理,当你发现公司中存在许多小团体时,你的态度是( )。

A. 立即宣布这些小团体为非法,应以取缔

B. 深入调查,找出小团体的领导人,向他们提出警告,不要再搞小团体

C. 只要小团体的存在不影响公司的正常运行,可以对其不闻不问,听之任之

D. 正视小团体的客观存在性,允许,乃至鼓励其存在,对其行为加以积极引导

9. "管理过程就是决策的过程"的提出者是( )。

A. 赫伯特·西蒙　　　　　　　　B. 切斯特·巴纳德

C. 哈罗德·孔茨　　　　　　　　D. 罗特利斯伯格

10. 第一个提出管理职能概念的是( )。

A. 泰罗　　　　B. 法约尔　　　　C. 西蒙　　　　D. 萨维奇

二、判断题

1. 当今的管理理论层出不穷,对实际工作中的新问题做出了较好的解释,因此可以说,泰勒的科学管理理论等古典管理理论已经彻底过时,除了尚存历史意义外,对管理实践早已丧失了指导作用。( )

2. 泰勒重点展开以科学方法取代经验方法的研究,他首先从工时研究入手来治理"磨洋工"。( )

3. 对于科学管理理论的研究开始于著名的霍桑实验。( )

4. 管理科学学派认为管理就是研究管理经验。( )

5. 学习型组织就是要抽出一定时间来学习专业知识的一种组织。( )

三、简答题

1. 泰勒的科学管理理论的主要贡献是什么?

2. 梅奥的霍桑实验的主要结论是什么?

3. 简述法约尔的十四项管理原则。

4. 孔茨总结的现代管理理论的主要学派有哪些?

5. 学习型组织有何特点?

四、案例分析

联合邮包服务公司的科学管理

联合邮包服务公司(UPS)雇用了15万名员工,平均每天将900万个包裹发送到美国各地和

世界180多个国家和地区。他们的宗旨是：在邮运业中办理最快捷的运送。UPS的管理者系统地培训他们的员工，使他们以尽可能高的效率从事工作。让我们看一下他们的工作情况。UPS的工业工程师们对每一位司机的行驶路线进行了时间研究，对每种送货、取货和暂停活动设立了工作标准。

这些工程师们记录了红灯、通行、按门铃、穿过院子、上楼梯、中间休息喝咖啡的时间，甚至上厕所的时间，将这些数据输入计算机中，从而给出每一位司机每天工作中的详细时间标准。

为了完成每天取送130件包裹的目标，司机们必须严格遵守工程师们设定的程序。当他们接近发送站时，他们松开安全带，按喇叭，关发动机，拉起紧急制动，把变速器推倒一挡上，为送货完毕后的启动离开做好准备，这一系列动作极为严格。然后司机从驾驶室出溜到地面上，右臂夹着文件夹，左手拿着包裹，右手拿着车钥匙。他们看一眼包裹上的地址，把它记在脑子里，然后以每秒钟3英尺的速度快步走到顾客的门前，先敲一下门以免浪费时间找门铃。送货完毕，他们在回到卡车上的路途中完成登录工作。

UPS是世界上效率最高的公司之一。联邦捷运公司每人每天取运80件包裹，而UPS公司却是130件。高的效率为UPS公司带来了丰厚的利润。

问题：

1. 你认为UPS公司的工作程序能提高效率吗？为什么？
2. 科学管理距今已百余年，你认为在今天的企业中仍然有效吗？
3. UPS公司这种刻板的工作时间表在带来效率的同时会产生哪些新的问题呢？企业的管理者应如何应对这些新的问题？

第四章 管理的基本原理与方法

【趣味阅读】

几只爱吃土豆的小鼹鼠在草原上开垦了一块土地,种了好多土豆。到了收获的季节,几只小鼹鼠看着那一大堆的土豆,心里乐开了花。眼看就要下雨了,几只小鼹鼠决定自己把土豆运回住地。小鼹鼠 A 试了试自己一次可以抱两只土豆,于是便每次抱着两只土豆往返于土豆地与住地之间,虽然有点吃力,但他还是越干越起劲。小鼹鼠 B 找来一根绳子,把五个土豆捆在一起,然后背着向住地走去,虽然多背了几个土豆,可他速度一点也不比小鼹鼠 A 慢。小鼹鼠 C 找来一根扁担,用绳子把土豆捆好,前面五个后面五个,走起来比小鼹鼠 A 和 B 都快。小鼹鼠 D 和 E 找来一个筐,装了满满一筐土豆,足有三四十只,然后他们抬着筐向住地走去。

【管理启示】

同样都在努力工作,可是五只小鼹鼠的工作效率和工作成果却有显著的差别。这是因为工作方式不同,有人虽然看起来忙忙碌碌,工作却难见成效;有人虽然显得很悠闲,却成绩显著。好的工作方法可以有效地提高工作效率,管理理论可以在改进工作效率方面给人们有益的指导。

【学习目标】

1. 了解管理的基本原理和方法的主要含义和具体内容。
2. 掌握管理方法的实质和特点。
3. 能够正确运用管理基本原理和基本方法。

【教学要求】

知识要点	能力要求	相关内容
管理原理	(1) 理解并掌握系统原理主要观点 (2) 理解并掌握人本原理主要观点 (3) 理解并掌握动态原理主要观点 (4) 理解并掌握效益原理主要观点	(1) 系统原理 (2) 人本原理 (3) 动态原理 (4) 效益原理
管理方法	(1) 掌握并能够运用管理中的法律方法 (2) 掌握并能够运用管理中的行政方法 (3) 掌握并能够运用管理中的经济方法	(1) 法律方法 (2) 行政方法 (3) 经济方法

第一节　管理的基本原理

一、系统原理

（一）系统及系统原理的含义

1. 系统的含义

系统是指由若干相互联系、相互作用的部分组成的，在一定环境中具有特定功能的有机整体，是人们对相互联系的客观事物的一种总体描述。"系统"一词最早出现于古希腊语中，原意是指由部分组成的整体(集合)。从管理的角度界定系统，则是指由若干个相互联系、相互依存、相互作用的要素所组成的具有一定结构和特定功能的有机整体。该定义包含三层含义：

（1）任何系统均由两个以上的要素组成，单个要素不能构成系统。如人、财、物、时间、信息和技术等其中任何一项要素都不能构成一个组织系统。

（2）系统中的要素与要素、要素与整体，以及整体与环境之间是相互作用、彼此影响的，并形成了特殊的系统结构，如企业中的人、财、物、技术、信息等要素相互依存、相互作用，形成了系统。

（3）系统具有不同于各组成要素独立功能的新功能。企业可以向社会提供消费者需要的产品或服务，而其构成要素——人、财、物却没有此功能，这说明系统具有其组成要素在孤立状态下所没有的新功能、新特性和新行为。换句话说，系统不是单个要素的简单相加，而是它们有机结合成的一个具有新功能的新机体，这就是系统最本质的特征——整体性。两千多年前，古希腊著名的哲学家亚里士多德断言"整体功能大于部分功能之和"，人们形象地把它比喻为 $1+1>2$。系统特定功能表现为系统的整体功能大于各要素功能的简单相加。

2. 系统原理的含义

管理学认为，社会组织都是由人、财、物、信息等组成的系统。所谓管理的系统原理，是指管理者在认识和处理管理问题时，应该把组织看成一个系统，运用系统的观点去认识和指导管理活动，对各种管理要素及其相互关系进行系统的分析，从而更好地实现管理的整体功能。系统原理不仅为认识管理的本质和方法提供了新的视角，而且它所提供的观点和方法广泛渗透到人本原理、效益原理和动态原理之中，从某种程度上说，系统原理在管理的基本原理有机体系中起着统率的作用。

（二）系统原理的思想及其特征

任何组织都是一个具有特定功能的相对独立的系统，都由若干相互联系、相互制约的要素按一定结构关系构成，都与外部环境不断进行着物质、能量和信息的交换，都是更大系统的一个子系统，都在系统内部存在一定的纵向和横向分工。要实现组织的宗旨和目标，一个重要的方面就是根据环境条件对组织进行科学设计和再设计，使组织的社会功能、结构体制、权责配置、运行机制等与外部环境保持动态平衡；另一个重要方面就是对组织发展过程中遇到的各种问题进行系统分析，从整体的、开放的、发展的和关联的角度观察和处理问题。这就是系统原理的基本思想。在组织管理中，系统原理具有十分丰富的内涵，主要包含以下特征。

1. 目的性与竞争性

任何系统都必须有明确的目的或社会功能，这是其存在的意义所在。系统的开放性决定了系统之间存在着竞争关系，系统的生存与发展关键取决于其竞争力。因此，一方面需要根据环境变化及时对组织进行重新设计，对组织的职能、结构、权责、体制及管理方式等进行调整，对目的或功能不明、存在价值较小或失去存在价值的系统必须予以调整或撤销；另一方面，在管理工作中要重视管理的目的，以目的统一过程，过程要为目的服务，讲求效率和效益，切实引入竞争机制，不断改进工作手段，从而不断增强组织的竞争实力，避免重过程、轻目的的现象发生。这是提高组织效率和竞争能力的重要保证。

2. 层次性与专业性

现代社会分工的复杂性和社会组织的规模化，决定了任何社会组织都需要在内部进行纵向层次间和横向职能间的分工，做到分工明确、权责一致、各司其职、各负其责。在纵向上，任何大型组织上级对下级都应通过制度、目标与政策进行宏观上的控制与监督，而非具体干预，并且应做到只管一级，防止越级领导。在横向上，则应以职能为依据，进行机构、职位设置以及权力、责任和人员配置。同时应建立健全的工作与协调制度，对各层次之间以及同一层次不同机构、职位间的关系作出明确规定。这是避免彼此之间相互扯皮推诿、争权夺利，从而提高组织运行效率的重要前提。

3. 整体性与控制性

系统内部所有要素和子系统都围绕系统的整体目标共同构成一个不可分割的统一整体，都要为系统整体功能服务。为了保持系统的统一性和整体性，防止系统成为各自为政的一盘散沙，必须对系统内的权力运行进行必要控制。一方面，需要沿着权力产生、运行的各个环节形成一个连续的监督与制约链条，建立群众的参与机制，同时为了便于监督制约，还需要按不同性质对权力进行分解，使它们彼此之间相互制衡；另一方面，在系统内要实行统一领导，防止多头领导，注意信息反馈，及时对环境信息进行搜集、处理和分析，以实现对管理过程的控制。

4. 开放性与关联性

系统的各个要素及子系统之间相互联系、相互制约，任何一个要素或子系统发生变化，都可能会给其他相关要素、子系统或系统整体产生影响。同时系统又是开放的，与外部环境不断进行着物质、能量和信息的交换，不仅拥有自己的子系统，而且自身还是更大系统的一个子系统。因此，任何组织都不能封闭自己，在分析问题和解决问题时，不仅应将系统内的各个方面、各种因素联系起来综合考虑，还应该考虑到外部环境的制约以及对外部环境可能产生的影响，统筹兼顾，重点突出。忽视任何一个方面，都可能造成决策失误，从而危及自己的生存，更谈不上什么发展。

5. 适应性与动态性

任何系统都不能脱离环境而存在，环境对系统具有决定作用，因此系统需要根据环境变化不断调整自己的职能、结构、权责、体制和人员配置等，与外部环境保持动态平衡。虽然事物发展都有其内在规律性，我们可以掌握环境因素的发展规律，对环境变化趋势作出科学预测，在此基础上进行决策及制定计划，但由于环境因素结构与作用的复杂性，我们往往难以对环境变化作出准确的预测。因此，进行决策、制定计划时需要保持必要的弹性，从而使系统对环境变化保持一定的应变能力。另外,随着环境的变化及由此导致的系统变革,人的素质能力与职位要求可能不再匹配,因此,还需要加强人员编制与使用管理,保持人员素质能力与职位要求间的动态平衡,做到能进能出、能上能下,以适应环境的变化。相反,不适应环境变化的系统是没有生命力的。

二、人本原理

(一) 人本原理的含义

人本原理,顾名思义就是以人为本的原理。以人为本就是人们在管理活动中从人性的角度出发来分析问题,以人为中心,按人性的基本状态来进行管理的一种管理方式。

管理活动中以人为本的管理思想主要包括以下几层含义:第一,人是管理活动的核心和组织管理诸要素中最重要的要素,也是最关键要素;第二,一切管理活动都要靠人来实施;第三,管理活动的人不是被动的工具;第四,管理的终极目标是为人服务,为人的不断发展服务。

(二) 人本原理的主要思想

1. 人是组织的主体

人本原理的实质就在于充分肯定人在管理中的主体作用,通过研究人的需要、动机和行为,并由此激发人的积极性、主动性和创造性,实现管理的高效益。按照人本原理,人是做好整个管理工作的根本因素,一切管理制度和方法都是由人建立的,一切管理活动都是由人来进行的,最大限度地挖掘和调动人的潜力是提高管理效益的关键。因此,贯彻人本原理就必须把人看成是组织管理的主体,掌握行为科学理论,正确地认识人,科学地研究人,准确地识别人的主导需要和主导动机,并能够发现未满足的需要,并将其作为激励的起点。

2. 员工的参与是有效管理的关键

员工的共同努力可以使组织的各项资源得到最合理的利用,使组织生产经营活动具有活力。要使员工产生主人翁感,真正成为组织中的一员,可以通过以下途径实现:①通过职工代表大会选举代表,参加组织最高决策机构的会议,职工代表有一定的比例,并且享有与其他代表同等的权利和义务;②由职工代表大会选举代表,参加组织的最高监督机构,职工代表在监督机构应占有较多名额,并且与其他监督人员一样,享有监督组织活动的职权;③广泛参加日常组织活动,员工对自己的工作最熟悉,也最有发言权,所以让员工广泛地参与到组织活动中,可以获得最符合实际情况的信息,为组织发展提供最有效的动力。

3. 使人性得到最完美的发展

任何管理都会对管理对象产生影响。管理活动是管理者人性的反映。管理者首先要提高自己的修养,使自己达到比较高的境界,才能使员工的人性朝着美好的方向发展。其次,组织的制度、措施等不仅要关注经济效益,还要考虑员工精神状态,使之为组织、为组织中的人服务。最后,管理者还要创造条件让每位员工的知识、技能等都能得到发展。

4. 管理是为人服务的

管理要以人为中心,为人服务,实现人的发展和价值。这里所说的"人",不仅指组织内部的人,还包括组织外部的人。管理者要以人为中心进行管理,首先必须了解组织成员的个性专长,让他们在适合自己的岗位上为组织作出贡献；其次管理者要知道组织成员的需要，并且尽可能满足成员的需求；再次要使组织成员从组织中感觉到自身的价值；最后应为成员提供发展的机会和空间，也就是关注成员的未来发展。

（三）人本原理在管理中的运用

在管理活动中遵循人本原理就是要树立"以人为本"的观念，把管理工作从"以事为中心"转移到"以人为中心"，重视人的需要就是尊重人、理解人、关心人、爱护人。

1. 通过认识人的需要实现对人的管理

每个人的情况各不相同，每个人都有各种各样的愿望、利益和追求。有些人的需要和组织、社会利益相一致，有些人的需要背离了组织、社会的利益。管理者要在认识人的需要的基础上，鼓励和支持那些符合组织、社会利益的需求，引导或者限制那些不符合组织、社会利益的需要。

2. 通过满足人的需要实现对人的管理

管理者要预测管理对象在一定环境下有什么样的需要，以此来激励管理对象的工作积极性。同时，还要解决好个人需要和组织需要之间的矛盾，把社会需要、组织需要和个人需要紧密结合起来。如果组织成员的需要能够长期而稳定地得到满足，将极大地调动他们的积极性，促使组织能更好地发展。

3. 通过唤起工作兴趣实现对人的管理

有效的管理就是使被管理者自觉地把组织的利益和需要变成个人的利益和需要，把组织的信念变成个人的信念。这样，被管理者在工作的时候就不会有被强迫感，而是发自个人内在的推动力和内在的需要。

吉利公司的
人本管理

三、动态原理

（一）动态原理的含义

动态原理是指一切事物都是不断发展变化的，静止状态是相对的，运动状态是绝对的。在管理中必须注意现代管理的动态特性，树立动态观念，遵循在动态中做好管理工作的规律，用发展变化的眼光来分析和解决问题。管理的动态原理有两个方面的含义：一是管理组织系统内部固有的结构、功能运行状态，随着内部各要素及内部其他条件的变化而适时调整、变化的动态规律；二是管理组织作为更大系统的子系统，随着大系统的变化而变化的动态规律。可见，管理的动态原理体现在管理的主体、管理的对象、管理手段和方法的动态变化上，同时，组织与管理的目标也是处于动态变化之中的，因此有效的管理是一种随机制宜、因情况而调整的管理。动态管理原理要求管理者应不断更新观念，避免僵化的、一成不变的思想和方法，不能凭主观臆断行事。

（二）动态原理的主要观点

1. 有序性

管理组织的动态性活动不是混乱无序的，它的运行是按照一定的规律有序地进行的。因为组织系统内的要素运动及功能运动都遵循着系统自身发展的客观规律有条不紊地进行，并保持有始有终、环环相扣的动态循环状态。组织系统针对内外环境条件变化的要求进行有步骤的调整,使组织系统内的原有运行规律按照一定的程序有计划地进行调节变化,以符合内外环境变化的需要。

2. 适应性

管理组织系统是一个动态系统,受到系统内外环境两个方面因素的影响和制约。分析研究内外环境的变化,努力适应其变化的要求,是动态管理的核心。正确运用动态原理的适应性观点,可以帮助管理系统走出无法持续保持系统高效运转的困境,增强管理系统的应变能力、适应能力以及改变环境的能力。

（三）动态原理的运用

1. 管理要有预见性

预见性是对事物未来的认知和把握。在任何管理活动中,管理系统的内部因素和外部环境都是在不断发展变化的。因此,预见能力是管理者做好工作应具备的重要素质,也是管理者综合能力的反映。开阔视野、掌握知识是提高预见能力的基本条件。预见未来,就要掌握过去和现在的情况,这就需要深入实际、调查研究、找出事物发展的客观规律,为预见事物的未来提供可靠的依据。因此,管理者必须要有较强的预见能力,并运用科学预测方法,正确地把握各种内外条件发展变化的趋势,从而采取相应的管理对策。

2. 管理要把握动态中的平衡

平衡是事物发展的重要条件,但平衡不仅表现为静态平衡,更多地表现为动态平衡。平衡问题或均衡问题是管理中经常遇到的问题,因此,树立正确的平衡观念,对于适当处理管理中各种动态问题的平衡是非常重要的。例如,在宏观经济管理中,一方面我们要认识到,保持社会总供给与社会总需求的平衡是整个国民经济协调发展的重要保证,因此它是宏观经济管理目标的重要内容;另一方面,我们也应认识到,总供给与总需求的平衡既不是指绝对的相等,又不是指静态的平衡。因此,对于在宏观经济运行中一定时期出现一定限度内的通货膨胀或失业现象,不能惊慌失措。任何事物都有其影响要素,只要我们把握好各要素的功能和作用,采取适当的调节措施,就能够达到新的平衡。

四、效益原理

（一）效益原理的含义

效益是管理的永恒主题,任何组织的管理都是为了获得效益,效益的高低直接影响着组织的生存与发展。所谓管理的效益原理,是指组织的各项管理活动都要以实现有效性、追求高效益作为目标的一项管理原理。在现代社会中任何一种有目的的活动,都存在效益问题,它是组织活动的一个综合体现。但从管理角度看,管理的目标就是追求高效益。企业如果能有效地发挥管理功能,就能够使企业的资源得到充分地利用,带来企业的高效益。反之,落后的管理就会造成资源的损失和浪费,降低企业活动的效率,影响企业的效益。向管理要效益,通过管理提高效率,已成为人们的共识。

（二）效益原理的主要观点

效益是一个多层次、多种类、多形态的效益体系，涉及面极广，牵动面多。因此，管理系统及其管理者在追求高效益过程中，需要面对各方面复杂利益关系的合理调节。要确立多维的效益观，必须正确处理好这几个关系：局部效益与全局效益、短期效益与可持续发展的长远效益、过程效益与结果效益、经济效益与社会效益、间接效益与直接效益。而且对效益的追求应是全方位的，既着眼于对一事一问题的当前管理活动的有效处理，又放眼于对影响全局的、可持续发展的、综合的效益问题的考虑。

（三）影响效益的因素

1. 管理者

管理者在管理活动中处于主导地位，管理者的观念、行为方式和管理水平对管理效益有显著的影响。管理者对效益的影响是通过他在管理活动中的决策、计划、组织、领导和控制等环节来实现的。这就要求管理者在管理活动中树立效益意识，注重管理的科学性，自觉提高管理水平。

2. 管理对象

管理效益往往要通过管理对象才能实现，因此，管理对象也是影响管理效益的重要因素。管理对象是由人、财、物、信息、时间和技术等构成的有机体系，其中人是最重要的因素，人的素质、工作责任心与主观能动性发挥的程度决定着其他管理对象作用发挥的程度。因此，必须认识到被管理者对提高管理效益的意义，注重调动他们的积极性。

3. 管理环境

效益是通过管理活动来实现的，而管理活动又是在一定环境的影响下进行的，因此环境影响着管理效益。虽然一个管理者不能从根本上改变环境，但是他可以开发和利用环境中有利于增加效益的因素。对于不利于效益的环境因素，应该积极应对，争取化不利为有利。

4. 生产方式

在某种意义上，管理活动是生产方式的外在表现，有什么样的生产方式就有什么样的管理活动，生产方式既决定着管理的性质，也决定着管理的效益。

（四）效益原理的应用

1. 追求直接形态的经济效益

经济效益是一切活动的基础。在实际工作中，效益的直接形态主要是通过经济效益得到表现的。综合评价效益必须首先从组织及其劳动者所创造的价值来定量考虑。

2. 正确战略定位是取得效益的前提

战略关系到是否"做正确的事"。企业的经营战略错了，生产出来的东西不适销对路，那么无论产品质量多好，价格再低，都是毫无意义的。效益的取得首先必须有正确的战略。

3. 追求局部效益与全局效益的协调一致

全局效益差，局部效益的提高就很难持久。当然，局部效益也是全局效益的基础，没有局部效益的提高，全局效益的提高也很难实现。因此，局部效益与全局效益是统一的，但当局部效益与全局效益发生冲突时，管理者必须把全局效益放在首位，做到局部服从整体。

4. 追求长期效益

信息时代的企业每时每刻都面临着激烈的竞争,这要求企业具有持久发展的能力。如果企业只满足于眼前的效益,而忽视了产品的开发、设备的改造和人员的培训,就会面临被淘汰的危险。所以,企业经营者必须有远见卓识,只有不断创新,才能保证企业有长期稳定的效益。

5. 追求经济效益与社会效益并重

经济效益是经济组织效益表现的直接形态,任何一个企业都在追求经济效益。但是企业不能无视社会效益,不能为了经济效益而忽视环境保护,不能违背人们的伦理道德。所以,企业在经营活动时要注意环境保护,与环境协调发展,不能为了眼前利益而进行不正当竞争,如生产假冒伪劣商品或者违禁商品。

第二节　管理的基本方法

管理的基本方法是管理理论的自然延伸和具体化、实际化,是管理理论指导管理活动的中介和桥梁,是实现管理目标的途径和手段,管理理论必须通过有效的管理方法才能在管理实践中发挥作用。

按不同分类标准可以划分出不同的管理方法。从管理的手段角度,可分为法律方法、行政方法、经济方法、教育方法和技术方法;按照管理方法的普遍适用程度可分为一般管理方法和专门管理方法;按照管理对象的范围可分为宏观管理方法、中观管理方法和微观管理方法;按照管理对象的性质可分为人事管理方法、物资管理方法、资金管理方法和信息管理方法等;按照应用于管理领域的技术方法可分为定性方法与定量方法。

一、法律方法

法律方法是国家根据广大人民的根本利益,通过各种法律、法令、条例和司法、仲裁工作,调整社会经济的总体活动和各企业、单位在微观活动中所发生的各种关系,以保证和促进社会经济发展的管理方法。

(一) 法律方法的特点

1. 公开性

有关法律法规对全社会、全组织完全公开,并且公开立法和公开执行,它不像有些文件、政策那样只有少数人掌握或执行,从而可以避免一些营私舞弊行为。

2. 规范性

法律和法规是所有组织和个人行动的统一准则,对他们具有同等的约束力。法律和法规都是用极严格的语言,准确阐明一定的含义,并且只允许对它作一种意义上的解释。法律与法规之间不允许互相冲突,法规应服从法律,法律应服从宪法。

3. 严肃性

法律与法规的制定必须严格按照法律规定的程序进行,一旦制定和颁布,就具有相对的稳定性,不能随意废止。司法工作更是严肃的行为,它必须通过严格的执法活动来维护工作的进展。

4. 强制性

法律和法规都是统治阶级或公众意志的体现,一经颁布就要强制执行,各个企业、单位以及每个公民都毫无例外。否则,要受到国家强制力量的惩处。

(二) 法律方法的作用

1. 保证管理秩序

一个社会、一个组织都需要有一个良好的活动秩序,这些都必须依靠法律法规来制约。管理系统内外部存在着各种社会经济关系,只有通过法律法规才能公正、合理、有效地加以调整,及时排除各种不利因素的影响,保证社会经济秩序的正常运行,为管理活动提供良好的外部环境。

2. 调节管理因素之间的关系

根据对象的不同特点和所给任务的不同,规定不同的管理因素在整个管理活动中各自应尽的义务和应起的作用,这是管理的法律方法所具有的一定的自动调节功能。

3. 使管理活动纳入规范化、制度化轨道

法律方法可以使符合客观规律的、行之有效的管理方法和制度用法律法规的形式固定下来,使人有章可循,有法可依。严格执行这些制度和方法,管理系统便能自动有效地运转。这样既可以保证管理的效率,又可以节约管理者的精力。

(三) 法律方法的运用

法律方法从本质上讲是通过上层建筑的力量来影响社会生活和经济生活的方法,因此,法律方法的作用是双重的,既可以起促进作用,也可以起阻碍作用。如果各项法律和法规的制定和颁布符合客观规律的要求,就会促进社会和经济的发展;反之,可能成为社会和经济发展的巨大障碍。法律方法由于缺少灵活性和弹性,易使管理僵化和官僚化,有时也会影响组织主动性和创造性的发挥。

在管理活动中,各种法规、纪律、条例要综合运用,相互配合,因为任何组织、个人的关系都是复杂的、多变的。就企业管理而言,不仅要掌握和运用好"企业法"以及与企业经营活动相关的经济法律,而且也在注意运用好"民法"赋予的权利和义务,还要运用好行业、部门、地方和本单位的规章条例。企业成为法人,一方面其权利地位受到法律的保护,可以自觉地抵制和克服"乱摊派""乱伸手"等不正之风;另一方面企业的义务和责任也明确化了、严格化了。同时,企业也应加强内部管理,根据国家、政府的有关法律、法规制定自己的管理规范,保证必要的管理秩序,避免与法律、法规有悖而造成的不必要的损失。

应该看到,法律方法只是在有限的范围之内发生作用,并不能解决所有问题。在法律范围之外,还有大量的社会关系、经济关系需要用其他方法来管理和调整。

二、行政方法

行政方法是指依靠行政组织的权威,运用命令、规定、指示和条例等行政手段,按照行政系统和层次,以权威和服从为前提,直接指挥下属工作的管理方法。它特别强调职责、职权和职位,而非个人的能力或特权。

(一)行政方法的特征

1. 权威性

行政方法所依托的基础是管理机关和管理者的法定权威,提高各级管理者的权威,是运用行政方法进行管理的前提,也是提高行政方法高效性的基础。

2. 强制性

行政权力机构和管理者所发出的命令、指示和规定等,对管理对象具有程度不同的强制性和约束力。行政方法就是通过这种强制性来达到指挥与控制的目的。

3. 垂直性

行政方法是通过行政层次指挥来实施管理的,行政指令一般都是自上而下,纵向直接下达。

4. 具体性

行政指令的内容和对象往往是具体的,有明确的规定和界限,它是在某一特定的时间内对某一特定的对象起作用,具有明确的指向性和一定的时效性。

(二)行政方法的作用

(1)有利于组织内部统一目标、统一意志和统一行动。行政方法能够迅速有力地贯彻上级的方针政策,对全局活动实行有效的控制,尤其是在需要高度集中和保密的领域,更具独特作用。

(2)可以强化管理作用。行政方法便于发挥管理的职能,使全局、各单位和各部门之间相互配合,并不断调整它们的活动和相互关系。

(3)便于处理特殊问题。行政方法时效性强,它能及时地针对具体问题发出命令和指示,可以较好地处理特殊问题和管理活动中出现的新情况。

(4)是实施其他各种管理方法的必要手段。在管理活动中,经济方法、法律方法、教育方法和技术方法,都必须经过行政系统的作用,才能更好更具体地组织与贯彻实施。

(三)行政方法的运用

(1)管理者必须充分认识到行政方法的本质是服务。行政不以服务为目的,必然导致官僚主义、以权谋私、玩忽职守等行为,因此管理者需要调查研究和倾听来自下面的呼声。

(2)行政方法的管理效果很大程度上取决于管理者的知识和能力,取决于领导者的指挥艺术,因此要求领导者具有较高的水平与修养。

(3)不可单纯地运用行政方法,要在客观规律的基础上,把行政方法和管理的其他方法有机结合起来。这是因为,行政方法的运用借助了职位的权力,较少遇到下属的抵制,这样可能使得上级在使用行政方法时忽视下属的正确意见和合理要求,从而容易助长官僚主义作风,不利于调动各方面的积极性。

(4)信息在运用行政方法过程中至关重要。首先,领导者驾驭全局、统一指挥,必须及时获取组织内外部有用信息,才能正确决策;其次,上级要把行政命令、规定或指示迅速而准确地下达,还要把收集到的各种反馈信息和预测信息发送给下级领导层,供下级决策时使用。因此,行政方法的运用需要有一个灵敏、有效的信息管理系统。

三、经济方法

经济方法是根据客观经济规律,运用各种经济手段,调节各种不同经济主体之间的关系。各种经济手段主要包括价格、税收、信贷、利润、工资、奖金、罚金以及经济合同等。

（一）经济方法的特点

1. 利益性

经济方法是利益机制引导被管理者去追求某种利益,间接影响被管理者行为的一种管理方法。

2. 关联性

经济的影响范围很广,不但各种经济手段之间的关系错综复杂、影响面宽,而且每一种经济手段的变化都会造成社会多方面经济关系的连锁反应。在时限上,也会产生很大的效果。

3. 灵活性

一方面,经济方法针对不同的管理对象,如企业和个人,可以采取不同的手段;另一方面,对于同一管理对象,在不同的情况下,可以采取不同的方式来进行管理。

4. 平等性

经济方法承认被管理的组织或个人在获取自己的经济利益上是不平等的。社会按照统一的价值尺度来计算和分配经济成果;各种经济手段的运用对于情况相同的被管理者起同样的效力,不允许有特殊性。

（二）经济方法的作用

1. 调动劳动者的积极性

经济方法承认人们经济利益的合法化并鼓励人们理智地去追求经济利益,可以最大限度地调动人们的劳动积极性。

2. 促进社会生产力的发展和社会财富的增加

经济方法的广泛运用,充分调动了组织与个人的积极性,去劳动、去创造,从而促进了社会生产力的发展;经济方法保障个人利益,促使人们不仅会积极地创造财富,而且会乐于积累财富,从而促进社会财富的增加。

3. 促进社会的民主与公正

采用经济手段,一定要采用有效的交换与议价机制,否则经济手段将无法运行。而经济上有效的交换与议价机制,反过来会促进社会的民主化建设,从而促进社会的全面进步。

（三）经济方法的运用

1. 注意将经济方法与教育方法结合起来

在现代生产力迅速发展的形势下,物质利益的刺激作用将逐步减弱,人们更需要接受教育,以提高知识水平和思想修养。只有较高素质、较高文明程度的国民才能通过经济方法增进相互之间的福利。

2. 注意经济方法的综合运用和不断完善

既要发挥各种经济杠杆的作用,更要重视各种经济手段整体上的相互配合。如果忽视综合运用,孤立地运用单一方法就不会取得较好的效果。

【课后思考】

1. 人本原理的主要观点是什么?
2. 动态管理原理与权变管理之间有什么关联吗?
3. 你认为应该如何运用系统原理观点指导管理实践?
4. 法律方法、行政方法和经济方法都是常为管理者使用的管理方法,你认为这些方法中哪个更为有效?

【技能训练】

(美)布兰佳和(美)约翰逊的《一分钟经理人》是有史以来最成功的商业管理著作之一,在全美畅销了 22 年。书中讲述的"一分钟管理法"已经成为经管教育广泛采用的一种管理方法,它简单、实用,已经成为《财富》500 强众多企业的实践指导原则,在管理科学上也有不可替代的地位。西方许多企业管理者采用了"一分钟"管理法则,并取得了显著成效。具体内容为:一分钟目标、一分钟赞美及一分钟惩罚。

所谓一分钟目标,就是企业中的每个人都将自己的主要目标和职责明确地记在一张纸上。每个目标及其检验标准应该在 250 个字内表达清楚,在一分钟内就能读完。这样,便于每个人明确认识自己为何而干、怎样去干,并且据此定期检查自己的工作。一分钟赞美,就是人力资源激励。具体做法是企业的经理经常花费不长的时间,在职员所做的事情中挑出正确的部分加以赞美。这样可以促使每位职员明确自己所做的事情,更加努力地工作,并不断向完美的方向发展。一分钟惩罚,是指某件事本该做好却没有做好,对有关人员首先进行及时批评,指出其错误,然后提醒他"你是如何器重他,不满的是他此时此地的工作"。这样,可以使做错事的人乐于接受批评,并注意避免以后同样错误的发生。

"一分钟"管理法则妙就妙在它大大缩短了企业管理过程,有立竿见影之效。一分钟目标,便于每个员工明确自己的工作职责,努力实现自己的工作目标;一分钟赞美可使每个职员更加努力地工作;一分钟惩罚可使做错事的人乐意接受批评,促使他今后工作更加认真。

请以某次管理学小组作业活动或社团活动为对象,运用"一分钟"管理法管理这次活动。

【自我检测】

一、单项选择题

1. 按照人本原理的观点,现代管理的核心是( )。

   A. 人是组织的主体　　　　　　　　B. 有效管理的关键是员工参与
   C. 使人性得到最完美的发展　　　　D. 管理是为人服务的

2. 人本原理认为( )是激励员工的根本。

A. 物质动力　　　　B. 精神动力　　　　C. 信息动力　　　　D. 外界压力

3. "管理活动应以尽可能少的投入实现相同的产出,或以相同的投入实现尽可能多的产出。"这是管理的(　　)。

A. 人本原理　　　　B. 系统原理　　　　C. 效益原理　　　　D. 动态原理

4. 依靠管理机构和管理者的权力,运用带有强制性的指令性计划、命令、指示、规定以及规章制度等方式,直接对管理对象发生影响和作用的管理方法被称为(　　)。

A. 法律方法　　　　B. 经济方法　　　　C. 行政方法　　　　D. 教育方法

5. 利益性最重要的特点是(　　)。

A. 法律方法　　　　B. 经济方法　　　　C. 行政方法　　　　D. 教育方法

6. (　　)是行政方法和法律方法都具备的特点。

A. 权威性　　　　　B. 规范性　　　　　C. 概括性　　　　　D. 强制性

7. 管理要有预见性原理的要求是运用(　　)。

A. 人本　　　　　　B. 系统　　　　　　C. 效益　　　　　　D. 动态

8. 分析研究内外环境的变化,努力适应其变化的要求,管理的核心是(　　)。

A. 人本　　　　　　B. 系统　　　　　　C. 效益　　　　　　D. 动态

9. 经济方法在运用时应注意将经济方法和(　　)方法结合起来。

A. 法律方法　　　　B. 定性方法　　　　C. 教育方法　　　　D. 行政方法

10. 管理中的行政方法对管理对象具有程度不同的(　　)和约束力。

A. 亲和性　　　　　B. 强制性　　　　　C. 随意性　　　　　D. 鼓励性

二、判断题

1. 当单个要素足够大时,也可以自成系统。　　　　　　　　　　　　　　　(　　)

2. 只有系统中的要素与要素之间是相互作用、彼此影响的。　　　　　　　　(　　)

3. 在管理活动中遵循人本原理就是要尊重人、理解人、关心人和爱护人,把管理工作从"以事为中心"转移到"以人为中心"。　　　　　　　　　　　　　　　　　　　　(　　)

4. 根据管理的动态原理可知,有效的管理是一种随机制宜、因情况而调整的管理。(　　)

5. 在经济方法中运用的各种经济手段不包括信贷。　　　　　　　　　　　　(　　)

三、简答题

1. 简要说明人本原理的主要思想。

2. 管理动态原理的主要观点有哪些?

3. 简要说明在管理中怎样运用法律方法。

4. 如何理解行政方法的"垂直性"特征?

5. 系统原理主要包括哪些特征?

四、案例分析

华为不能再做"黑寡妇"

2010年11月29日,华为公司正式面向全球发布云计算战略及端到端的解决方案。总裁任正非在发布会上发言时表示:"我们在云平台上要在不太长的时间里赶上、超越思科,在云业务上我们要追赶谷歌。"

任正非在2010年PSST体系干部大会上做的题为《以客户为中心,加大平台投入,开放合作,实现共赢》的讲话时提到了"黑寡妇",他在讲话中还特地向大家介绍说:"黑寡妇是拉丁美洲的一种蜘蛛,这种蜘蛛在交配后,母蜘蛛就会吃掉公蜘蛛,作为自己孵化幼蜘蛛的营养。"因此,民间为之取名为"黑寡妇"。任正非提出:"我们已经够强大了,我们可能导致了很多个小公司没饭吃。我们要改变这个现状,要开放、合作、实现共赢,不要一将功成万骨枯。比如,对于国家给我们的研究经费,我们不能不拿,但是我们拿了以后,是否可以分给其他需要的公司一部分。开放、合作、实现共赢,就是团结越来越多的人一起做事,实现共赢。"

近几年,华为一直在提倡"做厚供应商",希望加强与优秀供应商的合作,实现共赢,其实就是对不做"黑寡妇"的口号的践行。同时,华为也提倡主流汇聚,就是排除低资质供应商,向业界主流供应商汇聚,与这些主流供应商建立互信、双赢的长期的组织合作伙伴关系。这样,华为可以通过与优质供应商的强强联合,形成优势互补,也可以帮助华为提升能力,降低端到端成本,营造良好的商业生态环境,与供应商保持良好的契约合作关系,实现所谓的双赢。

2011年4月18日,华为的官方网站上发布了2010年年报:经国际会计师事务所KPMG独立审计,2010年华为销售收入达1852亿人民币,同比增长24.2%;同时,盈利能力持续提升,净利润达到238亿人民币,净利润率12.8%。当年,华为跻身世界500强公司。自此,华为在世界500强中的排名逐年提升:第397名、351名、315名、296名、285名、228名、129名、83名、72名,2019年排名第61。

问题:请根据管理的基本原理分析,华为不再做"黑寡妇"的决策是否可取?

第五章 决　　策

【趣味阅读】

很久以前,一个人偷了一袋洋葱,被人捉住后送到法官面前。法官提出了三个惩罚方案让这个人自行选择:一是一次性吃掉所有的洋葱;二是被鞭打一百下;三是交纳罚金。这个人选择了一次性吃掉所有的洋葱。一开始,他信心十足,可是吃下几个洋葱之后,他的眼睛像火烧一样,嘴像火烤一般,鼻涕不停地流淌。他说:"我一口洋葱也吃不下了,你们还是鞭打我吧。"可是,在被鞭打了几十下之后,他再也受不了,在地上翻滚着躲避皮鞭。他哭喊道:"不能再打了,我愿意交罚金。"后来,这个人成了全城人的笑柄,因为他本来只需要接受一种惩罚的,却将三种惩罚都尝遍了。

【管理启示】

生活中我们许多人都有过这样的经历,决策的错误使自己尝到许多不必要的苦头。因此,掌握科学决策的理论与方法是提高管理效率与效益的基础。

【学习目标】

1. 了解决策的特点。
2. 掌握决策、确定型决策、风险型决策、不确定型决策等主要概念。
3. 掌握决策的类型、决策原则和过程、决策的影响因素及各种决策方法的基本思想与应用。
4. 能够运用决策的基本理论和方法解决实际问题。

【教学要求】

知识要点	能力要求	相关内容
决策的概述	(1) 理解并掌握决策的基本含义 (2) 掌握决策的重要性 (3) 识别决策的类型及相关概念	(1) 决策的概念及特点 (2) 决策的重要性 (3) 决策的类型
决策制定过程	(1) 掌握决策的过程 (2) 掌握影响决策有效性的因素	(1) 决策过程 (2) 决策的影响因素
决策方法	(1) 掌握并应用几种定性决策方法 (2) 掌握并应用几种定量决策方法	(1) 定性决策方法 (2) 定量决策方法

第一节　决策概述

决策是管理的核心。著名管理学家埃尔伍德·斯潘塞·伯法提出,管理的首要任务是能够作出决定企业今后命运的决策。获得诺贝尔经济学奖的管理学家赫伯特·西蒙则认为管理就是决策,决策是管理工作的本质,整个管理过程都是围绕着决策的制定和组织实施而展开的,管理的基本职能——计划、组织、领导、控制,都离不开决策。对于管理者而言,决策是最重要也是最具挑战性(尤其是战略决策)的活动,是对管理者的经验、学识、心态等综合素质的考验。因而,决策研究不仅成为管理学家关注的焦点,也引起了心理学、社会学、数学、计算机科学等众多学科领域学者的研究兴趣,目前已形成了较为完善的理论体系。

一、决策的含义和特点

(一)决策的含义

在 20 世纪 30 年代,现代管理理论之父切斯特·巴纳德首先对组织决策等问题进行了开创性的研究,分析了决策主体、起因和要素等问题。巴纳德认为组织的存在和持续发展在很大程度上取决于管理者的决策水平。决策的含义同管理的内涵表述一样,至今没有统一,但是大多数学者都强调"决策是一个选择方案的过程"这一观点。杨洪兰认为,决策就是从两个以上的备选方案中选择一个方案的过程。周三多认为,决策是指组织或个人为了实现某种目标而对未来一定时期内有关活动的方向、内容及方式的选择或调整过程。张石森、欧阳云将决策定义为:"人们为了达到一定目标,在掌握充分的信息和对有关情况进行深刻分析的基础上,用科学的方法拟定并评估各种方案,从中选择合理方案的过程。"路易斯、古德曼和范特则认为:"决策是管理者识别并解决问题以及利用机会的过程。"西蒙从认知科学的角度出发,提出了"信息—设计—选择—审查"的决策程序论。

本书采用西蒙的观点,将决策界定为组织或个人搜集信息、设计方案、选择方案和修正方案的过程。对此定义可以作以下解释:

(1) 决策的首要问题是制定目标和界定解决途径。即在了解客观环境的基础上,寻求相关的决策信息,大量的信息中发现和判断需要处理的问题,依照问题的重要性和紧迫性确定行动方向,针对问题的解决要求形成所要达到的行动目标,进而界定问题的解决途径。

(2) 决策的重点是设计方案和选择方案。界定解决问题的途径后,首先必须寻找、制定并分析有可能达到目标的备选方案,即西蒙所说的"设计活动"。其次,管理者从诸多方案中选择并确定一个最符合某种满意标准的方案,西蒙称该过程叫做"选择活动"。

(3) 决策的保证是修正方案。在实际管理中,我们必须对已选择的方案在实施过程中进行评价和校正,西蒙称"审查阶段"。通过修正决策目标或备选方案,来应对主客观条件的变化和备选方案本身的错误或遗漏,也便于指导下次的决策。

（二）决策的特点

决策作为一项重要的管理活动,其特点主要表现在以下几个方面。

1. 决策的普遍存在性

决策是组织日常活动的重要内容。无论是管理者,还是一般员工,都不可避免地面临着新问题或出现的新机会,因而都必须就如何科学地解决问题或利用机会作出决策。即使是进行旨在避免作出决策的活动本身也是一种决策。另外,进行一项特定决策的过程本身是一个复杂的决策过程。例如,制定行动方案阶段之前需要调查信息,因而必须对所需调查的信息内容及其获取途径进行决策;任何阶段中的问题或机会又会产生出若干次要问题,这些次要问题又各有其特定的决策过程。

2. 决策的时效性

决策具有时效性,要受时间的制约。决策是在特定的情况下,把组织的当前情况与使得组织步入未来的行动联系起来,并旨在解决问题或把握机会的管理活动。这就决定了决策必然要受时间的制约,一旦超出了时间的限制,情况发生了变化,再好的决策也很难达到预期目标。

3. 决策的满意性

决策意味着决策者将会选择、执行某一行动方案而放弃其他的可行方案,这就产生了"机会成本"。同时,决策活动所需信息的收集与处理也会发生费用。决策者谋求"最满意收益"的本性和决策的价值决定了决策者必然会在收益与费用、成本之间作出权衡,利用适量但充分的信息合理地选择并执行某一行动方案。

4. 决策的内部性和外部性

一方面,任何决策都不可能脱离特定的环境而独立存在,因而必然受环境的影响;另一方面,任何决策者进行决策的过程都不是孤立进行的,在他们进行决策的同时,组织内部或外部的其他人员也在做着各式各样的决策,这些决策必将在受到特定环境制约的同时对环境产生一定的影响,甚至会改变环境,这些决策不可避免地以特定的环境为中介而相互发生作用。因此,在决策者进行决策前,必须首先把握其他人的决策可能会对自己的决策产生的影响。例如,竞争对手对自己的降价决策会作出什么反应等。

5. 决策的动态性

决策目标的制定以过去的经验和组织当前的状况为基础,决策的实施将使组织步入不断发展变化的未来。在此过程中,任何可能对决策条件产生影响的因素的变化都要求在一定程度上修止决策,甚至更新决策以适应变化了的决策条件。另外,决策活动的相互关联性也要求决策者必须根据对其决策结果产生重大影响的其他人的决策,灵活调整自己的决策方案。

二、决策的类型

按照不同的角度划分,决策有以下几种类型。

（一）程序化决策和非程序化决策

从决策所涉及的问题来看,决策可以分为程序化决策和非程序化决策。

1. 程序化决策

程序化决策是指可以根据既定的信息建立数学模型,把决策目标和约束条件统一起来,进行优化的一种决策。比如工厂选址、采购运输等决策,这种决策是可以用运筹学技术来完成的。在程序化决策中,决策所需要的信息都可以通过计量和统计调查得到,约束条件也是明确而具体的,并且都是能够量化的。对于这种决策,运用计算机信息技术可以取得非常好的效果。

2. 非程序化决策

非程序化决策是指所掌握的信息不完全,变量与变量之间的关系模糊、不确定。约束条件是由各种各样的社会发展变量构成的,比如,社会需求、消费偏好、个人收入、消费习惯等及其相互之间的关系。社会发展变量的不确定性制约着约束条件的稳定性,而且这种决策的贯彻实施还会引起决策所影响对象有意识的反应,比如,竞争对手采取的应对措施,这就导致决策与决策实施结果之间关系的进一步复杂化。这种决策是很难通过建立数学模型来为决策人制定决策提供优化方案的。在非程序化决策中,变量更多的是人的意志因素,而人的意志和欲望是多种多样的,并且各自的评价又不同,所以,非程序化决策不是一种可以在数理基础上完成的逻辑选择。

从管理的层次来看,基层管理者主要处理日常的、重复发生的问题,往往可以依靠一些标准、规章制度或安排来开展工作,所做的决策是程序化的。而高层管理者面临的问题和困难大多具有突发性、例外性,他们大多数时间都在处理一些棘手的问题,通常无章可循,特别是在市场变幻莫测的知识经济和信息时代,所做的工作也基本无重复性,经常做出一些例外决策即非程序化决策。

诚然,在现代企业管理中,决策者所做决策大多数介于程序化决策和非程序化决策两者之间。一般情况下,程序化决策有助于找出那些日常重复性、琐碎问题的解决方案,非程序化决策则能帮助决策者找到独特的突发性问题的解决方案。管理者主要根据实际情况,做出最有利的选择。

(二)战略决策、战术决策和业务决策

从决策的重要性看,决策分为战略决策、战术决策和业务决策。

1. 战略决策

战略决策对组织最重要,通常包括组织目标和方针的确定,组织机构的调整,企业产品的更新换代,技术改造。这些决策牵涉组织的方方面面,具有长期性和方向性。

2. 战术决策

战术决策又称管理决策,属于战略决策执行过程中的具体决策。战术决策旨在实现组织中各环节的高度协调和资源的合理使用,如企业生产计划和销售计划的制定、设备的更新、新产品的定价以及资金的筹措等都属于战术决策的范畴。

3. 业务决策

业务决策是日常工作中为提高工作效率而做出的决策,牵涉范围较窄,只对组织产生局部影响。属于业务决策范畴的主要有:工作任务的日常分配和检查、工作日程(生产进度)的安排和监督、岗位责任制的制定和执行、库存的控制以及材料的采购等。

在不同的企业组织决策活动中,不同的管理者所面对的问题和所拥有的权限不同,所能负责的决策任务也不同。基层管理者主要从事业务决策,中层管理者主要从事战术决策,高层管理者主要从事战略决策,但并不是严格孤立地去执行。在民主型企业中,基层管理者常参与战略决策、战术决策。中层管理者在做出战术决策时，为使决策合理，必须对战略决策有深入理解，同时，他们必须指导和帮助基层管理者进行业务决策，使全体员工接受决策的结果。企业高层管理者除制定战略决策之外，还通过战略决策来示范并引导战术决策和业务决策，从而促进战略决策的贯彻实施。此外，高层管理者往往具有丰富的经验和超人的洞察力，当下属制定战术决策或业务决策遇到困难时，他们都能给予有力的帮助和指导。

（三）确定型决策、风险型决策和不确定型决策

从决策的条件看，决策可以分为确定型决策、风险型决策和不确定型决策。

1. 确定型决策

确定型决策是在对决策问题所涉及的条件完全了解的情况下所做出的决策，如在已知市场需求量、市场价格和成本等条件下进行的产量决策就是确定型决策问题。对企业内部生产能力、产量等问题的决策一般都是确定型决策问题。这些问题通常可用数学模型求最优解，如采购库存决策、盈亏平衡分析，都属于确定型决策。值得注意的是，现代企业管理中，确定型决策并不多，对管理者来说，这些仅是一种理想化的决策活动。

2. 风险型决策

风险型决策是指决策者对决策对象的自然状态和客观条件比较清楚但不是完全了解、决策目标较为明确的情况下所做出的决策。如知道市场需求量可能出现几种情况，能预测每种情况出现的可能性大小，知道市场价格和成本条件进行的产量决策就是风险型决策问题。风险型决策一般可以用期望值来表示。可以看出，这种决策应该在计量化的基础上进行辨别和筛选，方能做出最优的决策。

3. 不确定型决策

不确定型决策是指对决策问题所处的条件和信息知之甚少，主要依赖决策者的经验和主观判断进行的决策。如，若决策者只知道市场可能出现的几种情况，不能预测出每种情况出现的可能性大小的条件下进行的产量决策，就是不确定型决策问题。企业的战略决策一般都是不确定型决策。因此，不确定型决策的关键在于尽量掌握有关信息资料，然后凭决策者的直觉、经验和判断行事。

（四）定量决策和定性决策

从决策的目标和方法看，可以分为定量决策和定性决策。

1. 定量决策

定量决策是指决策目标有明确的数量标准，并可以运用数学模型进行的决策。它强调用数字说话，如企业的产量决策、采购量决策和库存决策等都是定量决策。

各行各业的管理者，无论是私营部门的还是公营部门的，无论是生产行业的还是服务行业的，都必须具备数字信息处理能力。常见的定量决策方法有：盈亏平衡法（又称量本利分析法）、线性规划法和决策树法等。

2. 定性决策

定性决策是指决策目标难以定量化，主要凭决策者的经验进行判断的决策，如企业招聘员工的决策一般属于定性决策。相对于定量决策而言，定性决策具有主观性，不需要严密的数学推理。

在实际决策过程中,通常将定性决策与定量决策相结合。

(五) 初始决策和追踪决策

从决策的起点看,决策可以分为初始决策和追踪决策。

1. 初始决策

初始决策是指组织对从事某种活动或从事该种活动的方案所进行的初次选择。主要是确定未从事的活动或新的活动的方向、目标、方针及方案。它是在对内外环境的某种认识的基础上做出的,可以说是首次决策,此前没有决策可以参考,决策者只能凭借所掌握的信息做出判断和选择。

2. 追踪决策

追踪决策是指在初始决策的基础上对组织活动方向、内容或方式的重新调整。这通常是由于客观环境发生了变化,或者是出于组织对环境特点的认识发生了变化而引起的。

与初始决策相比,追踪决策具有如下特征:

(1) 回溯分析。初始决策是在分析当时条件与预测未来的基础上制定的,而追踪决策则是在原来方案实施过程中决策者发现环境已发生重大变化,或与原先认识的环境有重大区别的情况下进行的。因此,追踪决策须从回溯分析开始。所谓回溯分析,就是对初始决策的形成机制与环境进行客观分析,列出初始决策失误的原因,以便有针对性地采取调整措施。

(2) 非零起点。初始决策是在有关活动尚未进行,对环境尚未产生任何影响的前提下进行的。追踪决策则不然,它所面临的条件与对象已经不是处于初始状态,而是初始决策已经实施,因而受到了某种程度的改造、干扰与影响。也就是说,随着初始决策的实施,组织已经消耗了一定的人、财、物资源,环境状况因此而发生了变化。初始决策的实施对环境的影响主要表现在两个方面:第一,随着初始决策的实施,组织与外部的协作单位已经发生了一定关系,比如,企业为了开发某种产品,已经组织了资源供货渠道,已经向有关厂家订购了生产这种产品必需的某些设备等。第二,随着初始决策的实施,组织内部的有关部门和人员已经投入相应活动。随着活动的不断进行,这些部门和人员不仅对自己的劳动成果及这种劳动本身产生了一定的感情,而且他们在组织中的未来也可能在很大程度上与这种活动的继续命运相系,因此,如果改变原先的决策,会在不同程度上遭到外部协作单位及内部执行部门的反对。

(3) 双重优化。初始决策是在已知的备选方案中择优,而追踪决策则需双重优化,也就是说,追踪决策所选择的方案,不仅要优于初始决策方案,而且要在能够改善初始决策实施效果中的各种可行方案中,选择最优或最满意者。第一重优化是追踪决策的最低要求;第二重优化是追踪决策应力求实现的根本目标。

三、决策理论

决策理论的种类较多,不同学者阐述问题的角度也各不相同,其中具有代表性的理论包括规范决策理论和行为决策理论。规范决策理论假定决策者具备完全的理论知识,追求效用最大,通过冷静客观的思考进行决策,即完全理性决策理论。但20世纪50年代之后,人们认识到建立在"经济人"假说之上的规范决策理论只是一种理想模式,未能很好地指导实际中的决策,西蒙提出

"满意标准"和"有限理性标准",用"社会人"取代"经济人",大大拓展了决策理论的研究领域,出现了行为决策理论这一新的理论,包括了有限理性决策理论、成功管理决策理论、政治决策理论、社会决策理论以及直觉决策理论。如图5-1所示的概括了六种模型组成的决策理论统一体,决策从完全理性到完全非理性之间的变化。

规范决策理论	行为决策理论				
完全理性决策理论	有限理性决策理论	成功管理决策理论	政治决策理论	社会决策理论	直觉决策理论

完全理性　　　　　　　　　　　　　　　　　　　　　　　　　　　　　　　　完全非理性

图5-1　决策理论统一体

（一）完全理性决策理论

完全理性（entirely rationality）决策又称为最优化决策、规范决策、古典决策、经济模型或生态模型。这一决策理论认为决策者能够作出"最优"选择,决策者是完全理性的。要实现最优化决策,必须满足以下一系列假设。

1. 目标取向明确

最优化决策假定不存在目标冲突。不论决策是选择要进入的市场,还是决定今天是否上班,抑或挑选合适的人选填补工作空缺,它假定决策者的目标明确、单一。

2. 所有选项为已知

最优化决策假定决策者可以确定所有的选择标准,并能列出所有的可行性方案。它假定决策者有足够的能力对标准和备选方案进行评估。

3. 偏好明确

它假定决策标准和备选方案的价值可以数量化,并能以决策者的个人偏好来排序。

4. 偏好稳定

除了目标和偏好明确外,它假定具体的决策标准是恒定的,分配给它们的权重也是稳定的,不随时间的变化而变化。因此,不同时间点的标准和备选方案应相同。

5. 最终选择效果最佳方案

理性的决策者将选择效益评估得分最高的方案。

大多数学者认为完全理性决策理论仅是描述了一种理想状态,对现代决策行为的描述不够真实。管理既是科学,又是艺术,决策包含相当大的艺术成分,不可能像完全理性决策那样,对全部已知的效用函数求解,用解析的办法找出最大值,这样的做法只是对纷繁复杂现实的一种简化,因而简单地用它来进行实际决策往往是行不通的。但是由于该模型对"最优"的追求和采用定量方法,一些管理者仍用此模型进行决策,尤其是近年来,由于计算机在决策过程中的广泛应用,定量决策技术（如决策树、线性规划、盈亏平衡分析、预测和运筹学模型等）大大提高了最优化决策模型的有效性。

（二）有限理性决策理论

有限理性决策理论又称西蒙模型或西蒙最满意模型。有限理性决策理论是一个比较现实的模型,它认为人的理性是介于完全理性和完全非理性之间的一种有限理性。与完全理性决策理论不同,有限理性决策理论提出了三个重要概念:有限理性、不完备信息和满意原则。

1. 有限理性

所谓有限理性,是指在某些复杂的决策环境下,备选方案众多、需要处理的信息量巨大,决策者难以在决策前对所有方案和信息进行评估。

2. 不完备信息

即管理者无法获得决策所需的全部信息。造成信息不完备的原因,一方面是管理者掌握的大量信息都是模糊信息,管理者可以采用多种甚至是相互冲突的方式进行解释,进而作出不同的决策;另一方面,决策者也缺乏时间和资源收集全部可能的备选方案,即使是已知的备选方案,其结果也是不确定的。

3. 满意原则

在有限理性的约束下,面对未来极大的不确定性,再加上时间限制和昂贵的信息成本,决策者根本不会尝试寻找所有可能的方案。实际上,他们在决策实践中会采用"满意原则"而非"最优标准"的策略,即只开发所有潜在方案中的有限样本,在其中寻找和选择较容易确定和达成、较少争议的方案。当面对复杂问题时,决策者的做法是把问题降低到一种易于理解的水平。决策者不是捕捉问题的所有复杂方面,而是抽取其中的重要特点,并在此基础上构建简化的模型,然后在简化的模型范围内进行理性选择。

有限理性决策理论研究者注意到:在确定选择哪一个方案时,备选方案的顺序非常重要。在完全理性模型下,所有备选方案按编好的等级由高到低全部列出,每种潜在的解决方案都会得到充分的评估。但是,在有限理性模型下的满意原则并非如此。由于决策者使用的模型简单而有限,他们一般以明显的、熟悉的、距离现实不远的备选方案为起点,因此,那些最接近于现实并达到标准的解决办法最有可能被选中。从这个意义上说,管理决策过程更多地表现为一种艺术,而不是科学。在不完备信息和有限理性的前提下,管理者往往需要依靠自己的经验、直觉和判断作出一些重要决策,这一决策过程通常是快节奏的。为此,管理者需要意识到,自己的判断并非总是正确的,不应满足于仅用简单的办法,凭经验、习惯或惯例来确定问题和解决方案。

(三)成功管理决策理论

成功管理决策理论又称皮特斯-沃特迈模型。皮特斯和沃特迈在调查了许多成功的企业后发现,完全理性决策理论给企业带来了不良后果,因而这些企业并不遵守完全理性决策理论,它们有自己的成功管理决策理论。这一决策理论具有如下特点:

(1) 决策者流动于各个部门之间,以掌握真实的正在发生的情况。
(2) 决策者尽可能在一段时间里只做一件事,完成有限的目标。
(3) 决策者重视实验,不惧怕失败,而理性模型是不承认实验价值的。
(4) 决策者注重速度和数量,提倡立刻就干。事做得越多,策略就越完善,他们不怕失败,也知道什么时候该放弃。

这种决策理论没有一套理性的决策程序,属于非理性的决策理论。它尽管受到一些怀疑,但也解决了一些企业的实际问题。

(四)政治决策理论

政治决策理论是指根据强有力的外部和内部相关者的利益和目标进行的决策制定过程

(图5-2)。组织中的大量决策会牵涉多位管理者,他们追求的个人目标不同,这就要求他们通过讨论实现信息共享,并就最终解决方案达成统一的意见。政治决策理论特别适用于非程序化决策。

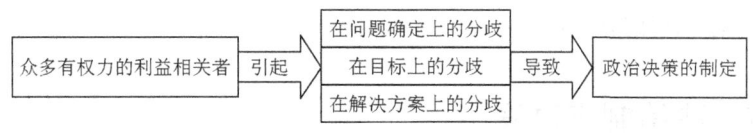

图5-2 政治决策理论

（五）社会决策理论

社会决策理论又称为社会心理学决策理论。弗洛伊德认为,人的行为大部分是由本身的潜意识指导的,人们是没有能力作出理性决策的。不管对弗洛伊德的理论抱什么态度,人们几乎都同意社会因素对决策行为有深远影响,社会的压力和影响甚至会导致决策者作出完全非理性的决策。如每个人都生活在文化之中,文化对人的影响极深,文化的影响其实就是一种社会的压力,它会有意无意地迫使决策者按照自己的文化传统去认知、决断和行动,这一切并不是建立在理性基础之上的,决策可以说是一种文化现象。当然,社会决策理论在某些条件下是适用的。因此,我们不能简单地认为社会决策理论在大多数决策中起主要作用,但也不得不承认,社会因素和社会压力对决策行为的影响十分重要。

（六）直觉决策理论

管理者通常还运用直觉来进行决策。直觉是人们头脑中对客观事物快速形成的顿悟和理解。巴纳德在《经理人员的职能》一书中提出过其对决策过程的理解。他认为决策在本质上是一种解决问题的思维活动。管理者的决策思维包括两种基本的思考过程：逻辑的过程和非逻辑的过程。逻辑的过程是"有意识的思考,可以用语言或推理表达出来"；而非逻辑的过程是"无法用语言或推理表达出来的,只有通过判断、决定或行动才为人所知"。非逻辑的过程是直觉的或心照不宣的反应,即使逻辑不明显时也可能是正确的。和逻辑的过程一样,非逻辑的过程也可能是错误的,因而巴纳德认为"如果情况允许,两种心理过程一起使用要比单独使用任何一种更好"。巴纳德对于直觉知识的洞察深化了人们对于管理者在决策过程中如何把逻辑分析和非逻辑（直觉）分析结合在一起的理解。

直觉决策是一种潜意识的决策过程。研究人员对管理者运用直觉决策进行了研究,总结出五种不同的直觉决策,分别为基于过往经验的决策、基于感觉或情绪的决策、基于认知积淀的决策、基于潜意识信息的决策和基于道德价值观或文化的决策。在人类的行为方式中,最简单的是直觉,最复杂的也是直觉。根据直觉制定决策并非与理性决策毫无关联,相反,两者是相互补充的。在管理过程中,绝大多数决策是通过直觉决策作出的,一项对公司主管的调查发现,几乎一半的被调查者在经营管理过程中使用直觉决策多过常规的认知分析。快而准的直觉反应能力,其实是知识积累以及运用知识识别问题过程的升华,必须经过多年的经验和训练来培养直觉,才可能具有这种能力。错误冲动的拍脑袋和象棋大师不假思索的妙招相比,尽管看起来形式很相似,但其实质截然不同。前者是原始冲动和感情支配的直接反应,经常不合时宜；后者是学习所得和经验积累,具有环境适应性。

立白商会成立的背后决策

人们在什么时候更有可能会运用直觉决策呢？目前已知的有以下八种情况：存在高度不确定性时；几乎没有先例可循时；各种变化很难科学预测时；事实有限时；事实的指向要求不明确时；分析性的数据毫无用处时；存在多个相当的备选方案时；时间有限时。

第二节 决策制定过程

决策是一个过程，而不是一瞬间完成的工作，这其中包括了一系列的步骤。可以说，良好的决策结果是由良好的决策过程产生的。

一、决策程序

为了完成组织目标，决策者在进行决策的过程中，应按以下步骤进行。

（一）界定问题、识别机会

决策过程的第一步就是要界定将要面临的问题，及识别可能遇到的发展机会或是可能遇到的危机等。要注重考虑组织中人的行为以及信息的准确与时效性。

（二）明确组织目标

决策目标是制定和实施决策的基础，确定的目标只有含义明确、内容具体，才能对控制和实施决策起到指导和依据作用。

（三）拟定备选方案

一旦明确了组织的经营目标，接下来的步骤就是制定解决问题的备选方案。根据所收集的信息，管理人员应尽可能多地制定可供选择的方案，可供选择方案越多，解决办法越完善。寻求备选方案的过程是一个创造性的过程。

（四）评估备选方案

一旦管理者提出了各种方案，接下来就需要仔细评估各个方案的优劣。有效评价的关键就在于明确机会和威胁，并指定与机会和威胁相关的影响和方案选择的标准。

（五）选择最佳方案

决策者要想做出最优的决定，必须仔细考察全部事实，确定是否可以获取足够的信息，并考虑组织可以利用的资源。在选择方案时应考虑以下因素：

（1）经验：在选择最佳方案时，将过去的经验作为一个指示。

（2）直觉：直觉与经验有关，它包括唤起决策者过去的记忆，并将其应用于对未来的预测。

（3）他人的建议：决策者必须从同级、上级和下级那里寻求帮助和指导。

这一选择过程并不那么容易，有时甚至相当艰难。这需要考验管理者全盘考虑问题的能力。管理者必须仔细判断，综合权衡，最终作出选择，同时要确定组织中不同部门不同层级所制定的决策必须彼此相容，能与组织整体目标相呼应。在这一阶段，负责执行决策的人应该参与寻找选择方案的工作，他们可以提醒管理者疏漏之处，指出潜在的问题，找出可以利用而未经利用的资源，由此改善最后的决策品质。

（六）执行方案

做出决策之后，就必须贯彻执行，并且还要做出与之相关问题的决策。比如，要开发一种新的女士服装，还需要进一步做相关附属决策，例如，选聘服装设计师，获取原材料，寻找质量可靠的生产者，与经销商签订销售合同等。具体工作如下：制定保证方案实施的措施，确保与方案有关的各种指令能被所有人员充分接受和了解；将决策目标分解，落实到单位或个人；建立工作报告制度，了解方案的进展，并及时调整。

（七）监督和评估

决策过程的最后一步就是接收信息的反馈。有效的管理应监督和评估决策的执行过程，并从中获取经验教训。管理人员就应建立一个正式的程序，从过去的决策中学习经验。这个程序应包括以下几个步骤：首先比较决策的期望结果和实际结果；其次寻找未能达到期望结果的各种原因；最后总结对将来决策有益的指导。

二、影响组织决策的因素

组织制定决策时，经常受到以下因素的影响：

（一）环境

每个组织都是处于某个环境中的，并且受到这个环境的影响。一个组织的生存能力主要体现在它的自我调节和适应能力。环境是不断变化的，其变化趋势基本分为两类：一类是环境威胁，另一类是市场机会。所谓环境威胁，是指环境中一种不利于组织生存发展的变化趋势，如果不及时采取必要的应对方案，这种不利的趋势将会损害组织的利益。所谓市场机会，是指对组织有吸引力或利于组织建立竞争优势的变化趋势。每一个组织都会面临若干环境威胁和市场机会。

（二）过去的决策

组织过去的决策是目前决策过程的起点，它总是影响着正在进行的决策工作，这一因素也可以称为"非零起点"因素。在大多数情况下，组织的决策工作并不是完全从"零"开始，而是对初始决策的修改、调整或完善。过去决策对当前决策的影响程度，主要受它们与现任决策者关系的影响。实践表明，如果现任决策者也是过去决策的制定者，那么他将倾向于坚持过去决策，而不会对它进行重大的调整。相反，如果现任决策者跟过去决策没有重要的关系，那么他将倾向于采取重大的改革。

（三）决策者对待风险的态度

组织执行任何一项计划，都将面临一定的风险。组织的决策者对风险的态度，将在很大程度上影响组织选择哪种方案。可以说，具有高回报率的方案，同时也包含了很多风险。决策者可以分成两大类：风险偏好型和风险回避型。但是，对将来所做的决策，不可避免地要承担一定的风险。因此，决策者需要具备如下的素质：①要有胆识、有勇气，敢于冒风险，敢于承担责任。②能够收集足够的信息，准确地分析风险的可能性后果，并制定相应的解决方案。③对决策的时机是否成熟有准确的判断。这些都有助于决策者将方案的风险降至最低。

（四）组织文化

在管理领域里，组织文化主要指组织的指导思想、经营理念和工作作风，包括价值观念、行业标准、道德规范、文化传统、风俗习惯、典礼仪式、管理制度以及企业形象。组织的管理人员在进行决策时，不可避免地要考虑本组织的文化。因为一项新的决策要与组织文化相配合与协调，而组织现存的文化具有一定的滞后性，在一定程度上会影响决策的顺利实施。所以，组织文化既可以成为决策实施的推动力，也可能成为阻力。因此，当环境发生重大变化时，组织的文化也应该做相应的变化，以保证组织文化与组织的新决策相一致。

（五）时间

为了保证决策的时效性，就应考虑时间对决策的制约作用。决策是在特定的环境下，把组织的需求与内外部条件结合起来而制定的一种行动方案。只有在一定的时期内，实施此决策才能达到预期的结果，而当决策的实施超出了时间的限制时，决策就失去了实际意义。

第三节　决策方法

一、定性决策法

（一）定性决策法的含义

定性决策法是决策者根据所掌握的信息，在对事物运动规律的分析和把握事物内在本质联系的基础上进行决策的方法。

在计算机、数学和运筹学广泛应用于企业经营管理之前，人们习惯用自己的经验判断来解决问题，就是我们通常所说的定性决策法，也指采用定性与定量相结合但以定性决策为主的决策方法。在当今信息时代和计算机、数学和运筹学广泛应用于企业经营管理决策领域后，定性决策仍有其广泛的用武之地，主要原因如下：

（1）面对信息不完全的决策问题以及一些突发性的事件和新问题，决策者难以使用对数据依赖程度较高的决策方法。

（2）当决策问题与决策者主观意愿关系密切，难以或者不能应用数学模型来解决，或者数据根本就无法得到和预测，此时就必须采用定性决策或定性和定量相结合但以定性决策为主的决策方法。

（3）问题本身过于复杂性，决策者难以用现行的定量分析方法和计算机工具决策，不得不进行粗略的估计和采用定性分析法。

（二）定性决策法的类型

1. 头脑风暴法

头脑风暴法也称为思维共振法，即通过与专家之间的信息交流，引起思维共振，产生组合效应，从而导致创造性思维。

运用此种方法必须遵循以下原则：

（1）严格限制预测对象范围，明确具体要求。

（2）不能对别人意见提出怀疑和批评，要认真研究任何一种设想，不管其表面看来多么不可行。

（3）鼓励专家对已提出的方案进行补充、修正或综合。

(4) 解除与会者顾虑,创造发表自由意见而不受约束的气氛。

(5) 提倡简短精练的发言,尽量减少详述。

(6) 与会专家不能宣读事先准备好的发言稿。

(7) 与会专家人数一般为 10~20 人,会议时间一般为 20~60 分钟。

2. 德尔菲法

德尔菲法是美国兰德公司的专家们在 1964 年提出的一种群体决策法。该方法以匿名的方式,通过几轮函询来征求专家的意见,组织预测小组对每一轮的意见进行汇总,整理后作为参考再发给各位专家,供他们分析判断,以提出新的论证。几轮反复后,专家意见趋于一致,最后供决策者进行决策。

此种方法具有匿名性等特点,具体步骤是:

(1) 确定预测题目。

(2) 选择专家。

(3) 制定调查表。

(4) 预测过程。

(5) 做出预测结论。

如果结果分歧很大,可以开会集中讨论,管理者也可以分别与专家联络听取意见。

3. SWOT 分析法

SWOT 分析法又称为态势分析法,它由哈佛商学院的 K.J.安德鲁教授于 1971 年在其《公司战略概念》一书中提出,可用来作为企业内部分析,即根据企业自身的既定内在条件进行分析,找出企业的优势、劣势及核心竞争力之所在,然后做出有利的决策。其中,S 代表 strength(优势),W 代表 weakness(劣势),O 代表 opportunity(机会),T 代表 threat(威胁)。在决策过程中,将与研究对象密切相关的各种主要内部优势、劣势、机会和威胁信息通过调查列举出来,并依照矩阵形式排列,然后把各种因素相互匹配起来加以分析,从中得出一系列相应的结论。运用这种方法,可以对研究对象所处的情景进行全面、系统、准确的研究,从而根据研究结果制定相应的发展战略、计划以及对策等。

二、 定量决策法

定量决策法是指运用数学工具、建立反映各种因素及其关系的数学模型,并通过对这种数学模型的计算和求解,选出最佳决策方案的决策方法。

(一) 确定型决策法

1. 盈亏平衡法

(1) 概念。盈亏平衡分析,又称为保本点分析或量本利分析,是通过盈亏平衡点(break even point, BEP)分析项目成本与收益平衡关系的一种方法。盈亏平衡点通常是根据正常生产年份的产品产量或销售量、可变成本、固定成本、产品价格和销售税金及附加等数据计算出来的,用生产能力利用率或产量等表示。盈亏平衡分析的目的就是找出这种临界值,即盈亏平衡点(BEP),判断投资方案对不确定因素变化的承受能力,为决策提供依据。

(2) 假设。①产量等于销售量,销售量变化,销售单价不变,销售收入与产量呈线性关系,企业主管不会通过降低价格增加销售量。②假设项目正常生产年份的总成本可划分为固定和可变成本两部分,其中固定成本不随产量变动而变化,可变成本总额随产量变动呈比例变化,单位产品可变成本为一常数,总可变成本是产量的线性函数。③假定项目在分析期内,产品市场价格、生产工艺、技术装备、生产方法、管理水平等均无变化。④假定项目只生产一种产品,当生产多种产品时,产品结构不变,且都可以换算为单一产品计算。⑤该项目的生产销售活动不会明显地影响市场供求状况,假定其他市场条件不变,产品价格不会随该项目的销售量的变化而变化,可以看作一个常数。销售收入与销售量呈线性关系,即:

$$B = P \cdot Q$$

式中,B 代表销售收入;P 代表单价产品价格;Q 代表产品销售量。

函数关系如图 5-3 所示。

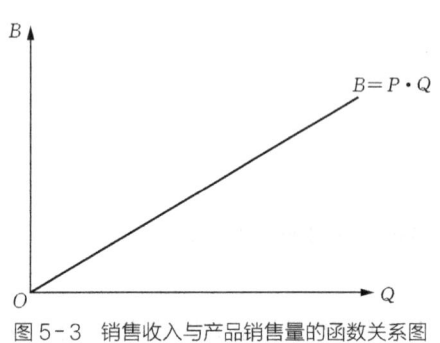

图 5-3 销售收入与产品销售量的函数关系图

投产后,其生产成本可以分为固定成本与变动成本两部分。固定成本指在一定的生产规模限度内不随产量的变动而变动的费用。变动成本指随产品产量的变动而变动的费用。变动成本总额中的大部分与产品产量成正比例关系。也有一部分变动成本与产品产量不成正比例关系,如与生产批量有关的某些消耗性材料费用、模具费及运输费等,这部分变动成本随产量变动的规律一般呈阶梯形曲线,通常称这部分变动成本为半变动成本。由于半变动成本通常在总成本中所占比例很小,在经济分析中一般可以近似地认为它也随产量成正比例变动。总成本是固定成本与变动成本之和,它与产品产量的关系也可以近似地认为是线性关系,即:

$$C = C_f + C_v Q$$

式中,C 代表总生产成本;C_f 代表固定成本;C_v 代表单位产品变动成本。其函数关系如图 5-4 所示。

图 5-4 中,P 称为盈亏平衡点,Q^* 称为盈亏平衡产量(或保本产量),依照盈亏平衡的定义,当 $C = P \cdot Q$ 时,企业得到盈亏平衡产量(或保本产量),其表达式为:

$$Q^* = \frac{C_f}{P - C_v}$$

(3) 应用举例。

[例 5-1] 某产品固定成本为 12 000 元,单位可变成本为 100 元,售价为 210 元,试确定盈亏平衡点的销量。

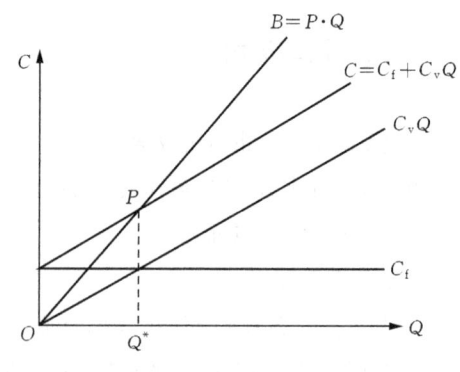

图 5-4 盈亏平衡分析图

解：由公式 $Q^* = \dfrac{C_f}{P-C}$，得

$$Q^* = \dfrac{12\,000}{210-100} = 109$$

图 5-5 中，x 轴为销量，y 轴为成本，两直线中较平缓的一条为总成本线，较陡峭的一条为总收入线，两直线交点为盈亏平衡点，该点 x 轴的坐标为 109，即当销量为 109 单位时盈亏平衡。位于平衡点左侧两直线所夹区域为亏损区，平衡点右侧两直线所夹区域为盈利区。

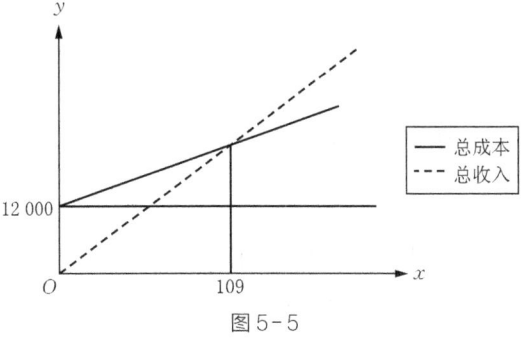

图 5-5

2. 线性规划法

(1) 概念。线性规划是运筹学的一个重要分支，其研究始于 20 世纪 30 年代末，许多人把线性规划的发展列为 20 世纪中期最重要的科学进步之一。1947 年美国数学家丹捷格提出求解线性规划的一般方法——单纯形法，从而使线性规划在理论上趋于成熟。此后随着计算机的出现，计算技术发展到一个更高的阶段，单纯形法解题步骤可以编成计算机程序，从而使线性规划在实际中的应用日益广泛和深入。目前，从解决工程问题的最优化问题，到工业、农业、交通运输、军事国防等部门的计划管理与决策分析，乃至整个国民经济计划的综合平衡，线性规划都有用武之地，它已成为现代管理科学的重要基础之一。

线性规划研究可以归纳成两种类型的问题：一类是给定了一定数量的人力、物力、财力等资源，研究如何运用这些资源使完成的任务最多；另一类是给定了一项任务，研究如何统筹安排，才能以最少的人力、物力、财力等资源来完成该项任务。事实上，这两个问题又是一个问题的两个方面，就是寻求某个整体目标的最优化问题。

(2) 应用举例。

[**例 5-2**] 某工厂生产甲、乙两种产品，需消耗 A、B、C 三种材料。每生产单位产品甲，可得收益 4 万元；每生产单位产品乙，可得收益 5 万元。生产单位产品甲、乙对材料 A、B、C 的消耗及材料的供应量如表 5-1 所示。问如何安排生产才能使总收益最大？

表 5-1 材料消耗及供应量

材料	甲	乙	资源量
A	1	1	45
B	2	1	80
C	1	3	90
收益	4	5	

解：此问题可用数学语言描述，设在计划期内甲、乙两种产品的产量分别为 x_1，x_2，按给定的条件，材料 A 在计划期间的供应量为 45 单位，这对产品产量是一个限制条件。因此，在安排生产

时,要保证甲、乙产品所消耗的材料 A 不超过该材料供应量,可用不等式表示为:
$$x_1 + x_2 \leqslant 45$$
类似地,对材料 B 和 C 也有下述不等式:
$$2x_1 + x_2 \leqslant 80$$
$$x_1 + 3x_2 \leqslant 90$$
该厂的目标是使总收益最大,如以 Z 代表总收益,则:
$$Z = 4x_1 + 5x_2$$
该函数称为问题的目标函数。此外,产品产量不可能是负的,因此有 $x_1 > 0$、$x_2 > 0$。

综上所述,此问题的数学模型为:求一组变量 x_1,x_2 满足下列约束条件:
$$\begin{cases} x_1 + x_2 \leqslant 45 \\ 2x_1 + x_2 \leqslant 80 \\ x_1 + 3x_2 \leqslant 90 \\ x_1, x_2 \geqslant 0 \end{cases}$$

使目标函数 $Z = 4x_1 + 5x_2$ 为最大。

求解线性规划的方法很多,常见的方法有单纯形法、改进单纯形法、对偶单纯形法等,可以直接求解,也可以借助于计算机求解。通常采用的软件有 Mathematica、Excel 等。此处对具体的解法不再赘述。

（二）不确定型决策法

不确定型决策是对自然状态出现的概率无法确定,即决策问题中涉及的条件有些是未知的,对其中有些随机变量,连它们的概率分布也是不知道的,这时就要采取一些不必知道状态概率的决策方法。下面结合实例来介绍一些常见的方法,这些方法只是决策者优选的"原则",所选原则不同,得到的最优方案亦不同。

[例 5-3] 某公司生产某产品,有三种生产方案,其效益情况如表 5-2 所示。试分别根据相应的决策标准,对该问题进行决策。

表 5-2 各种方案在不同情况下的收益 单位:万元

方　案	市场状态		
	市场繁荣	市场一般	市场萧条
A_1	20	15	−2
A_2	15	12	3
A_3	10	8	6

1. 悲观决策法

悲观决策法,也称为小中取大法,其基本思想是:把事情估计得很不利(效益最小),最优方案则是从各方案的最坏情形(收益最小)中,取一个最好(收益最大)的方案。

运用此法对例 5-3 进行求解,如表 5-3 所示。

表 5-3 悲观决策法的决策表　　　　　　　　　单位:万元

方　案	市场状态			
	市场繁荣	市场一般	市场萧条	最小收益值
A_1	20	15	-2	-2
A_2	15	12	3	3
A_3	10	8	6	6

按照悲观决策法,在三个方案的最小收益值-2 万元、3 万元和 6 万元中选择一个最大的收益为 6 万元,应选择 A_3 方案。

2. 乐观决策法

乐观决策法也称为大小取大法,与悲观决策法相反,该方法总把事情估计得最好(效益最大),最优方案则是从各方案的最好情形(收益最大)中,取一个最好(收益最大)的方案。

运用此法对例 5-3 进行求解,如表 5-4 所示。

表 5-4 乐观决策法的决策表　　　　　　　　　单位:万元

方　案	市场状态			
	市场繁荣	市场一般	市场萧条	最大收益值
A_1	20	15	-2	20
A_2	15	12	3	15
A_3	10	8	6	10

按照乐观决策法,在三个方案的最大收益值 20 万元、15 万元和 10 万元中选择一个最大的收益值 20 万元,应选择 A_1 方案。

3. 折中决策法

折中决策法是决策者为了克服上面完全乐观或完全悲观的情绪的影响,而采取的一种折中办法,即根据历史经验先确定一个乐观系数 $a(0<a<1)$,然后求每个方案的折中效益值 H_i。各方案对应的折中效益值是 a 乘以方案中的最大收益值与 $(1-a)$ 乘以方案中的最小收益值之和,最后选择折中效益值最大的方案即为最佳方案。

特别地,当 $a=0$ 时就是悲观决策法,$a=1$ 时就是乐观决策法。

以例 5-3 为例,采用折中决策法,计算如下:

(1) 取 $a=0.7$,则 $1-a=0.3$,由上面的公式,得

$$H_1=0.7\times 20+0.3\times(-2)=13.4$$

$$H_2=0.7\times 15+0.3\times 3=11.4$$

$$H_3=0.7\times 10+0.3\times 6=8.8$$

显然,H_1 最大,即 A_1 为最优方案。

(2) 取 $a=0.4$,则 $1-a=0.6$,由上面的公式,得:

第三节　决策方法

$$H_1 = 0.4 \times 20 + 0.6 \times (-2) = 6.8$$

$$H_2 = 0.4 \times 15 + 0.6 \times 3 = 7.8$$

$$H_3 = 0.4 \times 10 + 0.6 \times 6 = 7.6$$

显然,H_2 最大,即 A_2 为最优方案。

由此可见,采用折中决策法,当 a 取值不同时,也会导致决策方案的不同。

4. 最小最大后悔值法

最小最大后悔值法也称最小遗憾决策法,其基本思想是将每一种状态下的最优值(效益最大)定为理想目标,并将该状态下其他效益值与最优值的差称为未达到理想之后悔值,然后把每个方案的最大后悔值找出来,再从中找出最小者所对应的方案作为最优方案,即先求后悔值,构成后悔值矩阵,然后根据该矩阵选取每个方案对应的最大后悔值,最后从中选取最小者,即为最优方案。运用此法对例 5-3 进行求解,如表 5-5 所示。

表 5-5 最大最小后悔值法的决策表　　　　单位:万元

方案	市场状态			
	市场繁荣	市场一般	市场萧条	最大后悔值
A_1	20−20=0	15−15=0	6−(−2)=8	8
A_2	20−15=5	15−12=3	6−3=3	5
A_3	20−10=10	15−8=7	6−6=0	10

按照最大最小后悔值法的决策原则,在各方案最大后悔值 8 万元,5 万元和 10 万元中选择一个最小的 5 万元,即应该选择 A_2 方案。

(三) 风险型决策法

风险型决策法又称概率型、统计型决策方法或称随机型决策方法。它是以决策收益为基础,进行计算、比较和分析,依据相应的判断标准,选择其中一个合理方案,并加以验证后作为决策的依据。风险型决策法应该具备以下几个条件:

(1) 存在决策者欲达到的目标。

(2) 存在两个以上的可行方案。

(3) 已知可行方案的自然状态。

(4) 明确自然状态发生的概率。

(5) 已知各可行方案在自然状态下的收益值。

在决策方法上,风险型决策主要采用决策树法。

1. 决策树的含义

决策树又称为决策流程网络或决策图,是把方案的一系列因素按它们的相互关系用树状结构表示出来,再按一定程序进行优选和决策的技术和方法。具体做法是:以决策损益值为依据,通过绘制的决策树,根据决策目标,在计算、比较和剪枝的基础上,寻找最优方案的决策方法。

2. 决策树的构成及符号说明

图 5-6 示出了决策树的构成,图中各符号说明如下:

□—决策点。从决策点引出的分枝为方案枝(□—),分枝数反映可能的方案数。

○—状态结点。该结点上方注有该方案的期望值。从它引出的分枝为概率枝(○—),每个分枝上注明自然状态及其出现的概率,分枝数反映可能的自然状态数。

‖—剪枝。该符号表示剪去(或舍弃)不必要的方案。

3. 决策树法的具体步骤

(1) 绘制决策树。

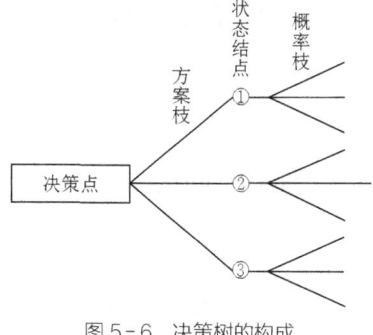

图 5-6 决策树的构成

(2) 预测可能事件(可能出现的自然状态)及其发生的概率。

(3) 计算各方案的损益期望值。计算损益期望值的方法:采用从右到左,从上到下计算各方案的期望损益值,并将各方案的损益期望值之和标注在对应的状态结点。

(4) 比较各方案的损益期望值,进行择优决策。判断准则:若决策目标是效益,应取期望值大的方案;若决策目标是费用或损失,应取期望值小的方案。

4. 应用举例

[例 5-4] 某企业打算增加某种产品的生产量,通过预测,未来三年该产品的市场需求量基本保持稳定,但是市场繁荣、萧条状态各不一样。就该产品的生产线而言,有三个方案可供选择:新建、扩建和购买。三个方案的投资情况及其在不同自然状态下的年收益如表 5-6 所示。

表 5-6 各方案的投资、收益值和概率　　　　　　　　单位:万元

方　案	投资额	各市场状态下的收益值		
		市场繁荣(0.3)	市场一般(0.5)	市场萧条(0.2)
新建生产线	80	200	120	-10
扩建生产线	50	100	50	10
购买生产线	20	80	40	20

根据上述资料,用决策树法对该问题进行决策。

解:(1) 根据上述资料绘制决策树(图 5-7)。

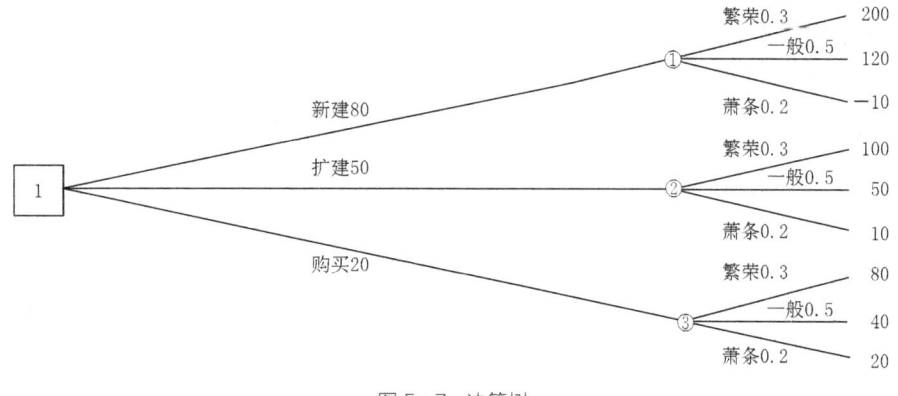

图 5-7 决策树

(2) 计算各方案的损益值。

新建生产线的损益值为：

$$0.3 \times 200 + 0.5 \times 120 + 0.2 \times (-10) - 80 = 38(万元)$$

扩建生产线的损益值为：

$$0.3 \times 100 + 0.5 \times 50 + 0.2 \times 10 - 50 = 7(万元)$$

购买生产线的损益值为：

$$0.3 \times 80 + 0.5 \times 40 + 0.2 \times 20 - 20 = 28(万元)$$

(3) 对方案进行比较选择。通过比较，新建生产线的损益值最大，其余的两个方案应该剪去，该企业选择新建生产线。

【课后思考】

1. 什么是决策？决策的主要理论观点有哪些？
2. 组织中的决策大多是追踪决策。管理者在进行追踪决策时要注意什么？
3. "管理就是决策"这种说法，你认为应该怎样理解？
4. 有人认为，评价一项决策的有效性应该综合考虑决策的准确性、时效性和可接受性这几项标准。在你看来，这几项标准哪一个更重要？为什么？
5. 有人认为，使用满意化决策准则容易使决策者不去尽力寻找最好的方案，从而对决策质量起到不利的影响。你对此是怎么看的？

【技能训练】

你能够组织一次"头脑风暴会"吗？

以 10~15 人为一组，由你来指挥这个小组用 15 分钟的时间为下面的问题寻找尽可能多的答案。

问题：两个梨子轻重不同，在不用秤称的情况下，怎么知道哪个重，哪个轻？

完成之后，请根据以下问题进行自我测试。

(1) 所有的人都发言了吗？
(2) 大家提出的答案重复得多吗？
(3) 有人提出过让大家觉得可笑的答案了吗？如果有，这个答案引起了别人的评论了吗？评论的时间长吗？
(4) 如果有人提出过让大家觉得可笑的答案后，他还会继续发言吗？
(5) 在整个过程中，大家的发言有较长时间的间断吗？
(6) 在整个过程，作为主持人，你是始终坐在一处负责记录，还是到处走动鼓励大家发言？
(7) 当你宣布结束时，还有人在想主意吗？还有人在讨论吗？
(8) 整个过程的气氛热烈吗？

【自我检测】

一、单项选择题

1. 下列选项中属于企业的程序化决策的是（　　）。
   A. 投资方向选择　　　　　　　　　B. 人力资源的开发
   C. 组织规模的确定　　　　　　　　D. 企业日常营销

2. 认为社会文化会影响决策是（　　）理论的观点。
   A. 有限理性决策　　B. 社会决策　　　C. 政治决策　　　D. 成功管理决策

3. 追踪决策具有的特点之一是（　　）。
   A. 有限理性　　　　B. 客户满意　　　C. 非零起点　　　D. 不必回溯

4. 直觉决策与理性决策（　　）。
   A. 毫无关联　　　　B. 并非毫无关联　C. 不能相互补充　D. 完全等同

5. （　　）是不确定型决策方法中的一种。
   A. 期望值法　　　　B. 决策树法　　　C. 后悔值法　　　D. 线性规划法

6. 盈亏平衡点是（　　）线相交的点对应的业务量。
   A. 固定总成本和变动成本　　　　　　B. 总收入和固定总成本
   C. 总成本和总收入　　　　　　　　　D. 变动成本和总收入

7. 组织为解决当下或未来长远问题制定决策时，（　　）过去决策的影响。
   A. 可以完全摆脱　　B. 总是受到　　　C. 全然不受　　　D. 难以确定

8. 决策过程的第一步即是（　　）。
   A. 开发可行方案　　　　　　　　　　B. 评估方案优
   C. 抉择最优方案　　　　　　　　　　D. 界定面临的问题

9. 悲观决策者的决策原则是（　　）。
   A. 小中取大　　　　B. 小中取小　　　C. 大中取大　　　D. 大中取小

10. 在各方案基本情况相同的条件下，采用折中决策法最终选择的方案取决于（　　）。
    A. 乐观系数值　　　　　　　　　　　B. 方案最大收益水平
    C. 后悔值　　　　　　　　　　　　　D. 方案最小收益水平

二、判断题

1. 只有企业的管理人员才需要做决策活动。　　　　　　　　　　　　　　　　（　　）
2. 决策的首要问题是选择最优方案。　　　　　　　　　　　　　　　　　　　（　　）
3. 企业的战略决策常常是确定型决策。　　　　　　　　　　　　　　　　　　（　　）
4. 基于过去的经验进行决策是一种直觉决策。　　　　　　　　　　　　　　　（　　）
5. 决策树法可用于解决风险型决策问题。　　　　　　　　　　　　　　　　　（　　）

三、简答题

1. 德尔菲法的步骤有哪些？
2. 什么叫风险型决策？

3. 什么叫量本利分析?

4. 影响组织决策的因素是什么?

四、计算题

1. 某公司生产某产品的固定成本为50万元,单位可变成本为10元,产品单位售价为15元,其盈亏平衡点的产量为多少?

2. 某公司生产某产品固定成本为50万元,产品单位售价为80元,本产品订单为1万件,问单位可变成本降至什么水平才不至于亏损?

3. 某企业生产某产品的固定成本为50万元,单位售价80元,单位可变成本40元,若公司目标利润为30万元,问企业应完成多少销量?

五、案例分析

马云的决策

面对千载难逢的机会,面对瞬息万变的网络信息产业,有时决策必须快,必须当机立断,否则就会贻误战机,也会铸成大错。相信自己的直觉,当机立断是马云的决策之道。

马云说:"因为只有真正知道自己要做什么的时候,你才有可能承受住所有的压力和所有的指责。确定你要做什么,这需要你有使命感。"马云所做过的四次重大战略决策,每一次都关系到马云和阿里巴巴的命运。

第一次战略决策是1995年下海创建中国第一个商业网站,即中国黄页。马云第一次触网之后,预见一个伟大的网络时代即将到来。他深信,网络将改变整个人类社会,也将改变整个商业活动。网络将带来千载难逢的商机,于是他毅然辞职下海。

第二次战略决策是1999年创办中国式B2B模式的阿里巴巴网站。马云创办阿里巴巴时,网络大潮已经覆盖中国大地,各种模式的网络已经很多,门户网站已经成为主流。但马云偏偏选择了电子商务的雏形模式——中国式的B2B。而在当时,中国并不具备推行电子商务的基本条件。

在起初的几年里,很多人并不看好阿里巴巴的B2B模式,这其中就包括网易CEO丁磊、搜狐CEO张朝阳等人。但马云不在乎别人怎么看,他只相信自己的感觉。在马云心里,别人越看好,他越不见得去做;别人越不看好,他越可能会去试试。

马云说:"我们还是坚定不移地做电子商务,尽管我们相信电子商务也许3年,也许4年、5年都挣不到钱,但我们坚信8年、10年一定能够挣到钱。所以我们坚持把钱投入到电子商务中,到今天为止我们觉得我们当时的战略举措是对的,在诱惑面前,在压力面前我们都没有改变。"

第三次战略决策是2003年进入C2C领域,创建淘宝网。马云自从创建了阿里巴巴后,坚信B2B的电子商务模式是最好的,那时的他并不看好B2C(商家与消费者)和C2C(消费者与消费者)。在他看来,B2C、C2C之间的交易额怎么也不会有B2B多。

然而网络是变化莫测的,应变也是马云的生存之道。两年后,eBay在美国的成功,易趣在中国的成功,雅虎在日本的成功,让马云看见了C2C的巨大潜力。马云敏感地意识到中国的C2C市场很快会超过美国。而这时,eBay在美国收购了一家B2B公司。这个举动被马云看作eBay进军B2B的信号。要染指B2B的eBay,同时又要大举进军中国市场,而投资3 000万美元收购易趣

33%股份,控股只是其中国战略的第一步。与此同时,易趣网上也出现了非个人对个人的大宗交易,其实质与企业对企业的B2B已无区别。而B2B是阿里巴巴的领地,在马云看来,eBay和易趣的举动已经威胁到阿里巴巴。

从这时起,马云开始觊觎C2C。他决定,不仅要确保阿里巴巴在B2B领域里第一的位置,并且还要在C2C这个领域里也争做第一,做全中国的第一位。

马云知道,要玩C2C就得烧钱,于是一个新的融资计划在他心里诞生了。2003年2月,马云带领公司副总裁李琪、金建杭等一行赴日本考察。这一次,软银总裁孙正义和马云进行了一次意义重大的会谈。

孙正义利用他一手打造的雅虎日本在日本C2C市场上一举打败了在全球所向披靡的eBay。雅虎日本最终占领了日本C2C市场70%的份额。大胜之后的孙正义把目光转移到中国的阿里巴巴,他想在中国复制雅虎日本在C2C上的成功。孙正义的扩张计划与马云以攻为守进军C2C的念头不谋而合。

马云知道资金已不成问题,于是立即秘密打造淘宝网。2003年7月10日,阿里巴巴在新闻发布会上宣布投资1个亿打造淘宝网。此后,马云通过孙正义为淘宝融资8 200万美元。马云进军C2C打造淘宝网的重大战略决策就是这样拍板的。

第四次战略决策是2005年进军搜索收购雅虎中国。

2005年11月,Google的市值已经突破1 000亿美元,差不多是eBay和雅虎的两倍。

从此,门户网和电子商务网主宰天下的时代结束了,搜索时代悄然而至。Google的神话不仅改变了世界互联网的格局,而且还威胁到电子商务和门户网的生存。

电子商务有很大一部分利润转移到搜索上,比如,许多在eBay上开店的商人,每年都要投很多广告费给Google,以购买靠前的搜索排名,这样本来eBay赚的钱,便被Google分走了许多。

阿里巴巴进军搜索不是因为搜索很热门,而是因为电子商务的发展其实绕不开搜索这道坎。马云知道,进军搜索收购雅虎中国要冒的风险很大,因为当时雅虎中国已经衰落了,随时会破产。而雅虎和阿里巴巴的合作不仅是两个公司的整合,更是两个公司文化的整合。

2005年8月11日,马云在北京宣布阿里巴巴全面收购雅虎中国,用10亿美元打造互联网搜索。

四次正确而漂亮的战略决策,凸显了马云相信自己的直觉。

问题:

1. 你对案例内容的反应是什么?这个案例对决策有何启示?
2. 马云决策有效性的保证是什么?

第六章 计划与目标

【趣味阅读】

两个年纪相当、英勇矫健的猎人相约上山打猎。历经一上午的山林奔驰,两个人按照约定来到上山前的一棵大桧树处会合,分享战果。

体格同样健硕装备同样齐全的两个人,碰面时一比,战果却是殊异:一个猎到一头野猪、一只鹰隼,野兔、松鼠和蛇各捕了不少;另外一个只猎到几只野兔、几尾蛇,相形之下寒碜许多。

收获较少的猎人颇不服气,但仍恭喜同伴说:"你真厉害!"

另一位猎人回答:"没有啦,我只是对这里的地形,还有动物的习性、出没地点,做过相应的研究观察。"

【管理启示】

这一故事再次验证"凡事预则立,不预则废"的真谛所在。成功属于有计划的人,有效的管理始于有效的计划。

【学习目标】

1. 熟悉计划的含义,以及计划和绩效之间的关系。
2. 了解计划的性质及其影响因素。
3. 掌握目标管理的内涵。
4. 理解计划编制的过程及其具体内容。
5. 理解并运用计划的方法解决现实中的问题。

【教学要求】

知识要点	能力要求	相关内容
计划的基础	(1) 识记计划的含义 (2) 理解计划与绩效的关系 (3) 掌握计划的性质与类型	(1) 计划的定义 (2) 计划与绩效 (3) 计划的性质及计划的类型
计划的影响因素	(1) 能够识记影响计划有效性的因素 (2) 理解环境不确定程度对计划的影响	(1) 组织的层次和生命周期 (2) 环境的不确定性

续 表

知识要点	能力要求	相关内容
目标与目标管理	(1) 了解目标 (2) 掌握制定组织目标的基本原则 (3) 理解目标管理的特点与过程	(1) 管理学的研究对象、方法 (2) 制定组织目标的基本原则 (3) 目标管理
计划的方法	(1) 能够理解运用滚动计划法 (2) 掌握甘特图法的绘制	(1) 滚动计划法 (2) 甘特图法

第一节 计划概述

计划是全部管理职能中最基本的职能,与其他三项职能有着密切的关系。计划就是要确定组织的目标及实现这些目标的途径。主管人员围绕着计划规定的目标,去从事组织工作、领导工作和控制工作,以达到预定的目标。为使组织中各种活动能够有节奏地进行,必须有良好的计划工作。

一、计划的含义

计划这个术语的含义是什么？正如我们在第一章中阐明的,就是指制定目标并确定为达成这些目标所必需的行动。

计划可以分为三个步骤:①确定组织要追求的目标。②确定为了实现这一目标需要采取的行动路线。也就是制定整体战略以实现这些目标以及将计划逐层展开,以便协调并将各种活动一体化。③确定如何配置组织资源来实现上述目标。

因此,计划既涉及目标(做什么),也涉及达到目标的方法(怎么做)。计划还可以被进一步分为正式的计划和非正式的计划。所有的管理者都要制定计划,但很多计划只是一种非正式的计划。非正式计划往往是粗略的,仅仅存在于管理者的头脑中,缺乏共享性和连续性。这种非正式计划大量存在于小企业中。当然,非正式计划也存在于某些大型企业中,而一些小企业也制定非常详细的正式计划。

本书所使用的计划这个术语都是指正式计划。在正式计划中,每一个时期都有具体的目标。这些目标被郑重地写下来并使组织的全体成员都了解,就是说,管理当局明确规定组织想要达到什么目标和怎么实现这些目标。

二、计划的目的

管理者们为什么做计划？这是因为计划可以给出方向,减小变化带来的冲击,使浪费和冗余减至最少,以及设立标准以利于控制。

计划是一种协调过程,它给管理者和非管理者指明方向。当所有有关人员了解了组织的目标和为达到目标他们必须作出什么贡献时，他们就能开始协调他们的活动，互相合作，结成团队。而缺乏计划则会走许多弯路，从而使实现目标的过程失去效率。

通过促使管理者展望未来，预见变化，考虑变化的冲击，以及制定适当的对策，计划可以减小不确定性，它还使管理者能够预见到行动的结果。

计划还可以减少重叠性和浪费性的活动。在计划实施之前的协调过程可能发现浪费和冗余，进一步，当手段和结果不清楚时，低效率的问题也就暴露出来了。

最后，计划设立目标和标准以便于进行控制，如果我们不清楚要达到什么目标，怎么判断我们是否已经达到了目标呢？在计划中我们设立目标，而在控制职能中，我们将实际的绩效与目标进行比较，发现可能发生的重大偏差，采取必要的校正行动。没有计划，就没有控制。

三、计划和绩效

制定计划的管理者和组织，其绩效一定比不制定计划的更好吗？凭直觉来说，你会认为答案是肯定的，许多证据都支持这种观点，但我们不能就此断言正式计划总能比无计划取得更好的绩效。

许多研究试图检验计划与绩效的关系，这些研究使得我们得出下述结论。首先，一般地说，正式计划通常与更高的利润、更高的资产报酬率及其他积极的财务成果相联系。其次，高质量的计划过程和适当的实施过程比泛泛的计划更可以导致较高的绩效。最后，在这些研究中，凡是正式计划未能导致高绩效的情况，一般都是因为环境的原因。例如，计划也许建议某个制造商在亚洲地区生产大量的关键零件，以便有效地与低成本的外国竞争者竞争，但是如果企业与工会达成的协议禁止将工作转移到海外，则企业计划的价值就会大大降低。环境的意外变动也会降低精心制定的计划的效果。当然，在这种不确定的环境下，我们没有理由指望制定计划者一定能胜过不制定计划者。

四、计划的性质

（一）首要性

由于计划是对未来的安排，也是一项基本的、先导的管理活动，并且是先于组织、领导和控制管理活动的，所以，计划被称为管理的首要职能。例如，在制定控制的标准时，必须以计划为主要依据，并且控制的目的就是为了更好地实现计划的目标，所以没有计划就谈不上控制。组织职能、领导职能也都与计划职能相关。组织结构设计和组织权责的划分是以实现组织目标为目的的。计划制定的组织目标往往会导致组织结构的调整和组织权责的重新划分。各级管理者在行使领导职能时，对员工进行引导、激励和约束（例如进行绩效评价，实施奖惩）也都是为了实现计划指定的组织目标，因此，计划具有首要性。图6-1概略地描述了这种相互关系。

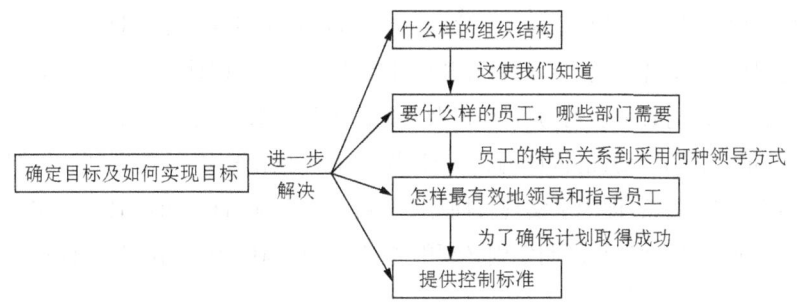

图 6-1 计划工作领先于其他管理职能

（二）目的性

计划职能的目的性是非常明显的，它的目的就是确定组织目标，并为实现组织目标制定行动方案。任何组织或个人制定的各种计划都是为了促进组织的总目标和一定时期目标的实现。

（三）普遍性

由于个人的能力是有限的，没有任何一个个人可以包揽全部计划工作。因此，实际的计划工作涉及组织或企业中的每一位管理者及组织成员。一个组织的总目标确定后，各级管理人员为了实现组织目标，使本层次的组织工作得以顺利进行，都需要制定相应的分目标和分计划。这些具有不同广度和深度的计划有机地结合在一起，便形成了一个多层次计划系统。

（四）效率性

计划的效率性主要体现在时间性和经济性两个方面。任何计划都有计划期的限制，也有实施计划时机的选择。计划的时效性表现在两个方面：一是计划工作必须在计划期开始之前完成计划的制定工作；二是任何计划必须慎重选择计划期的开始时间和截止时间。经济性是指组织计划应该以最小的资源投入获得尽可能多的产出。

（五）创造性

计划工作总是针对需要解决的新问题和可能发生的新变化、新机会而做出的决定，因而它是一个创造过程。计划工作是对管理活动的设计，正如一种新产品的成功在于创新一样，成功的计划也依赖于创新。

五、计划的类型

计划有多种类型，下面是几种常见的划分方法及相应种类。

（一）长期计划、中期计划和短期计划

根据时间跨度，可以将计划分为长期计划、中期计划和短期计划。

人们习惯于把时间跨度在五年及以上的计划称为长期计划，时间跨度在一年以上、五年之内的计划称为中期计划，时间跨度在一年及以内的计划称为短期计划。长期计划主要围绕两方面的问题制定：一是组织的长远目标和发展方向；二是怎样达到组织的长远目标。例如，一个企业的长期计划要指出该企业的经营目标、经营方针和经营策略等，一般包括企业的发展方向，企业的发展规模，科研方向和技术水平，主要的技术经济指标等。中期计划来自长期计划，但比长期计划更具

体、详细,主要是协调长期计划和短期计划之间的关系,长期计划以问题、目标为中心,中期计划则以时间为中心,具体说明各年应达到的目标和应开展的工作。短期计划比中期计划更为具体和详尽,它主要说明计划期内必须达到的目标,以及具体的工作要求,要求能够直接指导各项活动的开展,如企业中的年度利润计划、销售计划、生产计划。在一个组织中,长期计划和短期计划之间应是"长计划、短安排"的关系,即为了实现长期计划中提出的各项目标,组织必须制定相应的一系列中期、短期计划,而中、短期计划的制定则必须围绕着长期计划中所提出的各项目标。

(二) 战略计划和行动计划

根据所涉及的广度,计划可以分为战略计划和行动计划。

战略计划体现了组织在未来一段时间内的总体发展目标和寻求组织在环境中的地位,以及实施的途径。战略计划具有长远性、全局性和指导性的特点,它决定了在相当长时间内组织资源的运动方向,并将在较长时间内发挥指导作用。行动计划是在战略计划所规定的方向、方针、政策框架内,确保战略目标的落实和实现,确保资源的取得与有效运用的具体计划。它主要描述了如何实现组织的整体目标,是战略计划的具体化。

(三) 综合计划、部门计划和项目计划

根据对象和应用范围,计划可以分为综合计划、部门计划和项目计划。

综合计划涉及的内容是多方面的,部门计划只涉及某一特定的部门,项目计划则是为某项特定的活动而制定的计划。综合计划一般是指具有多个目标和多方面内容的计划,就其所涉及的对象而言,它关联整个组织和组织中的许多方面。习惯上人们把预算年度的计划称为综合计划,在企业中它是指年度的生产经营计划。部门计划是在综合计划的基础上制定的,它的内容比较专一,局限于某一特定部门或职能,一般是综合计划的子计划,是为了达到组织的分目标而制定的。某企业销售部门的年度销售计划,生产部门的生产计划等,都是属于部门计划。项目计划是针对组织的特定活动所做的计划,例如某项产品的开发计划,职工俱乐部建设计划等都属于项目计划。

(四) 指令性计划和指导性计划

根据对执行者的约束力,计划可以分为指令性计划和指导性计划。

指令性计划是由上级下达的具有行政约束力的计划,它规定了计划执行单位必须执行的各项任务,其规定的各项指标没有讨价还价的余地。指导性计划是由上级给出一般性的指导原则,具体如何执行具有较大的灵活性。

(五) 应变计划和弹性计划

根据灵活性,计划可以分为应变计划和弹性计划。

应变计划是指发生偶然事件或未预期事件出现时的计划。应变计划可以帮助组织中的人员明了在这些事件出现时应该怎样做才能保持组织正常运转。例如,可以预先制定 A、B、C 三种计划,计划 A 预期产品可能被市场接受的程度及其具体的生产数量和成本;计划 B 可以是应付出现比预期更好的形势而制定;如果出师不利,则可采用计划 C。这样的计划如果能在事先制定好,一个企业就能更好地应付可能出现的各种结果,就能通过增加或消减资源来实现更为现实的目标。

弹性计划是指考虑到计划在执行中可能发生变化的因素而制定的,能适应变化的组织内外环

境,有一定弹性的计划。

第二节　计划的编制过程与影响因素

一、计划的编制过程

虽然计划的类型和表现形式多种多样,但科学地编制计划所遵循的步骤却具有普遍性。管理者在编制各类计划时,都可遵循如下步骤。

（一）估量机会

估量机会的工作就是根据现实的情况可能存在的机会作出现实主义的判断。确切地说,这项工作并非计划的正式过程,它应该在计划过程开始之前就已完成,但它是整个计划工作的真正起点。

（二）确定目标

计划目标即是计划预期的成果。在目标的制定上,首先要注意目标的价值。计划设立的目标应对组织的总目标有明确的价值并与之相一致,这是对计划目标的基本要求。其次要注意目标的内容及其优先顺序。最后,目标应有其明确的衡量指标,目标应该尽可能地量化,以便度量和控制。

（三）确定前提条件

确定前提条件则是要确定整个计划活动所处的未来环境。计划是对未来条件的一种"情景模拟",计划的这个工作步骤就是要确定这种"情景"所处的状态和环境。当然,未来环境的内容多种多样,错综复杂,管理者不可能也没有必要对它的每个方面、每个环节都做出预测,通常只要对组织计划内容有重大影响的主要因素做出预测便可满足需要了。

（四）确定可供选择的方案

计划的前提条件明确后,管理人员就要着手去寻找实现目标的方案和途径。本步骤工作内容可细分为三个步骤：拟定可行性行动计划、评估计划和选定计划。评估方案时要注意认真考察每一个计划的制约因素和隐患,比如某一方案的机会成本、沉默成本等方面的问题。评估的时候需要从定性和定量两个方面来评估。

（五）制定派生计划

派生计划就是总计划下的分计划,其作用是支持总计划的贯彻落实。一个总计划通常需要若干个派生计划来给予支持,只有在完成派生计划的基础上,才可能完成总计划。

（六）编制预算

编制预算使计划数字化,即将计划方案用数字更加具体地表现出来。通过编制预算,一方面是为了使计划的内容更加明确,另一方面是有利于组织管理者更易于对计划执行情况进行控制。

二、影响计划编制的因素

在有些情况下,长期计划可能更重要,而在其他情况下可能正相反。类似的,在有些情况下指

导性计划比具体计划更有效,而换一种情况就未必如此。影响计划编制的因素可概括为如下四点:

(一)组织的层次

图6-2表明了组织的管理层次与计划类型之间的一般关系。在大多数情况下,基层管理者的计划活动主要是制定具体的作业计划,当管理者在组织中的等级上升时,他的计划角色就更具战略导向性,大型组织的最高管理者的计划任务基本上都是战略性的。当然,在小企业中,所有者或管理者的计划角色兼有这两方面的性质。

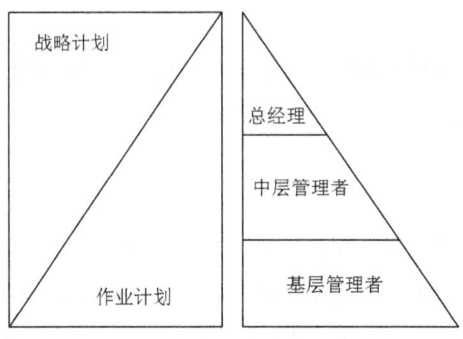

图6-2 组织层级与计划的关系

(二)组织的生命周期

组织的生命周期(Life cycle)开始于形成阶段,然后是成长、成熟,最后是衰退。在组织生命周期的各个阶段上,计划的类型并非都具有相同的特征,正如图6-3所描绘的,计划的时间长度和明确性应当在不同的阶段上作相应调整。如果所有的事情都保持不变,管理无疑会从制定具体计划中获益,这不仅是因为具体计划指出了一个明确的方向,而且是由于它建立了非常详细的基准,可用以衡量实际的绩效。但实际上企业内外部环境都是在无时无刻变化的。

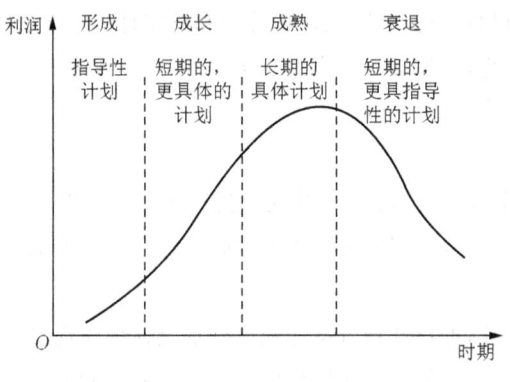

图6-3 组织的生命周期

当组织进入成熟期,可预见性最大,从而也最适用于具体计划。而在组织的幼年期,管理者应当更多地依赖指导性计划,因为处于这一阶段要求组织具有很高的灵活性。在这个阶段上,目标是尝试性的,资源的获取具有很大的不确定性,辨认谁是顾客很难,指导性计划使管理者可以随时按需要进行调整。在成长阶段,随着目标更确定、资源更容易获取和顾客的忠诚度的提高,计划也更具有明确性。当组织从成熟期进入衰退期,计划也从具体性转入指导性,这时目标要重新考虑,资源要重新分配。

同样,计划的期限也应当与组织的生命周期联系在一起。短期计划具有较大的灵活性,故应更多地用于组织的形成期和衰退期。成熟期是一个相对稳定的时期,因此更适合制定长期计划。

（三）环境的不确定性程度

环境的不确定性越大,计划更应当是指导性的,计划期限也应更短。

如果正在发生着迅速的和重要的技术、社会、经济、法律或其他变化,精确规定的计划实施路线,反而会成为组织取得绩效的障碍。例如,20 世纪 80 年代末期,当航空公司之间在主要的国际航线上展开价格战时,航空公司给各航线分配飞机数量和容量,以及编制经营预算等方面,应当采用更带有指导性的计划。而且,变化越大,计划就越不需要精确,管理就越应当具有灵活性。

（四）未来许诺的期限

管理者不是计划未来的决策,而是计划当前决策对未来的影响。因此,许诺的大小就与许诺期有关。今天的决策是对未来行动和支出的许诺。另外,计划如何也会受到管理者的态度、价值观和经验等因素的影响。

第三节 目标与目标管理

任何社会活动都有自己的目标,目标是活动的最终结果。组织的工作只有围绕着目标展开才能取得预想的成果。长期以来,人们在实践中探索着运用目标进行管理的方法。

一、目标的作用

目标是根据组织的宗旨而提出的组织在一定时期内所要达到的预期成果,目标是宗旨的具体化。如 2001 年获得国家质量奖的青岛啤酒股份有限公司,为了实现成为"世界驰名品牌,建国际化大公司"的宗旨,提出了"2005 年销售量 500 万吨,进入世界啤酒十强；2010 年销售量 800 万吨,进入世界啤酒三强"的目标,对公司的进一步发展起到了关键的作用。一般而言,目标的作用主要有以下几个方面：

（一）指明组织的方向

目标指期望的成果,一个在未来某一时间内要实现的成果。这些成果是个人、小组或整个组织努力要达到的结果,它是一定时间内管理的方向,使组织的所有活动、可获得的资源都用于目标的实现。

（二）激励和凝聚组织中的成员

组织目标是组织一定时期的目的,组织成员的个人目标是组织成员希望通过个人在组织中的努力所要达到的目的,管理者如果能使组织目标与组织成员个人目标相结合,则组织成员无需管理者的监督就会努力地去完成组织要求的工作,组织目标就成为激励组织成员的因素。

组织成员的工作都是以实现组织目标为基础的,共同的目的使组织成员之间存在相互协调和配合的基础,存在相互沟通的条件,因此组织目标有凝聚组织成员的作用。

（三）促进合理决策

管理者经常面临各种管理问题,在解决这些问题的过程中,管理者只有通过分析组织目标,才能明确组织应完成的任务,明确应选择什么方案达到组织所希望的合理结果。

（四）衡量组织绩效

组织绩效及组织成员绩效的高低是根据其行为是否符合组织目标及其对目标实现程度来衡量的,因此组织目标可以作为标准,用来衡量实际的绩效。

二、目标的特性

（一）多样性

一个组织的目标应具有多样性,即使是组织的主要目标,一般也是多种多样的。例如,对工商企业来说,通常要在八个主要方面设立目标,它们是:①市场地位;②创新和技术进步;③生产率;④物质和财力资源;⑤利润率;⑥主管人员的绩效和发展;⑦员工的工作质量和劳动态度;⑧社会责任。每一个方面都还有更具体的目标,例如,利润率方面,就至少应该有销售利润率、资金利润率、投资报酬率等目标。然而,尽管组织的目标是多种多样的,组织除了主要目标之外,还有一些次要的目标,但并非目标越多越好。相反,应当尽量减少目标的数量,尽量突出主要目标。了解目标的多样性,有助于主管人员正确地确定目标和充分发挥目标的作用。

（二）包含关键结果

组织的目标不可能面面俱到。如果是面面俱到,那么组织的目标也会变得毫无意义。因此,管理者应该确定少数——涉及4～5个工作的关键结果,这些关键结果应是对组织贡献最大的活动。例如,一个在美国许多州都有业务的电话公司的市场部,就确定下述关键结果是它的目标:识别服务机会迅速增长的领域;用有意义的信息帮助区域的市场活动;制定基于客户需要、竞争和市场预测的市场战略。

（三）层次性与网络性

目标是具有层次性的体系和网络。从组织的不同层次分析组织的目标,整个组织有一个总目标,而组织内的各部门、各层次又有自己的相应目标。例如,市场部有关于扩大销售量以及分享市场的目标;生产部有关与降低成本、提高产品数量和质量以及生产率的目标。而个人除了与自己所在单位的有关目标之外,还可能有各自的目标,例如,各人关于争取提高工资、提升和发展方面的目标等。

从层次上分析,组织的目标可以分为环境层目标、战略层目标、操作层目标等。环境层目标是社会环境赋予组织的目标;战略层目标是作为一个利益共同体和一个系统的组织的整体目标;操作层目标是组织成员的目标。组织中各级各类目标构成一个目标网络,各目标彼此协调、互相支援、互相联接,成为一个组织目标的有机体,如图6-4所示。

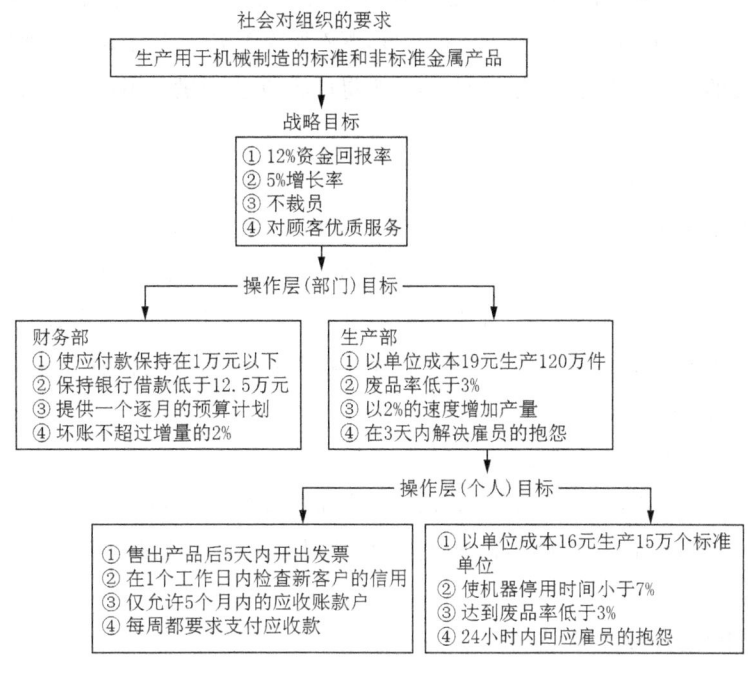

图6-4 生产型企业的目标层次

三、制定组织目标的基本原则

为了确保制定的目标对组织有效,就应该遵循一定的制定目标的基本原则。

(一)以满足社会或市场需求为前提

组织要生存,就必须对社会作出贡献,能满足一定的社会需求。在此前提下,才可能进一步考虑组织发展的需要和实现可持续发展的可能性。因此,要把分析社会需求、满足社会需求作为制定组织目标的基础,只有这样,组织才有可能得到社会的承认并取得长足的发展。例如,企业的目标就是获取最大的利润;而大学的目标就是传授知识、培养人才;医院的目标就是提供医疗保健。

(二)以提高组织的绩效为出发点

由于组织所拥有的资源都是有限的,所以组织在选择目标方案时,要充分体现获取最大绩效的原则,即要选择能较好地使用有限的资源发挥最大效益的目标方案。这就要求在确定组织目标时,要全面系统地分析影响组织效益的一切因素,在此基础上,设计多个目标方案,通过比较论证择优确定。

(三)目标要明确和可衡量

目标应该用数量表示,如增加2%的利润、减少1%的废品率等。不明确的目标对雇员的激励作用不明显。数量表示的目标是可考核的目标,即指在一段时间的努力之后,能够确定是否已经达到的目标。明确的可考核的目标,可提高管理活动的效果与效率。

（四）所制定的目标值应是经过努力有可能实现的

设立目标是为了实现目标，组织目标值的确定必须有切实可行性。在制定目标时，要全面分析组织各种资源条件和主观努力能够达到的程度，既不能脱离实际，凭主观愿望把目标定得过高，从而使组织成员的努力无法实现，也不要把目标定得过低，失去激励作用，并使社会对组织的需求无法实现。

（五）目标的时间性

目标必须确定实现的时间期限以便于检查。一般而言，组织内的各种目标的时间跨度也是不一样的。例如，一般来说每年增加销售量及股息方面的目标是短期的。组织内的层次越低，其目标越具体，即时间跨度越短；中层的目标比较抽象，其时间跨度也比较长，大多数为一至五年；组织的总目标战略最抽象，时间跨度也最长。例如，开辟新产品市场，寻找新油田等都属于长期的目标，其时间跨度可能在五年以上。

（六）要考虑组织的社会责任

组织是社会的基本单位，都要承担一定的社会责任和义务，因此，每个组织在考虑本身的组织目标时，都应考虑其应尽的社会责任，例如要符合法律规定、注意环境保护等等。

四、传统的目标设定方法

目标由组织的最高层管理者设定，然后分解成子目标落实到组织的各个层次上。这是一种单向的过程，即由上级给下级规定目标，是典型的"命令式管理"。其管理的特点是可操作性不强，即目标在从抽象性转化为具体性的过程中，不得不经过组织的层层过滤，例如：

最高管理当局：我们需要改进公司的绩效。

事业部经理：我希望看到我们事业部利润显著增长。

部门管理者：增加利润，不管用什么方法。

雇员个人：不必担心质量，只管快干。

显然这种目标设定方法，导致目标不够清晰明确、缺乏一致性，是不科学的。人们逐渐发现，要使组织上下目标一致，且全体成员完全了解，应由组织成员亲自参加工作目标的制定，实现"自我控制"并努力完成目标，这样目标管理就产生了。目标管理提供了一种将组织的整体目标转换为每一单位和每个成员目标的有效方式。

五、目标管理的产生与特点

目标管理（management by objectives，MBO）是 20 世纪 50 年代中期出现于美国的一种管理方式。

（一）目标管理的产生

1954 年，彼得·德鲁克在《管理的实践》一书中首先使用了"目标管理"这个概念，并在其后的论述中，提出了"目标管理与自我控制"这一主张。德鲁克认为，一个组织的目的和任务，必须转化为目标,如果一个领域没有明确的目标,则这个领域必然被忽视。而目标管理最大的好处是,它使员工能够控制他们自己的成绩,这种自我控制会激励员工尽自己的最大力量把工作做好。因此,他提出让每个员工根据总目标的要求,自己制定个人目标,并努力达到个人目标,就能使总目标的实现更有把握。在目标管理的实施阶段和成果评价阶段,应做到充分信任员工,实行权力下放和自我管理,发挥每个员工的主动性和创造性。德鲁克的分析在当时的管理领域产生了巨大的影响,并为目标管理的实际应用打下了坚实的基础。

几乎与德鲁克出版《管理的实践》一书的同时,1954年美国通用电气公司进行改组,在分散化的管理决策中,要求用具体的客观目标和目标实施进程的客观计量来代替主观的评价和个人的监督。在这里,公司使用了目标管理的各种要素,突出了目标的可考核性,并用定量的、客观的标准去衡量管理绩效和进行工作评价,从而丰富了目标管理的内容,使目标管理很快地成为工作评价的主要方法。

(二)目标管理的概念与特点

目标管理是一种综合的以工作为中心和以人为中心的管理方法;是一个组织中上级管理人员同下级管理人员,以及同级职工一起共同制定组织目标;使目标同组织内每个人的责任和成果相互密切联系,并明确地规定了每个人的职责范围,并用目标来进行管理、评价和决定对每个成员的贡献和奖励报酬等。因此目标管理就是一个组织的上下级管理人员和组织内的所有成员共同制定目标,共同实施目标的一种管理方法。

由此可见,目标管理有以下四个特点:

(1)组织目标是上级与下级共同商定的,而不是上级下达指标,下级不仅仅是执行者,还是参与者。

(2)每个部门和个人的任务、责任及应该达到的分目标是根据组织的总目标决定的。

(3)每个部门和个人的一切活动都围绕着这些目标展开,这就使履行职责与实现目标紧密地结合起来。

(4)个人和部门的考核均以目标的实现情况为依据。

六、目标管理的本质及过程

(一)目标管理的本质

目标管理的本质可以归纳为如下几个方面:

1. 目标管理是以目标为中心的管理

目标管理强调,明确目标是有效管理的首要前提。明确的目标使组织有了协同行动的准则,可使每个成员的行动统一一致,以最经济有效的方式实现组织的目标。因此,在目标管理中,应注重目标的制定,各分目标都必须以总目标为依据,分目标是总目标的有机组成部分,计划的制定和执行应以目标为导向,计划执行完成后又以目标的完成情况来进行考核。同时,由于目标管理把重点放在目标的实现上,这克服了只注重工作而忽略目标的旧式管理的弊端,有助于克服管理的盲目性、随意性,能够收到事半功倍的效果。

2. 目标管理强调系统性

任何组织都有不同层次、不同要求的多个目标,如果各目标之间相互不能协调一致,组织规模越大、人员越多,发生冲突和浪费的可能性就越大。同时,组织总目标的实现有赖于组织各分目标的实现,这要求组织各目标之间应相互支持、相互保证,形成相互支援的目标网络体系,从而保证目标的整体性和一致性。

3. 目标管理强调人的因素

目标管理是一种参与式、民主式、自我控制的管理制度,也是一种把个人需求与组织目标相结合起来的管理制度。目标管理强调以人为中心,通过目的性的、自我控制式的、个人创造性的目标进行管理。目标管理强调由管理者和下属共同确定目标和建立目标体系,下属不再只是做工作、执行命令,他们本身就是制定目标的参与者;目标是上下级人员共同协商研究的结晶,这不仅能使组织目标更符合实际、更具有可行性,而且能激发各级人员在实现目标时的积极性和创造性,能使员工发现工作的兴趣和价值,享受工作的满足感和成就感。在这种制度下,上下级之间是相互平等、相互尊重、信赖和支持的关系,下级在承诺目标和被授权后是自觉、自主和自治的。

(二)目标管理的具体过程

一般而言,目标管理可以分为以下三个步骤。

1. 建立一套完整的目标体系

实行目标管理,首先要建立一套完整的目标体系。这项工作总是从企业的最高主管部门开始的,然后由上而下逐级确定目标。上下级的目标之间通常是一种"目的—手段"的关系。某一级的目标,需要用一定的手段来实现,这些手段就成为下一级的次目标,按级顺推下去,直到作业层的作业目标,从而构成一种锁链式的目标体系。

这个过程比较复杂,实际操作中应该注意以下几个要点:一是目标管理必须被全体员工所理解,并真正得到上级领导的全力支持。因此,理想的目标管理应开始于组织的最高层,高层领导者在初始阶段要向下属人员解释什么是目标管理,为什么要搞目标管理,在评价业绩时它起什么作用。这项工作可以起到动员和宣传的作用,有利于形成一个实行目标管理的良好组织氛围。二是上下级共同参与制定目标,并对如何实现目标达成一致意见。下级参与目标的制定和执行是目标管理中一个非常重要的问题,它反映了目标管理的本质,有助于调动员工实现目标的主动性和积极性。三是目标的制定是一个反复的过程。由高层设置的目标是初步的,由下级拟定出整个可考核的目标系列时,根据它来进行修改。上级对下级的目标也有一个大体的设想,这个设想也随着与下级一起制定目标的进程而改变。管理人员应反复地与他的上级一起审查所有下级的工作目标和他自己的目标,直到部门中的每项工作都制定合适的目标。这样,目标的制定不仅是一个连续的过程,而且也是一个反复循环、相互作用的过程。四是最终形成的目标体系应既有自上而下的目标分解体系,又有自下而上的目标保证体系,从而保证总目标的实现。

2. 目标的实施

各级授权使每个人都明确在实现总目标的过程中自己应承担的责任,实行职责范围内的自主管理、自我监督、自我调整,以保证全面实现预定的绩效目标。

在此过程中要把握以下几个要点:一是实行充分授权。根据权责一致原则,若承担某一任务,必须拥有完成这一任务所需要的权力。组织的总目标落实到个人后,管理者要实行充分授权,创造个人自由完成目标所需要的条件。二是实行自我管理。管理者授权以后,员工按照自己所承担的目标责任,在实施目标中进行自我管理。自我管理的最大成效就是使员工感到工作是发自内心愿望,从而能够发挥最大的积极性。三是要保持定期的或经常的成果反馈或检查。目标在实施的过程中一般来说主要靠员工自我管理或自我控制,但是,也必须定期地检查各项任务的进展情况。下级定期地与上级讨论实施目标的进展情况,上级则不断地将衡量的结果反馈给下级,以便使得他们能够调整自己的行动,与组织的整体保持一致。例如,如果一个目标和任务要在一年里完成,那么,管理人员和有关的下属人员最好每一季度检查讨论一次这项任务的进展情况,以便及时发现问题,采取相应的措施。

3. 对成果进行检查和评价

当目标管理一个周期结束时,领导必须与有关的下级或个人逐个地检查目标任务完成的情况,并与原定的目标进行比较。对于完成好的,要充分肯定成绩;对于未能完成任务的,要分析和找出原因,并根据各人完成任务的情况给予相应的报酬和各种奖励。对未能完成任务的,应分析其具体情况,对非个人原因造成的问题,一般不要采用惩罚措施,重点在于共同总结经验教训,以便为以下一周期的目标管理提供宝贵的经验,把以后的工作做好。

(三) 对目标管理的评价

目标管理现在已经成为世界上很流行的一种计划方法和管理制度,很多美国企业,如杜邦和通用汽车公司等都采用目标管理方法。根据美国《幸福》杂志最近的调查,在美国最大的 500 家工业公司中有 40% 的公司采用了目标管理。当然,目标管理有优点也有缺点。

1. 目标管理的优点

(1) 采用目标管理最突出的优点在于能调动广大管理人员和员工的积极性、主动性,提高了员工士气。由于目标是经过商定的,员工明确了自己的工作在整体工作中的地位和作用,员工参与了讨论并做了承诺,有了授权,并得到支持。通过目标和奖励,将个人利益和组织的利益紧密联系在一起,这时员工不再是只听从命令等待指示和决定的盲目的工作者,而是一个主动的自己能够掌握命运的、可以在一个领域内施展才华的积极工作者。目标管理评价企业和个人的标准是目标的达成程度,这种评价比较公正、客观,目标完成后及时给予奖励和升迁,无形中也提高了士气。总而言之,目标管理实现了"三全"——全员参与、全员保证、全员管理,由压制人的管理变成以自我控制为主的管理,显著地提高了管理成效。

(2) 目标管理是比较科学和有效的管理方法。这种管理方式往往会带来良好的绩效,起到立竿见影的效果,如销售额的增加,成本的降低,利润的扩大。目标管理是一种达成目标的科学周密的方法。目标管理是由于对目标进行了分解,而目标分解是为了目标相互支持。如此环环紧扣,把各方面的力量、积极性和可能采取的措施都汇集起来了,从而使目标切实可行、易见成效。

(3) 目标管理有助于改进组织结构和职责分工。在建立完整的目标体系时,目标体系应与组织结构相吻合,从而使组织每个部门都有明确的目标,每个目标都有人明确负责。然而,组织结构与职责分工往往不是按组织在一定时期的目标而建立的,因此,在按逻辑展开目标和按组织结构展开目标之间,时常会存在差异。有时从逻辑上看,一个重要的分目标却找不到对此负全面责任的管理部门或员工,而组织中的有些部门或员工却很难为其确定重要的目标。这种情况的反复出现,可能最终导致对组织结构的调整和职责的重新分工。从这个意义上说,目标管理还具有助于企业理清组织机构和职责分工的作用。

2. 目标管理的缺点

任何事物都存在着双面性,目标管理也不例外,其缺点主要可以归纳为以下几点:

(1) 目标难以设定。德鲁克在《管理的实践》中说:"真正的困难不是确定我们需要哪些目标,而是决定如何设立这些目标。"人们在设置目标时,真正可考核的目标很难确定,许多岗位工作难以使目标定量化。另外,过分强调定量化目标,可能导致忽视一些定量性不明显的目标,如只奖励高生产率而损害创造性。为了保证目标实现的可能性并使目标具有激励作用,目标必须既具有挑战性又是可以实现的。这些导致设置目标困难重重。

(2) 目标期限短。在多数实行目标管理的组织中,管理人员所确定的目标一般都是短期的。只追求短期目标极有可能是以牺牲长期目标为代价。因此,为防止短期目标所导致的短期行为,上级主管人员必须从长期目标的角度提出总目标和制定目标的指导方针。

(3) 目标管理的哲学假设不一定都存在。目标管理对于人类的动机作了过分乐观的假设:认为多数人都有发挥潜力、承担责任、实行自治和富有成就感的需要,都有事业心和上进心,而且只要有机会,他们就会通过努力工作来满足这些需要,把工作中取得成就看得比金钱更重要。这就是"自我实现人假设",即Y理论。而现实并不完全这样,特别是目标的考核和奖励综合在一起后,往往指标要低,出力要少,奖励要多。这样会破坏信任的气氛,形不成承诺、自觉、自治与愉快的氛围。

(4) 缺乏组织内最高级领导人的支持。总目标、总战略虽然由最高管理层做出,但是他们常常把任务交给较低级的管理人员去负责执行,这样一些高层领导人实际上就没有为此而承担起自己的真正责任,其积极性自然也就没有得到发挥,这就必然会影响到目标管理的效果。

(5) 目标的商定很费时间。目标的商定需要几上几下,统一思想。而有些采用目标管理的公司过分强调了数量目标,要求报表和总结过多。有些管理人员忙于写总结、忙报表,对下级只是分派任务或提提建议,很少坐下来与下级共同研究问题,结果就造成个别人缺乏责任心。处理不好,可能会造成流于形式,达不到应有效果。

总而言之,目标管理是管理体系中一种极为有用的方法,然而要使目标管理获得更佳的效果,管理者也必须注意克服其中的缺点。

完成目标就是成功吗

七、如何推行目标管理

推行目标管理,除了要掌握具体的实施方法外,要特别注意下面三个问题:

(一) 推行目标管理要有一定的思想基础和科学管理基础

所谓思想基础是指要教育员工确立全局观念、长期利益观念,要正确处理好社会、组织、个人之间的关系。这是因为目标管理容易滋长急功近利本位主义的倾向,如果没有一定的思想基础,设定目标时就可能出现不顾整体利益和长远利益的现象。所谓科学管理基础是指各项规章制度比较完善,信息比较通畅,能够比较准确地度量和评估工作成果。

（二）能否推行目标管理关键在于领导

目标管理制度中的领导不是原则上的领导，而是具体的、实际的领导，对各项指标都要心中有数，因此实行目标管理不是对领导要求低了而是更高了。目标管理中的领导者与被领导者之间不是命令与服从的关系，而是平等、尊重、信赖和相互支持的关系，因此，要求领导改进作风，提高水平，发扬民主，善于沟通。另外，目标管理中的领导者应善于授权，因为没有分权就不能创造个人自由地达成目标的条件，这必然要导致目标管理的失败。

（三）目标管理要逐步推行，长期坚持

推行目标管理需要许多配套工作，如提高员工的素质、健全各种机制、做好其他管理的基础工作和制定一系列有关的政策等。这些都是企业的长期任务，所以目标管理也只能逐步推行，先试点，在试点的基础上总结经验，再推广。因此，目标管理的推行需要长期坚持，不断发展和完善，这样才能收到良好的效果。

我国从1978年开始，伴随着推行全面质量管理，在一些大企业中开始试行目标管理方法。例如，获得2002年全国质量奖提名的山东新华制药厂，从1980年开始实施目标管理，始终坚持不懈。新华制药厂每年都要把企业的总目标向下层分解，中层管理者要对本部门的目标与总目标的关系，以及实施本部门目标的依据和保证条件向由高层管理者组成的答辩委员会进行说明，每半年进行检查。由上到下，依此类推，形成了本企业的管理特色，取得了很好的成果。

第四节　计划的方法

计划工作的效率高低和质量的好坏在很大程度上取决于所采用的计划方法。现代计划方法为制定切实可行的计划提供了手段。在计划的质量方面，现代计划方法可以确定各种复杂的经济关系，提高综合平衡的准确性，能够在众多的方案中选择最优方案，还能够进行因果分析，科学地进行预测。在效率方面，由于采用了现代数学工具并以计算机技术作为基础，大大加快了计划工作的速度，这就使得管理者从繁杂的计划工作中解脱出来，能够集中精力考虑更重要的问题。总之，现代计划方法具有许多优点，已经逐渐为更多的计划工作所采用。下面介绍其中几种主要方法。

一、滚动计划法

滚动计划法是一种定期修订未来计划的方法。这种方法根据计划的执行情况和环境变化情况定期修订未来的计划，并逐期向前推移，将短期计划、中期计划和长期计划有机地结合起来制定计划。由于在计划工作中很难准确地预测影响未来发展的各种因素的变化，而且计划期越长，这种不确定性就越大，因此，若硬性地按几年前制定的计划实施，可能会导致重大的损失。而滚动计划法则可避免这种不确定性可能带来的不良后果。

滚动计划法的具体做法是，在制定计划时，同时制定未来若干期的计划。计划内容采用近细远粗的办法，即近期计划尽可能地详尽，远期计划的内容则较粗略；在计划期的第一阶段结束时，根据该阶段计划执行情况和内外部环境变化情况，对原计划进行修订，并将整个计划向前滚动一

个阶段,以后根据同样的原则逐期滚动。图6-5就是一个五年的滚动计划制定方法。

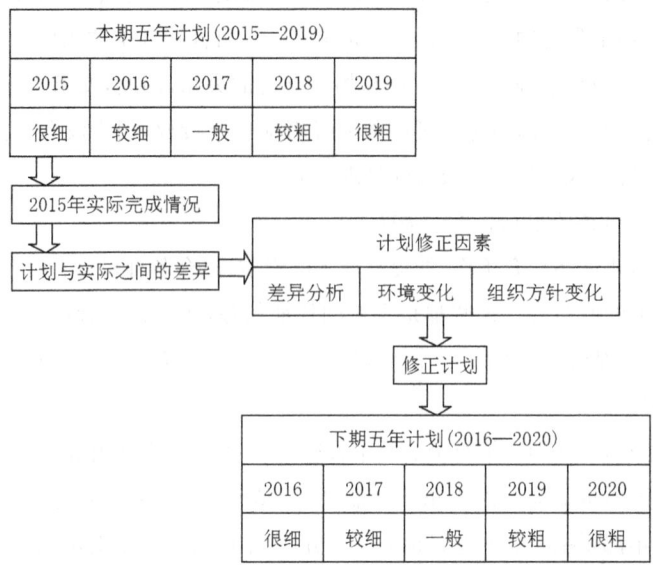

图6-5 滚动计划法示意图

滚动计划法适用于任何类型的计划。其优点是:

(1) 使计划更加切合实际,由于滚动计划相对缩短了计划时期,加大了对未来估计的准确性,能更好地保证计划的指导作用,从而提高了计划的质量。

(2) 使长期计划、中期计划和短期计划相互衔接,短期计划内部各阶段相互衔接。这就保证了能根据环境的变化及时地进行调节,并使各期计划基本保持一致。

(3) 大大增强了计划的弹性,从而提高了组织的应变能力。

然而与优点相对应的是,滚动计划法的缺点是计划编制的工作量较大。

二、 甘特图法

甘特图(Gantt chart)是在20世纪初由亨利·甘特开发的。它基本上是一种线状图,横轴表示时间;纵轴表示安排的活动;线条表示在整个期间上计划的和实际的活动完成情况。甘特图直观地表明任务计划在什么时候进行,以及实际进展与计划要求的对比。它虽然简单但却是一种重要的工具,它使管理者很容易搞清楚一项任务或项目还剩下哪些工作要做,并且能够评估工作是提前了还是拖后了,或是按计划进行。

如图6-6所示,该图绘出了一个图书出版的甘特图,时间以月为单位表示在图的上方,主要活动从上到下列在图的左边。计划需要确定书的出版包括哪些活动,这些活动的顺序,空白的线框表示活动的实际进度。甘特图可以作为一种控制工具,帮助管理者发现实际进度偏离计划的情况。在本例中,除打印长条校样以外,其他各项活动都是按计划完成,而长条校样比计划进度落后了2周。给出这些信息,项目的管理者就可以采取纠正行动,或是赶出落后的2周时间,或是保证不再有延迟发生。

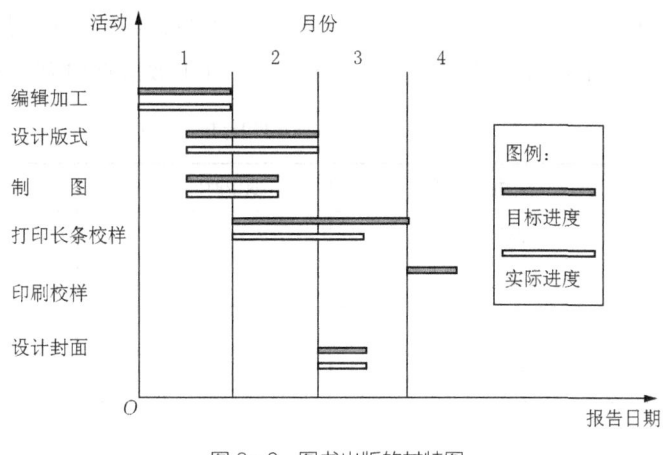

图6-6 图书出版的甘特图

三、计划评审技术

计划评审技术(program evaluation and review technique，PERT)是在20世纪50年代末开发出来的。PERT是一种类似流程图的箭线图，它描绘出项目包含的各种活动的先后次序，标明每项活动的时间或者相关的成本。对于PERT，项目管理者必须考虑要做哪些工作，确定时间之间的依赖关系，辨认出潜在的可能出问题的环节；借助PERT还可以方便地比较不同行动方案在进度和成本方面的效果。因此，PERT可以使管理者监控项目的进程，识别可能的瓶颈环节，以及必要时调度资源确保项目按计划进行。为了运用PERT，应该掌握事件、活动和关键路线三个基本概念，也要掌握开发PERT的步骤。所谓事件，表示主要活动结束的那一点；活动表示从一个事件到另一个事件之间的过程，它要花费时间和资源；关键路线是PERT中花费时间最长的事件和活动的序列。另外，开发PERT可以按以下步骤来进行：

(1) 确定完成项目必须进行的每一项有意义的活动，完成每项活动都产生事件或结果。

(2) 确定活动完成的先后次序。

(3) 绘制活动流程从起点到终点的图形，明确表示出每项活动及与其他活动的关系，用圆圈表示事件，用箭线表示活动，结果得到一幅箭线流程图，这就是PERT网络。

(4) 估计和计算每项活动的完成时间。在理想条件下完成活动所需的时间为乐观时间(t_o)；以最可能时间(t_m)表示正常情况下活动的持续时间；以悲观时间(t_p)表示在最差的条件下完成活动所需的时间，则期望的活动时间(t_e)的计算公式为：

$$t_e = \frac{t_o + 4t_m + t_p}{6}$$

(5) 借助包含活动时间估计的网络图，管理者能够制定出包括每项活动开始和结束日期的全部项目的日程计划。沿关键线路的任何延迟需要引起特别注意，因为它将延迟整个项目，就是在关键线路上没有松弛时间，沿关键线路的任何延迟都直接延迟整个项目的完成期限。

假定你是一家建筑公司的施工经理,你被分派监督一座办公楼的施工过程,你必须决定建这座办公楼需要多长时间。你仔细地将整个项目分解为活动和事件,表6-1概括了主要事件和你对完成每项活动所需时间的估计,图6-7画出了基于表6-1的数据的PERT网络。

表6-1 办公楼建设的主要事件及其时间估计

事件	描述	期望时间(周)	紧前事件
A	审查设计和批准动工	10	—
B	挖地基	6	A
C	立屋架和砌墙	14	B
D	建造楼板	6	C
E	安装窗户	3	C
F	搭屋顶	3	C
G	室内布线	5	D、E、F
H	安装电梯	5	G
I	铺地板和嵌墙板	4	D
J	安装门和内部装饰	3	I、H
K	验收和交接	1	J

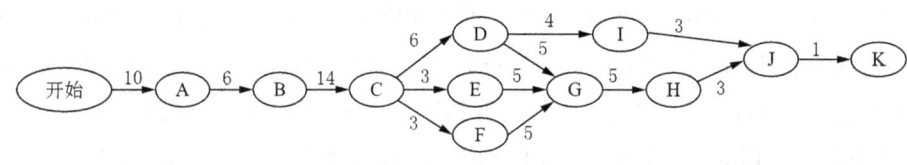

图6-7 PERT网络图

通过计算,我们得知关键线路为A—B—C—D—G—H—J—K,完成这栋办公楼需要50周的时间。

通过分析,PERT的优点有:

(1) 能把整个工程的各项任务的时间顺序和相互关系清晰地表示出来,并指出完成工程的关键环节和路线,使管理人员在制定计划时既可统筹安排、又不失去重点。

(2) 可对工程的时间进度与资源利用实行优化。通过调动非关键路线上的人力、物力与财力加强关键作业,既可节省资源,又能加快工程进度。

(3) 可事先评价达到目标的可能性,指出实施中可能发生的困难点以及这些困难点对整个任务产生的影响,以便准备好相应的措施,以减少不能完成任务的风险。

(4) 便于组织和控制,特别对于复杂的大项目,可分成许多子系统采取分别控制。

(5) 简单易懂,具有中等文化程度的人就能够掌握,对复杂的多节点工作,可以利用已有的软件在计算机上优化。

(6) 应用范围十分广泛,适用于各行各业。

【课后思考】

1. 计划职能与其他管理职能是什么关系?
2. 影响计划编制的因素有哪些?
3. 什么是滚动计划方法,其特点是什么?
4. 什么是目标管理? 实践中如何运用目标管理方法?

【技能训练】

变化中的管理实践

在不断变化的世界上,计划必须是灵活的。

20年前,"管理最佳"的公司都没有庞大的计划部门,这些部门产生出数不清的5年和10年计划,而且每年都对这些计划进行修订。例如,通用电气公司曾经有一个350人的计划班子,这些人煞费苦心地编制出成百的非常详细的报告。但是现在,计划正逐渐地转交给经营单位去做,成为经营单位中层管理者职责的一个部分。同时计划本身也只覆盖较短的期间,并只考虑那些可行的选择。通用电气公司正式计划班子的人员已减少20人左右,而且他们的作用仅仅是向经营者们提供建议。

今天,通用电气公司的13种业务领域的总经理,每年只需提交5份报告,每份报告只有一页纸,在报告中只要求说明该业务所处产业在未来的2年中可能出现的机会和可能存在的障碍。

在不断变化的世界中,只有傻瓜才自以为是地相信他能准确地预测未来,但这并不等于说计划不重要。因此,管理良好的组织很少在非常详细的、定量化的计划上花费时间,而是开发面向未来的多种方案。南加利福尼亚爱迪生公司(Southern California Edison)是一家电力公用事业公司,向加利福尼亚州的390万居民提供服务。公司制定了12种未来的方案,这些方案基于经济景气、中东石油危机、环境主义的传播,以及其他的发展趋势。公司之所以采取了这种灵活的计划方式,是因为在70年代到80年代期间,那些费尽心机制定出来的长期计划,最终由于一些意外事件的发生而变得毫无用处。这些意外事件,如石油输出国组织(OPEC)冻结油价、切尔诺贝利核电站事故导致的对放射性污染的限制条例等,随时都有可能发生。当然,南加利福尼亚爱迪生公司不是唯一一家面对不确定性日益增加的世界的公司,绝大多数公司都发现它们所处的环境变得更具动态性和不确定性。不仅如此,非营利组织也经历着类似的变化,例如,对于医院和学院来说,人口结构的变化、竞争的激化、政府资助的缩减以及扶摇直上的成本,都在迫使这些组织的管理者开发更灵活的计划。

【自我检测】

一、单项选择题

1. 计划的普遍性是针对计划下列特征而言(　　)。

A. 任何工作都要制定计划　　　　　　B. 所有管理者都要制定计划

C. 所有员工都要执行计划　　　　　　D. 是上述答案的综合

2. 用线条表示的计划图表,现在常被用于编制进度计划,这种图通常被称为(　　)。

A. 甘特图　　　　B. 网络图　　　　C. 控制图　　　　D. 柱状图

3. 能把整个计划中的各项工作之间的内在联系和制约关系清晰的表示出来,特别适合于复杂的大项目,这是哪种计划方法的优点?(　　)。

A. 滚动计划法　　B. 网络计划技术　　C. 预算　　D. 情景计划法

4. 某企业确定了上半年的目标,这种目标是(　　)。

A. 长期目标　　　B. 短期目标　　　C. 中期目标　　　D. 战略目标

5. 计划是控制的(　　)。

A. 纽带　　　　　B. 保证　　　　　C. 前提　　　　　D. 展开

6. "跳一跳,摘桃子",说明目标必须具有(　　)。

A. 可接受性　　　B. 挑战性　　　　C. 可考核性　　　D. 多样性

7. 企业经营环境变化速度的加快,使的企业中长期计划制定的难度不断加大,并且需要不断调整,因此,有人提出以下几种建议,以应付不确定且经济出现重大突发事件的经营环境。请问你最赞同哪一种?(　　)。

A. 计划一旦制定就应该保持其严肃性,可采取以不变应万变的做法

B. 一旦环境发生了变化,就应该主动放弃原计划而制定新计划

C. 通过动态调整来适应新环境,以保证中长期计划的灵活性

D. 在保持原计划不变的同时,根据突发情况另外制定应急计划

二、判断题

1. 具体计划是清晰定义的和没有任何解释余地的计划。(　　)

2. 一般来说标准必须从计划中产生,计划必须先于控制。(　　)

3. 在计划中体现的灵活性越大,则所制定的计划越实际,越能保证得到切实完成。(　　)

4. 现实中,许多中小型组织大量采用的是非正式计划。(　　)

5. 计划的效率是指从组织目标所做贡献中扣除制定和执行计划所需费用及其他因素后的总额,所以,在制定计划时,我们只考虑计划的经济方面的利益和损耗即可。(　　)

三、简答题

1. 目标管理的特点是什么?

2. 计划的方法有什么?请举例说明。

3. 请简述计划的编制过程。

四、案例分析

一份商业计划书

经过多年的努力,本公司对虫草的人工培育和工厂化生产技术已经成熟,并且通过稳定而良好的技术大大地提高了药用成分的含量,为这种珍贵的天然中药的扩大产量和品质提升开创了良好的基础。发明人不但运用现代生物工程解决了对虫草的驯化、量产与品质提升,并取得了多项制剂和产品类别的专利,拥有充分的知识产权,这对未来产品的上市和竞争取得了相对优势和

保障。

当今国际上对生物科技(生物农药、中草药开发、健康食品/用品)的投资正方兴未艾,此领域俨然已成为继20世纪末的电子产业之后新兴起的明星产业,吸引了大量的财力与物力。而人工培育虫草技术的发明,不但合于潮流,更填补了天然虫草资源日益缺乏的空缺,并改善了虫草发酵菌丝体成本不足的主要缺憾。发明人拥有自主知识产权,对于产品上市后的市场竞争有充分保障。

无论是直接销售市场、中药原料供应市场还是单一提取物药原料市场,该技术都具备极为强大的价格/成分含量优势,我们期待您的加入。

问题:

1. 本计划书有哪些说服力?
2. 如果你是投资方,你还需要了解哪些方面的内容?

第七章 战略管理

【趣味阅读】

鹰从高岩上飞下来,以非常优美的姿势俯冲而下,把一只羊羔抓走了。一只乌鸦看见了,非常羡慕,心想:"要是我也能这样去抓一只羊,就不用每天吃腐烂的食品了,那该多好呀。"于是乌鸦凭借着对鹰的记忆,反复训练俯冲的姿势,也希望像鹰一样能抓一只羊。

一天,它觉得训练得差不多了,呼啦啦地从山崖上俯冲而下,猛扑到一只公羊身上,狠命地想把它带走,然而它的脚爪却被羊毛缠住了,拔也拔不出来。尽管它不断地使劲拍打翅膀,但仍飞不起来。牧羊人看到后,跑过去将乌鸦一把捉住,剪掉了它翅膀上的羽毛。傍晚,牧羊人带着乌鸦回来交给了孩子们。孩子们问是什么鸟,牧羊人回答说:"这是一只乌鸦,自己却要充当老鹰。"

【管理启示】

乌鸦模仿老鹰失败的原因在于它犯了两个错误,第一,认为自己只要用老鹰的姿势就可以抓到羊;第二,忽略了"羊羔"和"公羊"的差别。这个故事以寓言的形式告诉我们,成功模式不可复制。

【学习目标】

1. 理解战略管理的含义及其对组织的重要意义。
2. 熟悉组织进行战略管理的具体步骤。
3. 理解企业的竞争优势的含义,并熟练掌握战略类型的选择和应用。
4. 能够运用各种战略管理模型分析并解决企业的战略管理问题。

【教学要求】

知识要点	能力要求	相关内容
战略和 战略管理	(1) 识记战略 (2) 理解战略管理的含义	(1) 战略 (2) 战略管理

续 表

知识要点	能力要求	相关内容
战略管理过程	(1) 能够识记战略管理过程步骤 (2) 掌握竞争环境分析五力模型 (3) 掌握、运用战略类型选择的方法 (4) 了解战略制定模式	(1) 战略制定过程 (2) 组织外部环境分析 (3) 战略类型选择 (4) 战略制定模式
企业战略评估	(1) 能够结合现实说明公司现行的竞争策略效果 (2) 能够确认危及公司未来盈利能力的威胁 (3) 掌握评估公司战略运行效果的指标	(1) 公司目前战略的运行效果 (2) 危及公司未来盈利能力的威胁 (3) 评估公司战略运行效果的指标

第一节 战略与战略管理概述

一、战略概念的提出

战略一词最早是军事方面概念。在我国古代，"战略"通常指的就是军队带兵打仗的相关谋略和战术。如《孙子兵法·谋攻篇》中讲"上兵伐谋"，这个"谋"字就是指军事战略。《军争篇》中讲："不知诸侯之谋者，不能预交"，这个"谋"字主要指的是政治战略。再比如《史记》中的《淮阴侯列传》记载韩信破齐后，武涉劝他背汉与刘、项三分天下，韩信说："臣事项王，官不过郎中，位不过执戟，言不听，画不用。"这个"画"字，实际上是指韩信为项羽谋划的大计，即取威定霸的战略。

与我国相对应的是，西方国家的"战略"（strategy）一词，来源于希腊文的 strategicon。这个词的词根为 strategos，相当于现在的"将军"之意。18 世纪时，欧洲国家的语言中才出现了"战略"这个词。首先使用这个概念的是法国人梅兹鲁亚，他在 1771 年把"战略"用于军事书籍中。在梅兹鲁亚之后，德国资产阶级军事科学的奠基人比洛也使用了这一概念。然而当时"战略"一词仍然未能进入其他欧洲国家的词汇。如 1802 年出版的英国军语辞典中，就没有"战略"一词，表明战略概念当时在西方仍然没有受到重视。

1960 年以前，企业管理领域还没有明确提出"战略"一词，当时商学院的课程中称之为"企业经营政策"，并把"经营政策"认为是职能管理的整合。经营政策的意义在于在一个更加宽阔的视野中把企业看作一个整体——将各种职能的专业知识整合起来。

社会生产力水平的提高，竞争日益激烈，企业外部环境更加复杂，经营难度增大，许多企业加深了对生存竞争的认识，产生了研究和运用战略的需要，于是就提出了企业战略。1965 年伊戈尔·安索夫发表成名作《公司战略》，"战略"这个概念正式进入企业领域，从此，制定和实施企业战略，被看作企业成功的关键，这一理念逐步普及起来。

二、企业战略的含义

根据视角不同，企业战略的含义也会千差万别。在这里总结出几位学者的相关含义。

（一）安索夫的观点

安索夫认为战略是一条贯穿于企业活动与产品或市场之间的"连线"。这个"连线"由四部分组成：产品与市场范围、增长向量、竞争优势以及协同作用。战略就是将企业活动与这四个方面连接起来的决策规则。

（二）迈克尔·波特的观点

20世纪80年代，哈佛大学的迈克尔·波特教授在他的成名作《竞争战略》一书中，将战略定义为"公司为之奋斗的一些终点(目标)与公司为达到它们而寻求的方法(政策)的结合物"。

（三）明茨伯格的观点

加拿大麦吉尔大学的明茨伯格教授在对以往战略理论进行梳理和深入研究的基础上，将人们对战略的各种定义概括为如下的5P模型。具体来说，明茨伯格认为：

(1) 战略是一种计谋(ploy)，它是一种在竞争博弈中威胁和战胜竞争对手的工具。
(2) 战略是一种计划(plan)，它是一种有意识、有预计、有组织的行动程序。
(3) 战略是一种模式(pattern)，它是一段时期内一系列行动流的模式，指战略可以体现为企业一系列的具体行动和现实结果。
(4) 战略是一种定位(position)，指一个组织在其所处环境中的位置。
(5) 战略是一种观念(perspective)，它表达了企业对客观世界固有的认知方式和价值观。

综上所述，本书中战略的定义为：战略(strstegy)是关于该组织将如何经营，它将如何在竞争中获得成功以及如何吸引和满足顾客以实现组织目标的各种方案。

三、战略管理的含义

对于企业战略管理，学术界存在着两种不同的理解：一种是狭义的战略管理，另一种是广义的战略管理。狭义的战略管理认为，企业战略管理是对企业战略的制定、实施、控制和修正进行的管理。其主要代表是斯坦纳，在他1982年出版的《管理政策与战略》一书中指出，企业战略管理是确立企业使命，根据企业外部环境和内部经营要素设定企业组织目标，保证目标的正确落实并使企业使命最终得以实现的一个动态过程。广义的战略管理则认为，企业战略管理是运用战略对整个企业进行管理，从宏观整体上对企业进行管理。其主要代表安索夫认为企业战略管理是将企业日常业务决策同长期计划决策相结合而形成的一系列经营管理业务。

本书认为企业战略管理是对制定、实施、评估、调控和变革企业战略的全部活动的总称，它是一个全面的、复杂的管理过程，是一门综合性、多功能决策的科学和艺术，企业战略是企业适应环境和环境影响企业互动的过程。企业战略管理的要点如下。

(1) 它是一项"综合性的管理活动"。也就是说企业战略管理不是单指制定战略，它同时还包括战略的实施、评估、调控和变革等全部管理活动；企业战略管理是企业战略的"分析与制定、评价与选择、实施与控制"，其形成一个完整的、相互联系的管理过程，如图7-1所示。

(2) 它是一个"无止境的管理过程"。也就是说企业战略管理不是一次性的管理工作，企业战略管理关心的是企业长期稳定和高速度发展。它是一个不断循环往复、不断完善、不断创新的过程,是螺旋式上升的过程。

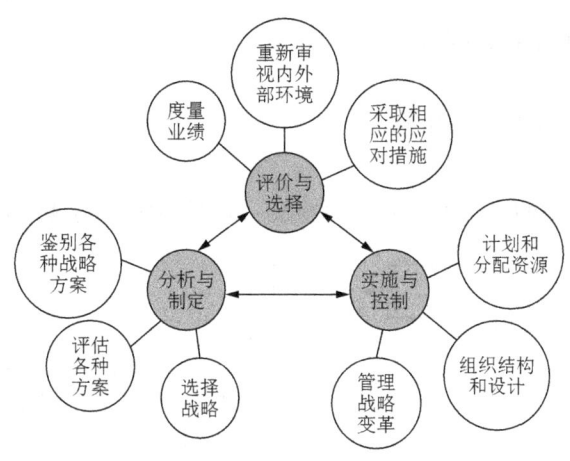

图 7-1　企业战略管理系统

(3) 它是一门"决策的科学和艺术"。也就是说企业战略管理既是一门决策的科学,又是一门决策的艺术。说它是"科学",是因为它是反映企业战略管理客观规律的系统化的知识;说它是"艺术",是因为这门科学的真正价值就在于应用、在于实践——只要将其付诸实践,就必然会呈现出不同的风格、不同的模式和不同的效果,这也就是艺术性的不同表现形式。

四、战略管理的益处

战略管理的益处可以从财务收益和非财务收益两个角度考察。从财务角度看,研究证明运用战略管理观念的企业比那些不采用战略管理观念的企业更能盈利、更为成功。从非财务收益角度看,战略管理一般可以提供如下益处:

(1) 使人们认识、重视和利用机会。
(2) 使人们客观地看待管理问题。
(3) 加强对业务活动的协调和控制。
(4) 将不利条件和变化的作用减至最小。
(5) 使重要决策更好地支持已建立的目标。
(6) 使时间和资源更有效地分配于已确定的目标。
(7) 使企业将更少的时间和资源用于纠正错误或专项决策。
(8) 建立企业内部人员沟通的环境与条件。
(9) 将个人的行为集合为整体的努力。
(10) 为明确个人的责任提供了基础。
(11) 鼓励前瞻式思维。
(12) 提供了对待问题和机会的合作的、综合的工作方法和积极的工作态度。
(13) 鼓励对变化采取积极的态度。
(14) 加强企业管理的纪律和正规化。

第一节　战略与战略管理概述

第二节 战略管理过程

一、战略管理过程的具体步骤

战略管理是一个战略制定、实施和评估的过程。战略管理过程的具体步骤如图7-2所示。

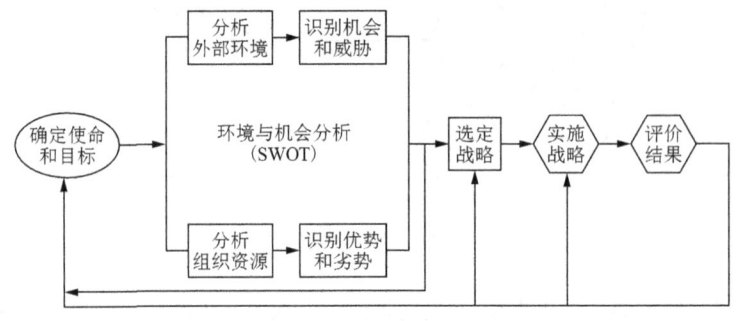

图7-2 战略管理的过程

（一）确定组织当前的使命和战略目标

企业的终极目的——使命是什么？这是每个企业都必须回答的问题。在绝大多数情况下，企业使命描述企业的愿景、共享的价值观、信念以及存在的原因，是对企业力图实现的结果带有哲理性的正式说明，是企业的座右铭，通常会载入企业的政策手册和年度报告中。它是企业管理者确定的企业发展的总方向、总目的、总特征和总的指导思想。

企业使命对于企业的作用，主要体现在：①界定企业的经营领域。这是所有企业明确自己使命的出发点。②指导企业的经营资源配置。③形成企业总的基调或组织气候。④激励功能。⑤为企业战略制定和实施提供前提基础。⑥有利于协调企业的不同利益相关者的关系，等等。

与组织当前使命相对应的是，组织的战略目标是指企业通过战略期内的战略行动而想达到的结果。它是根据企业使命延伸展开确定的企业的具体期望，所指明的是企业的努力方向，在时限上一般是3~5年以上。战略目标是企业战略的重要组成部分，它反映企业使命，也是制定、选择战略方案和战略实施、控制的依据。

一般来说，企业战略目标的主要内容，往往包括以下几个指标：①盈利能力。②生产效率。③市场竞争地位。④产品结构。⑤财务状况。⑥企业成长。⑦研究开发和技术领先程度。⑧人力资源。⑨员工福利。⑩企业的社会责任，等等。

与此同时，战略目标应具备以下七大特征：①宏观性。战略目标是一种宏观目标。它是对企业全局的一种总体设想，它的着眼点是企业整体而不是局部。②要具有现实性。在制定企业战略目标时，必须在全面分析企业内部条件的优劣和外部环境的利弊的基础上，判断企业经过努力后所能达到的程度。③要有挑战性。先进的、具有挑战性的目标能激励人们为达到目标做出努力并不断前进。④要有可度量性。即企业战略目标要尽量数量化，数量化的战略目标有三个好处：便于分解；便于检查；便于动员全体员工为之奋斗。⑤可接受性。企业战略目标的制定从企业内部来说涉及一系列纵向的和横向的相互关系，应基于企业内外部现状的分析、远景的预计以及众多的手段和目的之间关系的研究。⑥相对稳定又不乏灵活性。战略目标既然是一种长期目标,那么它在其所规定的时间内就应该是相对稳定的。⑦可衡量且有时间约束性。提出的目标应当是明确可衡量的,而不应是模糊不清的。

（二）进行组织外部环境分析

企业进行外部环境分析的主要目的是发现外部环境中的机会和威胁。在分析了企业环境之后,企业决策者需要评估有哪些机会可以发掘,以及组织可能面临哪些威胁。

但在这里一定需要注意的是,机会和威胁是一个相对的概念。即使处于同样的环境中,由于组织控制的资源不同,可能对某个组织来说是机会,而对另一些组织却是威胁的情况比比皆是。组织的机会是组织力所能及的部分的机会,如图7-3所

图7-3 组织的机会

示的组织的资源与能力和环境中的机会的重叠部分,才能被称为组织的真正的、可把握的机会。

在分析外部环境中,我们可以运用很多方法进行定性、定量抑或是定性定量相结合的方式进行分析和预测,其具体测量方法包括外部因素评价矩阵（external factor evaluation matrix,EFE）、竞争态势矩阵（competitive profile matrix,CPM）和行业竞争结构分析模型（industry competitive structure analysis model,ICSA）等。

行业竞争结构分析属于外部环境分析中的微观环境分析,它的内容主要是分析本行业中的企业竞争格局以及本行业和其他行业的关系。行业和结构及竞争性决定着行业的竞争原则和企业可能采取的战略,因此行业竞争结构分析是企业制定战略最主要的基础。

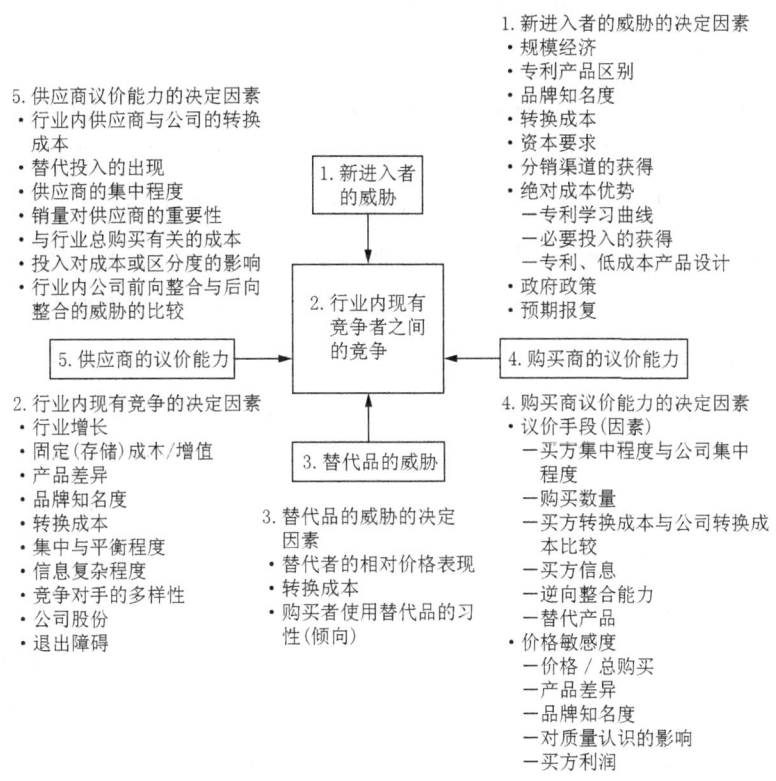

图7-4 波特的五力竞争模型

按照波特(M.E.Porter)的观点,一个行业中的竞争,远不止在原有竞争对手中进行,而是存在着五种基本的竞争力量,它们是新进入者的威胁、行业内现有竞争者之间的竞争、替代品的威胁、购买商的议价能力、供应商的议价能力。如图7-4所示。这五种基本竞争力量的状况及综合强度,决定着行业的竞争激烈程度,从而决定着行业中获利的最终潜力。在竞争激烈的行业中,不会有一家企业能获得惊人的收益。在竞争相对缓和的行业中,各企业普遍获得较高的收益。

1. 新进入者的威胁

这种威胁主要是由于新进入者加入该行业(如钢铁行业),会带来生产能力的扩大,带来对市场占有率的要求,这必然引起与现有企业进行激烈竞争,使产品价格下跌;另一方面,新加入者要获得资源(如钢铁生产中的矿石和焦炭)进行生产,从而可能使得行业生产成本升高。这两方面都会导致行业的获利能力下降。

2. 行业内现有竞争者之间的竞争

现有竞争者之间采用的竞争手段主要有价格战、广告战、引进产品以及增加对消费者的服务和保修等。竞争的产生是由于一个或多个竞争者感受到了竞争的压力,或看到了改善其地位的机会。如果一个企业的竞争行动对其对手有显著影响,就会招致报复或抵制。

相反,如果竞争行动和反击行动逐步升级,则行业中所有企业都可能遭受损失,使处境更糟。在此情况下,现有企业之间的竞争会变得很激烈。

3. 替代品的威胁

替代品是指那些与本行业的产品有同样功能的其他产品。替代产品的价格如果比较低,它投入市场就会使本行业产品的价格上限只能处在较低的水平,这就限制了本行业的收益。替代品的价格越是有吸引力,这种限制作用也就越牢固,对本行业构成的压力也就越大。

正因为如此,本行业与生产替代品的其他行业进行的竞争,常常需要本行业所有企业采取共同措施和集体行动。下述的替代产品应引起该行业的注意:替代品在价格和性能上优于该行业的产品;替代品产自高收益率的行业。在后一种情况中,如果替代产业中某些发展变化加剧了那里的竞争,从而引起价格下跌或其经营活动的改善,则会使替代品立即崭露头角。

4. 购买商的议价能力

购买商可能要求降低产品的价格,要求高质的产品和更多的优质服务,其结果是使得行业的竞争者们互相竞争残杀,导致行业利润下降。

5. 供应商的议价能力

供应商的威胁手段一是提高供应价格,二是降低供应产品或服务的质量,从而使下游行业利润下降。在下列情况下,供应商有较强的讨价还价能力:该产品在市场中没有替代品;供应商所处的行业由少数几家公司主导;企业的采购量占供应商产量的比例很低;供应商能够直接销售产品并与企业抢占市场;供应商的产品对企业的业务很重要。

（三）进行组织内部环境分析

企业内部与战略相关的因素很多，其中对战略有重大影响的因素称为内部战略环境因素。一般来说，内部战略环境因素包括以下四方面的内容：

(1) 内部资源和能力，即企业有什么。
(2) 管理水平，即企业对资源和能力的应用状况如何。
(3) 利益相关者，即谁对企业资源和能力及其应用状况关心。
(4) 核心能力，每一种企业资源并不能单独产生实际的生产力，真正的生产力来自将各项资源进行组合，形成自己突出的、竞争对手无法达到的能力。

图 7-5 是一个简单的企业内部战略资源的分析模型。

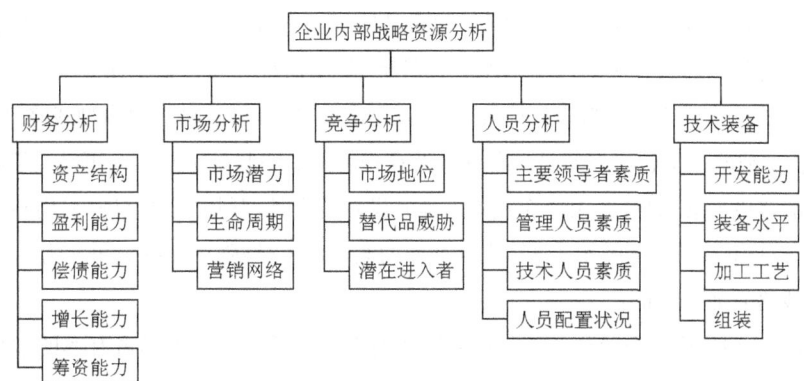

图 7-5 企业内部战略资源的分析模型

（四）制定战略

战略需要分别在公司层、事业层和职能层设立。这些战略能够最佳地利用组织的资源和充分利用环境的机会，将使组织获得最有利的竞争优势，并使这种优势能够长期地保持下去。

（五）实施战略

无论战略计划制定得多么有效，如果不能恰当地实施仍不会成功。良好的执行能力将是在这个环节企业能否取得成功的关键之所在。

（六）评价结果

战略管理过程的最后一个步骤是评价结果。战略的效果怎么样？如果不错的话我们应该如何坚持、保持下去？如果执行过程中出现问题，我们该如何解决并需要做哪些调整？

二、战略类型选择

（一）战略层次与战略类型

战略层次是企业根据对未来经营环境的判断，在选择的目标层面上确定的战略意图和战略行动。按照这些战略行动活动的领域，战略层次可划分为公司层战略、事业层战略和职能层战略。它们之间的相互关系如图 7-6 所示。

第二节 战略管理过程

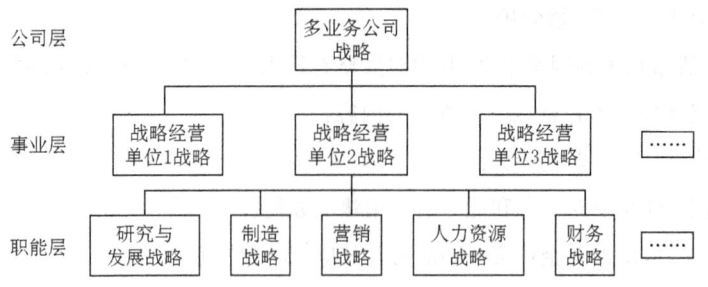

图 7-6 企业战略的层次

1. 公司层战略

公司层战略也称企业总体战略。它是最高管理者领导和控制企业一切行为的最高行动纲领，是以企业整体为对象的最高层次企业战略。这种战略寻求回答这样的问题：我们应当选择一种怎样的总体战略态势？拥有什么样的事业组合？扩展、限制何种经营？如何决定资金、资源的流动与配置？企业的总体战略可分为增长型战略、稳定型战略、紧缩型战略和混合型战略等。

（1）增长型战略。增长型战略是一种使企业在现有的战略基础水平上向更高一级的目标发展的战略。该战略以发展为导向，引导企业不断地开发新的产品，开拓新的市场，采用新的生产方式和管理方式，以便扩大企业的产销规模，提高企业的竞争地位，增强企业的竞争实力。

增长型战略有如下特征：

① 实施增长型战略的企业往往比其产品所在的市场增长得快。市场占有率的增长是衡量增长的一个重要指标。

② 实施增长型战略的企业往往取得大大超过社会平均利润率的利润水平。

③ 采用增长型战略态势的企业有时会倾向于采用价格的手段同竞争对手抗衡。

④ 增长型战略鼓励企业的发展立足于创新。

企业实现增长战略的方式：

一般地说，增长型战略有下面几种基本的实现方式，如图 7-7 所示，它们已经被实践证明具有比较大的现实性和可操作性。

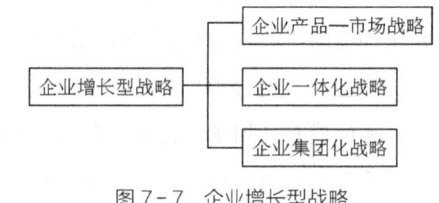

图 7-7 企业增长型战略

① 企业产品—市场战略。企业产品—市场战略是最基本的发展战略，其他发展战略都是在此基础上演变发展而形成的。这一战略可以用 3×3 矩阵式来表达，如表 7-1 所示。矩阵中的"相关市场"是指企业进入其他企业的目标市场；矩阵中的"相关产品"是指企业生产其他企业正在生产经营的产品。

表 7-1 产品—市场战略 3×3 矩阵

市场	产品		
	原有产品	相关产品	全新产品
原有市场	市场渗透战略	产品发展战略	产品革新战略
相关市场	市场发展战略	多角化经营战略	产品发明战略
新兴市场	市场转移战略	市场创造战略	全方位创新战略

② 企业一体化战略。"一体化"一词指将独立的若干部分加在一起或者结合在一起成为一个整体。一体化战略是企业发展战略中简单并行之有效的手段,具体实例有汽车零件商生产整车、超市生产自有品牌的产品等。一体化战略的基本形式有三种:纵向一体化战略、横向一体化战略和混合一体化战略,如图7-8所示。

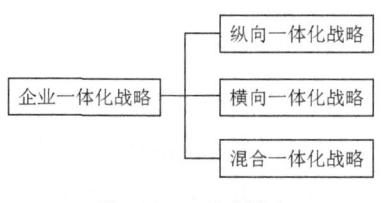

图7-8 一体化战略

纵向一体化可以通过上游(后向)或下游(前向)一体化来达到。当一个企业发现它的价值链上的前面环节对它的生存和发展至关重要时,它就会加强前向环节的控制。典型的实施这一战略的例子是可口可乐公司,它发现决定可乐销售量的不仅仅是零售商和最终消费者,分装商也起了很大作用时,它就开始不断地收购国内外分装商,并帮助它们提高生产和销售效率。越来越多的制造商借助互联网和直销队伍直接销售自己的产品,这也是一种前向一体化。采用特许经营的形式授权其他厂商经销自己的产品并提供售后服务,是用途最广,也是非常有效的前向一体化方式。

横向一体化指获得同行(竞争者)的所有权或加强对它们的控制。企业所处的行业若属于自由竞争市场,每家企业都没有市场的发言权,谁也长不大。通过收购同行,可以壮大自己,创造发展前途,因此,现在越来越多的企业把横向一体化作为扩张的重要战略举措。目前行业并购的趋势越来越强烈,企业都想成为行业的老大或前三名慢慢积累,因此收购同类企业的案例越来越多。

混合一体化战略就是将上述两种一体化战略同时加以运用的一体化战略。这种战略主要适用于一些特大型企业,它在造就大企业方面虽有明显作用,但实施起来难度较大,风险较大,因此必须更加谨慎。

③ 企业集团化战略。我国是从日本引进企业集团这个名称的。企业集团是指"多数企业互相保持独立性,并互相持股与干部互派,在融资关系、人员派遣、原材料供应、产品销售、制造技术等方面建立紧密关系而协调行动的企业集体"。企业集团是以资本联合为特征、产权主体多元化的复杂经济联合组织,它的本质应该是两个或两个以上的法人企业的联合组织。

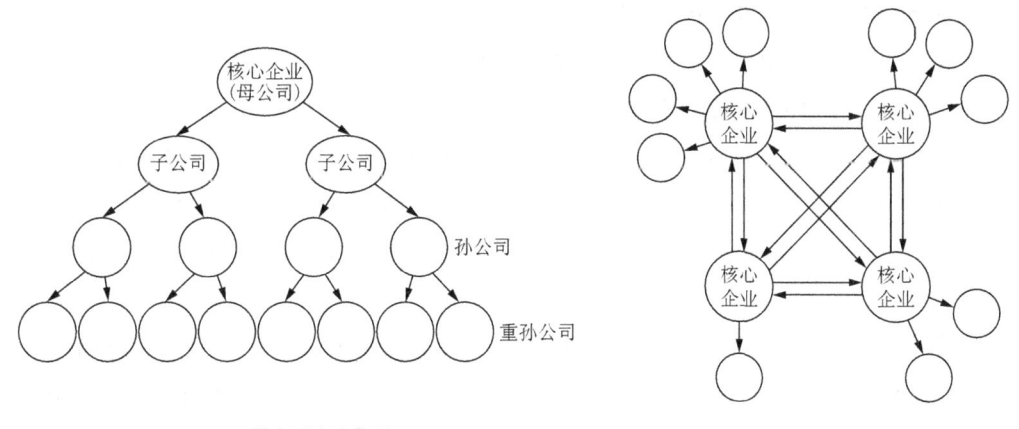

(a) 纵向型企业集团　　　　　　　　(b) 横向型企业集团

图7-9 企业集团成员持股关系

企业集团成员企业间的持股关系按两种情况进行:一种是"金字塔形"持股,即以集团的核心企业为龙头,控股下面若干成员企业的股份,形成纵向型企业集团,如图7-9(a)所示。另一种是不对等的环状持股,即集团成员企业互相持股,形成横向型企业集团,如图7-9(b)所示。

(2) 稳定型战略。稳定型战略是指限于经营环境和内部条件,企业在战略期所期望达到的经营状况基本保持在战略起点的范围和水平上。所谓战略起点,是指企业制定新战略时关键战略变量的现实状况,其中最主要的是企业当时所遵循的经营方向及其正在从事经营的产品和所面向的市场领域,企业在其经营领域内所达到的产销规模和市场地位。所谓经营状况基本保持在战略起点的范围和水平上,是指企业在战略期基本维持原有经营领域或略有调整,保持现有的市场地位和水平,或仅有少量的增减变化。有人将稳定型战略划分为暂停或谨慎前进战略、抽资或收获战略。

稳定型战略有以下特点:
① 满足于过去的经济效益水平,决定继续追求与过去相同或相似的经济效益目标。
② 继续用基本相同的产品或服务为原有的顾客服务。
③ 力争保持现有的市场占有率和产销规模或者略有增长,稳定和巩固企业现有的竞争地位。
④ 在战略期内,每年所期望取得的成就按大体相同的比率增长。

由此可见,稳定型战略基本上依据于前期战略,坚持前期战略对产品和市场领域的选择,以前期战略所达到的目标作为本期希望达到的目标。因此,采用稳定型战略的前提是:企业的前期战略必须是成功的战略。这样企业只要继续实施这种战略,就能避开威胁、利用机会,使企业获得稳步发展。

(3) 紧缩型战略。紧缩型战略是指企业从目前的战略经营领域和基础水平收缩和撤退,且偏离战略起点较大的一种经营战略。与增长型战略和稳定型战略相比,紧缩型战略是一种消极的发展战略。一般地,企业实行紧缩型战略只是短期性的,其根本目的是使企业挨过风暴后转向其他的战略选择。有时,只有采取收缩和撤退的措施,才能抵御对手的进攻,避开环境的威胁和迅速地实行自身资源的最优配置。可以说,紧缩型战略是一种以退为进的战略。

紧缩型战略与增长型和稳定型战略不同,其基本特点如下:
① 对企业现有的产品或市场领域实行收缩、调整和撤退的措施,削减某型产品的市场面,放弃某些产品,甚至完全退出目前的经营领域。
② 逐步缩小企业的产销规模,降低市场占有率,同时相应地降低某些经营效益指标水平。
③ 紧缩型战略的目标重点是改善企业的现金流量,争取较大收益和资金价值。为此,在资源的运用上,采取严格控制和尽量削减各项费用支出、只投入最低限度的经营资源的方针和措施。
④ 紧缩型战略具有过渡的性质。一般来说,企业只是在短期内奉行这一战略,其基本目的是使自己摆脱困境,度过危机,保存实力,或者消除经营赘瘤,集中资源,然后转而采取其他战略。

实践表明,采取紧缩型战略的企业往往基于不同的原因,具有不同的内外部条件,为着不同的目的,选择不同的战略途径,并表现出不同的战略特点。因此,对紧缩型战略进行如图7-10所示分类。

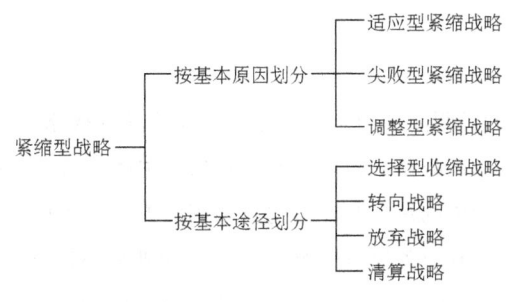

图 7-10 紧缩型战略

(4) 混合型战略。所谓混合型战略,就是上述三种战略的战略组合。前述大多数战略既可以单独使用,又可以组合起来使用。

从采用情况来看,一般是较大型的企业采用混合型战略较多。因为大型企业相对来说拥有较多的战略业务单位,这些业务单位很可能分布在完全不同的行业和产业群中,它们所面临的外界环境,所需要的资源条件完全不相同,因而若对所有的战略业务单位都采用统一的战略态势的话,就有可能导致由于战略与具体的战略业务单位不相一致而导致企业的总体效益受到伤害。所以,可以说混合型战略是大型企业在特定的历史阶段的必然选择。在某些时候,混合型战略也是战略态势选择中不得不采取的一种方案。例如,某企业遇到行业前景乐观和消费者需求旺盛的机遇,因而打算在这一领域采取增长型战略,但如果这是企业的财务资源并不是很充分的话,可能无法实施单纯的增长型战略。此时,就可以选择部分相对不令人满意的战略业务单位实施抽资或转向战略,以此来保证另一战略业务单位实施增长型战略所需的充分资源。由此,企业从单纯的增长型战略转变成了混合型的战略态势。

2. 事业层战略(经营单位战略)

组织的经营可以看作是一种事业组合,每一个事业单位服务于一种明确定义的产品细分市场,并具有明确定义的战略。对于只经营一种事业的小企业,或是不从事多元化经营的大型组织,事业层战略与公司层战略是一回事;对于拥有多种事业的组织,事业组合中的每一个事业单位按照自身的能力和竞争需要开发自己的战略,即改事业单位的战略。所谓事业层战略,是在公司层战略的制约下,指导和管理具体经营单位的计划的行动。事业层战略为企业的整体目标服务。

事业层战略寻求回答这样的问题:在我们的每一项事业领域里应当如何进行竞争,针对某个业务领域制定何种战略。迈克尔·波特认为,通用竞争战略包括总成本领先、产品差异化、重点集中于一点三种。

总成本领先战略是一种企业在提供相同的产品或服务时,其成本或费用明显低于行业平均水平或主要竞争对手水平的竞争战略。或者说,企业在一定时期内为用户创造价值的全部活动的累计总成本,低于行业平均水平或主要竞争对手的水平;产品差别化战略又称为别具一格战略。产品差别化战略是一种企业在客户广泛重视的某些方面力求在本产业中独树一帜的战略;所谓重点集中于一点战略,指的是企业选择行业内一个或一组细分市场作为目标市场并为其服务。使用重点集中于一点战略的企业致力于寻求特定目标市场的竞争优势,其竞争优势来源于提供更为特殊的差异化产品或服务。

3. 职能战略

职能战略是指企业中的各职能部门制定的指导职能活动的战略。职能战略一般可分为营销战略、人事战略、财务战略、生产战略、研究与开发战略、公关战略等,它描述了在执行公司战略和经营单位战略的过程中,企业中的每一职能部门所采用的方法和手段,是为企业战略和业务战略服务的,所以必须与企业战略和业务战略相配合。比如,企业战略确立了差异化的发展方向,要培养创新的核心能力,企业的人力资源战略就必须体现对创新的鼓励;要重视培训,鼓励学习;把创新贡献纳入考核指标体系;在薪酬方面加强对各种创新的奖励。

（二）多种业务企业的战略选择方法

多种业务企业制定公司层战略最流行的方法之一是公司业务组合矩阵。该方法是由波士顿咨询集团（Boston Consulting Group，BCG）于20世纪70年代初期开发的。这种方法将组织的每一个战略事业单位（SBU）标在一种二维的矩阵图上，从而显示出哪个SBU提供高额的潜在收益，以及哪个SBU是组织资源的漏斗。BCG矩阵的示意图如图7-11所示。其中,横轴代表市场份额;纵轴表示预计的市场增长。说得更明确一些,高市场份额意味着该项业务是所在行业的领导者;高市场增长定义为销售额至少达到10%的

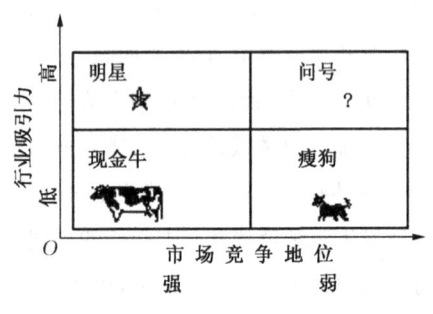

图7-11 波士顿矩阵

年增长率（扣除通货膨胀因素）。BCG矩阵区分出四种业务组合。

现金牛业务（cash cows）指低增长、高市场份额业务。处在这个领域中的产品产生大量的现金,但未来的增长前景是有限的。

明星业务（stars）指高增长、高市场份额业务。这个领域中的产品处于快速增长的市场中并且占有支配地位的市场份额,但也许会或也许不会产生正现金流量,这取决于新工厂、设备和产品开发对投资的需要量。

问号业务（question marks）指高增长、低市场份额业务。处在这个领域中的是一些投机性产品,带有较大的风险。这些产品可能利润率很高,但占有的市场份额很小。

瘦狗业务（dogs）指低增长、低市场份额业务。这个剩下的领域中的产品既不能产生大量现金,也不需要投入大量现金,这些产品没有希望改进其绩效。

对于每一类业务组合,管理当局应当采取什么战略?

波士顿咨询集团的研究表明,牺牲短期利润以获取市场份额的组织,将产生最高的长期利润。因此,管理当局应当从现金牛身上挤出尽可能多的"奶"来,把现金牛业务的新投资限制在最必要的水平上,而利用现金牛产生的大量现金投资于明星业务,对明星业务的大量投资将获得高额红利。当然,当明星业务的市场饱和及增长率下降时,它们最终会转变为现金牛。最难做出的是关于问号业务的决策,其中一些应当出售,另一些有可能转成明星业务。问号业务是有风险的,管理当局应当限制投机性业务的数量。对于瘦狗不存在战略问题——这些业务应当出售或是瞅准机会清理变现,很少有值得保留或追加投资的。出售瘦狗业务所得的现金可以用来收购或资助某些

问号业务。例如,BCG 矩阵有可能建议麦格劳—希尔公司(McGraw Hill)的管理当局出售其商业书籍业务,因为它是一只瘦狗;从大学教材业务这样的现金牛身上挤出"奶"来,投资于像《商业周刊》这样的明星业务,或是投资于数据库信息产品这样的问号业务。

(三) 战略制定模式

制定和选择企业经营战略是企业最高领导层的首要职责,目前,制定战略较常见的模式有以下几种。

1. 领导层授意,自上而下逐级制定

一般是由企业高层管理者讨论并授意秘书或有关专业人员草拟整个企业的战略,而后,逐级再根据自己的实际情况以及上级的要求制定战略。这一模式的优点是领导层重视战略,可以有时间集中精力去思考战略方向。

2. 领导层建立制定战略方案的业务单位

由设在企业的、具有一定业务权威的、赋予平衡各业务部门权力的"企业最高参谋部门"负责制定,或者由企业的规划部门负责制定。这一模式的优点是有专门业务班子,熟悉本企业情况,了解领导意图。

3. 以战略事业单位为核心制定战略计划

运用这一方法时,高层管理对各战略事业单位先不给予任何指导,而要求各事业单位提交战略计划。高层领导只加以检查与平衡,然后给予确认。这种模式的优点是,各战略事业单位受到的束缚较小,可根据所在事业领域的特点制定出切合实际、有利于竞争的战略计划。

4. 委托具有一定资质的组织制定

被委托的组织应是能负法律责任的、能严守企业机密的、具有权威的企业外部咨询单位或规划部门,受委托单位向企业领导人提供一个以上的可供择优选样的战略方案。这种方式有利于提高战略规划的科学性和创新性。

5. 企业与咨询单位合作进行

这种做法的好处是可以取长补短,优势互补,提高战略规划的科学性、创新性、实用性和可操作性。但是,双方能否组织好、配合好,往往决定着这一方法的成败。

三、 竞争战略的实现与运用

(一) 竞争战略的含义

竞争战略就是针对不同的产业、产品(或服务)、对手和态势,为企业确定有利的地位,使企业区别于其他企业,塑造企业的竞争优势,实现企业能力最大价值的进攻或防守行为。竞争战略包含四个要点:

(1) 竞争战略的要旨是为企业确定有利的地位,即为企业定位;
(2) 竞争战略的目的是使企业区别于其他企业,即使企业成为"唯一";
(3) 竞争战略的核心就是塑造企业的竞争优势;
(4) 竞争战略的根本目标是实现企业能力的最大价值;

(5) 竞争战略行为有进与退不同表现方式。

（二）迈克尔·波特的通用竞争战略

1. 基本观点

企业要想长期维持高于平均水平的经济效益，其根本就在于要有持久的竞争优势。实践证明，在市场竞争中获得成功的企业与其竞争厂商相比可能有无数个长处，但它拥有两种基本的竞争优势，即低成本或别具一格。这两种基本的战略优势与企业谋求优势的活动范围相结合，就使我们得出了企业在产业中取得高于平均水平经济效益所采用的三种通用战略：成本领先战略、差异化战略和重点集中战略。重点集中战略具有两种形式，即成本集中和差异化集中。这三种竞争战略如图7-12所示。

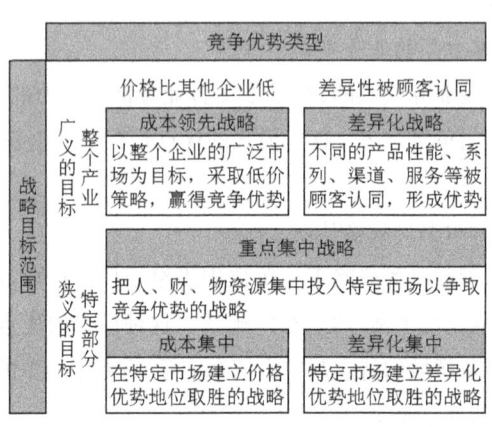

图7-12 迈克尔·波特的三大竞争战略

2. 竞争战略的实现

三种通用竞争战略的实现需要企业拥有不同的资源和能力，同时，行之有效的战略，也都有其潜在的风险。

实现成本领先战略要求企业必须建立起高效、规模化的生产设施，总成本低于竞争对手；企业要具备较高的相对市场份额或其他优势（如与原材料供应商具有良好的关系）；在对新设备进行投资以维护成本上的处于领先地位。获得成本领先优势的具体途径、运用环境和可能招致的风险如表7-2所示。

表7-2 成本领先优势的获取途径、运用环境与可能风险

	获取途径	运 用	风 险
低成本领先战略	● 采购中保持与供应商的良好关系，提高原材料质量，降低价格 ● 生产中提高工艺，运用自动化、人数规模经济，降低价格 ● 销售中减少成本、管理费用、大批量运输 ● 对各经营环节分析，除去可有可无的经营活动	● 价格是重要的竞争因素 ● 产品是一种标准化产品 ● 品牌对顾客的影响不大 ● 大部分顾客以同样的方式使用产品 ● 用户要通过比较来降低自己的成本 ● 客户的谈判能力强	● 行业内部对低成本技术较容易模仿 ● 企业忽视产品和市场活动 ● 出现成本膨胀，抵消这种能力 ● 被限制在现有技术和战略基础上 ● 行业技术导致这种积累一笔勾销

实现差异化战略要求企业能够将企业提供的产品或服务差异化。如在设计名牌形象，保持技

术、性能特点、顾客服务、商业网络及其他方面独树一帜；能够获取高溢价收入。获得差异化优势的具体途径、运用环境和可能招致的风险如表7-3所示。

表7-3 差异化优势的获得途径、运用环境和可能风险

	获取途径	运 用	风 险
差异化战略	● 树立品牌形象、产品性能、先进技术、周到服务、健全的销售网络等独特性 ● 在价值链的各个环节带给客户新的价值	● 行业中存在客户认为有价值的差异 ● 客户的需求变动很大 ● 能采用这种战略的竞争者很少 ● 产品差异价值具有主观性质，难以量化	● 在不降低客户成本下进行部分差异化 ● 产品差异化过高，超出客户需求 ● 试图对差异化采用过高的补偿价格 ● 无视价值信息的传递 ● 未确认顾客需要而进行主观差异化

实现重点集中战略要求企业能够主攻某个特殊的顾客群、某产品线的一个细分区段或某一地区市场；能够以较高的效率、更好的效果为某一狭窄的战略对象服务；企业或者通过满足特殊对象的需要而实现了差异化，或者在为这一对象服务时实现了低成本，或者两者兼得。获得某一细分市场竞争优势的具体途径、运用环境和可能招致的风险如表7-4所示。

表7-4 某一细分市场竞争优势的获取途径、运用环境与可能风险

	获取途径	运 用	风 险
重点集中战略	● 这一顾客群或地区不是竞争者获取成功的关键因素 ● 这一客户或地区的需求满足企业获利要求 ● 较大增长潜力 ● 有能力有效地服务这一特殊市场	● 这一细分市场对对手而言代价太大 ● 没有对手在此集中力量经营 ● 企业本身没有资源面对广泛市场 ● 行业内部存在许多不同的细分市场	● 当大范围经营者与集中经营者之间成本差额变化，使集中经营失去成本或差异优势 ● 特殊市场客户需求发生变化，与整个行业市场的差异变小 ● 由于特殊市场前景诱人，竞争加剧

第三节 企业战略评估

要评估公司的战略实施情况，找出必须解决的战略问题，使公司的战略既适合公司的资源和竞争能力，又适合行业和竞争环境，就必须先对公司目前战略的运行效果进行深入的分析。

一、公司目前战略的运行效果

（一）认清公司目前战略的主要内容

1. 详细说明公司现行的竞争策略

（1）公司是奋力成为一名低成本的领导者，还是强调采取各种方式和策略以使公司提供的产品具有差异化。

（2）公司经营的焦点是一个广泛的客户群，还是集中在一个很小的市场。

2. 考虑公司在行业内的竞争范围

在行业的整个生产—分销链中，公司所涉足的环节有多少，一个，几个，还是全部，公司所覆盖的地域市场有哪些，以及公司客户群的规模和结构。

3. 归纳公司战略的特色

公司战略的特色往往体现在以下各个职能战略之上:生产、财务、人力资源、信息技术、新产品革新等。

4. 梳理公司最近所采取的战略行动

公司最近所采取的一些战略行动(例如削价推出最新设计的款式和模型、加大广告的力度、进入新的地域市场,或者兼并了一家竞争对手),可能也是公司战略的重要组成部分,其目的是稳固业已提高的竞争地位以及在最理想的情况下稳固公司的竞争优势。通过探索隐藏在每一个竞争行动和职能战略之间的基本逻辑联系,我们往往可以明确公司目的和正采用的战略。

(二)评估公司战略运行效果的经验指标

有关公司目前战略运行效果的定量信息往往可以通过认真研究公司最近的战略业绩和财务业绩数据中得到。这里有两个比较好的经验指标:

(1)公司是否正在完成其既定的战略目标和财务目标?

(2)公司的业绩是否处于行业的平均水平之上?

如果公司一直不能完成既定的业绩目标,并远差于竞争对手,那么,这就足以表明公司所制定的战略不适当,或者执行不得力,或二者兼而有之。

(三)评估公司战略运行效果的具体指标

有时,公司的目标不够明确,因而很难以它为基础来衡量实际的业绩。但是,如果认真考察以下几个方面,我们往往就能够对公司的战略做出实际评价:

(1)公司的市场份额在行业中的地位是上升,下降,还是稳定不变?

(2)公司的利润是在上升还是在下降?与竞争对手相比差距有多大?

(3)公司的净利润率、投资回报率的变化趋势,以及这些盈利能力方面的变化趋势在行业内的公司间比较是高还是低?

(4)公司的整体财务能力和信用等级是在上升还是在下降?

(5)公司的股票价格变化趋势如何?公司的战略是否使股票价值的上升令人满意?

(6)公司销售额的增长率比整个市场的增长率是快还是慢?

(7)公司在顾客中的形象和声誉如何?

(8)对于决定顾客选择品牌的一些重要因素,如技术、产品革新、产品质量、客户服务等,公司是否被看做是领先者?

公司当前的业绩越强大,对公司战略动大手术的必要性就越小。公司的业绩和市场地位越差,就越应该审查公司当前的战略。公司的经营业绩弱往往表明公司的战略不强,或战略执行不力,或二者兼而有之。公司的业绩和市场地位越好,它的战略就可能制定得越好,执行得越好。

二、公司资源的强项和弱项、机会和威胁

(一)确定公司的强项和资源能力

公司的强项指的是公司所擅长的某种东西,或者指公司所特有的能够提高竞争力的东西。公司的强项往往符合以下几种形式:

(1) 一项技能或重要的专门技术。

(2) 宝贵的有形资产。

(3) 宝贵的人力资源。

(4) 宝贵的组织资产。

(5) 宝贵的无形资产。

(6) 竞争能力。

(7) 能够使公司在市场中获取某种竞争优势的成就或属性。

(8) 联盟或合作公司。

如果一家公司有着强大的可支配资源,那么,该公司就有望取得竞争的成功。

（二）确认公司的弱项和资源缺陷

公司弱项指的是公司缺少或做得不好的某种东西(和其他公司相比较而言),或者指会使公司处于劣势的某种条件。一家公司的内部弱项可能与以下因素有关:

(1) 缺乏有着重要竞争意义的技能和专门技术。

(2) 缺乏有着重要竞争意义的有形资产、人力资产、组织资产或无形资产。

(3) 在关键领域里竞争能力正在丧失或很弱。

一个公司的资源强项是竞争资产,资源弱项是竞争负债,只有竞争资产才有可能具有竞争价值。

对于一个公司来说,它的资源——不管它是一项特异能力,资产(有形、人力、组织、无形)、成就,还是一项竞争能力——如果要想成为持久竞争优势的话,必须通过以下四项竞争价值测试。

(1) 这项资源是否容易被复制?

(2) 这项资源能够持续多久?

(3) 这项资源是否真正能够在竞争中有上乘的价值?

(4) 这项资源是否可以被竞争对手的其他资源/能力所抵消?

（三）确认公司所面临的机会

市场机会是影响公司战略的重大因素。一般来说,公司的管理者如果不先确认公司面临的每一个机会,评价机会的成长和利润前景,采取措施抓住最有前途的机遇,那么公司的管理者所制定的战略就不可能很好地同公司所面临的形势相适应。

在评价公司所面临的市场机会并对这些市场机会进行排序时,公司的管理者必须防止将每一个机会都看做是公司的机会。并不是每个公司都有足够的必要的资源来追逐行业中存在的每一个机会。对于某些具体的机会,有些公司的资源可能更充足一些,有些公司则可能被淘汰出去。与公司最相关的市场机会是这样一些机会:它们能够为公司创造重要的利润和发展。在这种机会之下,公司获得竞争优势的潜力最大,它能够同公司已经拥有或能够设法获得的财务和组织资源能力很好地匹配起来。

（四）确认危及公司未来盈利能力的威胁

一般来说,在公司的外部环境中总存在某些对公司的盈利能力和市场地位构成威胁的因素:出现了更便宜的技术,竞争对手推出了新的或更好的产品,成本更低的外资竞争厂商进入,利率上

第三节　企业战略评估

升,可能被对手接管,公司建有生产设施的外国政府出现大的变动等。外部威胁所产生的负面效应可能不大(所有的公司在业务经营过程中都面临一些威胁),也可能非常显著,会使公司变得非常脆弱。公司管理层的任务就是确认危及公司未来利益的威胁,并做出评价和采取可以抵消或减轻威胁的战略行动。

成功的战略家追求的目的是抓住公司最好的增长机会,建立对那些危及公司竞争地位和未来业绩的外部威胁的防御。

将公司的战略同公司的形势匹配起来要求做到:
(1)追逐那些能够同公司资源能力很好地适应的市场机会。
(2)建立相关的资源能力,防御那些危及公司业务的外部威胁。

沃尔玛的
SWOT分析

三、 公司的价格和成本

（一）公司的成本是公司竞争力强弱最重要的信号

评价公司成本相对其最直接竞争对手所具有的竞争力是公司形势分析中一个必要的部分。

一旦公司的某一个竞争对手将其产品价格降到"难以置信"的地步,或者市场的某一新进入者的价格很低,公司的管理者常常会震惊不已。然而,该竞争对手或许并不是在"倾销"、拼命地获取市场份额,或者不惜一切代价地扩大销量,或许只是因为它的成本相当低。一个公司的成本和其竞争对手比起来是否具有竞争力,是该公司的业务地位强大与否的具有说服力的信号。价格—成本比较在商品化产品行业中起着至关重要的作用,在这种行业中各个厂商给购买者提供的价值是完全一样的,价格竞争通常是最主要的市场因素,从而低成本公司往往占据上风。即便是在存在产品差别化、竞争的重心除了产品价格之外还有产品的行业中,竞争厂商也必须使其产品的价格协调起来,并且确保任何一点成本的增加都能够创造购买者重视的价值,而不是让购买者认为产品的价格高得"离谱"。

（二）成本差异的一般原因

行业中的竞争厂商在为其终端用户提供产品时所承受的成本往往不尽相同。即使成本差异很小,也可能产生重要的竞争意义。成本差异可能来源于下列因素:

(1)从供应商那里购买材料、零配件、能源及其他产品时所支付的价格不一样。

(2)所应用的基本技术以及工厂和设备的寿命不同。因为竞争厂商对工厂和关键设备的投资往往是在不同的时间进行的,所以它们的经营设施就会有某种程度的技术效率方面的差异,它们的固定成本如折旧、维修、财产税以及保险也会不一样。老一点的设备往往效率要低一些,但是,如果这些设备的建造成本低,或者购买价格便宜,它们同现代设备相比仍然可能有成本竞争优势。

(3)生产工厂的效率不一样,学习及经验曲线效应不一样,人员工资率不一样,生产率不一样,各个竞争厂商的生产成本也会不一样。

(4)营销成本、销售和促销费用、广告费用、仓储分销成本以及管理费用不一样。

(5)入厂运输成本和出厂装运成本不一样。

(6) 前向渠道分销成本不一样(如分销商、批发商和零售商的成本和结构,这些成本和结构是与将产品从生产地转到最终用户手里相关的)。

(7) 通货膨胀、外汇汇率和税率的变动对竞争厂商所产生的影响也不一样。对于全球性行业来说这是常有的事,因为在这种行业中各个竞争厂商的经营往往在不同的国家,其所处的经济条件和政府税收政策往往是不一样的。

(三) 竞争厂商之间价值链差异的原因

一个公司的价值链以及各项活动的展开方式往往反映出公司业务及内部运作、公司战略、公司战略执行途径以及各项活动的基本经济特性的演变,因此,竞争厂商之间价值链存在差异是正常的,有时这种差异还可能是巨大的,因此评价竞争厂商的相对成本地位就变得异常复杂了。例如,竞争厂商的垂直一体化程度不一样,比较全面一体化与部分一体化的公司价值链就需要在各自的活动范围内进行相应的调整。很显然,所有零部件由自己生产的制造商的内部总成本要比从外部供应商购买必要的零部件自己进行装配的生产商的内部总成本高。

准确地测度一个公司的在终端市场上的竞争力要求做到公司的管理者明白把产品或服务送至最终用户的这个价值链体系,而不仅仅是公司自身的价值链。这至少意味着,应该考虑供应商和前向渠道联盟(如果有的话)的价值链,如图7-13所示。

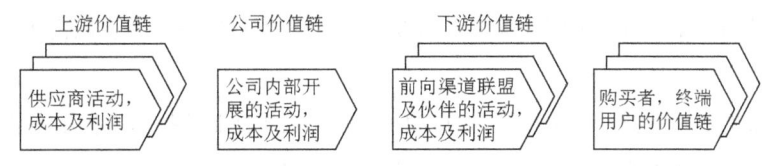

图7-13 价值链体系

如图7-13所示,我们会发现竞争厂商之间的重大成本差异可能发生在三个主要的领域:行业价值链体系的供应商部分,公司自己的活动部分,行业价值链体系的前向渠道部分。如果一家公司缺乏竞争力是行业价值链体系的前向(上游)或后向(下游)部分造成的,那么,公司要重新建立成本优势就可能必须发展到公司的内部经营之外。

(四) 获得成本竞争力的战略选择

1. 成本劣势来源于供应商的战略行动

如果成本劣势来源于供应商部分,那么公司管理者可以采取下列一些战略行动:

(1) 通过谈判,从供应商那里获得更有利的价格。

(2) 同供应商进行紧密的合作,以帮助它降低成本。

(3) 进行后向整合,以获得对购入商品产品的成本控制。

(4) 尝试使用成本更低的替代品。

(5) 管理供应商价值链和公司自己价值链之间的联系。例如,公司同其供应商进行紧密协调与合作可以带来及时发货,从而降低公司存货和内部后勤成本,同时还可能使供应商节约仓储、装运及生产安排成本。这是一个"双赢"结果。

(6) 尽力在其他地方砍掉成本以补偿这个地方的差异。

第三节 企业战略评估

2. 成本劣势来源于前向渠道的战略行动

消除存在于价值链体系前向部分的成本劣势的战略选择有：

（1）促使分销商和其他前向渠道联盟减少利润。

（2）同前向渠道联盟/客户紧密合作，以寻找降低成本的双赢机会。

（3）转向更具有经济性的分销战略，包括前向整合。

（4）试图砍掉成本链中前面某些阶段的成本以弥补这里所产生的差异。

3. 成本劣势来源于公司内部的战略行动

如果一个公司的成本劣势的根源是在公司内部，那么，管理者可采用以下九种战略方法来恢复成本的平衡性：

（1）简化高成本活动的经营和动作。

（2）再造业务流程和工作惯例，从而提高员工的生产率、关键活动的效率和公司资产的利用率，或者改善公司对成本驱动因素的管理。

（3）通过改造价值链消除某些产生成本的活动。例如，转向采用完全不同的技术，从而越过前向渠道联盟的价值链，直接将产品销售给最终用户。

（4）对高成本的活动进行重新布置，将其安排在成本更低的地理区域。

（5）看某些活动是否可以采用外部加工的方式，或者考察这些活动由合同商来完成是否比自己完成更便宜。

（6）投资节约成本的技术改善因素，如自动化、机器人、柔性制造技术机控制系统。

（7）围绕棘手的成本要素进行革新，如对工厂和设备追加投资。

（8）简化产品设计，使产品的生产更具经济性。

（9）通过价值链体系的前向和后向部分的节约来补偿公司的内部成本劣势。

四、公司竞争地位的强弱

对一个公司相对其最直接竞争对手的整体竞争地位强弱进行系统地评价是公司形势分析的关键一步。

（一）评价公司竞争地位强弱应考察的问题

利用价值链、战略成本分析等工具来确定一个公司的成本竞争力是很有必要的，但是还不够。还必须从更广泛的角度来评价公司竞争地位和竞争优势。必须要考察的问题有：

（1）如果现行的战略继续执行下去的话（允许作一些细微的调整），公司的市场地位将会改善还是会恶化？

（2）在每一个行业成功的关键因素以及竞争强势和资源能力的测度指标上，公司相对其关键的竞争对手排名如何？

（3）公司目前相对于竞争对手是处于优势地位还是劣势地位？

（4）在已知行业的变革驱动因素、竞争压力和竞争对手的预期行动的情况下，公司捍卫其市场地位的能力如何?

(二) 公司竞争地位强弱的主要信号

表7-5举了阿瑟·汤姆森、斯迪克兰德在其著作《战略管理:概念与案例》中概括出的反映公司地位变化的指标。

表7-5 公司的地位变化的指标

竞争强势的信号	竞争弱势的信号
● 重要的资源强势、核心能力和特异能力 ● 在具有重要竞争价值的价值链活动上拥有特异能力 ● 很强的市场份额(或行业第一的市场份额) ● 领先开拓型或特异战略 ● 客户群增大、顾客忠诚度提高 ● 超过平均水平的市场可见度 ● 居于有利的战略群之中 ● 在有吸引力的细分市场上有着很好的地位 ● 差别化很强的产品 ● 成本优势 ● 平均水平之上的利润率 ● 平均水平之上的技术和革新能力 ● 具有创新精神和企业家精神的管理队伍 ● 居于能够利用新兴市场机会的位置	● 面临竞争劣势 ● 竞争对手旨在夺取自己的地位 ● 收入增长率居于平均水平之下 缺乏财务资源 ● 在顾客中的声誉正在下降 ● 产品开发和革新能力步人后尘 ● 所在的战略群注定要失去地位 ● 在有着很多市场机会的领域里能力很弱 ● 成本很高 ● 规模太小不能成为市场的一个主要因素 ● 所处的状况不能很好地应付市场威胁 ● 产品质量很差 ● 在关键的领域里缺乏技能、资源和竞争能力 ● 比竞争对手的分销能力要差

(三) 竞争强势评估的步骤

确定一个公司的竞争地位的最有效的途径,就是用数量的方法来评估公司在每一个行业成功因素和每一个重要的竞争能力及潜在竞争优势的指标上,与紧密的竞争对手的比较。主要有四个步骤:

(1) 列出一系列行业的关键成功因素和竞争优势或劣势最有力的决定变量(6~18个变量通常就足够了)。

(2) 就每一个强势指标对公司及其关键竞争对手进行评分。评分赋值最好从1~10,不过,如果所需信息很少从而采用数据评判会带来错误或不准确性,那么,就可以采用强(+)、弱(-)和相等(=)的评分等级。

(3) 加总各个变量的评分,得出每一个竞争对手的竞争强势得分。

(4) 做出有关公司竞争优势或劣势的结论,同时对公司的那些最强或最弱的各个领域的强势指标作更具体的分析。

竞争强势评分高表明公司的竞争地位强大且拥有竞争优势;竞争强势评分低表明公司竞争地位弱,处于竞争劣势。

五、公司面临的战略问题

综合以上所做的各个分析,从整体上考虑公司所面临的形势,公司管理者必须准确"锁定"他们聚焦战略注意力的领域,这一步必须谨慎。如果不能准确确定问题之所在,那么,公司的管理者就不可能对制定或调整战略有充分的准备。因为，一个好的战略必须要能够解决所有必须解决的战略问题。

为了准确地确定公司战略行动日程上要解决的问题，公司的管理者应该认真考虑以下的问题：

(1) 现行的战略能否很好地防御五种竞争力量，特别是那些会激化竞争的力量？

(2) 是否应该调整当时的战略以更好地对行业中重要的驱动因素做出反应？

(3) 公司现行的战略是否与行业未来的成功因素很好地匹配起来？

(4) 公司现行的战略是否很充分地利用了公司的资源强势？

(5) 公司所面临的哪些市场机会值得优先考虑？哪些应该靠后？哪些最适合公司的资源强势和能力？

(6) 要纠正公司的资源劣势和防范公司所面临的外部威胁、应该采取什么措施？

(7) 公司受到一个或多个竞争对手所采取的竞争行动的伤害难易程度如何？什么样的措施可以降低这种脆弱性？

(8) 公司是否拥有竞争优势？或者公司是否应该采取行动来抵消竞争劣势？

(9) 公司现行战略的强点和弱点分别是什么？

(10) 是否需要采取额外的措施来巩固公司的低成本地位、利用新机会的资源和能力以及竞争地位？

这些问题的答案实际上表明了公司是否可以在做出某些较小的调整之后继续执行现行的基本战略，或者公司必须对现行的战略做出很大的改动，即对现行的战略进行变革。

综上所述，如果一个公司的现行战略同外部环境和公司的资源强势和能力匹配得越好，对其进行变动的必要性就越小。如果现行的战略并不十分适应，那么公司的管理者就应该及时地对其进行调整和控制，如果调控解决不了问题，那就应该果断地进行战略变革。

【课后思考】

1. 企业的总体战略有哪几种？
2. 企业一体化的原因往往是竞争过于激烈而致。你同意这一观点吗？
3. "对于公司的瘦狗类业务不存在战略问题"这句话你是怎样理解的？

【技能训练】

请在老师的指导下分组观察不同企业战略选择的差异。

【自我检测】

一、单项选择题

1. "把鸡蛋放在一只篮子里的做法"是什么战略的形象表述（　　）。

   A. 集中化战略　　　B. 一体化战略　　　C. 差异化战略　　　D. 多元化战略

2. 一个公司收购其产品供应商的行为属于( )。

A. 横向收购　　　　　　　　　　B. 不相关收购

C. 纵向收购　　　　　　　　　　D. 恶意接管

3. ( )是由那些在广阔的社会环境中影响到一个企业和行业的各种因素组成的。

A. 总体环境　　B. 竞争环境　　C. 社会文化　　D. 行业环境

4. 在波士顿矩阵中,( )业务处于有很好发展前景的市场中,但只占有较小的市场份额。

A. 现金牛　　　B. 明星　　　　C. 问号　　　　D. 瘦狗

5. 一般来说,进入壁垒低、退出壁垒高的产业的特征是( )。

A. 高利润、高风险　　　　　　　B. 低利润、高风险

C. 低利润、低风险　　　　　　　D. 高利润、低风险

6. ( )不是行业进入壁垒。

A. 预期的竞争者的报复　　　　　B. 规模经济

C. 品牌忠诚度　　　　　　　　　D. 供应商的讨价还价能力

7. 企业更愿意将( )作为企业能力和核心竞争力的基础。

A. 有形资源　　　　　　　　　　B. 无形资源

C. 流量资源　　　　　　　　　　D. 短周期资源

8. ( )是企业内部战略资源分析的内容。

A. 消费者偏好　　　　　　　　　B. 国家行业政策

C. 管理人员素质高低　　　　　　D. 竞争对手强弱

9. 行业的竞争中存在的基本竞争力量是( )。

A. 行业内现有竞争者之间竞争的激烈程度

B. 新进入者以及替代品的威胁

C. 购买者的议价能力

D. 供应商的议价能力、A、B、C

10. 依据明茨伯格的5P模型,"战略不仅仅是行动之前的计划,还可以在特定的环境下成为行动过程中的手段和策略,一种在竞争博弈中威胁和战胜竞争对手的工具"。因此,战略是一种( )。

A. 计划　　　　B. 计谋　　　　C. 定位　　　　D. 工具

二、判断题

1. 组织战略要服从组织结构。　　　　　　　　　　　　　　　　　　　　( )

2. 市场增长——相对市场占有率矩阵是在20世纪60年代后期由荷兰壳牌石油公司提出的。　　　　　　　　　　　　　　　　　　　　　　　　　　　　　　　　( )

3. 一家企业能够面对哪些机会与威胁、拥有哪些优势与劣势,都是可以控制的。( )

4. 买方转换成本高,将会削弱买方的议价实力。　　　　　　　　　　　　( )

5. 差异化战略是指企业通过有效途径降低成本,使企业的全部成本低于竞争对手成本,从而获得竞争优势的一种战略。　　　　　　　　　　　　　　　　　　　　( )

三、简答题

1. 什么是企业的核心竞争力？它具有怎样的特点？
2. 请简述企业战略管理的步骤及其内容。
3. 一般来说，增成长型战略有哪几种实现方式？
4. 简述迈克尔·波特的三种通用竞争战略的内容。
5. 反映公司竞争地位变化的指标有哪些？

四、案例分析

竞争激烈的计算机行业

20世纪80年代末期，正是笔记本计算机发展初期，成长率高。工业技术研究院为了推动台湾地区的笔记本计算机产业，在研发出笔记本计算机的基本机型后，采取广泛授权战略，而数百家厂商看到笔记本计算机的成长潜力，亦争相投入，竞争非常激烈。

制造电子计算机的金宝电子创设了仁宝电脑，制造台式计算机的宏基、大众、神达也进入笔记本计算机产业，激烈竞争下，两年以后只有少数公司存活下来，但存活的公司又面临严峻的考验。首先，我国台湾地区的笔记本计算机制造商，均没有品牌，是以代工为主，面临的买家都是超大型的计算机公司，例如惠普、康柏、东芝、IBM，这些买主议价能力高；其次，笔记本计算机的重要零件如CPU、液晶屏幕、硬盘等，均是由大型制造商供应，供货商的议价能力亦高。因此从波特的五力模型而言，笔记本计算机产业的潜在利润应该不高，但广达、仁宝、英业达等却享有高利润，这和五力模型的预测大不相同。

问题：

1. 画出波特的五力分析图。
2. 使用波特的五力分析法对本案例进行分析。
3. 决定进入或退出行业障碍因素主要有哪些？

第八章　组织与组织设计

【趣味阅读】

某国一位上任伊始、年轻有为的炮兵军官到下属部队视察,他发现几支部队有一种相同的情况:在操练过程中,总有一名士兵自始至终站在大炮的炮管下面,纹丝不动。军官不解,询问原因,得到的答案是:操练条例就是这样要求的。军官回去就查阅有关军事文献,终于发现了原因。

原来,早期的大炮是由马车运载到前线的,大炮的位置是由马控制的,站在炮管下士兵的任务是负责拉住马的缰绳,以便在大炮发射后调整由于后坐力产生的距离偏差,减少再次瞄准所需的时间。现在,大炮不用马拉了,全是自动化,已经不再需要这样一个角色,但操练条例没有及时调整,因此才出现了"不拉马的士兵"。

长期以来,炮兵的操练条例仍使用非机械化时代的规则,军官就打报告请求修改现行操练条例。军官的发现使他获得了国防部的嘉奖。

【管理启示】

管理者要有系统的观念,应对外部环境的变化非常敏感,能较早地识别哪些工作已经不再需要,或者工作流程的哪些环节已发生了变化,人员配备是否需要随之而改变,都应该检视一下,自己组织的组织设计中有没有"不拉马的士兵"?

【学习目标】

1. 理解组织、组织结构的含义。
2. 掌握组织设计的基本要素。
3. 能够比较不同组织结构形式的优缺点和适用要求的差异。
4. 了解组织变革的征兆。
5. 能够运用组织设计与组织变革基本理论和方法解决实际问题。

【教学要求】

知识要点	能力要求	相关内容
组织概述	(1) 理解组织、组织结构的基本含义 (2) 了解不同类型组织的区分 (3) 掌握组织工作的基本任务	(1) 组织的概念及分类 (2) 组织结构的包含三要素 (3) 机械式组织和有机式组织

续 表

知识要点	能力要求	相关内容
组织设计	(1) 掌握组织设计的程序 (2) 掌握、并能运用组织设计的原则 (3) 掌握影响组织设计的权变因素	(1) 部门化形式 (2) 管理幅度与管理层次 (3) 集权与分权、指挥链
组织结构形式	(1) 掌握并会应用不同组织结构形式的特点及其设计 (2) 能够绘制出典型的组织结构图 (3) 理解组织结构的变化趋势	(1) 传统组织结构形式：直线式、直线—职能式、事业部式 (2) 现代组织结构形式：矩阵式、团队式、虚拟式结构
组织变革	(1) 了解组织变革的征兆 (2) 掌握组织变革的主要内容 (3) 能够应用克服组织变革障碍的方法	(1) 组织变革征兆 (2) 组织变革的内容 (3) 组织变革的阻力与克服

第一节 组织概述

一、组织与组织结构的含义

（一）组织的含义

对于"组织"这一概念，不同的学者所下的定义千差万别。例如，斯蒂芬·罗宾斯将组织简单地界定为是为完成特定使命的人们的系统性安排。管理系统理论学派的重要代表人物弗里蒙特·卡斯特和詹姆斯·E.罗森茨维克认为组织是目标系统、心理系统、技术系统和有结构的活动整体的统一。巴纳德认为"组织不是集团，而是相互协作的关系，是人们相互作用的系统"。哈罗德·孔茨则把组织定义为"正式的有意识形成的职务结构或职位结构"。

本书认为，上述各种表述都只是强调了组织某一方面的特性和功能，而组织的含义兼具有名词与动词两种意义，因此，需要从静态和动态两个方面来更加全面地定义组织的概念。从动态意义上讲，组织是指围绕一定目标，设置并建立组织结构，安排群体成员的职位，确定其职责、权限及其相互关系，从而使其具有较高效率的群体的管理行为或者管理过程，如进行组织结构的设计、建造和调整，或者是为了达到计划目标所进行的必要的组织变革过程。从静态意义上讲，组织是指在一定的环境下，两个或两个以上的个人为实现共同的目标而结合起来协同行动的有机整体，如政府、军队、企业、慈善组织等，是反映人、职位、任务，以及它们之间的特定关系的组织结构网络。

因此，组织是静态意义上的有机整体和动态意义的组织行为或组织过程的有机统一。

（二）组织结构的含义

组织结构就是表现组织内部分工、排列顺序、空间位置、聚集状态、联系方式以及各要素之间相互关系的一种模式。它是执行管理和经营任务的体制。组织结构的定义包含以下三方面的关键要素：

(1) 组织结构决定了组织中的正式报告关系，包括职权层级的数目和主管人员的管理幅度。

(2) 组织结构确定了将个体组合成部门、部门再组合成整个组织的方式。

(3) 组织结构包含了确保跨部门沟通、协作与力量整合的制度设计。

其中,前两个要素规定了组织的结构框架,即纵向的层级,第三个要素则是关于组织成员之间的相互关系。一个理想的组织结构应该鼓励成员在必要的时间和地点通过横向联系提供共享的信息和协调。

二、组织的类型

（一）按组织的性质分类

1. 经济组织

经济组织是指如家庭、企业、公司等按一定方式组织生产要素进行生产、经营活动的单位,是一定的社会集团为了保证经济循环系统的正常运行,通过权责分配和相应层次结构所构成的一个完整的有机整体。

经济组织是人类社会最基本、最普遍的社会组织,它担负着提供人们衣食住行等物质生活资料的任务,履行着社会的经济职能,包括生产组织、商业组织及金融组织等。

2. 政治组织

政治组织出现于人类社会划分阶级之后,是指担负起经济建设和组织文化建设,并为保证这些建设的正常进行而创造和维护良好的社会秩序职能的组织。它包括国家组织、政党组织和利益集团。

国家组织是在国家的层面上讲的政治组织,国家组织包括代议组织、行政组织、司法组织三大部分。在我国,代议组织是指人民代表大会和人民政协组织,在西方国家,主要是指参、众议会;行政组织是指从中央到地方的各级政府机构,包括行政首脑、机关以及相应的职能部门;司法组织是指国家法制机关,主要是中央和地方的法院和检察院。

政党组织,是代表选民来选择议员和政治性行政官员,同时也为议员和政治性行政官员寻求选民支持的专业性组织。

利益集团,是由有着特定利益结成的影响政府决策、维护自己利益的集团。在我国,利益集团主要来自同一阶层或者同一职业领域的成员所结成的集团,如中华全国总工会、妇女联合会、中国文化艺术联合会、中华全国工商联合会、全国青年联合会、中华全国学生联合会等。

3. 文化组织

文化组织是以满足人们各种文化需求为目标,以从事专业文化工作和为专业文化工作服务为其基本内容的单位,包括艺术馆、图书馆、档案馆、文物保护、艺术教育、艺术研究、文化娱乐、新闻出版等以及其他文化机构。

4. 群众组织

这类组织是代表群众利益,有社会各阶层、各领域的广大群众参加的非政权性质的社会团体,如工会、妇女联合会、青年联合会、学生联合会、科学技术协会等。

5. 宗教组织

宗教组织是以某种宗教信仰为宗旨而形成的组织,是指在国家宪法和法律的保护下,独立地组织宗教活动,办理教务,开办宗教院校,培养年轻宗教职员的机构。中国全国性爱国宗教组织共有八个,即中国佛教协会、中国道教协会、中国伊斯兰教协会、中国天主教爱国会、中国天主教教委委员会、中国天主教主教团、中国基督教"三自"爱国运动委员会和中国基督教协会,此外还有若干宗教性社会团体和地方组织。

（二）按照是否以营利为目的分类

1. 营利性组织

营利性组织是指经工商行政管理机构核准登记注册的以营利为目的,自主经营、独立核算、自负盈亏的具有独立法人资格的单位,如企业、公司及其他各种经营性事业单位。

2. 非营利性组织

非营利组织是指不是以营利为目的的组织,它的目标通常是支持或处理个人关心或者公众关注的议题或事件。非营利性组织与营利性组织相对应,它们的主要宗旨是向社会提供服务,而不以营利为目的。非营利性组织主要分布在教育、医疗、文化、科研、体育,以及各类社会团体中,所涉及的领域非常广,包括艺术、慈善、教育、政治、宗教、学术、环保等。其具体表现形式大致分为三类:第一类是行政部门的服务性单位,第二类是行政主管部门与民间资金相结合组成的单位,第三类是自治性的民间组织。

（三）按组织的形成方式分类

1. 正式组织

正式组织是为了有效地实现组织目标,而明确规定组织成员之间职责范围和相互关系的一种结构,其组织制度和规范对成员具有正式的约束力。

2. 非正式组织

非正式组织是人们在共同工作或活动中,由具有共同的兴趣和爱好,以共同利益和需要为基础而自发形成的团体。

非正式组织是伴随着正式组织的运转而形成的。在正式组织的发展过程中,一方面组织成员必然发生业务上的联系;另一方面人们对一些具体问题的认识基本一致,或者在性格、业余爱好以及感情相投的基础上,产生了一些被大家普遍接受并遵守的行为准则,从而使原来松散的、随机性的群体渐渐成为趋向固定的非正式组织。

正式组织与非正式组织的突出区别表现为其是否是程序化的和其目的的不同。正式组织的设立、运作和解散是程序化的过程,而非正式组织更多地表现出非程序化的特征;正式组织与非正式组织都有自己的目标,但两者的目标可能一致也可能不一致;维系正式组织主要是理性的原则,而非正式组织则主要以感情和融洽的关系为标准。由于正式组织与非正式组织的成员是交叉混合的,人们很多时候感情因素的作用会大于理性的作用,因此非正式组织的存在必然要对正式组织的活动及其效率产生影响。

（四）按照组织的运行机理划分

1. 机械式组织

机械式组织也称为官僚式组织,罗宾斯称它是综合使用传统的组织设计原则的产物。这种组织最突出的特点是有严格的层级关系,每个职位都有固定的职责,坚持统一指挥原则并产生一条正式的职权层级链,每个人只受一个上级的领导,从而形成了一种典型的、规范化的结构;成员之间按照正式的渠道进行沟通,组织的权力最后集中到组织金字塔的顶层。

2. 有机式组织

有机式组织也称为适应性组织,它是一种低复杂性、低正规化和分权化的组织。这种组织与机械式组织不同,它强调的是灵活、适应和变化。在这种组织中,员工多是职业化的,具有熟练的技巧,并且在经过训练之后能够处理多种多样的问题,所以工作不需要太多正式的规则和监督。这种组织的特点是员工之间存在高度的合作和非正式的沟通。

三、组织工作的基本任务

组织工作的基本任务主要有设计组织架构、人员配置和组织变革三方面。

（一）组织架构

组织架构包括组织结构设计和组织运行机制设计两大部分。结构设计包括职能设计、框架设计和协调机制设计,其实质是从组织的职能出发,设计部门和岗位之间的分工和合作。运行机制设计包括规范制度设计、人员配备设计和激励机制设计,其实质是从结构本身设计出发,设计规章制度、人员的配备和控制,保证结构本身得以顺利运行。运行制度设计结构本身设计和运行制度设计互为表里,二者共同保证企业组织的高效率运转。

（二）人员配置

人员配置指根据组织发展的需要和结构设计产生的部门、岗位,把合适的人员配置到合适的岗位上。人员配置是组织从一个死的架构变成有生命力的活的组织的条件。

（三）组织变革

任何设计得再完美的组织,在运行了一段时间以后也都需要进行变革,这样才能更好地适应组织内部条件和外部环境的变化要求,从某种程度上说,组织的调整和变革是一个组织发展过程中的一项经常性的活动。

第二节　组织结构设计

所谓的组织设计,是指按照某些原则和需要对组织内部结构进行设置或组合,建立起各个部门相互有机地协调配合的系统的过程。我们谈论管理者作出某些结构决策(比如,决定决策应该在哪一层次做出或者需要有哪些标牌规则让员工去遵循),这时,我们所指的正是组织设计。

一、组织设计的基本要素

（一）确定组织的目标

从根本上讲,组织结构是一种实现目标的工具,所以必须先于组织结构的开发而系统地提出一套目标。规定各项目标,能使组织结构有一种明确的方向感,以便指导工作的实施和促进全面管理的过程;如果没有明确的目标,不仅会使组织机构的工作盲目无序,而且也将丧失组织机构存在的理由。

(二) 部门化分工

一些成功的企业家曾经这样说:"管理的道理其实很简单,管理就是分而治之。管10个人容易,因为10个人我们能够看得见、管得住。但是,管理成千上万的人呢?也许你面对这么多的员工会感到恐惧和不知所措。其实,管理100个人和10 000个人的差别并不大,关键是你能不能学会分而治之。"分而治之,即是管理者将自己公司划分成不同的业务部门和支持部门,弄清楚自己部门的事情能够分成几大类,把这些不同类别的事情交给擅长这类事情的下属去处理,并且为这些部门找到或者培养合适的管理者。

部门化分工,主要是研究组织内的横向分工问题。常见的部门化的基本方法有按职能、产品、顾客、地区、人数、时间、过程、设备、销售渠道、工艺、字母或数字等划分。下面介绍最主要的几种部门化形式。

1. 职能部门化

这是最普遍采用的一种划分方法,即按专业化的原则,以工作或任务的性质为基础来划分部门。按重要程度可分为基本的职能部门和派生的职能部门。基本的职能部门一般有生产、工程、质量、销售、财务部门等。派生的职能部门有生产部门中的设计科、工艺科、制造车间、生产计划科、设备动力科、安全科、调度室等。职能部门化的优点是有利于专业人员的归口管理;易于监督和指导;有利于提高工作效率。缺点是容易出现部门的本位主义,决策缓慢、管理较弱,较难检查责任与组织绩效。

2. 产品部门化

产品部门化是按组织向社会提供的产品来划分部门。如家电企业集团可能会依据其产品类别划分出彩电部、空调部、冰箱部、洗衣机部等部门。产品部门化的优点是可提高决策的效率,便于本部门内更好的协作,易于保证产品的质量和进行核算。缺点是容易出现部门化倾向,行政管理人员过多,管理费用增加。

3. 地区部门化

地区部门化是按地理位置来划分部门。如跨国公司依照其经营地区划分的各个分公司。地区部门化的优点是对本地区环境的变化反应迅速灵敏,便于区域性协调,有利于管理人员的培养。缺点是与总部之间的管理职责划分较困难。

4. 过程部门化

过程部门化是按完成任务的过程所经过的阶段来划分。如机械制造企业划分出铸工车间、锻工车间、机加工车间、装配车间等部门。过程部门化的优点是能取得经济优势,充分利用专业技术和技能,简化了培训;缺点是部门间的协作较困难。

5. 顾客部门化

顾客部门化是按组织服务的对象类型来划分部门。如银行为了向不同的顾客提供服务,设立了商业信贷部、农业信贷部和普通消费者信贷部等。顾客部门化的优点是可更加有针对性地按需生产、按需促销;缺点是只有当顾客达到一定规模时,才比较经济。

6. 人数部门化

人数部门化是单纯按人数的多少来划分部门。类似于军队的师、团、营、连的划分,是最原始、最简单的划分方法。

7. 时间部门化

时间部门化是在正常工作日不能满足工作需要时,所采用的一种部门划分方法。如三班制、轮班制工作的情形,即是按此来划分。

8. 设备部门化

设备部门化是按设备的类型来划分部门。如医院的放射科、心电图室、脑电图室、超声波室等。

上述对部门划分方式的分析,只是为了理论研究上的方便。在实际工作中,任何组织都很少根据唯一的标准来划分部门,而是经常同时利用两个或两个以上的部门化方式,形成综合式的组织结构。如大学里设置的教务处、科研处、财务处等部门是以职能为部门划分标志的,而本科生部、硕士生部、博士生部等的设置又是以产品为部门划分标志的。究竟采用何种部门化或若干种部门化的组合,往往取决于各种部门化方式优劣的权衡。

(三) 确定管理幅度与管理层次

在组织设计中,一个十分重要的工作就是确定管理层次,这是组织内部的纵向分工。之所以要确定管理层次,进行纵向分工,就在于存在管理幅度的限制。

1. 管理层次与管理幅度的含义

管理层次是指组织中职位等级的数目。随着组织的规模扩大,业务关系日趋复杂,任何一个组织的最高主管,由于受到时间、精力等诸多因素的限制,能够直接有效地指挥和监督的下属数量总是有限的,这个有限的直接领导的下属数量被称作管理幅度,又称"管理跨度"。当超过这个跨度时,管理的效率就会随之下降。因此,主管人员要想有效地领导下属,就必须认真考虑究竟能直接管辖多少位下属的问题,即管理幅度问题,如图8-1所示主管人员甲的管理跨度为3人,乙的管理跨度为5人,丙的管理跨度为7人,丁的管理跨度为8人。

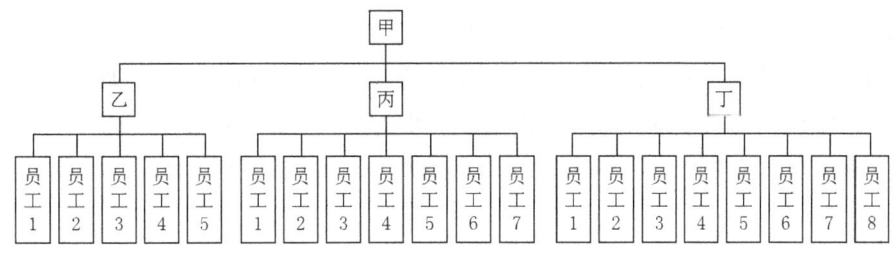

图8-1 管理跨度

2. 管理层次与管理幅度的确定

对于同一个组织而言,如果组织规模是一定的,管理幅度与管理层次是密切相关的反向关系,即管理幅度越宽则管理层次越少,组织结构趋于扁平,反之,管理幅度越窄则管理层次越多,组织结构趋于高耸。

第二节 组织结构设计

如图 8-2 所示，若组织管理幅度为 8，则需要 5 个管理层次，共 585 名管理人员（1—4 层），实现对 4 096 名基层操作人员的管理；若这个组织管理幅度缩小 1 倍为 4，则需要 7 个管理层次，1 365 名管理人员（1—6 层）才能实现对 4 096 名基层操作人员的管理；若这个组织管理幅度扩大 1 倍为 16，则只需要 4 个管理层次，仅 273 名管理人员（1—3 层）便能实现对 4 096 名基层操作人员的管理。假设该组织管理人员的平均年薪为 4 万元，则三种管理幅度的工薪成本分别为：管理幅度 4 人为 5 460 万元、管理幅度 8 人为 2 340 万元、管理幅度 16 人为 1 092 万元。人员数目、工薪成本的差距可达五倍，其他如沟通成本、协调关系成本等还未计入。

管理层次	管理幅度		
	4	8	16
1	1	1	1
2	4	8	16
3	16	64	256
4	64	512	4 096
5	256	4 096	
6	1 024		
7	4 096		
管理层人数	1 365	585	273
总人数	5 461	4 681	4 369

图 8-2　管理层次与管理幅度

管理幅度与管理层次的确定还与组织的管理哲学有关。因为管理幅度宽的扁平结构更倾向于分权管理，管理幅度窄的高耸结构更倾向于集权管理。虽然宽管理幅度的扁平式组织结构有可能减弱管理者对下属的控制与指导，但与窄管理幅度的高耸式组织结构相比确有很多优点。主要是：①降低了管理人员在组织中的比重，从而降低管理成本；②减少了管理层次，从而提高垂直沟通的效率；③减少了管理人员对下属的约束，从而有利于发挥下属的积极性和创造性，等等。由于上述优点，宽管理幅度的扁平式组织结构从 20 世纪 60 年代以来已成为组织结构改革方面的一种普遍趋势，如在一些大公司中，20 人甚至 30 人的管理幅度并不鲜见。

管理幅度与管理层次不仅取决于管理者的意愿，还与任务的特点、员工及管理人员的素质、社会文化及管理技术等有直接相关。例如，由于任务明确而稳定，管理天主教会这样一个庞大的组织，两千年来一直只有教皇、主教、神父、教徒四个层次，可以说是高度扁平化的。

（四）集权与分权

集权和分权对组织来讲都是必要、是缺一不可的，也是相对的。该由下级获得的权力而过分集中，那是上级擅权。反之，该由上级掌握的权力却没有掌握的则为失职。在一定时期、一定环境条件下，组织应制定最符合特定环境的集权和分权策略，能给企业带来诸多生机与活力。

1. 集权与分权的含义

集权是指决策权在组织系统中较高层次的集中程度。分权指的是决策权在组织系统中较低管理层次上的分散程度。集权和分权是一个相对的概念。绝对的集权意味着组织中的全部权力集中在一个主管手中,组织活动的所有决策均由主管作出,主管直接面对所有的实施执行者,没有任何中间管理人员,没有任何中层管理机构。这在现代社会经济组织中显然是不可能的。绝对的分权意味着全部权力分散在各个管理部门,甚至分散在各个执行者、操作者手中,没有任何集中的权力,因此主管的职位显然是多余的,统一的组织也不复存在。所以,在现实社会中的组织,可能是集权的成分多一点,也可能是分权的成分多一点。

2. 集权与分权的标志

衡量一个组织集权或分权的标准是看以下几个标志在组织的高、低层次中的体现:

(1) 决策的数量。组织中较低管理层次制定决策的数量越大,则分权程度越高;反之,上层决策数目越多,则集权程度越高。

(2) 决策的范围。组织中较低层次决策的范围越广,涉及的职能越多,则分权程度越高。

(3) 决策的重要性。决策的重要性可以从两个方面来衡量:一是决策的影响程度;二是决策涉及的费用。一般而言,涉及较高的费用支出和影响面较大的决策,宜实行集权;重要程度较低的决策可实行较大的分权。

(4) 决策的审核。组织中较低层次作出的决策,上级要求审核的程度越低,分权程度越高;如果作出的决策,上级要求审核的程度越高,分权程度越低。

3. 集权倾向存在的原因

集权与分权虽然同样必不可少,但组织中几乎普遍存在一种集权的倾向。主要原因与组织的历史和领导的个性有关,但有时也可能是为了追求行政上的效率。

(1) 组织的历史。如果组织是在自身较小规模的基础上逐渐发展起来,发展过程中亦无其他组织的加入,那么集权倾向可能更为明显。因为组织规模较小时,大部分决策都是由最高主管直接制定和组织实施的。决策权的使用可能成为习惯,一旦失去这些权力,主管便可能产生失去了对"自己的组织"的控制的感觉。因此,即使事业不断发展,规模不断扩大,最高主管或管理层仍然愿意保留着不应集中的大部分权力。

(2) 领导的个性。权力是赋予一定职位的管理人员的,是地位的象征。组织中个性较强和自信的领导者往往喜欢所辖部门完全按照自己的意志来运行,而集中控制权力则是保证个人意志绝对被服从的先决条件。当然,集中地使用权力,统一地使用和协调本部门的各种力量,创造比较明显的工作成绩,也是提高自己在组织中的地位、增加升迁机会的重要途径。

(3) 政策的统一与行政的效率。从积极方面来看,集权化倾向的普遍存在有时也是为了获得它的贡献。集权至少可以带来两方面的好处:一是可以保证组织总体政策的统一性;二是可以保证决策执行的速度。集中制定组织各单位必须执行的政策,可以使整个组织统一认识、统一行动、统一处理对内对外的各种问题,防止政出多门,互相矛盾;同时,集权体制下,决策的制定可能是一个缓慢的过程,但任何问题一经决策,便可借助高度集中的行政指挥体系,使多个层次"闻风而动",迅速组织实施。

4. 过分集权的弊端

一个组织,当它的规模还比较小的时候,高度集权可能是必需的,而且可以充分显示出其优越性。但随着组织规模的发展,如果将许多决策权过度地集中在较高的管理层次,则可能表现出种种弊端。主要表现如下：

（1）降低决策的质量。大规模组织的主管远离基层，基层发生的问题经过层层请示汇报后再作决策，则不仅影响决策的正确性，而且影响决策的及时性。高层主管了解的信息在传递过程中可能被扭曲，而根据被扭曲的信息制定的决策是很难保证其质量的；即使制定的决策正确，但由于信息多环节的传递需要耽误一定的时间，从而可能导致决策迟缓，等到正确方案实施时，问题可能已给组织造成了重大的危害，或者形势已经发生了变化，问题的性质已经转变，需要新的解决方法。

（2）降低组织的适应能力。处在动态环境中的组织必须根据环境中各种因素的变化不断进行调整。这种调整既可能是全局性的，也可能是而且往往是局部性的。过度集权的组织，可能使各个部门失去自我适应和调整的能力，从而削弱组织整体的适应能力。

（五）建立指挥链

所谓指挥链，是指从组织的最高决策层一直延伸到最低操作层的权力链条。指挥链的意义在于，从制度上明确规定每个工作者向谁报告工作，对谁负责，服从谁的指挥，以此保证组织的统一行动。

随着组织的发展，以专业管理为原则的职能部门日益重要，而职能部门除了管理本部门内的员工之外，对于其他部门的员工具有业务指导权。在一些强调专业技能的组织中，这种指导权能够上升为特定情况下的指挥权。因此，在复杂组织中，做到命令统一是不容易的。在什么情况下应该由谁指挥，就成为一个需要专门研究的问题。

（六）制定规章制度

规章制度是组织建立成文规定，具有明确性、规范性、强制性的特点。规章制度设计的意义，在于从管理规范化的角度，保证分工协作的有效运行。

之所以把规章制度作为组织设计的一项工作内容提出来，是因为把哪些内容纳入规章制度范围、使规章制度细化到什么程度，具有不同的处理方式。例如财务部门有权调配资金，但在什么情况下、通过什么程序、按照什么办法进行资金调配，可以规定得具体一些、严格一些，也可以相反，比较宽泛和具有弹性。不同的规章制度建设，会使组织出现不同的运行方式，从而影响分工协作的效率。因此进行组织设计，必须对此进行专门设计。

二、组织设计的原则

为了能设计出适合组织实际的高效的组织结构，组织结构设计应遵循一些原则。

（一）专业分工与协作原则

组织设计中管理层次的分工、部门的分工和职权的分工，以及各种分工之间的协调都是专业化分工与协作原则的具体体现。

一般地，分工越细，专业化水平越高，责任越明确，效率也越高，但却带来了机构增多、协作困难和协调工作量大等问题；分工太粗，机构减少，但专业化水平低。因此组织设计时，要根据需要和可能合理确定分工。

(二) 统一指挥原则

除了位于金字塔顶部的最高行政指挥外,组织中所有其他成员在工作中都会收到来自上级行政部门或负责人的命令,根据上级的指令开始或结束,进行或调整,修正或废止自己的工作。但是,一个下属如果同时接受两个上司的领导,而两位上司的指示并不总是保持一致的话,那么,他的工作就会混乱,并且无所适从。这种"多头领导"现象是组织设计中应注意避免的。"统一指挥"原则即是"命令统一",指的是组织中任何成员只接受一个上司的领导。图8-3表明了组织中各个职务之间的等级关系。

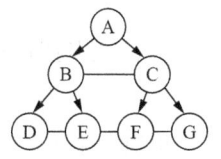

图8-3 组织中各个职务之间的等级关系

统一命令是组织工作的一条重要原则,甚至是一项基本原则。组织内部的分工越细、越深入,统一命令原则对保证组织目标实现的作用越重要。只有实行这条原则,才能防止政出多门,遇事相互扯皮、推诿,才能保证有效地统一和协调各方面的力量、各单位的活动。但是,这条重要的原则在组织实践中常遇到来自多方面的破坏。最常见的有两种情况。

(1) 在正常情况下,D 和 E 只接受 B 的领导,F 和 G 只服从 C 的命令,B 和 C 都不应闯入对方的领地。但是,如果 B 也向 F 下达指令,要求他在某时某刻去完成某项工作,而 F 也因其具有与自己的直接上司 C 相同层次的职务而服从这个命令,则出现了双头领导的现象。这种在理论上不应出现的现象,在实践中却常会遇到。

(2) 在正常情况下,A 只能对 B 和 C 直接下达命令,但有时出于"效率"和速度的考虑,为了纠正某个错误,或及时停止某项作业,A 不通过 B 或 C,而直接向 D、E 或 F、G 下达命令。而这些下属的下属对上司的命令,在通常情况下是会积极执行的。这种行为经常反复,也会出现双头或多头领导。越级指挥的现象给组织带来的危害是极大的,它不仅破坏了命令统一的原则,而且会引发越级请示的行为。长此下去,会造成中层管理人员在工作中的犹豫不决,增强他们的依赖性,诱使他们逃避工作,逃避责任,最后会导致中间管理层,乃至整个行政管理系统的瘫痪。

(三) 权责对等原则

组织中每个部门和职务都必须完成规定的工作,从事一定的活动都需要利用一定的人、财、物等资源,因此,为了保证"事事有人做""事事都能正确地做好",不仅要明确各个部门的任务和责任,而且在组织设计中,还要规定相应的取得和利用人力、物力、财力以及信息等工作条件的权力。没有明确的权力,或权力的应用范围小于工作的要求,则可能使责任无法履行,任务无法完成。当然,对等的权力也意味着赋予某个部门或岗位的权力不能超过其应负的职责。权力大于工作的要求,虽能保证任务的完成,但会导致不负责任地滥用,甚至会危及整个组织系统的运行。

(四) 均衡性原则

同一级机构、人员之间在工作量、职责、职权等方面应大致平衡,不宜偏多或偏少。苦乐不均、忙闲不等很容易影响工作效率和人员的积极性。

(五) 稳定性与灵活性相结合的原则

组织结构及其形式要求相对的稳定性,但又必须随组织内、外部条件的变化,根据长远目标做出相应的调整。任何组织都是一个开放的社会子系统,在其活动过程中,都与外部环境发生一定

第二节 组织结构设计

的相互联系和相互影响,并连续接受外来的"投入"而转变为"产出"。一般来说,组织要进行实现目标的有效的活动,就必须维持一种相对平衡的状态,组织越稳定则效率也就会越高。

三、影响组织设计的权变因素

组织设计是一个复杂的系统工程,不但要考虑组织的外部环境的影响,还要结合组织自身的资源特点和能力大小,并在组织的总体战略指导下进行,因此,在组织设计时就要综合考虑许多因素的影响。对其影响较大的因素主要有外部环境、组织战略、技术和规模、企业生命周期阶段这五个基本方面。

(一)外部环境对组织结构设计的影响

从系统论观点看,环境对组织的结构产生的影响实为系统中的关联作用,它对组织内部结构的作用可以反映在三个不同的层次上,这就是职务与部门设计层次、各部门关系层次、组织结构总体特征层次。例如,从外部环境对组织各部门关系设计的影响来看,在技术与市场相对稳定的环境中,企业管理的主要矛盾是提高生产率,扩大生产规模,因而形成了以生产管理为中心的管理结构体系;在多元化的市场竞争与开放化的环境中,以市场为导向的经营管理逐渐上升成为主要矛盾,在企业设置的各管理部门中,经营决策部门和市场营销部门必然成为协调或联系各部门的纽带,其作用变得突出;面对知识经济和新技术革命发展迅速的环境,企业的研发部门与市场管理和生产部门结合,成为主导企业发展的关键,这些部门之间的关系又会产生新的变化。从管理角度看,环境的稳定与否,对组织结构的要求也是不一样的。从外部环境对组织总体结构特征的影响来看,稳定环境中的组织管理,要求设计出"机械式"的组织管理结构,其中管理部门与人员的职责界限分明,工作内容和程序相对稳定,等级结构严密。多变的环境则要求组织结构灵活,采用"有机式"的组织管理结构,其中各部门的责权关系、工作内容和范围需要经常作出适应性调整,这时的组织等级关系不甚严密,组织设计中强调的是横向沟通和统一协调,而不是纵向的等级控制。

(二)组织战略对组织结构设计的影响

组织结构设计必须服从组织战略。它反映在组织设计是管理当局实现其目标的手段,所以组织的设计必须与目标相适应,结构应该服从战略。如果最高管理决策者对组织战略作出了重大调整,那么就需要修改结构以适应战略调整的需要。

有关战略与结构关系的重要研究,首推亚佛列德·钱德勒针对美国前100大公司所做的研究。他追踪这些公司过去50年来的发展历程,并选择像杜邦公司、通用汽车、新泽西州标准石油和西尔斯百货等著名大型公司的完整个案历史为对象,发现大部分的组织通常都是从单一产品或产品线开始,此时由于战略很单纯,因此往往搭配简单而松散的结构,并且决策呈现高度集中,复杂度和正式化程度也都很低。然而,随着组织的成长,其战略就会改变。例如,组织也许从单一产品线开始,然后随着业务扩张而转向垂直整合战略,致使组织单位间的相互依赖程度加重,而需要强化彼此的协调,此时就需要将组织结构重新设计成依照职能来运作。最后,如果公司业务发展走向多样化成长,则需要一种能有效率地分配资源、有专人负责绩效,以及有助于单位间协调的结构形式,此时,独立的事业部可能会是一种较为理想的选择。由此,钱德勒得到一个很重要的结论:"结构追随战略",也就是公司组织结构的改变是发生在战略改变之后。

若是以迈克尔·波特的战略分类架构(成本领导战略、差异化战略与集中战略)来看战略与结构的关系,则差异化战略的核心是依赖创新能力来维持其独特性,形成竞争优势,因此较适合采用具有高度弹性和适应性的"有机式组织"。相反地,采用成本领导战略的厂商则会透过稳定和效率,来提供低成本的产品与服务,因此,"机械式组织"是较佳的选择。使用集中战略的企业,会将组织结构依其所着重的焦点来安排。例如,若焦点放在顾客区隔上,则可能有部分的组织结构采用顾客部门化的方式;若焦点是放在产品上,则可能会以产品来作为部门化的基础。

（三）技术对组织结构设计的影响

任何一个组织都需要应用某种技术将投入转化为产出。企业技术设备的水平不仅影响组织活动的效果和效率,而且会作用于组织活动的内容划分、职务设置和对工作人员的素质要求。一般来说,技术主要包括技术复杂程度和稳定性两个内容。技术复杂程度越低,稳定性越高,越适合采用机械式、相对集权的组织结构;反之,则适合采用有机式、相对分权的组织结构。

20世纪60年代初,英国学者琼·伍德沃德(Joan Woodward)对英国100家小型企业进行了技术与组织结构关系的调查,结果表明:技术类型与相应的企业结构之间存在着明显的相关性;组织绩效与技术和结构之间的适应度密切相关,组织的生产技术和其结构间的"契合"程度与组织的效能具有高度关联。从技术复杂性看,其复杂程度的提高使得组织管理的纵向层次增加;从效能角度看,技术水平的提高使组织管理效率提高。事实表明,成功的组织都是那些根据技术的要求合理安排组织结构的组织。

琼·伍德沃德研究将公司的生产技术分成三类:第一类是单件生产(unit production),公司主要根据顾客的需求,一次只生产一件或少数几件产品,例如造船厂;第二类是大批量生产(mass production),公司运用组装线的方式来生产大批量的产品,特别着重效率的提升,例如电子厂;第三类是连续生产(proccss production),公司利用连续运转的生产设备来生产产品,例如,造纸厂、炼油厂或石化工厂。上述不同的生产技术适合不同的组织结构,有机式的组织结构适合单件与小批量生产,以及连续生产的类型,而机械式的组织结构则适合大批量生产。表8-1简要总结了生产技术类型与组织结构特征之间的相互关系。

表8-1 生产技术类型与组织结构特征间的相互关系

组织结构特征	生产技术类型		
	单件小批生产	大批大量生产	连续生产
管理层次数目	3	4	6
高层领导的管理幅度	4	7	10
基层领导的管理幅度	23	48	15
基本工人与辅助工人的比例	9:1	4:1	1:1
大学毕业的管理人员所占比例	低	中等	高

续　表

组织结构特征	生产技术类型		
	单件小批生产	大批大量生产	连续生产
经理人员与全体职工的比例	低	中等	高
技术人员的数量	高	低	高
规范化的程序	少	多	少
集权程度	低	高	低
口头沟通的数量	高	低	高
书面沟通的数量	低	高	低
整体结构类型	柔性的	刚性的	柔性的

信息处理技术的计算机化也同样改变着组织中的会计、文书、档案等部门的工作形式和性质。信息技术对组织结构的影响表现为：

（1）使组织结构呈现扁平化的趋势，企业运用信息技术向员工授权，而不是维持严格的等级制组织，使其组织结构的层级减少；

（2）对集权化和分权化可能带来双重影响，希望集权化的管理者能够运用先进技术去获得更多的信息和作出更多的决策，同时，管理者也能够向下属分散信息并且增强下属的参与性与自主性；

（3）加强或改善了组织内部各部门之间，以及各部门内工作人员之间的协调；

（4）要求给下属以较大的工作自主权；

（5）提高专业人员比率。

（四）组织规模对组织结构设计的影响

规模是影响组织结构的一个重要因素。例如，大型组织倾向于比小型组织具有更高程度的专业化分工和纵向及横向管理部门的职能分布，而且组织规则条例更多。这种人员规模对组织结构的影响并非线性，随着组织人员规模的扩大，规模对结构的影响强度逐渐减弱。例如，一个拥有2 000名员工的企业，再增加500名员工不会对它的结构产生多大的影响；相比之下，只有300名员工的企业，如果增加500名员工，就很可能从根本上改变组织的结构。

除人员规模外，组织的资产规模、经营规模、效益规模也是决定组织结构的重要管理因素。例如，仅适用于在国内某个区域市场上生产和销售产品的企业组织结构形态，不可能适用于在国际上从事经营活动的大型跨国公司的活动。资产、经营与效益规模不同的组织具有不同的组织结构。一般说来，规模较小的组织结构相对简单，其管理分工单一；规模较大的组织结构相对复杂，其管理分工呈现多元化特征。

（五）企业生命周期阶段对组织结构设计的影响

美国学者坎农认为，组织的发展过程要经历"创业""职能发展""分权""参谋激增"和"再集权"五个阶段，在不同的发展阶段，要求有与之相应的组织结构形式。

1. 创业阶段

这一阶段是企业的幼年时期，规模小，人心齐，关系简单，企业的决策是由一个或几个高层管理者作出的，企业能否生存发展，完全取决于高层管理者的素质和能力，企业组织结构相当不正规,对协调的需要很低,只存在着非正式的信息沟通。

2. 职能发展阶段

这一阶段是企业的青年时期,企业人员增多,组织不断扩大,决策量增多,创业者让位给能干的职业经理人,产生了建立在职能专业化基础上的组织机构,各项职能机构之间的协调问题越来越多,信息量增加,信息沟通变得越来越重要,也越来越困难。

3. 分权阶段

这一阶段是企业的中年时期,随着企业经营范围的扩大,由职能机构引起的问题增多,高层管理者将权限和责任委托给下属的产品、市场或地区经理,建立起以产品、市场或以地区为基础的事业部组织机构。高层管理者不再负责日常的管理事务,向下发布命令的次数减少了,控制的信息主要来自各事业部的报告,但是伴随着分权,往往又产生对事业部的失控问题。

4. 参谋激增阶段

这一阶段的企业建立了正式的规则和程序,为了加强对事业部的指导和控制,在企业总部与事业部之间建立超事业部或集团部,负责下属有关事业部的战略规划和投资回收,并在总部设立监督部门控制和检查各集团部的经营战略。这些正规的措施有利于增强各事业部之间的相互配合,但可能带来文牍主义,影响工作效率,阻挠创新,甚至导致企业走向衰败。

5. 再集权阶段

这一阶段的企业更加强调管理活动要有较大的自觉性,强调个人间的主动合作,引入社会控制和自我约束新观念,精简正式体系和规章制度,倡导协作和创新实践,成立小组和矩阵式组织结构,将企业的重要权力再收回到企业高层管理者手中,同时努力增强组织的适应性和创造性。

第三节 组织结构形式

组织设计的结果是组织结构。随着经济社会的发展,组织结构的形式也在不断丰富,出现了从传统组织类型向现代组织类型的转化。比较各种组织结构的特点,分析其联系与区别,把握其适用的条件,对于组织设计和组织运行具有重要意义。

一、传统组织结构形式

直线式、职能式、直线—职能式、事业部式、超事业部式是比较常见的传统组织结构形式,分别适应于不同的情况。

(一)直线式

直线式结构的特点是强调工作任务分解的层次性。在这种组织中,决策与执行的关系按垂直系统建立,不从专业化管理角度设立职能部门,决策完全由最高管理者独立承担,属于典型的集权式结构。如图8-4所示。

直线式结构的优点是由于高度集权,所以组织结构简单、职责清楚、机动灵活、反应灵敏、效率高。主要缺点,其一是由于高度集权,因而组织工作绩效对管理者个人的心理素质、能力、业务水平及精力、体力等的依赖性强,不利于发挥下属主动性和积极性,自主意识与创造意识比较差;其二是由于员工、部门只对上负责,相互之间缺乏横向沟通机制,合作意识比较差。

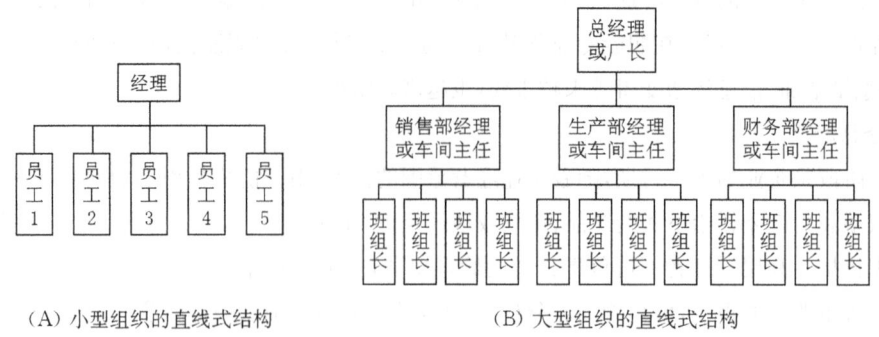

（A）小型组织的直线式结构　　　　（B）大型组织的直线式结构

图 8-4　直线式组织结构

直线式结构从适应性上看,一是比较适合规模小、层次少、业务单一而稳定、工作程序化程度高的组织,如家庭企业、家族企业、小型商店、连锁店等;二是比较适合必须集中指挥、反应迅速的组织,如军队、消防队、足球队等。另外,通过增加管理层次和管理幅度,直线式结构也可用于大型组织的管理。

（二）职能式

职能式结构是为克服直线式结构对直线管理者的过分依赖性而设计的,如图 8-5 所示。其特点是在直线式结构的纵向指挥系统之上增加一个横向的职能系统,分担管理者的部分管理职能,称为职能部门,形成一种既有垂直关系,又有水平关系,多重领导的复线式结构。属于典型的分权式结构。

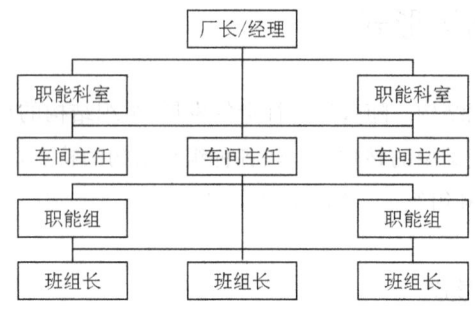

图 8-5　职能式组织结构

职能式结构的优点是管理专业化水平高,职能部门既有职,又有权,利于发挥职能部门专家的工作积极性。主要缺点,一是多头管理,政出多门。由于"上面千条线,下面一根针",常常令下属不知所从;二是职能部门由于权限交叉重叠,往往有利时争权夺利,有事时推诿扯皮。

职能式结构从适应性上看,比较适合业务复杂、管理负荷比较沉重的组织。这种结构在企业中不多见,但政府机构对社会及企业的管理体制与此相近。

（三）直线—职能式

直线—职能式结构是将直线式结构与职能式结构综合起来形成的一种结构。如图 8-6 所示。从形式上看,直线—职能式结构与职能式结构非常相似,只是切断了职能部门下达指令的渠道。但实质上这是将横向的决策系统和纵向的指挥系统分开,收回职能部门的对下的指挥权,将其变为纯粹的对上参谋机构,从而割除职能式结构的复线管理,恢复直线式结构的单线管理。

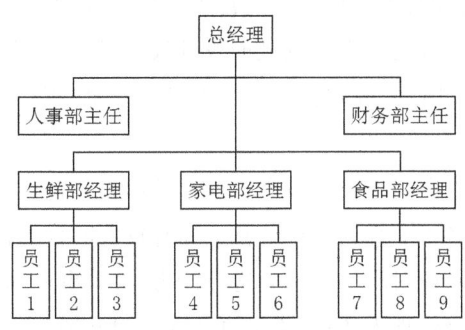

图 8-6 直线—职能式组织结构

直线—职能式结构的优点是相对完善:既有直线式结构权力集中的优点,又有职能式结构职能分担的优点,因此,直线—职能制是一种集权和分权相结合的组织结构,既能避免直线式结构最高管理者负荷过重的缺点,又能避免职能式结构多头管理的缺点。直线—职能式结构的缺点主要是管理机构庞大,用人较多,因而缺乏灵活性。

直线—职能式结构的特点决定了它更适用于业务比较复杂而稳定的大型组织。20 世纪五六十年代,许多大公司,如 IBM、GE、大众汽车、松下、皇家壳牌等都采用这种结构。目前,我国企业、事业单位也大多采用这种结构。

(四)事业部式

事业部制组织结构也称"M 型组织",首创于 20 世纪 20 年代美国通用汽车公司,由当时通用公司的总裁斯隆最先采用,因而又称为"斯隆模式",如图 8-7 所示。事业部结构的出现主要是为了适应超大规模企业集团和多元化经营的需要。因为,企业规模太大了以后,如果继续沿用官僚结构,必然出现命令链过长,指挥失灵的问题;企业多元化经营以后,也不可能找到一种适用于所有业务领域的组织结构。因此,当组织规模特别庞大,业务特别复杂时,为提高工作效率,常常

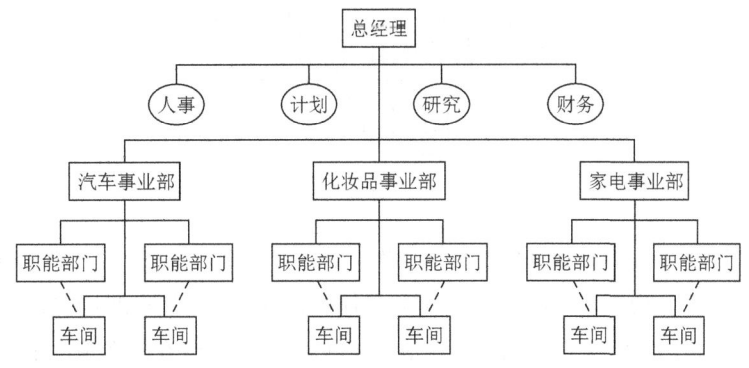

图 8-7 事业部式组织结构

第三节　组织结构形式

会组建总公司、企业集团之类超大型组织结构,下辖若干子公司或事业部之类二级或三级机构。部分管理职能保留在最高管理层,实行集权管理,称为总部,部分管理职能分解到基层,实行分权管理,称为事业部。其特点是:整个组织由若干相对独立的二级单位构成,每个二级单位在特定领域进行活动,负责该领域的事业发展,称为事业部,具有较大的自主权。以企业组织为例,企业中设立的每个事业部都拥有本领域内的经营决策权,负责生产经营活动的全面管理,是独立的利润核算单位;有的事业部还具有本领域的投资权,对投入产出的总体绩效负责。管理总部仅从战略管理高度发挥作用,协调和控制各事业部的活动,提供诸如法律和财务等方面的支持。

事业部组织的优点在于,有利于企业最高管理部门摆脱日常行政事务工作,集中精力做好有关企业大政方针的决策;各事业部在生产经营上拥有较大的自主权,有利于调动各事业部的积极性和主动性,从而增强企业对环境变化的适应能力;每个事业部独立经营、单独核算、自成系统,有利于培养和训练高级管理人才;便于各事业部之间开展竞争,促进企业发展;便于组织专业化生产。

事业部组织的缺点在于,由于各事业部独立经营、单独核算、自成体系,各事业部之间工作不易协调,容易造成业务活动重叠和资源重复配置,导致管理人员和管理费用也随之增加、效率降低;由于事业部的独立性强,容易产生不顾整体利益的本位主义和分散主义倾向;各事业部之间的差异性大,因此纵向指挥和横向协作都有较大的困难。

(五)超事业部式

超事业部式是直接在事业部式的基础上发展起来的,与事业部式的主要区别在于:在企业最高领导和各事业部之间增设一级"超事业部"或"事业总部",如图8-8所示。

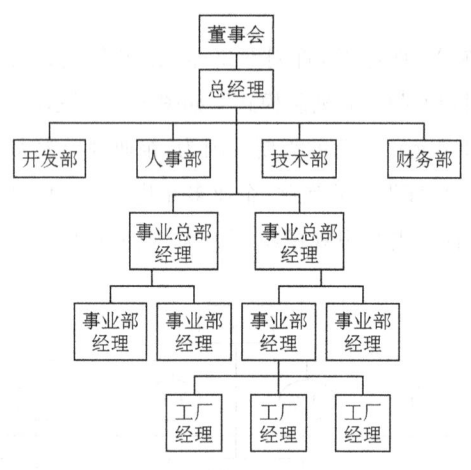

图8-8 超事业部式组织结构

增设"事业总部"的目的在于使集权和分权更好地结合起来,协调各事业部之间的活动,克服本位主义和分散主义倾向等缺点,以便有效地利用各事业部的技术力量和生产能力来开发制造新产品,增强企业的竞争能力,进一步减少企业最高领导的日常事务(在一般情况下,各事业部只向事业总部报告工作),从而加强最高层的领导。

二、现代组织结构形式

现代组织的特点是关注组织成员的横向沟通和工作自主,这是组织环境变化和内部协作发展的结果,其中,矩阵式、团队式、虚拟式、委员会式结构受到了普遍关注。

(一)矩阵式结构

上述传统组织结构形式的共同之处在于比较强调组织内部关系的规范化以及上级对下级的集中统一控制,因而也被称为官僚结构。传统组织结构形式的优点是关系明确、职责清楚;缺点则是比较僵化,缺乏灵活性,管理层臃肿。在变化缓慢的传统社会中,官僚结构是最完美的组织结构,但在变化迅速、竞争激烈的现代社会中,官僚结构的僵化和臃肿让企业无法容忍,而且这种僵化和臃肿官僚结构本身固有的缺陷。为克服官僚结构的缺点,更好地适应市场竞争,美国在20世纪50年代出现、六七十年代开始流行一种高度灵活的矩阵式结构,如图8-9所示。

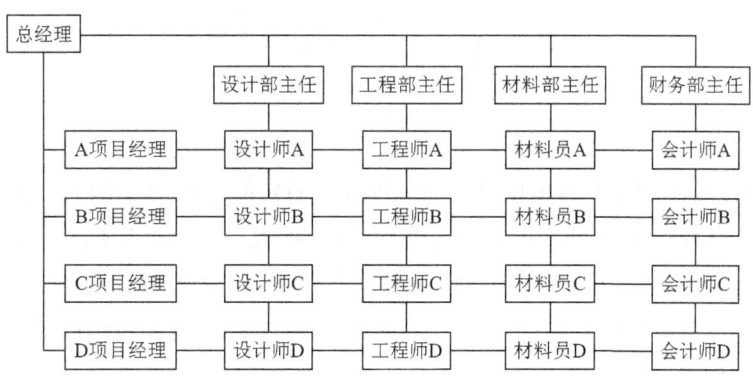

图 8-9 矩阵式组织结构

矩阵式结构的特点是有两条指挥系统或两条命令链,一是项目指挥系统,即是管"事"的系统,一是业务指挥系统,即是管"人"的系统,两套系统相互交叉,生成一个可聚可散的矩阵。如,建筑公司的业务不像银行、机关那样稳定,而是时轻时重、时忙时闲,常常会将人员分成两套,一套是业务专才,可以根据其业务专长划入相关职能部门(或业务部门),如工程师进入工程部、会计师进入会计部等;另一套是项目通才,根据能力与需要划入相关项目部门(或任务部门),如项目经理部A、项目经理部B等。首先,总经理给项目经理下达承揽工程的指令,项目经理承揽到工程后根据工程需要向总经理提出组建项目经理部的用人计划,然后,总经理根据核准后的用人计划,向业务主任下达人才调配指令,业务专家进入项目经理部,投入工作状态。直至工程完成,业务专家返回到业务部门,项目经理部解散。

矩阵式结构的优点,一是反应灵活。每个项目组都可以根据实际需要来灵活确定和调整人员的组成,完全是因事找人,杜绝了人浮于事、因人设事之类官场病。另一个优点就是在整个组织范围内实现业务部门专家的人力资源共享,避免了部门人才垄断和浪费。

矩阵式结构的缺点,一是结构比较复杂,特别是双重领导的机制使组织成员职责模糊,那些比较喜欢规范化的组织成员会感到不知尊重哪方面的领导更重要,并由此感到压力的增加,管理者的权威也因此而下降。另一个缺点是这种临时性结构难以形成归属感,因而工作群体的凝聚力比较弱。

矩阵式结构高度灵活的特点使它在当今竞争激烈、市场变化迅速的大背景下特别受欢迎,所以,许多大公司都利用矩阵式结构对组织进行了改造。我国科研领域中的课题组、生产领域中的项目经理制等均属典型的矩阵式结构。

(二)团队式结构

团队式组织结构就是管理人员让组织成员打破原有的部门界限组建团队,以团队作为协调组织活动的主要方式而构建的组织结构,如图8-10所示。

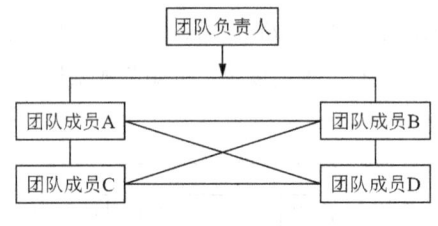

图 8-10 团队式组织结构图

团队是一种理想的任务执行单位,是为了完成某一特定的任务,从组织的不同领域中抽调一些具有不同的教育背景、技能和知识的人组成。团队中的成员分别从事不同但相互有关联的活动,每个成员可能是不同领域中的专家,他们的共同参与使工作中出现的问题能够快速得到解决,使工作中的沟通与协调更方便、迅速。因此,团队式这种组织结构方式,对外界的变化反应较快,完成工作的效率较高。

(三)虚拟式结构

虚拟式组织结构又称为网络型结构,是随着新技术的发展和企业低成本竞争的加剧而出现的一种新颖组织结构形式,如图8-11所示。虚拟组织是一种规模小,却可以发挥主要商业职能的核心组织。组织管理者的主要工作是创造关系网络。虚拟组织与许多独立的设计者、制造商、代理销售商保持联系,依靠他们以合同形式来执行相应的职能,也就是说,在网络组织中,各种职能大部分是从组织外"购买"来的。这给组织带来了高度的灵活性,使该组织集中精力做好它们最擅长的事。

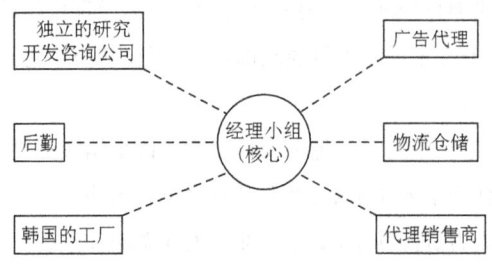

图 8-11 虚拟式组织结构

虚拟式结构的本质是利用优先获得的最佳资源的信息,依靠其他组织的生产、销售等能力,从而获得较大收益。为此,虚拟式结构需要借助于计算机的手段,获得大量的信息;需要与其他组织保持直接、经常的相互联系与交流,只有这样,才能使虚拟式结构组织得以运行。它的最大优点是运营成本低,运营效率高,适应能力和应变能力强。其主要缺点是外协单位的工作质量难以控制,创新产品的设计容易被他人窃取。虚拟式结构并不是适用于所有的企业,它比较适合于那些生产过程中需要大量廉价劳动力的组织,如服装生产企业。

(四)委员会式结构

委员会是组织结构中的一种特殊类型,它是执行某方面管理职能并以集体活动为主要特征的组织结构形式。实际中的委员会常与上述组织结构相结合,起决策、咨询、合作和协调作用,在现代社会的各种组织中,委员会组织形式有越来越被广泛采用的趋势,在组织中扮演着越来越重要的角色。图8-12是某大型银行设立的委员会。

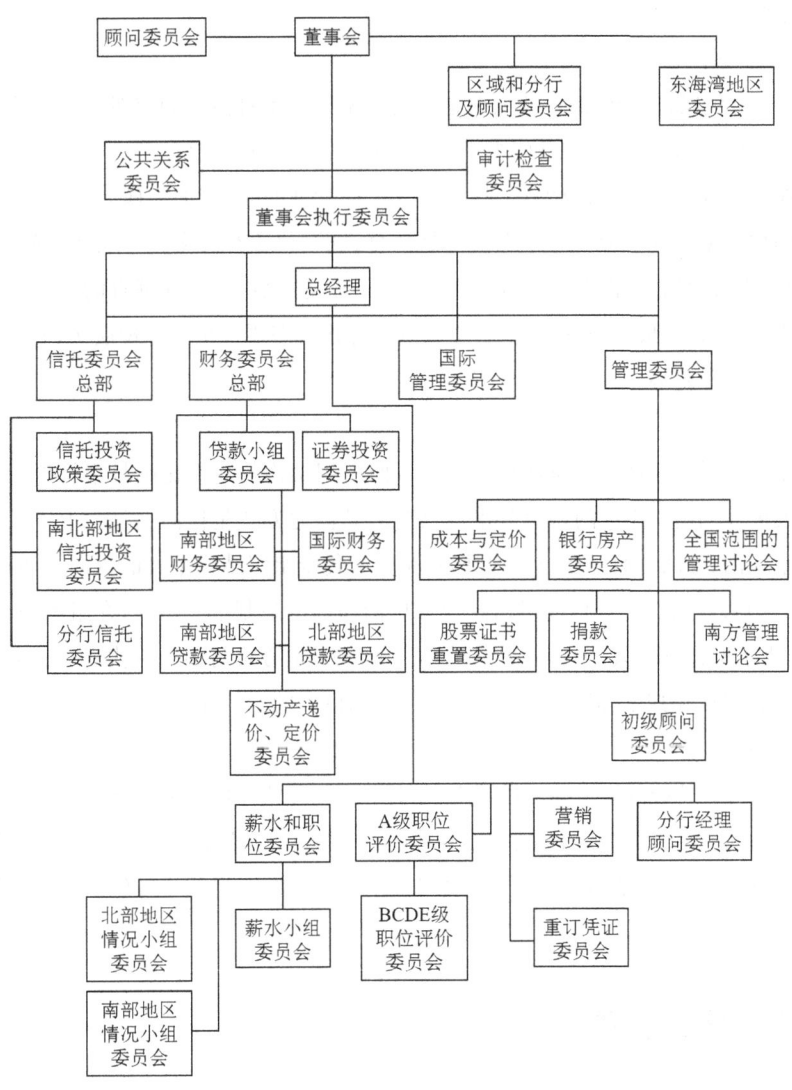

图8-12 委员会式组织结构

第三节 组织结构形式

委员会的形式和类型是多种多样的。它可以是直线式的,也可以是参谋式的;可以是组织结构的正式组成部分,也可以是非正式的;可以是永久性的,也可以是临时性的。在组织的各个管理层次都可以成立委员会。在公司的最高层,一般叫做董事会,负责行使判定重大决策的职权。在中、下层,也有各种类型不同的委员会,负责贯彻落实上级决策,切实保证任务的完成。

大多数委员会成员都是各重要部门的高级管理人员或其他关键岗位的工作人员,其次,委员会成员还来自各专门部门和特聘的专家等。

三、组织结构的变化趋势

组织结构是一个具体的历史范畴,不同的历史时期,不同的社会经济、文化环境产生不同的组织结构,而建立在高度技术基础上的高度社会化大生产,对组织结构的要求越来越高。当代组织结构变化的趋势主要表现在以下几个方面:

(一)外形扁平化

20世纪80年代以来,美国的一些大型企业组织率先开始对传统的层级制管理模式进行大胆的改革,减少管理层次,扩大管理幅度,组织结构呈现出扁平化的发展趋势。

所谓组织结构扁平化,是指减少管理的层次,扩大管理的幅度,加强横向联系,是组织机构由传统的锥型向扁平型发展。传统的组织结构是垂直式的,包含有许多管理层次,强调集权和纪律性,实行纵向管理,信息自下而上传递,决策自上而下输送。然而,这种垂直的锥式结构由于层次多而信息传递效率低,且极易失真,越来越不适应信息化的需要。减少管理层次,使组织结构扁平化便成为发展的必然趋势。

(二)网络化

扁平化是组织纵向管理的压缩,向横向扩展,而组织结构的网络化则是指管理向全方位的信息化沟通的发展。网络化组织的特点是平等、弹性,其沟通方式是横向、斜向、上下贯通。组织网络化出现在组织内、外两方面。在组织内部,就是突破传统组织结构垂直的纵向一体化特点,组织小型、自主和创新的经营单位,构成以信息全方位沟通的网络制组织形式;在组织外部,特别是企业组织外部,为了增强竞争力,企业组织以联合、并购或其他方式与相关机构建立企业集团或经济联合体,并以网络组织的形式密切连接在一起,创造出巨大的竞争优势。

(三)柔性化

柔性即灵活性。传统的组织结构强调集中和稳定,而现代环境的复杂性和多变性则要求组织具有灵活性和适应性。组织结构的柔性化,就是指增强组织对环境动态变化的适应能力,强调集权与分权的统一,稳定和变革的统一。临时团队、划小经营单位、更新设计组织结构等都是组织柔性化的典型表现形式。

第四节 组织变革

在现代社会,越来越多的组织面临着复杂、动态多变的环境,在这种情况下,管理者必须比以往任何时候都要更加关注变革和变革治理,使组织在变革中求得繁荣和发展。为此,管理者必须抓住组织变革的征兆,及时进行组织变革。

一、推动组织变革的原因

组织经过合理的设计并实施以后,并不是可以一成不变的,必须随着客观环境和内部条件的变化而不断地进行调整和改革,从而提高组织的效能。

推动组织变革的根本原因在于组织的外部因素和内部因素。外部因素的变化一般会引起组织大的变动,内部因素的变化一般引起企业内部组织结构的局部变动。

(一) 内部因素

组织目标、人员素质、技术水平、组织与个人价值观、权力结构系统、管理水平、管理方法、人际关系、产品方向、企业的生产与销售现状、员工的精神面貌等因素的变化,都会促使组织进行变革。

(二) 外部因素

1. 激烈竞争的影响

随着市场经济的发展,组织之间的竞争将愈加激烈,这对每一个组织都形成了一定的压力,为了适应竞争、力争取胜、增强活力,不得不对组织进行变革。

2. 科技进步的影响

当代科技发展日新月异,新产品、新工艺、新技术对组织形成了强大的冲击,组织如不适时地加以改革,就会落后于时代的发展,就可能被飞速发展的形势淘汰。

3. 宏观社会经济环境的影响

企业作为一个开放系统,时刻受着宏观社会经济环境的影响。国家每一次政治与经济政策的调整、计划的改变以及市场需求的变化等,都影响着企业的结构与机能的变化。例如,发展中国家进行经济体制改革,建立现代企业制度,企业的组织机构为了适应市场经济的发展需要,都做了相应的改革与调整:精简了领导班子,增大了管理幅度,减少了管理层次,增加了与市场有关的职能机构等等。

二、组织变革的征兆

组织变革又称为组织发展,指的是组织根据外部环境和内部情况的变化,及时地调整并完善自身的结构和功能,提高组织的生存与发展能力的过程或结果。一般来说,组织结构需要变革的征兆如下:

(一) 企业经营成绩的下降

组织出现诸如市场占有率下降,产品质量下降,消耗浪费严重,企业资金周转不灵等现象。

(二) 企业生产经营缺乏创新

组织面临诸如企业缺乏新的战略和适应性措施,缺乏新的产品和技术更新,没有新的管理办法或新的管理办法推行起来困难等问题。

（三）组织机构本身病症的显露

组织陷于诸如决策迟缓，指挥不足，信息交流不畅，机构臃肿，职责重叠，"扯皮"增多，人事纠纷增多，管理效率下降等困境。

（四）员工士气低落，不满情绪增加

组织遭遇诸如管理人员离职率增加，员工旷工率，病、事假率增加等尴尬。

当一个企业出现以上征兆时，应及时进行组织诊断，用以判定企业组织结构是否有实施变革的必要。

美国利特尔咨询公司提出一个公式：

$$C=(abd)>X$$

华为的组织变革

其中：C 指变革；a 指对现状的不满程度；b 指对变革后可能到达情况的概率；d 指现实的起步措施；X 指变革所花的代价。

此式说明，是否进行组织变革取决于需要变革的各种因素的乘积大于变革所花的代价，否则进行变革就没有经济价值。

三、组织变革的内容

平常我们所谈到的对组织的权力结构、组织规模、沟通渠道、角色设定、组织与其他组织之间的关系，以及对组织成员的观念、态度和行为，成员之间的合作精神等进行有目的的、系统的调整和改变等等都属于组织变革的内容。具体变革重点包括三个方面的内容：

（一）结构变革

组织结构变革是指通过改革组织结构来实现组织的变革。一般包括拆分或合并新的部门、改变职位及其权责范围、协调各部门之间的关系、管理幅度和管理层次、下放或收回部分自主权等等。

（二）任务和技术变革

技术变革是指组织对作业流程与工艺方法等方面的变革。主要包括对组织各部门、各层次工作任务进行重新组合，改革原有的工作流程，更新企业的生产设备，采用新工艺、新方法，进行技术革新挖潜，实行控制技术和生产进度等一套新的管理技术，从而提高生产效率和产品质量，实现组织变革的目的。

（三）人员与组织文化变革

结构变革与技术变革不会自动发生，相反，任何一个方面的变革都离不开人的改变和组织文化的变革。人员与组织文化变革是指员工和组织在哲学、理念、价值观、精神、伦理、道德和行为规范等方面的变革。主要包括知识的变革、态度的变革、个人行为的变革以至整个群体行为的变革。

四、组织变革的阻力

组织变革是一项改变现状的过程，而任何现状的改变或多或少都会遭遇到来自各个方面的抵

制和反对。常见的抵制和反对现象有：①生产量、销售量和经济效益持续下降。②消极怠工、办事拖拉、等待。③离职人数增加。④发生争吵与敌对行为，人事纠纷增多。⑤提出许多似是而非的反对变革的理由，等等。各种抵制与反对将形成变革阻力，导致组织变革推行艰难，甚至可能会失败。变革的阻力主要来源于组织成员个人、组织自身和社会各方面因素。

（一）来自组织成员个人的阻力

组织变革中存在的个人阻力主要来自利益上的影响和心理上的影响。

1. 职业技能的压力

一些组织成员不具有真正可用的技能，所以会为维持现状而斗争，抵制组织进行变革。

2. 既得利益者的阻碍

组织变革的阻力主要来自组织成员中既得利益者的恐惧感或者说其安全感的丧失。变革会威胁到他们为取得现状所作的投资，从而对变革产生消极甚至是公开的抵抗。组织成员大多只能看到变革在短期内的消极影响，不愿意以短期内的损失来换取长期的收益。

3. 变革风险的避险行为

当组织成员不清楚将要发生什么时，未知的情况让他们感到害怕，产生对未知的恐惧，很可能会抵制变革。由于担心变革可能带来的消极影响和前途未卜，从而对组织变革不轻易认可，对变革预期前景产生不安和疑虑心理，进而形成消极态度和抵触性行为，妨碍和制约组织变革的顺利进行。

4. 组织领导者的阻力

一方面，领导者担心已建立的权力系统受到威胁，另一方面，领导者缺乏创新意识及创新能力也会对组织变革带来阻碍。

5. 组织成员对原有组织架构的依赖

长期处于某种组织架构中的成员自然而然会产生对组织架构的依赖，从而产生对组织变革的抵制。变革对许多人来说都是一种困扰，几乎没有人喜欢改变，任何试图改变现状的行为都会遇到抵制。

6. 组织成员习惯性方面的阻力

除非环境发生显著的变化，组织成员通常总是按照自己的习惯对外部刺激做出反应。组织成员总是试图维持既定的社会关系，当变革发生的时候，原有的工作团体可能会被打破，原有的社会关系将被扰乱，导致成员对社会角色的更替产生抵触。当组织变革试图改变他们某种习惯的时候，就会给他们带来强烈的感情震荡，产生抵制态度。

（二）来自组织自身的阻力

组织变革中存在的组织阻力主要来自组织结构变动的影响与人际关系调控的影响。

1. 组织的惯性

组织成员会随着组织的发展趋于墨守成规、动作缓慢，而组织变革本身就是对既定模式和习惯的一种否定，因此容易受到组织惯性的抵制和阻挠。

2. 传统组织文化对组织变革的排斥性

传统组织文化注重稳定性、对称性、权力至上，是一种封闭性的体系，与外部环境隔离，组织内

第四节 组织变革

部职能分割,从而使得整体推动的组织变革非常困难。一般情况下,组织在局部变革较易成功,而全局变革则困难重重。

3. 组织结构的障碍

传统的等级制组织结构通过强调理性思维和决策的作用,解决了组织环境和组织成员人际关系的不确定性。变革难免会触犯组织某一层级的既得利益,因而会遭到这一层级的成员的抵制,此时就是组织的结构惯性在起维持旧结构反对变革的反作用。

4. 变革成本方面的阻力

组织变革成本投资,主要指所讲的变革时间、变革中造成的各种损失、所需的财政经费。如果变革的成本大于收效,必然会受到各方面的抵制。

（三）来自组织外部的阻力

来自组织外部的障碍主要是指来自社会各方面的抵制。社会的文化传统、风俗习惯、宗教信仰以及一些地区、部门、团体等形成的"利益"等等,都会给组织变革带来阻力。

五、组织变革阻力的消除

为了保证组织变革的顺利进行,就必须事先研究对策和采取相应的措施。排除改革阻力的主要措施有:

（一）加强教育与沟通

首先就是要加强宣传教育,进行充分的思想沟通,将组织变革的动机、方法、结果等如实、明确地公开给组织变革将波及的人员,让他们了解到真实的情况。特别是对变革的后果,应该尽可能提高透明度。无论近期的,还是远期的后果,无论好的,还是不好的后果,都应该让组织成员了解真相。越是怕产生误会而不敢讲清全部真相,遮遮掩掩、吞吞吐吐、欲说还休,就越容易让别人以为你有重大隐瞒,也就越容易引起别人的猜测和联想,最终谣言流行、真假莫辨,再好的方案也难免流产。

（二）提高参与度

克服组织变革阻力的办法之一就是提高相关人员的参与度。一则,如果制定方案时各方面利益都有了自己的代言人,就可以确保尽可能的公正与公平。二则,减少了神秘感也就减少了无端的猜测。三则,邀请相关人员参与到变革的具体活动当中,他们就会有更多的理解和辩护。

（三）谈判与妥协

组织变革的方案,特别是重大的、全局性变革方案,不能一厢情愿、仓促行事,必须广泛听取各方面的意见、建议,甚至谩骂、攻击,设身处地从多个角度考虑问题,通过反复的谈判、协商,求得一个支持者尽可能多、阻力尽可能少的方案,甚至必要时以策略性妥协换取更多的支持。

（四）把握好变革的力度

变革的力度要合适,要注意组织成员的实际承受能力和心理承受能力。能大步跃进、一步到位当然好,但如若"大跃进"导致进两步退一步,甚至进一步退两步,那就不如小步快走的渐进式变革效果更好。

（五）强制

万全之策是不可能的，对不同意见要进行具体分析。对确实合情合理又确实能做到的反对意见，可以适当妥协；对只合情不合理的不当要求或既不合情又不合理的无理取闹，必须要有强制措施。

【课后思考】

1. 组织工作的基本任务主要是什么？
2. 扁平式组织结构与高耸式组织结构相比只有优点吗？
3. 如何理解"结构追随战略"的含义？

【技能训练】

创业企业如何做好组织设计？

管理大师彼得·德鲁克认为，企业唯一目的就是创造顾客。海尔认为，互联网时代顾客不等于用户，顾客是消费者，先有产品后有顾客；而用户是能够与企业实时交互的群体，先有用户后有产品。进入互联网时代，海尔积极把握时代变革探索新模式，2005年9月正式提出"人单合一双赢"模式。"人"即即员工；"单"不是狭义的订单，而是用户资源。"双赢"，就是把每一个员工和用户结合到一起，让员工在为用户创造价值的同时实现自身价值。"人单合一双赢模式"使每个人都是自己的CEO，它把员工从传统的科层制中解放出来，组成一个一个直面市场和用户的小微企业。这些小微企业把全球资源都组合起来，接入全世界一流资源，将世界变成海尔的研发部和人力资源部，对产品不断迭代升级，自发现市场需求，自演进达到目标。

请你设计出一个适合小微企业的组织结构方案。

【自我检测】

一、单项选择题

1. 高耸式结构组织具有的优点有（　　）。

   A. 信息传递速度快　　　　　　　B. 每位主管能够对下属进行详尽的指导
   C. 有利于下属发挥主动性和首创精神　　D. 信息失真的可能性小

2. 某公司有员工64人，假设管理幅度为8，该公司的管理人员应为多少人？管理层次有（　　）。

   A. 10人4层　　　B. 9人3层　　　C. 9人4层　　　D. 8人3层

3. 某总经理把产品销售的责任委派给一位市场经营的副总经理，由其负责所有地区的经销办事处，但同时总经理又要求各地区经销办事处的经理们直接向总会计师汇报每天的销售数量，而总会计师也可以立即向各经销办事处经理们下指令。总经理的这种做法违反了（　　）。

   A. 权责对等原则　　　　　　　B. 命令统一原则
   C. 集权化原则　　　　　　　　D. 职务提高、职能分散原则

4. 下面四种情形中,最能体现集权的组织形式是( )。

A. 公司总经理电话通知销售部经理:把这批产品尽快发到上海嘉盛公司,我刚刚与他们联系好。

B. 面对激烈的竞争市场。总经理在高层管理会议上讲到:截至昨天,我全面审查了各部门上个月的工作情况。发现生产和销售都没能完成当月指标;而其他部门也出现各种各样的问题。现在,我命令每个部门必须严格按照公司规定的各项指标开展工作。凡是上个月没完成目标的部门,礼拜五必须拿出整改方案。

C. 陈经理是一个严肃认真的人,员工很难看到他露出笑容。一旦出现差错总会受到严厉的批评。因此,员工都感觉到公司的气氛非常紧张,有些员工甚至因此而退出了公司。

D. 总经理每天在上班开始之前,都微笑地在公司大门口迎接员工的到来;每逢员工过生日,他也总要亲自向员工本人道一声"生日快乐"。

5. 某家电企业内设立有彩电部、空调部、洗衣机部等部门,可以推测该企业的部门化方法是( )。

A. 职能部门化 B. 产品部门化 C. 顾客部门化 D. 设备部门化

6. 大规模组织采用高度集权设计的优越性表现在( )。

A. 改善决策质量 B. 提高适应性
C. 保证组织总政策统一 D. 激活基层员工

7. "专业分工与协作"这一组织设计原则强调的是( )。

A. 分工越细效率越高 B. 分工为重
C. 协调为重 D. 合理确定分工

8. 创业阶段的企业对( )的需要不高。

A. 协调 B. 口头沟通 C. 集权 D. 创业者个人素质

9. 虚拟式结构能给组织带来( )。

A. 高度灵活性 B. 规范的制度 C. 弱外部依赖性 D. 跨部门性

10. 组织变革的来自( )因素的抵制。

A. 组织成员个人一个方面 B. 组织自身一个方面
C. 社会相关方面 D. ABC 多方面

二、判断题

1. 产品部门化的优点是对地区环境的变化反应迅速灵敏,便于区域性协调。( )

2. 一般而言,涉及较高的费用支出和影响面较大的决策,宜实行集权;重要程度较低的决策可实行较大的分权。( )

3. 越级指挥能够提高决策效率,不会造成多头领导现象。( )

4. 环境是组织外部因素,通常不会影响组织内部结构的设计。( )

5. 组织变革会带来组织效能提高,因此,一般而言不会遇到阻力。( )

三、简答题

1. 组织结构的变化趋势体现在哪些方面?

2. 简述管理幅度和管理层次的关系。

3. 组织设计应考虑的影响因素有哪些?

4. 不同的组织结构形式有何差别?

5. 组织变革的内容一般有哪些?

四、案例分析

学生会的组织变革

在商学院的学生会选举中,李欣当选为新一任主席。当他踌躇满志、准备履职之时,遇到了头疼不已的问题。

李欣上任之前,学生会下设七个部门:①办公室——执行院团委的各项指示,规划学生工作计划,记录财务活动;②宣传部——负责各项重大活动及赛事的事前和事后宣传工作,定期编辑发表文章;③公关部——联络兄弟院校、与企业商谈赞助事宜;④体育部——组织参与各项体育赛事;⑤学术部——组织参与各项学术活动;⑥生活部——关注学生日常住宿、餐饮状况,促进学生交流;⑦实践部——为学生课余时间实践活动提供帮助和指导。

商学院近几年学生数量日趋庞大,学生事务日渐繁杂,而学生会机构设置一直是十年前的格局,使各部不断进行人员扩充,导致了严重的机构臃肿,一些部门在部长之外,竟拥有十余名副部长。部门过于庞大的现象,严重影响了学生会的工作效率。很多部门负责人反映,学生会存在部门之间分工不明、职责分散琐碎、人员众多难以管理等问题。

入学伊始就在学生会工作的李欣,十分清楚地看到了这一弊端,因此,他力图改变学生会的机构设置,解决组织问题。李欣深知,要实行机构改革,首先要得到团委领导的同意和学生会领导班子成员的支持。陈述了当前存在的种种问题之后,他的方案得到了院团委的批准。在之后的学生会常委会上,李欣又向各副主席和常委述说了自己的意图和实施计划。经过不懈努力,这一想法获得了大多数人的赞同,组织机构改革方案最终得以施行。

新的组织机构划分,在各部门职能和职责上作出了重大调整,具体内容体现在:

(1) 将宣传部拆分为宣传部和编辑部,后者负责原宣传部编辑发表相关文章的职责。

(2) 将体育部拆分为体育部与运动队,前者依旧负责组织各项体育赛事活动,后者则专门承担组织参与学校新生运动会及学校春季运动会的职责。

(3) 成立职业规划部,定期举办讲座,为学生提供就业指导和就业咨询,打造本科学生就业信息平台。

(4) 成立女生部,下设礼仪队,承担重大活动的礼仪工作,并将原属生活部的促进学生交往、组织联谊活动职能划归女生部。

(5) 成立监察部,负责统一协调各部门行动,以及日常监督及考评工作。

机构改革后,部门数由原有的7个增至12个,部门编制全部缩减,工作分工进一步细化,扩大了学生会的工作内容和范围。经过几个月的试行,大家普遍反映新的机构设置使各部门职责更为明确,减少了部门间冲突,同时减轻了每个部门的工作量,提高了工作效率。

但是也夹杂了不少反对的声音。一些人提出,新的机构部门增多,相应的主管常委及部长数量也增加,从而使学生会管理人员数量过多,形成了"冗官"现象,违反了精简的原则。同时更多的部门虽然意味着更为明确的分工,但也意味着更大的管理协调成本,这对学生会领导层的工作提出了全新的挑战。最后,新部门刚刚成立,无法像原有部门那样有效运转,难以承担自身的工作职责。

对于这些观点,李欣一一予以否定。在他看来,管理一个规模过大部门所付出的代价,要远远超过协调几个较小部门的成本。更多的部门也许带来更多的管理人员,但是这些中层管理人员的增加有利于学生会领导层意愿和方针的施行。

而且,他认为新部门不适应工作只是暂时现象,是任何一次组织结构改革都必然会经受的问题,从长远看来,细化的分工将有利于学生会组织的长远发展。

问题:

1. 什么因素导致学生会出现各种组织问题?
2. 你是否也认为学生会组织结构需要调整?
3. 李欣的组织结构调整方案涉及哪些内容的学生会组织变革?
4. 你有更好的建议吗?

第九章　人力资源管理

【趣味阅读】

软件业巨头微软公司是全世界年轻人都向往的少数大企业之一,并且已形成其独特的招聘方式:公司每个月会收到1.2万份简历,该工作无需人工介入,计算机会通过关键词的方式仔细搜索,然后将其录入数据库。有前景的简历会给应聘者赢得一次与面试官对话的机会,最后符合要求的应聘者才会获准前往位于华盛顿州雷蒙德的微软总部接受面试。正如微软公司网站缩写:"我们期待着具有独创性、开拓性的智者加入我们的队伍。我们的面试程序也是为网罗这样的人才专门设计的。"招聘人员提出所谓的"微软问题"题目总是让人头疼不已:①不使用称重装置如何测量喷气式飞机的质量?②钟表的指针每天要重叠多少次?③为什么下水道的出入孔是圆的而不是方的?④你打开宾馆的热水龙头,热水立即流出来,这是为什么?

【管理启示】

员工面试是用人单位甄选应聘者的重要手段,但是,采用什么方法、设计哪些问题必须与人力资源管理战略相一致。

【学习目标】

1. 要理解人力资源管理的概念。
2. 理解确定人力资源需求应考虑的因素。
3. 掌握员工招聘、培训和绩效管理方法在实际问题解决中的应用。

【教学要求】

知识要点	能力要求	相关内容
人力资源 管理概述	(1) 识记人力资源管理概念 (2) 了解人力资源的基本职能	(1) 决策的概念及特点 (2) 人力资源基本职能
人力资源规划	(1) 了解人力资源规划的含义 (2) 掌握人力资源需求应考虑的因素	(1) 人力资源规划 (2) 内部人力供给
工作分析	(1) 了解工作分析流程 (2) 掌握并应用常用的工作分析方法	(1) 工作分析流程 (2) 工作分析方法
员工招聘 与甄选	(1) 掌握员工招聘的渠道方法的优缺点 (2) 掌握各种员工面试方法	(1) 招聘渠道和方法 (2) 员工面试

续 表

知识要点	能力要求	相关内容
员工培训	(1) 了解员工培训工作程序 (2) 掌握并运用员工培训方法	(1) 培训的过程 (2) 培训方法
绩效管理	(1) 识记绩效管理过程的组成 (2) 掌握并运用绩效管理方法	(1) 绩效管理过程 (2) 绩效管理方法

第一节 人力资源管理概述

知识经济时代,人力资源的重要性日益突出,企业管理已经从强调对物的管理转向强调对人的管理。许多管理者已经认识到员工才是发展的关键。以通用总裁韦尔奇为例,他在 1991 年继任后的短短几年时间里使通用公司的市场价值从 60 亿美元剧增到 300 亿美元。谈及自己的经验,他认为最大的成功之处来自他所聘用和培养的人才。人力资源是进行社会化生产的最基本最重要的资源,与其他资源相比,人力资源具有其他物质资源无法替代的重要作用,它可以帮助企业组织获得核心竞争力,实现可持续的发展。

一、人力资源管理的定义

加里·德斯勒认为,人力资源管理是指为了完成管理工作中涉及人和人事方面任务的实践活动与策略。艾·诺伊认为,人力资源管理是指影响员工的行为、态度的各种政策、管理实践及制度。我们认为,人力资源管理是指一切对组织中的员工构成直接影响的管理决策及实践活动。

现代企业的人力资源管理与传统的人事管理有重要区别。传统人力资源管理包括行政管理和事务管理两个方面;现代人力资源管理不仅包含了原有的管理内容,最显著的一个变化是成为企业战略管理的一个重要部分。在今天和未来的企业中,人力资源管理将具有三个方面的作用,即行政管理、事务管理和战略管理,如表 9-1 所示。

表 9-1 人力资源管理的内容

项 目	行政管理	事务管理	战略管理
关注重点	行政管理过程和记录	事务性支持	企业战略性视角
主要工作内容	人事档案、文件处理 管理员工的福利 解释人力资源政策和程序 员工/工会活动	招募和选拔 培训 绩效管理 报酬 员工关系	制定人力资源战略 评估劳动力的需求、供给趋向 从事团队人力资源开发与培训 协助进行企业重组和战略决策 对合并和收购提出建议

二、人力资源管理的基本职能

(一)获取

人力资源管理工作的第一步是获取人力资源,它主要包括人力资源规划、招聘与录用。首先,人力资源管理部门必须根据组织任务与环境制定人力资源战略，进行工作分析，并制定与组织目标相适应的人力资源需求与供给计划，然后开展一系列的招募、选拔、录用与配置工作。

（二）保持

这主要指建立并维持有效的工作关系，包括：协调员工之间、个人与组织之间的关系；建立共同愿景；改善劳资关系，使员工得到公平对待；确保组织信息沟通流畅；改善工作的硬件环境，保障员工的安全与健康。

（三）开发

这是人力资源开发与管理的重要职能。人力资源开发是指对员工知识、技能等素质的培养与提高，以此增强员工的工作能力，使员工的潜能得到充分发挥，最终更好地实现个人价值并提高组织工作绩效。它主要包括组织与个人开发计划的制定、新员工的工作引导与业务培训、员工职业生涯规划、员工继续教育与员工的有效使用等。现实中许多企业在进行人力资源开发工作中，通常只注重员工培训与教育，而忽略了培训后的反馈，忽略了员工的有效使用。事实上，对员工的有效使用是一种更为直接且见效的人力资源开发方法，它能把员工的工作积极性和潜能充分发挥出来并转换为劳动生产率。

（四）报酬

这是人力资源管理工作的核心。它是指为员工对组织做出的贡献给予奖酬，并调动员工积极性的过程。它主要包括：制定公平合理的工资方案，提供福利与服务等。设置这项基本功能的目的在于增强员工的满意感，提高其劳动积极性与生产率，增加组织的绩效。

（五）调控

这是对员工实施合理、公平的动态管理的过程，包括对员工进行合理的绩效考核与素质考核；以评估结构为依据的晋升、调动、奖惩、解雇及离退活动。

人力资源就是各项职能相互作用、相互联系的一个体系。人力资源管理正是通过这些职能来协调和管理组织中"人"的资源，配合其他资源的使用来实现组织效率和公平的整体目标。

三、人力资源的战略作用

20世纪90年代以来，以美国为首的西方企业的人力资源管理职能发生了重大转变。许多人力资源管理者已经意识到他们需要从行政管理人员转变为组织的战略伙伴。大卫·乌里奇描述了未来人力资源管理者的主要职责：①将组织的战略陈述变为组织的行动。②将应对各种目标和需求——包括组织、客户和员工的需求。③将调整人力资源计划，以适应组织的行动。④将为组织未来的成功确定与改进能力。

在战略管理学界，以资源为基础的观点试图从企业的资源特性和战略要素的角度解释企业持久竞争优势的来源。该理论认为，一个企业的资源可以分为三类：人力资源、物力资源和组织资源，而竞争能力则是企业所有资源整合的结果。一个企业并不是所有的资源和能力都有潜力成为持久竞争优势的基础，只有当资源和能力是具有价值的、稀缺的、难以模仿和可实现时，这种潜力才可能变成竞争优势。人力资源是现代企业的核心资源之一，也可以从价值性、稀缺性、难以模仿和可实现等特性来分析其在获取企业竞争优势过程中的作用。

（一）人力资源的价值性

根据经济学的观点，一种资源要引起经济主体对它的需求欲望，就必须首先具有经济价值。人力资源作为企业的一项重要资本，应为企业带来价值的增值，具体体现在人力资源活动降低企业成本或增加企业效益等方面。例如对员工进行技术培训可以降低废品率、提高产品质量；企业通过与员工建立良好的合作关系，公平而公正地对待他们，可以增强员工的努力程度，从而导致企业取得更高的效率和更多的创新等。从管理学的角度，员工在知识、能力、技能、个性等方面各有所长，各有所短，员工的长处体现了人力资源的价值。企业要为员工长处的发挥创造条件，用人所长、避人所短。

企业应重视人力资源的开发与管理，注意人力资源活动的价值有效性分析，逐渐完善人力资源会计核算体系，从企业人力资源的吸纳、选拔、配置、使用、保持与流动的全过程增强人力资源活动的有效性，剔除其低效或无效部分。人力资源的价值分析是企业获得竞争优势的必要条件，也是人力资源管理的基础工作之一。

（二）人力资源的稀缺性

在激烈的市场竞争中，企业的人力资源活动仅仅有价值还不够，还必须具有稀缺性。所谓稀缺性，从经济学的意义上讲，即资源的相对有限性。人力资源的稀缺性，从性质上可区分为两种：一种是人力资源的显性稀缺，即一定时期内劳动力市场上具有某一特性的人才供给数量绝对不足，这种状况往往导致企业间为猎取稀缺人才互挖"墙角"，竞相争夺。另一种是人力资源的隐性稀缺，即由于人力资源某种特性往往呈非均质分布状态，其稀缺价值又难以用市场化标准来判断，且在很大程度上依赖于企业后天的培训与开发，企业在开发与管理人力资源方面的问题也会造成人力资源的稀缺。

在激烈的市场竞争中，显性稀缺的人力资源主要通过提高吸纳人力资源的初始价格和企业素质来缓解，而隐性稀缺的人力资源却与企业对人力资源的辨识、吸纳及开发能力有关。企业可以从别人认为均质的劳动力市场中识别与开发人力资源的稀缺特性，从而获得自身的竞争优势。

（三）人力资源的难以模仿性

企业人力资源的价值性和稀缺性在短期内能为企业提供竞争优势，如果竞争对手能够模仿这些特性，那么，一段时间后其竞争优势将难以保持。因此，企业人力资源活动必须开发和培养难以被竞争对手模仿的人力资源特性。我们认为，人力资源的不可模仿性主要基于人力资源形成过程的长时性，也就是我们说的"十年树木，百年树人"。此外，企业独特的发展历史、文化氛围是孕育人力资源的环境，也是造就人力资源难以模仿性的重要方面，它们为企业获取竞争优势提供了基础。例如，美国杜邦公司的竞争对手难以引进杜邦公司卓有成效的安全教育体系，是因为"在这个制造炸药起家的公司里，安全意识早已深深铭刻在每位员工的心里了"。我国海尔集团靠独特的文化氛围和有效的人力资源管理体系获得了竞争的有利地位。海尔总裁张瑞敏曾强调说："海尔集团的企业文化是一种珍贵的、稀有的、不完全可模仿的，并且可以创造价值能力，因此成为一种特殊的内部资源。"我们认为，任何的难以模仿性都是暂时的，难以模仿性的实质是领先于其他企业一步。

（四）人力资源的可实现性

只有发展和发挥员工以及与企业经营有关的所有人员的潜能，企业的人力资源才能转化为企业的持续的竞争优势。因此，人力资源管理工作不但要做好人才选拔、安置，更要增强培训功能，加强包括完善激励系统、组织文化和组织变革等内容的组织管理工作，尽可能地发展和发挥每一个人的作用，实现人力资源的整合。

知识经济时代，企业的竞争实际上是人才的竞争。企业的优势产品与服务比人力资源容易模仿和替代，只能在市场上占据一定时期的优势。企业的人力资源具有更大的能动性，在特殊的企业文化和教育培训下成为一种稀缺的、难以替代的持久性资源。在物质资源相同的情况下，拥有创造性和主动性的管理人员和全体员工，拥有完善的管理机制，实现人力资源的最大效益，才是企业独具竞争优势的关键。

第二节　人力资源规划

人力资源规划指企业随环境的变化，为实现企业的战略目标，根据现有的人力资源状况对企业未来的人力资源需求和供给进行预测，并据此制定出相应的人力资源供求计划，确保企业未来人力资源需求的一系列活动。当企业的战略方向和目标发生变化时，人力资源就要进行重新规划，审视企业面临的人力资源供需状况。

人力资源规划内容主要包括人力资源需求预测、人力资源供给预测和能力平衡三部分，规划的结果编制成人力资源规划的供需计划。人力资源规划中最重要的是人力资源需求预测与人力资源供给预测。在进行人力资源规划前，作为准备工作应了解企业内部的人力资源现状，对企业人力资源的结构进行分析，同时还要了解企业外部人力资源状况和企业外部的影响因素，如劳动力市场的有关情况。在人力资源规划完毕后，要执行计划并对计划的执行情况进行监督。计划制定出来但不执行是一种浪费，执行了但不进行监督也是一种浪费。只有通过执行并监督计划才能使整个规划过程完整。

一、人力资源需求

（一）人力资源需求的相关因素

在人力资源规划的准备阶段中，企业已采集充足的内部、外部信息，用于进行人力资源需求预测。利用这些信息进行需求预测要考虑市场的需求、员工流动和员工素质等因素。

(1) 市场的需求。即企业的销售情况。企业的目标是获利，所以顾客是企业考虑最多的因素。了解市场之后可以根据销售量计算生产量，推算出所需的员工数量。因此，销售量是需求预测的重要因素。

(2) 员工流动比率。预测的员工流动比率或经验的员工流动比率，如辞职、解雇等。这一比率可以从准备阶段中的有关信息中推算得到。

(3) 员工素质。员工素质与工作的要求是否匹配意味着外部招聘的可能。企业发生战略转变时,这一因素也尤为重要。

(二) 人力资源需求的预测方法

人力资源需求的预测主要运用的是统计学的方法如回归分析、趋势分析等。下面介绍几种常用的需求预测方法。

1. 趋势预测法

趋势预测法是一种基于过去统计资料的定量预测方法。一般是利用过去五年左右时间里的员工雇佣数据。趋势预测法的统计步骤是先用最小平方法求得趋势线,再将趋势线延长以进行预测。这种方法简单易行,但是由于它使用的是过去的数据,而未来的人力资源需求却不只受过去状况的影响,因此,趋势预测法只适用于初步预测。

2. 多元回归预测法

多元回归预测同样是一种建立在统计技术上的人力资源需求预测方法。与趋势预测法不同的是,它不只考虑时间或产量等单个因素,还要考虑其他多个影响因素。多元回归预测法不是单纯地依靠拟合方程、延长趋势线来进行预测,它更重视变量之间的因果关系。它运用事物之间的各种因果关系,根据多个自变量的变化来推测因变量的变化,而推测的有效性可通过一些指标来加以控制。

3. 工作负荷法

工作负荷法又叫比率分析法。它的考察对象是企业目标和完成目标所需人力资源数量间的关系,考虑的是每个人的工作负荷和企业目标间的比率。企业的目标一般是指生产量,或者销售量等容易量化的目标。每个人的工作负荷则是指某一特定的工作时间内每人的工作量。预测未来一段时间里企业要达到的目标,如要完成的产量,或销售量折算出工作量,再结合每个人的工作负荷就可以确定出企业未来所需的人员数量。

[例 9-1] 某工厂有一车间,其中有三类工作,要求预测未来两年所需的人力数量。根据有关资料计算所得的三类工作所需标准时间分别为:1(时/件),1.5(时/件),2.5(时/件),请根据表 9-2 的资料统计未来两年所需的人力数量。

表 9-2 三类工作的产量

	未来 1 年	未来 2 年
工作 1	10 000	11 000
工作 2	9 000	9 500
工作 3	8 000	8 000

计算:(1) 首先将产量折算为工作量如表 9-3 所示。

表 9-3 三类工作的工作量

	未来 1 年	未来 2 年
工作 1	10 000	11 000
工作 2	13 500	14 250
工作 3	20 000	20 000

(2) 据实际的工人平均工作负荷折算出所需人力。假设每位工人每年工作小时数为 1 500 小时,则可以知道未来两年内需要人力资源数量分别为 29 人与 30 人。

随着计算机技术的飞速发展,人力资源管理的信息化趋势越来越明显。运用计算机技术来完成人力资源需求预测从很大程度上是依仗了计算机的强大的处理能力,用计算机代替人来完成上述方法中的计算。一些企业已经在组织内部开发出了完善的人力资源信息系统,使用 IT 技术管理人力资源,将人力资源部门和直线部门所需的信息集中在一起,实现互联与共享,建立起综合的计算机预测系统。在这一系统中需要保存的信息包括生产单位产品的直接工时、当前产品系列的销售额计划。通过这两者可以初步确定直接生产人员的人数,再通过有关组织管理幅度的数据计算出相应的间接人员、管理人员的人数,从而确定企业内部人力资源需求。

二、人力资源供给

人力资源的供给有内部供给和外部供给两部分。

(一) 内部人力资源供给

大多数人都认为企业的人力资源供给应该来自外部,因此,一般提到招募,大家就都会想到找就业机构或向外发布招募广告。事实上,最常成为人力资源供应来源的是企业内部的现有员工。内部员工的晋升、调用都是一种典型的利用内部人力资源来满足人力需求的现象,企业中很多高层管理人员都还是从企业内部选拔出来的。内部人员供应对企业非常重要,因为它能使企业节约了搜寻成本、激励员工、内部员工能更快适应职位、企业对内部职员的了解更多。

企业可以采用工作公告、人事记录以及雇员技能库等工具来了解内部人力资源供应状况。

(1) 工作公告。工作公告将企业内部对人力资源的要求信息公布于众,如资格要求、身体要求、工作时间安排、工作环境及薪酬情况,以及一些特别的要求。企业在收到应聘者的申请时,实际上等于确定了内部人力资源供应范围。

(2) 人事记录。对于一些比较基层的职位,企业比较乐于使用人事记录来了解情况。主管对下层职位的人选总是有一些看法的,或者在心目中早有了候选人的名单,这时他会真正使用企业已有的人力资源资料来进一步考察。人事记录还有助于企业查看哪些人从事的工作低于其素质,哪些人具备进一步培训的潜力。这种人事记录从前是人工记录的,现在已经大量实现计算机化了。

(3) 员工技能库。在人事记录的基础上,对一些有特殊技能的员工还可以建立员工技能库,用以列举具有特殊技能的现有员工,企业可借助员工技能库来搜索所需的特殊人才。

(4) 人员替代法。人员替代法是利用人员调配图来预测组织内的人力资源供给。人员调配图的作用是记录每位内部员工的当前工作绩效与可提升程度的高低,企业通过考察人员调配图,可以知道组织内部哪些人可能成为某一职位候选人,这样可以对每一位内部候选人都进一步跟踪观察,以便企业选择人才。人员替代法假定每个工作职位均是空缺工作职位,而该职位下的每位员工都是职位的潜在供给者。员工绩效结果在人员替代法中作用很大,只有以准确的绩效成绩作为员工晋升与降职的依据,才能真正实现供需平衡。人员替代法的工作原理是:一位员工的绩效过低,就将其降职或辞退;而当员工绩效高时,就将获得提升。由于降职或晋升所造成的职位空缺,由下一级职位的工作人员来填补,如此类推,直到最基层的职位出现空缺,则从外部招聘以填补。人员调配图也可以由记载信息更详细的职位调配卡来代替,每一位工作人员填写一张职位调配卡,卡上标明可能的候选人以及他们的详细资料。

人员替代法只考虑了一个部门不同职位的人员之间的晋升与降职,没有考虑不同部门之间的人员调动的可能。人员替代法讨论的仅仅是部门中人员的纵向调动,没有考虑不同部门间人员的横向调动。为弥补这一缺点,人们把人员替代法进一步发展,提出了人员继承法。

(5) 人员继承法。人员继承法在本质上与人员替代法没有什么区别。人员继承法比人员替代法更灵活,可预测更长的时间。人员继承法与生活中关于财产继承相似,人们可以指定某人来继承自己的财产,不限于自己的直系亲属,人员替代法是直接从本部门中的下层职员中挑选,而人员继承法则不一定非从本部门或本单位中进行挑选。人员继承法的职位候选人范围扩大到了整个组织的各个部门,而且挑选的标准也不是其工作绩效,而是是否具备胜任该职位的能力或潜力。表9-4总结了人员替代法与人员继承法的要点比较,表9-5是人员继承表的一个实例。

表9-4 人员替代法与人员继承法的比较

比较因素	人员替代法	人员继承法
时　　间	0~12月	12~36月
拟晋升者	绩效最佳的候选人	最有潜力的候选人
计划的重点	发现本单位或本部门(直系)继承人	发现能胜任各种职位的人才
行动计划	非正式的报告	每个人均有各自的计划与目标
灵活性	受限制于人力资源规划,实际操作时灵活性较大	人力资源规划本身就比较灵活,更多考虑员工多方面发展
所必需的经验	每个管理者必须具备本职工作经验和人事管理经验	管理者们共同讨论后做出决策,个人不必具备各方面的经验
候选人的评估	观察候选人在现职工作一段时期的绩效	评估候选人各方面的工作能力

表9-5 人员继承表

职位名称:总经理				
姓　　名	晋升顺序	现　职	绩　　效	晋升潜力
王　丽	1	销售经理	高绩效	PN
李　瑜	2	生产经理	高绩效	PS
胡明琦	3	人事经理	高绩效	PL
朱国为	4	财务经理	低绩效	R

注:HP代表高绩效,LP代表低绩效,PN、PS、PL、R分别从高到低代表晋升潜力的等级。

(二) 外部人力资源供给

内部人力资源供给不足时,应该考虑外部供给的可能。外部人力资源供给的变动不受企业控制,企业也无法时刻跟踪记录外部劳动力市场的情况。但是,国家一般会对国内劳动力市场进行定期的统计,而且一般都存在其他的资料可供企业推测外部人力资源供给。企业可以通过考查总体经济状况、地方劳动力市场状况、职业市场状况等方面来大致预测供给状况。

三、人力资源的供求平衡

在分析了人力资源的供给和需求之后,企业需要在两者之间进行协调,使企业面临的人力资源供给能够满足企业的人力资源需求。人力资源供给与需求之间可能有四种较典型的情况存在:人力资源供给不足、人力资源供给过剩、供给与需求之间存在结构性失调、人力资源供需匹配。

人力资源供需相匹配是一种理想状态,在现实情况中很难达到的,而且即使存在也只是短期的,不可能存在长期的均衡。这是由企业所处的复杂环境决定的,各种变化因素使企业长期处于波动中,对人力资源的要求也会不断变化。但是,每个企业的变动趋势并不相同,因为处于不同生命周期的企业所选择的总体战略不同,不同竞争格局中的企业所面对的竞争压力也不同。这些都影响企业人力资源供需之间的关系,而且还会影响到企业平衡人力资源供需的决策。

企业所处的生命周期是影响人力资源供需平衡的一个重要因素。如果将企业想象成为一个有机体,那么处于生长期的企业正需要从外界吸收营养——资本、劳动力来壮大自己。此时,企业对人力资源的需求增长很快。企业进入成熟期时,对外界的需求开始稳定。而进入衰老期时,需求将开始下降。

人力资源供求平衡的过程中,可以先考虑最高等级职位的供需匹配问题,比如总经理,比较其需求量与供给量是否一致,如果发现有空职位,则可以向下一级的职位调任,比如副总经理。在做好最高职位的供需匹配之后,最高职位下一级职位(比如副总经理)的供需是否一致,如有职位空缺,可以向其下一级的职位调任。其他部门可以用同样的方法考虑,直到企业最低等级的职位,再考虑向外部招聘。

第三节 工作分析

工作分析是搜集与工作岗位有关的信息的过程,并以此来确定工作的任务和内容,以及哪些人(从知识、能力、技能和其他特征的角度)可以胜任。工作分析的内容主要包括:①岗位名称,用简洁准确的文字对岗位的工作任务作概括。②岗位工作任务分析,就是调查研究企业中各岗位的任务性质、内容、形式、执行任务的步骤、方法、使用的设备、器具等。③岗位职责分析,包括工作任务范围、岗位责任大小、重要程度分析等。④岗位关系分析,就是分析相关岗位之间有何种协作关系,协作内容是什么? 他受谁监督指挥,他又去监督指挥谁? 这个岗位上下左右关系如何? 岗位升降平调路线方向如何? ⑤工作环境分析。⑥岗位对员工的知识、技能、经验、体力等必备条件的分析。也可以七个 W 来理解工作分析,即用谁做(who)、做什么(what)、何时做(when)、在哪里做(where)、如何做(how)、为什么做(why)、为谁做(whom)。工作分析的结果就是形成工作需要的职位说明书。

一、工作分析的流程

工作分析是一项复杂而又细致的工作,其工作程序主要包括准备、调查、分析总结三个阶段六个步骤:①收集背景资料:包括机构或企业现有的背景资料,如业务项目、组织图、各部门职责等。②设计岗位调查方案,明确调查目的,调查对象和单位,确定调查项目,调查表格和填写说明,调查时间地点和方法。③进行思想动员,说明这项工作的意义和目的,建立友好合作关系,确保大家有良好的心理准备。④制定行动计划,根据工作分析的任务和程序,分解成若干工作单元和环节,以便逐项完成。⑤开展全面调查,根据调查方案,对岗位进行认真细致的调查研究。⑥分析总结定稿,对岗位调查结果进行深入分析和全面总结,形成岗位说明书。

二、工作分析的方法

工作分析的常用方法有:工作日记分析法、观察分析法、面谈分析法、问卷调查分析法等。

(一)工作日记法

工作日记法主要是由从事某一职务的员工按时间顺序详细记下在一定期间内所从事的各项工作活动或任务,以及所耗费的时间,定期汇总,然后加以分析。日记的形式大多并不确定,而是由工作人员自己填写,但有时采用固定格式,以节省填写者的时间。如航海日记、维修记录、特殊活动的记录等,往往可以归于此类。

工作日记法的优点是逐日或在任务后即时记录,可以避免遗漏,其详细度往往为他法所不及。缺点则为自行记录,无法保证某些工作活动不被过分强调或有意轻描淡写,从而影响以后职务分析的准确性。同时记录者的文字水平与表达能力也影响了日记法的应用。所以日记法多应用在工作内容较多样化或工作时空较多变化的工作上,并且在职务分析时常辅以他法,较少作为唯一主要的信息搜集技术。

(二)观察法

观察法就是直接观察工作人员的活动并且记录有关项目、时间、表现等资料的方法。观察法在动作分析中应用最广,在职务分析中常用在工作内容包括了许多可以具体观察的实际场合。如果非实际活动太多(例如设计师、律师、决策者等)则并不适用。同样地,如果重要的工作活动或任务的执行在时空上并无规律,则因观察的困难,此法亦不适合。

观察法通常与面谈法配合使用,即在观察全部过程后,再与工作人员面谈,以澄清疑点或补遗。因为工作活动中往往有许多细节并非由表面观察就能尽知的,也可能有许多是观察人员容易忽略的,从而影响观察结果的准确性。

(三)面谈法

面谈法即询问操作者、管理者、专家等人对工作的意见,是一种面对面的交谈。面谈法是一种应用最为广泛的职务分析方法。面谈程序可以标准化,亦可以非标准化。在面谈中员工就是自己工作的观察者,因此,他们可以报告许多不能经常观察到的以及周期长的工作活动和工作行为。另外,由于员工对自己的工作有最深入的了解,所以还可能报告职务分析专家无论从哪个方面也不可能得到的信息。

在采用面谈法时,有些人可能会有意无意地夸大工作的重要性,有时回答者的自身资料来源并不十分可靠。因此,面谈法要与观察法结合使用,并要参考其他相关人员的意见。

（四）问卷调查法

问卷调查法是借助于一种结构固定的问卷的形式对组织中的各种职务进行分析的方法。其基本过程是首先设计问卷,然后分发给调查对象,要求在一定的时间内填写,以获取有关的信息。

问卷调查法是一种应用十分普遍的职务分析方法。问卷所涉及的内容很多,并根据分析对象的不同而有所不同。以对企业经理的职务分析为例,其内容接近 200 个项目,包括对经理人员所担任的各项管理职务的工作内容、工作职责、工作要求、所受限制以及其他一系列特点等进行分析。应当注意的是,问卷的设计有一定的技巧,并且在实践中要考虑回收率问题。

三、工作说明书和任职要求

工作说明书是记录工作分析结果的文件,它把所分析该岗位的职责、权限、工作内容、任职资格等信息以文字形式记录下来,以便管理人员使用。

（一）工作说明书的撰写

对工作说明书的编写并没有统一的要求。一般而言,根据工作分析时所收集的信息（如前所述）,通常在编写工作说明书时会包括以下几方面的内容：

(1) 工作标识。用以区别其他工作的工作代码等,还包括有关报酬的信息。

(2) 工作描述。描述工作的总体性质和主要功能或活动。

(3) 工作关系。包括组织内部的上下级,组织外部的联系人等。

(4) 工作责任与任务。在安排工作责任与任务的先后顺序时除了要参考工作频率和完成时间,还要考虑该工作的重要性。应尽可能地将工作责任与任务详细罗列,至少是每一项工作主要的工作职责。

(5) 工作权限。界定工作承担者的权力范围,包括决策的权限,对其他人实施监督的权限,和经费使用的权限等。

(6) 工作条件和工作的物理环境。说明组织对员工在执行工作时所期望达到的标准。

在书写或者准备工作描述时,应注意描绘出足够的细节,以便读者能够明白要做什么,要提供何种产品或服务,应用什么工作标准,工作环境如何,工作特征如何（注意要将工作特征设计包含于其中,以便个人可以选择适合自己个性、兴趣和爱好的工作）。

（二）任职要求的撰写

任职要求可以与工作职位说明书同时编写,也可以单独制定。一般包括以下内容：

1. 知识

指工作人员为完成特定任务需要的相关信息或对该职业的了解。知识的获得一般通过结构化的培训和学习。

2. 技能

指工作人员在完成多项工作任务时所需的一系列可以观赏和测量的行为。尽管人们的技能可以通过培训获得,但通常以"工作经验代替"。

3. 能力

指工作人员在完成工作任务时所需的生理或思维的能力。尽管有些能力是可以后天培养的,但对能力的假设通常是先天性的。

4. 其他特征

指工作人员为了能够成功地适应工作条件所应具有的兴趣或脾气。它通常涉及工作执行者对待某些工作条件的动机和喜好程度。同时,它还包括以上三个方面之外所有的工作要求的其他方面内容,如从事某项工作必须的资格认证。相关的例子有:

对在夜间工作更有兴趣;

持有水上救生员证书。

工作说明书如表9-6所示。

表9-6　××有限公司岗位工作说明书示例

一、岗位标识信息	
岗位名称:　市场专管 岗位编码: 工资等级: 可轮换岗位:无	隶属部门:　市场部 直接上级:　市场部主管 直接下级:　无 分析日期:
二、岗位工作概述	
负责与客户信息沟通,维护和服务客户,处理客户反馈;负责开发市场,监控货款	
三、工作职责与任务	
(一)信息沟通 　1. 负责把客户要求传递到公司相关部门 　2. 负责与客户沟通双方在合作中出现的问题,寻找最佳解决方案 　3. 负责价格沟通 　4. 负责交货期沟通 　5. 负责工程问题、工艺技术问题及其他问题沟通 (二)维护和服务 　1. 访问客户,听取客户意见 　2. 向客户提供电路板加工技术服务 　3. 审查客户资料,提供报价、合同评审,签订合同,监控生产进度,制定发货计划 　4. 提供送货服务 　5. 订单交付能力评价 　6. 跟踪客户对电路板要求的变化,提供最及时的服务 　7. 客户满意度调查和评价 (三)处理客户反馈 　1. 负责客户反馈的内部传递 　2. 跟踪问题的解决过程 　3. 评价问题解决的满意程度 　4. 将问题的解决结果回复客户 　5. 客户反馈处理评价 (四)市场开发 　1. 收集不同领域对电路板需求信息 　2. 根据市场信息制定开发计划 　3. 执行被批准的或上级下达的开发计划,定期做出开发报告 　4. 了解电路板行业动态和竞争对手发展变化,不断改善销售策略,成为最具有竞争力的供应商 　5. 走访客户,展示公司形象和能力,拉近与客户距离	

续 表

（五）监控货款 　　1. 按规定开发票 　　2. 在规定的账期内收回货款 　　3. 对超账期货款，应采取有效措施催收，催收无效应升级处理 　　4. 要掌握客户的资信状况，防止出现呆账和死账 　　5. 对任何原因产生的超账期或呆账、死账都承担责任 （六）完成上级委派的其他任务

四、工作绩效标准
（一）信息沟通及时准确，失误率为零 （二）客户（包括公司内部）没有对所提供服务投诉 （三）客户反馈在2小时内传递到品质部，并对问题处理全过程有监控，没有客户再次投诉 （四）完成年度个人销售指标，没有人为因素造成客户丢失，并有新的客户或区域被开发 （五）没有呆账或死账发生

五、岗位工作关系
（一）所受监督：在业务指导和作业分配方面，接受市场部主管的监督，在客户货款期限问题上，接受财务部主管的监督 （二）所施监督：依客户要求向生产、质量、工程和采购部门发出指示 （三）合作关系：在检查、评价客户资料，反馈客户资料信息等方面，与公司生产制造系统相关部门与人员发生联系，在协助客户提货、送货等方面，与公司仓库保管部门与人员发生联系，在货款催缴问题方面，与财务部门发生联系，并接受他们的监督，在出具客户发票等方面，与本部门相应内勤岗位发生联系 （四）外部关系：主要与公司客户（含潜在客户）发生较为广泛的联系

六、岗位工作权限
（一）对客户标准交货期、重复订单的确认权 （二）对订单交货期改变的申请权 （三）依据客户要求对在线订单暂停的决定权 （四）对客户资信评价提请上级审议权

七、岗位工作时间
在公司制度规定时间内工作，在紧急情况下偶尔加班

八、岗位工作环境
在公司内工作，温度、湿度适宜，无噪音、无粉尘等污染，照明条件良好，但需经常外出接触客户

九、知识及教育水平要求
（一）印刷电路板制造过程的基本知识 （二）印刷电路板基本技术知识 （三）公司的生产能力、技术水平等基本情况 （四）一定的经济合同法知识

十、岗位技能要求
（一）熟练掌握计算机的基本操作技能，尤其是网络和收发电子邮件、Excel、Word等基本工具的使用 （二）熟练掌握PCB设计软件的使用 （三）熟悉产品成本构成情况，熟练报价 （四）熟悉销售合同的各项条款及签订方法 （五）具备一定英语资料的阅读能力 （六）较强的口头表达能力和沟通能力

十一、工作经验要求
大专以上学历，化工或电子相关专业，两年以上工作经验，具有个人驾照者更佳

十二、其他素质要求
任职者需具有健康的体魄，充沛的精力；诚实的个性；不怕吃苦，不抱怨的奉献精神；一般无特殊性别与年龄要求

第三节　工作分析

第四节 员工招聘与甄选

一、招聘及程序

人员招聘是寻找并吸引合适的、有潜力的、薪金合理的工作候选人来从事企业内部的工作。优秀的员工首先来自成功的招聘。鉴于目前市场上劳动力流动过大，员工离职现象严重，员工招聘工作就显得更加重要了。目前，许多公司在招聘员工时非常随意，缺少经过培训的有经验的招聘人员，其实，招聘和选拔人才是一项专业的工作，需要科学的理论和方法的指导。招聘一般按照图9-1的流程进行。

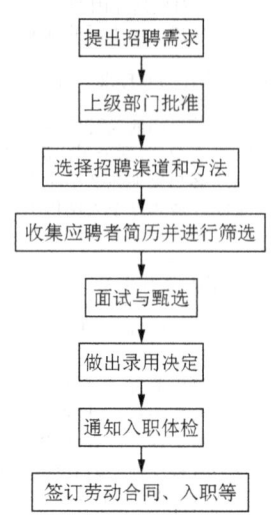

图9-1 招聘的基本流程

（一）识别招聘需求

招聘工作是从招聘需求的提出开始的。企业通常会根据定期的业务发展情况编制人员预算，招聘工作的开展会处于预算的控制之下。但在实际工作中对人员的需求可能会发生一些变化。

招聘需求可以是年度人员预算已估算到的，也可以是因业务量扩大致使现有人员不足。其他的情况包括因员工离职或调任出现突发的职位空缺；出现新的工作岗位，现有员工无法填补。如果对人员的需求是长久性的，人力资源部门就可以考虑开展招聘工作，但如果这些人员需求只是暂时的、与特定业务有关的，则需考虑其他更好的方法。

（二）上级部门批准招聘

用人部门的招聘需求要经过人力资源部经理和（或）主管部门的批准才可实施。特别是预算外的人员需求更要经过上级部门审批。审批的内容包括上述提到的对招聘需求的识别和对空缺职位性质和需求的了解以及招聘成本的控制等等。获得批准之后，招聘申请就会被发送到人力资源部门负责招聘的人员手里，这时人力资源部就可以正式开始招聘活动了。目前，有很多集团性公司子公司的总监及以上职位的招聘必须经过集团总部的审批才能招聘。

（三）选择招聘方法和渠道

招聘方法分为内部招聘和外部招聘。针对不同时期、不同的职位要求、不同的企业文化和领导主观偏好，企业会使用不同的招聘渠道和方法。例如，经过自己艰苦奋斗创业的高层管理者在选拔员工时，倾向于选拔勤奋进取的员工。对于招聘方法和渠道的选择要根据具体职位对应聘者的要求、各种方法在特定情况下的可行性以及不同方法的成本收益比等因素来进行分析取舍。

（四）收集并筛选应聘者简历

在确定好招聘渠道和方法之后，企业通常会获得比实际欲招人数多的应聘者，此时，招聘人员要做好应聘者简历和工作申请表的收集工作。企业的人力资源部门会根据求职者的工作申请表等个人资料进行筛选。求职者的申请表和个人简历为招聘人员了解他们的基本情况提供了背景信息,例如,是否有工作经验,是否具备良好的英语基础等等。这些信息能为接下来进一步选拔工作作好准备。

一般企业通过招聘录用的"金字塔"来确定招聘规模(图9-2)。该模型将整个招聘录用过程分为若干个阶段,以每个阶段通过的人数和参加人数的比例来确定招聘的规模。使用这一模型确定招聘规模,取决于两个因素:①企业招聘录用的阶段,阶段越多,规模相应就越大。②各个阶段通过的比例,每一阶段的比例越高,招聘的规模就越大。

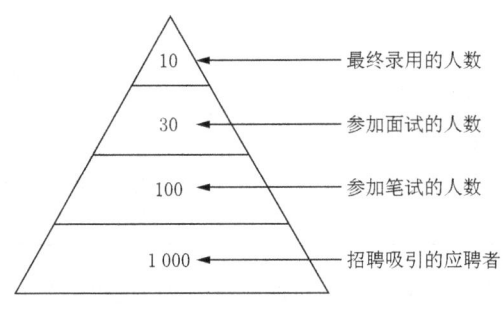

图9-2 招聘录用的"金字塔"模型

(五) 面试与甄选

收集好应聘者的资料后,负责招聘的人员就要通知应聘者面试,然后经过面试和测评等环节甄选出企业需要的人才资源。这一阶段可以分成几个步骤,首先,人力资源部对应聘者进行初步筛选,淘汰不合格的应聘者。其次,人力资源部和招聘需求部门的负责人进行第二次甄选,了解求职者的专业知识等信息,以对应聘者进行深入了解。最后,经过几轮面试和测评之后,最终决定录用名单。

企业可以在这一过程中灵活运用不同的面试和测评方法。例如,从成本出发,可先利用成本较低的笔试淘汰不合格者,再利用面试或情景测试等较高成本的方式来选拔剩下的应聘者。也可以根据职位需求,先对职位所需的专业技能进行测评,然后在专业技能符合要求的候选人中通过其他测评手段考察其核心能力,如沟通能力、逻辑推理能力等。企业根据自己的状况还可以优先选择操作方便的测评方式进行人员选拔。评价中心是一种综合的使用多种测评手段的测试方法,它能从多个维度对候选人进行准确的测评。后面我们将详细的介绍这种方法。此外,现在新兴的一些专业机构也可以帮助企业完成选拔工作。

确定了录用哪些应聘者之后,企业随后的工作是告知应聘者录用情况,与应聘者沟通劳资关系和体检入职等事宜。

二、招聘渠道和方法

企业的招聘渠道分为内部招聘和外部招聘,这两种方法各有优缺点,如表9-7所示。

表9-7 内外部招聘渠道的优缺点

渠道	优 势	劣 势
内部招聘	1. 有利于提高员工的士气和发展期望 2. 对组织工作的程序、企业文化、领导方式等比较熟悉，能够迅速展开工作 3. 对企业目标认同感强，辞职的可能性小。有利于个人和企业的长期发展 4. 风险小，对员工的工作绩效、能力和人品有基本了解，可靠性较高 5. 节约时间和费用	1. 容易引起同事间的过度竞争，发生内耗 2. 竞争失利者感到心理不平衡，难以安抚，容易降低士气 3. 新上任者面对的是"老人"，难以建立起领导声望 4. 容易使思想、观念因循守旧，思考范围狭窄，缺乏创新与活力
外部招聘	1. 为企业注入新鲜的"血液"，能够给企业带来活力 2. 避免企业内部相互竞争所造成的紧张气氛 3. 给企业内部人员以压力，激发他们的工作动力 4. 选择的范围比较广，可以招聘到优秀的人才	1. 对内部人员是一个打击，感到晋升无望，会影响工作热情 2. 外部人员对企业情况不了解，需要较长的时间来适应 3. 对外部人员不是很了解，不容易做出客观的评价，可靠性较差 4. 外部人员不一定认同企业的价值观和企业文化，会给企业的稳定造成影响

企业在选定内外部招聘之后，可以有针对性地选择合适的招聘方法。

（一）内部招聘方法

内部公开招聘是组织内通过公司邮件系统、公告栏或口头传达、人事档案记录与分析等方式让全体员工了解现有的职务空缺、需要人数及申请人资格限制等信息，鼓励员工积极应聘，争取更好的工作机会的方法。这种方法激发了员工的主动性，有利于组织内劳动力的有效利用，是内部招聘的主要方法。因此，企业必须注意在信息的公布、选拔的程序制定、申请人资格的限定以及选拔人员的挑选上要遵循公平、公正原则，保证内部招聘渠道的畅通。

现代大型企业集团都有自己的技能数据库以集合人力资源方面的所有信息。组织内员工的任何能测量的数据都应放进技能数据库，这个数据库详细而系统地记录了每个员工的个人资料，包括历史资料和个人技能等等。它将组织人力资源信息作了极大限度的量化处理，保证每一个具备资格的员工都能得到充分考虑，而且，出现突发性的人员短缺时，通过技能数据库企业能快速地在内部员工中挑选可能的任职者来填补空缺，节约了时间，提高了人力资源管理效率。

（二）外部招聘方法

1. 校园招聘

面向校园招聘正式或临时兼职人员是很流行的一种方式。每年都有数以万计的大学生迈出校门，走向社会。大学生的专业知识和工作热情都是企业所期待的。现在越来越多的企业通过这一途径招聘人才。除了定期到校园作宣传、开招聘会以外，许多企业还通过赞助校园文艺、学术等活动来扩大知名度，吸引优秀人才注意。

2. 猎头公司

猎头公司是近来发展起来为企业寻找高层管理人员服务的机构。他们一般从事两类业务，一是为企业搜寻特定的管理人才；二是为各类高级人才寻找工作。这些猎头公司作为企业和人才的中间桥梁,掌握着大量的信息,它们通晓各种企业、组织对特殊人才的需要,同时根据市场变动及时收集大量人才信息,拥有自己的人才数据库,并在这两类信息间寻求契合点,因此成功率一般都较高。但是,猎头公司的服务费用通常很高,一般为所推荐人才年薪的30%左右,甚至更高。而且,猎头公司不一定对公司有全面地了解,所以找到的人才不一定很好适应企业的需要。

3. 网络电子化招聘

随着互联网技术的进步和网络的普及,通过网络招聘已被许多公司采用。各类专业招聘网站如雨后春笋般不断涌现,比如前程无忧和智联招聘网等。这种方法的信息传播速度快而准确,影响的范围广,降低了大量广告宣传费用,大大地方便了招聘双方的交互式沟通。而且,大部分公司都通过自己的公司主页发布招聘信息,甚至在公司主页上构建自己的招聘系统。

除了以上介绍的几种方法,企业还可以通过人才交流会、劳动力服务中心、职业介绍所等就业媒体进行外部招聘。这类机构作为企业和求职者沟通的桥梁,扮演了双重角色,它们既是企业对外招聘的媒介,也为求职者提供了大量机会。

三、招聘面试与测评

(一) 面试

面试是招聘选拔的重要过程。通过面试,招聘双方都可以获得更全面和更真实的信息,以便组织做录用决策,同时,求职者也有机会进一步了解组织情况,决定是否加入组织。一个好的面试会为应聘者提供一个展现自我和领略未来工作情况的良好机会,从而对组织产生浓厚的兴趣。相反,缺乏质量的面试会造成招聘双方的损失。

在企业招聘面试实践中,经常用到的面试方法主要包括结构化面试和非结构化面试、行为面试和情境面试、一对一面试、集体面试和小组面试。①结构化面试是在面试前,主考官提前准备好各种问题和提问的顺序,严格按照这一事先设计好的程序对每一个应聘者进行相同内容的面试。这种面试必须包括一份招聘指南,作为促使面试顺利进行的指导方针,一份提前准备好的问题清单和一份完整的评估手册,用以能将面试中收集到的信息进行量化评估。由于这种面试结构完备,程序清晰,因此并不需要面试主考官有太高的技巧和专业知识。②非结构化面试是主考官和应聘者进行的一种开放式的、随意的谈话。它并没有固定的模式和事先准备好的问题,而是需要面试人员在对工作需要和组织现状有一定了解后,根据和应聘者的谈话内容即兴提问。③行为面试是通过要求应聘者描述其过去的某个工作或生活经历的具体情况/事例中所表现出的行为来了解其各方面素质特征的一种题型。这种面试通常按照"START"模式进行面试(表9-8)。④情景面谈中主考官的问题不是简单地通过文字表达出来,而是让应聘者处于模拟的场景中,通过观察他们的实际行为来考察其能力。这种方法具有很高的准确性,是现在许多外企都普遍使用的招聘新手段。⑤一对一面试是指由一位面试官对一位应聘者单独进行面试。⑥集体面试时多个应聘者同时参与面试环节。⑦小组面谈是指由多个面试官同时对一个应聘者进行面谈。

表9-8 START面试模式

情境(situation)	1. 这件事情在什么情况下发生的 2. 这件事情发生的背景是什么 3. 这件事情发生在什么时间 4. 这件事情发生的地点在哪里 5. 都有谁参与了这件事情
目标(task/target)	1. 你的角色和任务是什么 2. 为什么会让你做这件事情呢 3. 你在这件事情中发挥了哪些作用
行动(action)	1. 你是如何完成任务的 2. 完成任务的过程中,你遇到了哪些棘手的问题 3. 你是如何解决的 4. 你采取了什么手段让顾客相信你可以帮助他
结果(result)	1. 通过这件事情,你得到了哪些对你有帮助的体会 2. 如果让你重新面对这种情况,你会有哪些跟原来不同的做法

（二）测评

测评是通过履历分析、笔试、心理测验、面试、操作技术、情景模拟等方法,对各类人员的知识技能、工作能力、人格特质等方面进行测量和评估的人力资源管理活动。对测评中经常涉及人格测评和评价中心,其中人格测评包括大五人格测评、16PF测评和MBTI测评,评价中心测评技术主要包括无领导小组讨论、公文筐处理和角色扮演。下面将介绍评价中心测评技术：

1. 无领导小组讨论

无领导小组讨论是指将一定数量的被评人(5～7人)集中起来,让他们就给定的问题进行一定时间长度的讨论。讨论中各个成员处于平等的地位,并不指定小组的领导者。评委根据被评人左右局势的能力和发言的内容,对被评人进行评价。这种方法最先用于德国,二战期间用于军官的选择。战后被企业所采用。据统计,在世界500强企业中,有80%以上的企业在高级人才的招聘和职务晋升中使用这种方法。被认为是招聘和选拔管理人才的比较有效的方法,尤其适用于评价分析问题、解决问题以及决策等具体的领导素质测评。

2. 公文筐处理

公文筐处理是一种情境模拟测验,在测验过程中让被测者在限定时间(通常为1～3小时)内处理事务、记录、函电、报告、声明、请示及有关文件或材料,在只给出背景介绍、日历、没有旁人协助的情况下回复函电,做出决定,拟写批复。是对实际工作中管理岗位任职者掌握和分析资料、处理各种信息,以及做出决策的工作活动的一种抽象和集中。将要处理的材料通常是放在公文筐中的,并因此而得名。该方法是一种有效测评中、高级管理者素质的技术,是评价候选人能否胜任特定管理岗位的常用情境模拟技术之一。

3. 角色扮演

角色扮演是一种常用的评价中心测评技术,是情景模拟中的一种方法。它与公文筐、无领导小组讨论等构成了评价中心技术,有着标准化测验和结构化面谈所不可替代的作用,并日益广泛地应用于人才选拔等人力资源管理模块中。该方法要求被评价者扮演某一角色并进入角色情景,去处理各种问题和矛盾。评价者对被评价者在不同角色情景中表现出来的行为进行观察和记录，实现对其素质和潜能的测评。在整个过程中，问题设计者会根据角色在工作中可能会遇到的实际问题给被评价者出一些挑战性的问题，借此考查被评价者的表现，从而对被评价者作出判断。

第五节　员工培训

培训是给新员工或现有员工传授完成本职工作所必需的基本技能的过程。随着人力资源日益得到重视，培训作为开发与发展人力的基本手段，已突破原本的纯教育意义，而成为现代企业管理的重要手段和企业竞争力的重要组成部分。培训是指通过发展雇员的知识、技巧、行为或态度，以有助于达到组织目标的系统化过程，它也被称为人力资源开发。

一、培训过程

（一）培训需求分析

培训需求分析是指在规划与设计每项培训活动之前，由培训部门、主管人员、工作人员等采取各种方法和技术，对组织及其成员的目标、知识、技能等方面进行系统的鉴别与分析，以确定培训的必要性及培训内容。培训需求分析是确定培训目标、设计培训规划的前提，也是进行培训评估的基础，因而它是搞好培训工作的关键。培训的需求分析一般来说应从组织分析、任务分析、人员分析三方面入手。①组织分析主要是通过对组织的目标、资源、特质、环境等因素的分析，准确地找出组织存在的问题与问题产生的根源，以确定培训是否是解决这类问题的最有效的方法，包括对组织目标的检查、组织资源的评估、组织特质的分析以及环境的影响等方面。②任务分析在于了解与绩效问题有关的工作的详细内容、标准和达成工作所应具备的知识、技能和能力。任务分析的结果也是设计和编制相关培训课程的重要依据。③人员分析主要是通过分析员工个体现有状况与应有状况之间的差距，来确定谁需要和应该接受培训以及培训的内容。人员分析的重点是评价员工实际工作绩效以及工作能力，明确员工的实际工作能力是否能够满足组织的期望，有没有改进的空间。通过组织、任务、人员分析，就可系统的对企业的培训需求作出预测。

培训流程如图9-3所示。

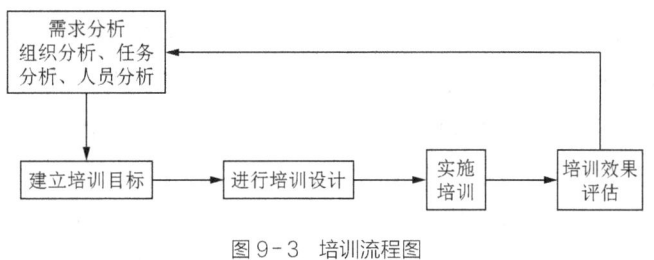

图9-3　培训流程图

（二）制定培训目标

目标设置主要是建立具体的、可度量的培训目标。有了目标，才能确定下一步具体的培训计划项目,并且在培训结束后根据目标进行培训效果评估。培训目标包含两部分,一部分是整个培训项目的总目标,比如通过某次培训达成提高客服意识、提高工作效率;另一部分是,为了完成整个培训的总体目标,可能会设置多门课程,比如服务管理、沟通技能,因此,就有了每个培训科目的子目标,比如沟通培训目标包括,提高沟通技能、提高沟通效果等。

（三）培训设计

培训设计是培训总体目标的具体化与操作化。有效的培训设计包括课程描述、培训目标、课程时间安排表和详细的课程计划。制定有效的培训项目必须兼顾许多具体的情景因素,如行业类型、企业规模、用户要求、技术发展水平与趋势、员工现有水平、国家法规、企业宗旨与政策等,而关键的因素是企业领导的管理价值观与对培训重要性的认识。

课程描述指有关培训项目的总体信息,包括课程名称、目标学员、目的陈述、课程目标、地点、时间、预先准备的培训设备以及培训教师名单等(表9-9)。课程描述建立在培训需求评估的基础上。

表9-9 课程描述

```
课程名称:开展有效的绩效反馈面谈
参加学员:各部门管理人员
学习目的:让管理人员能直接与下属开展有效的绩效反馈面谈
学习目标:管理人员能够利用问题解决方法进行绩效反馈面谈
培训时间:1天
参训人数:20～25人
培训地点:××会议室
基础条件:无要求
培训教师:×××
```

详细的课程计划是培训者用来传递有关培训活动的内容和顺序的指南。课程计划包括培训期间将要进行的各项活动的先后次序及管理细节,它提供了培训活动的一览表。课程计划有助于保持培训活动的连贯性,而不论培训教师是否发生变化。课程计划还有助于确保培训教师和受训者了解课程和项目目标。大多数培训部都有拟好的书面课程计划,被存入笔记本或输入电子数据库。由于课堂计划可以以文件形式分发,因此受训者和培训部门的客户可以共同分享有关信息(例如,由管理者支付培训费用),以便了解计划和目标的详细信息。

（四）实施培训

在确定了培训需求,建立了培训目标并最终完成培训项目设计后,就可以实际开展培训了。从培训的定位来看,培训主要分成在职培训与脱产培训两大类。①在职培训是让员工通过实际操作来学会做工作,通常是安排一位有经验的员工或主管人员直接指导新员工或向旧员工传授一项新的工作。受训者通过观察有经验的员工或培训者来学习某项工作,或通过实际操作来获得技能。这要求有经验的员工或培训者提供一个角色模型,并从原来常规的工作中脱离出来,为受训者提供教育和指导。在职培训的方式很灵活,包括了职位轮换、讲座法、学徒制等。离开工作和工作现场,由企业内外的专家和教师,对企业内各类人员进行集中教育培训。②脱产培训需要员工暂时地离开工作岗位,肯定给工作的连续性造成一定的影响。而在职培训则不同,在职培训将培训和工作紧密结合起来,融培训于工作之中,使培训和工作之间产生互动,使员工从工作中获得培训,从培训中获得更多的工作机会,从而获得更有价值和实际意义的提升。

（五）培训效果评估

在受训者完成其培训计划（或在预计培训间歇期）后，应对该培训计划进行评价。此阶段的工作实际上有两个重点，一是回答各种培训计划是否具有成效，二是回答各种培训是否达到预期的目标。通常采用四种标准对培训结束后的培训效果进行评估，回答上述两个重点问题。

（1）反映标准。用于对表面效果的测评，询问那些参加培训者对此次教育培训的印象。

（2）学习标准。通常通过各种试卷或考试方式，直接测量受训者所学到或掌握的知识量。

（3）行为标准。对受训者工作行为、工作能力和工作态度进行考核，分析判断教育培训前后的变化程度。

（4）结果标准。直接对接受教育培训之后的职工工作成绩，以及所在工作部门、科室的集体工作成绩进行测量、分析和判断，确定培训的效果。

二、培训方法

（一）讲座法

讲座法指培训者用语言表达他（她）想传授给受训者的内容。这种学习的沟通主要是单向的——从培训者到听众。讲座法成本最低，最节省时间，并按一定组织形式有效传递大量信息。讲座的形式之所以有用，也是因为它可向大批受训者提供培训。同时，讲座法还可作为其他培训方法（如行为模拟和技术培训）的辅助手段。例如，讲座可用于在培训前向受训者传递有关培训目的、概念模型或关键行为的信息，以便更符合他们的特定需要。

讲座法也有其不足之处。它缺少受训者的参与、反馈及与工作实际环境的密切联系——这些会阻碍学习和培训成果的转化。讲座法不大会吸引受训者注意，因为它强调的是信息的聆听，而且讲座法很难迅速有效地把握学习者的理解程度。为克服这些问题，讲座法常常会附加问答、讨论和案例研究。这些方法使培训者能在讲座中为学员提供更多的参与机会、与工作有关的案例和实践练习，从而有利于学习和培训成果的转化。

（二）学徒制

学徒制是一种既有在职培训又有课堂培训并且兼顾工作与学习的培训方法。师父是指企业中年长的、有经验的员工，他将企业中一位较年轻的员工当作学徒，通过这种师徒关系来帮助他获得工作上的提高。大部分学徒制的培训项目被用于技能行业，如管道维修业、木工行、电工行业。师父通常由员工的直接领导以外的其他人来担任。

这种培训方法的一个主要优点在于它是一种很有效的学习经历，而且让学徒在学习的同时获得收入，缺点是无法保证培训结束后还能有职务空缺。另外，学徒计划只对受训者进行某一技艺或某项工作的培训，由于工作性质的变化（新技术和跨职能部门团队运作的结果），许多雇主不愿意雇用这类学徒，他们认为由于学徒只在一项工作中或在一家公司内接受了范围狭窄的培训，也许只具备特定公司所需的技能，不可能获得新技能，或其技能不可能适应工作环境的变化。

学徒制培训计划在德国和丹麦这样的国家是教育的一个重要组成部分，学徒体系与教育和培训体系的关系非常密切。在德国，学徒体系被作为一种模式，向年轻人提供职业所需的技能和学历证明。这个体系基于这样一种观点,即那些没有上大学的学生应该有机会学习从事一种职业所需的知识与技能。德国的学徒体系确定了 300 多种职业,有 2/3 的高中毕业生参加学徒计划,每种职业都有自己的一套标准和课程安排。政府、企业、劳动者和教育部门参与管理和实施学徒制体系的各个阶段的活动。

（三）案例研究

案例研究要求受训者分析评价他们所采取的行动,指出正确的行为,并提出其他可能的处理方式。案例研究方法的一个基本假设是,员工能够通过对这些过程的研究与发现来进行学习,这样他们才可能应用这些知识与技能。案例研究特别适合于开发高级智力技能,如分析、综合及评估能力。这些技能通常是管理者、医生和其他的专业人员所必需的。案例还可使受训者在进行情况分析的基础上,提高承担风险的能力。为使案例教学更有效,学习环境必须能为受训者提供案例准备及讨论案例分析结果的机会,必须安排受训者面对面地讨论或通过电子通信设施进行沟通。由于受训者的参与度对案例分析的有效性至关重要,因此,学习者必须愿意并且能够分析案例,然后进行沟通并坚持自己的立场。

（四）商业游戏

商业游戏要求受训者收集信息并对其进行分析,然后作出决策。商业游戏主要用于管理技能的开发。游戏可以刺激学习,因为参与者会积极参与游戏并仿照商业的竞争规则。参与者在游戏中所作的决策涉及劳工关系（谈判合同的签订）、市场营销（为新产品定价）及财务预算（支持购买新技术）各方面的管理活动。游戏采用团队方式,有助于营造有凝聚力的团队。而且对有些群体（如高级执行人员）,游戏相对于演示法（如讲座法）是一种更有意义的培训活动。

（五）情景模拟

情景模拟是一种代表真实工作情况的培训方法,受训者的决策结果能反映出如果他在那个工作岗位工作会发生的真实情况。模拟是指可以让受训者在一个人造的、没有风险的环境下看清他们所作的决策,常被用来传授生产和加工技能及管理和人际关系技能。它同时适用于管理人员和非管理人员。

（六）角色扮演

角色扮演是指让受训者扮演分配给他们的角色,并给受训者提供有关背景信息（如工作或人际关系的问题）。角色扮演一般注重于感情上（人际关系）的问题,而不是实际的工作问题。角色扮演的本质在于建立一种虚拟的环境,然后让受训者担任某一情境中具有特定性格的角色。

角色扮演与情景模拟的区别在于受训者可获得的反应类型及有关背景情况的详尽程度。角色扮演提供的情景信息十分有限,而情景模拟所提供的信息通常都很详尽。模拟注重于物理反应（如拉动杠杆、拨个号码）,而角色扮演则注重人际关系反应（寻求更多的信息,解决冲突）。在模拟培训项目中,受训者的反应结果取决于模型的仿真程度（在飞机模拟器中,若受训者降低襟翼角度,那么就会影响飞机的航向）。在角色扮演中,结果取决于其他受训者的情感和主观反应。

（七）行为模仿

行为模仿（behavior modeling）是指向受训者提供一个演示关键行为的示范,然后给他们提供实践这些关键行为的机会。行为模仿以社会学习理论为依据，从20世纪70年代中期开始流行起来，常应用于领导行为的培养上，特别是第一线的主管们。

行为模仿首先建立一个示范以供受训者参照，并在接下来的模仿中进行仿效。在培训者的控制下，并根据从其他受训者那里得到的反馈，不断重复的模仿可以加强期望行为在受训者脑海中的印象，使得在相似的情形中，这种行为成为一种自动的反应。一个典型的例子是处理管理员工过程中遇到的困难，如解决员工的抱怨或纠正那些不被接受的行为。在示范之前，由培训者简述处理问题的简单步骤。简述之后，通常会用录像演示一个成功的案例。然后由受训者观察这个录像上的示范，并在培训者的指导下，以一对一的模仿方式处理类似的情形。模仿行为结束后，受训者会从培训者和其他受训者那里收到反馈，来评价他所使用方法的效果。反馈的重点在于提供正的强化，强调受训者做得正确的地方使之形成习惯。

（八）其他培训方式

近年来，随着技术的不断发展，培训者在培训项目中运用了很多新的技术，这些技术大大地提高了传统培训项目的有效性。互联网培训指由公众网或私人网进行传递，并由浏览器进行视频播放和演示的培训方式。公司局域网培训指通过公司内部网络开展的培训，它只面向公司内部员工，公司外部人员则不能获得这种培训。远程学习适于为分散在不同地域的公司提供关于新产品、政策、程序的信息以及技术培训和专业讲座。远程学习通常采用两种技术使人们之间进行双向沟通。一种是受训者的同时性学习，即通过培训设备，受训者可以同培训者（位于其他地方）和其他使用个人电脑的受训者进行沟通。这包括电话会议、录像会议及文件会议（让员工可以通过计算机来合作制定一份文件）。远程学习的另一种方式是通过个人电脑进行的个人培训，只要拥有个人电脑，员工就可随时接受培训。这种方式可以包括网络培训等多媒体培训方式。通过公司的内部网、录像、教学软件，可以分发课程材料和布置作业，而培训者和受训者之间则可以通过电子信箱、公告栏和电子会议系统进行沟通。

第六节 绩效管理

一、绩效和绩效管理的含义

绩效是个多维结构，观察和测量的角度不同，其结果也不同，如质量、数量、效率等。从管理学的角度看，绩效是组织期望的结果，是组织为实现其目标而展现在不同层面上的有效输出，它包括个人绩效和组织绩效两个方面。社会学的角度看，绩效意味着每一个社会成员按照社会分工所确定的角色承担他的那一份职责。从被考核对象角度，绩效管理内容分为企业绩效、部门绩效和个人绩效。组织绩效是对组织总体的工作表现和业绩。部门绩效是部门的工作表现和业绩，个人绩效是对组织中员工的工作表现和业绩。从绩效管理的指标内容体系出发，绩效分为任务绩效、周边绩效和管理绩效。任务绩效是与被考核者（组织）的职责（职能）直接相关，从工作任务、工作结果的角度，对工作的数量、质量、时效性等方面进行评价，结合工作产出确定衡量标准。周边绩效是与对达成工作职责、任务，以及对组织运行有影响的支持性工作因素直接相关，涉及工作责任心、团队合作、客户服务等方面。

绩效管理是考核主体对照工作目标或业绩标准,采用科学的考核方法,评定员工的工作任务完成情况,员工的工作职责履行程度和员工的发展情况,并将评定结果反馈给员工的过程。绩效管理的目的是通过持续的沟通与规范化的管理不断提高员工和组织绩效,并提高员工能力和素质。

二、绩效管理的流程

绩效管理的流程通常被看作是一个循环,这个循环分为五个步骤:绩效计划、绩效实施、绩效考核、绩效反馈与面谈以及绩效结果应用(包括绩效改进和导入以及其他人力资源管理环节的应用),具体如图9-4所示。

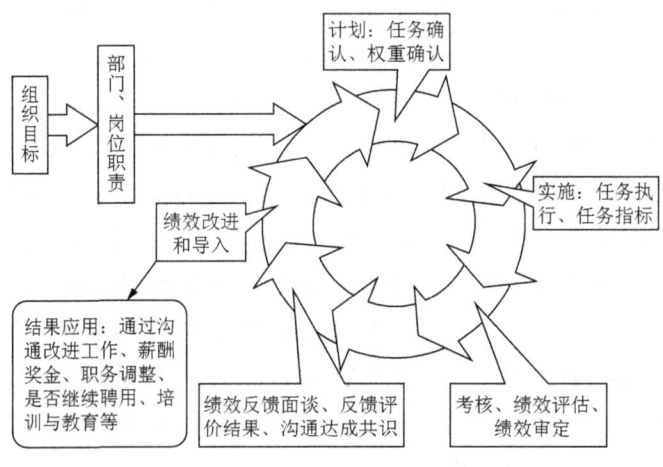

图9-4 绩效管理的流程

(一)绩效计划

绩效管理的第一个环节是绩效计划,它是绩效管理过程的起点。企业的战略要落地,必须先将战略分解为具体的任务或目标,落实到各个岗位上;然后再对各个岗位进行相应的职位分析、工作分析、人员资格条件分析。这些步骤完成之后,经理人员就该和员工在一起根据本岗位的工作目标和工作职责来讨论,搞清楚在绩效计划周期内员工应当做什么工作,做到什么地步,为什么要做这项工作,何时应做完,以及员工权利大小和决策权限等。

(二)绩效实施

制定完绩效计划之后,员工就可以开始按照计划开展工作。在工作中,管理者要对员工的工作进行指导和监督,及时解决发现的问题,并随时根据实际情况调整绩效计划。在整个绩效期间内,需要管理者不断地对员工进行指导和反馈,进行持续的绩效沟通,双方共同探讨员工在组织中的发展路径和未来的目标,保证员工的工作能正常地开展和绩效实施过程顺利进行。

(三)绩效考核

工作绩效考核可以根据具体情况和实际需要进行月考核、季考核、半年考核和年度考核。工作绩效考核是一个按照事先确定的目标及其衡量标准,考查员工实际上完成的绩效情况的过程。

(四) 绩效反馈与面谈

绩效管理过程并不是为绩效考核打出一个分数就结束了,管理人员还需要与员工进行一次甚至多次面对面的交谈。通过绩效反馈面谈,使员工了解主管对自己的期望,了解自己的绩效,认识自己有待改进的方面。在这过程中,员工也可以提出自己在完成绩效目标中遇到的困难,争取上级指导。

(五) 绩效改进和导入

绩效改进是根据绩效考核的结果,发现绩效执行过程中的问题,然后经过面谈有针对性地解决问题,以实现员工能力不断提升和高绩效的持续改进。绩效导入就是指根据绩效考核的结果分析来对员工进行量身定制的培训,及时弥补员工能力的短板,既满足了完成工作任务的需要,又可以使员工享受免费的学习机会。

(六) 绩效结果应用

绩效结果应用是企业将绩效考核的结果应用在人力资源管理其他模块的过程,包括招聘、薪酬及奖金分配、职务调整、人力资源培训与开发和人力资源规划等。

三、绩效管理方法

(一) 绩效管理比较法

1. 简单比较法

在全体员工中挑选出最优秀、最出色的排在首位,再选出次优的排在第二位,以此类推,直到把最差的排于末位。此法最主要的缺点是员工之间差别的程度并无很好的衡量尺度,此外,若参与比较的人太多,其结果往往缺乏实用性。

2. 交替比较法

首先找出最优者,然后再寻找与之形成鲜明对比的最劣者;接着,找出次优者和次劣者;依此步骤,将比较优秀与比较低劣的按顺序排好,剩下的是绩效居中者,由于他们的绩效较为接近,须仔细辨别,直至所有员工全部排完。

3. 对偶比较法

将全体员工逐一配对进行比较,根据在逐对比较中所占优秀的总次数来确定等级。这一方法较科学、系统,但是,如果人数超过 10 人以上,对偶比较次数太多,则不太可行。

4. 范例比较法

此法通常从品德、智力、领导能力、体格及贡献五个维度进行考核,同时每一维度又分为优、良、中、次、劣五个等级。然后就每一维度的每一等级选出一名适当的员工作为范例。实施考核时,将每位被考核的员工和这些模范进行对照,按他们与各相应范例的近似程度来确定他们的等级。如果找不到十分典型、正确的范例,则此法可能不太公正、实用。

5. 强制分布法

也称为正态分布法,如图 9-5 所示。强制分布法实际上也是将员工进行相互比较的一种员工排序方法,只不过它是按照组别进行排序,而不是将员工个人进行排序。这一方法的理论依据是数理统计中的正态分布概念,认为员工的绩效水平呈正态分布,由此,可以将所有的员工划分为优、良、中、差、劣五种情况,各级分别占总数的10%,20%,40%,20%,10%。然后根据各人绩效的优劣程度,强制将其列入其中的某一等级。但是,当一组员工人数很少时,也许并没有理由假定正态分布会符合员工表现的实际差别;而且有时考核者可能会为自己被迫在员工中人为地制造一个根本不存在的正态分布,而感到有心理压力,致使其产生趋中效应,干脆把员工都放在中间位置。

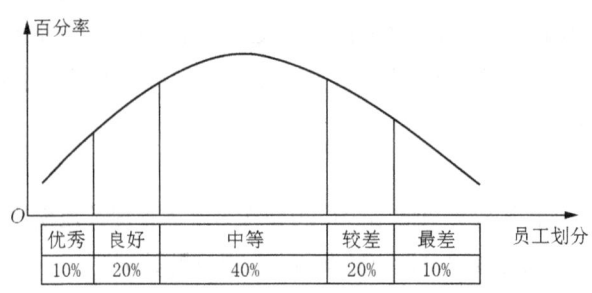

图9-5 强制分布考核法示例

(二)绩效管理行为法

1. 关键事件法

关键事件是员工在完成工作任务时特别有效和特别无效的行为记录,无论某一行为对组织效益产生积极抑或是消极的重大影响时,管理者都应该把它记录下来,该类事件便称为关键事件。评价者运用这些记录以及其他资料对员工绩效进行评价。

这种方法通常可以作为其他绩效评价方法的一种很好的补充。因为它有以下优点:第一,为管理者评价员工绩效以及向员工进行绩效反馈提供一些确切的事实依据。第二,确保管理者在员工的绩效管理中,依据员工在整个绩效管理期间的表现。第三,保持一种动态的关键事件的记录还可以使管理者获得关于员工是通过何种途径消除不良绩效或保持较高绩效的具体实例。

关键事件法常常被用作比较法的补充。它不仅特别有利于认定员工的优点、缺点和潜能,而且在制定绩效改进计划以及培训计划方面也非常有效。但是,如果评价者不能够十分了解而且可以长期观察员工的工作行为,同时,又不能够做到公正客观,那么,这种方法便不可能有效。不仅如此,由于关键事件是对不同员工工作侧面的描述,因而,无法在员工之间、团队之间和部门之间进行工作情况的比较,同时,评价者用自己制定的标准来衡量员工,员工没有参与的机会,因此,不适合用于人事决策。

2. 等级鉴定法

等级鉴定法应用最广泛、历史最悠久。它通常包括有关的考核项目,如工作质量、工作知识、合作精神、可靠性和创造性等五个因素,每个因素都设立评分标准,并规定其权重,最后把各因素得分加权相加,即得出每个人的绩效评分,如表9-10所示。需要特别说明的是,每项考核都不应是对员工个性的评价,而应该是对员工工作行为方式的评价。

表9-10 等级鉴定法举例

员工姓名:	工作部门:		评价者:		日期		
评价标准	权重(%)	优秀5	良好4	满意3	尚可3	不满意1	得分
工作质量	25						
评语							
工作知识	15						
评语							
合作精神	20						
评语							
可靠性	15						
评语							
创造性	15						
评语							
工作纪律	10						
评语							
得分							

3. 行为锚定等级评价

行为锚定等级评价是传统绩效评定量表法和关键事件法的结合。它最大的优点是明确定义每一评价项目,同时使用关键事件法对不同水平的工作要求进行描述。该方法为评价者提供了明确的评价标准。主要的缺点是设计和实施的成本比较高,经常需要聘请人力资源管理专家帮助设计,而且在实施以前要进行多次测试和修改,因此,需要花费许多时间和金钱。其具体的设计步骤是:

(1)主管人员确定工作所包含的活动类别或者绩效指标。

(2)主管人员为各种绩效指标撰写一组关键事件。

(3)由一组处于中间立场的管理人员为每一个评价指标选择关键事件,并确定每一个绩效等级和关键事件的对应关系。

(4)将每个评价指标中包含的关键事件从好到坏排列,建立行为锚定法考核体系。

行为锚定等级评价法需要有大量的员工参加,它可能会被部门主管和下属很快地接受。

4. 行为观察法

成功地达到某一特定工作绩效需要员工开展一系列合乎希望的行为,考核者通过员工各种行为表现的出现频率来评定工作绩效。行为观察量表的开发像行为锚定量表一样:收集关键事件并按行为维度分类。两种方法之间的区别在于:行为观察量表中的每种行为都是由考核者加以评定的。正因为如此,不同的评价者经常在"几乎没有"与"几乎总是"的理解上有差异,导致绩效管理的稳定性和一致性下降。但是,这种方法优点在于其设计和实施所花费的时间与金钱比较少。表9-11为行为观察法举例。

表9-11 行为观察法举例

工作的可靠性						
1. 有效地管理工作时间						
几乎没有	1	2	3	4	5	几乎总是
2. 能够按照所规定的期限及时地完成工作任务						
几乎没有	1	2	3	4	5	几乎总是
3. 必要时帮助其他员工工作以符合项目的期限要求						
几乎没有	1	2	3	4	5	几乎总是
4. 必要时可以周末加班和推迟下班						
几乎没有	1	2	3	4	5	几乎总是
8分及以下	9~11分		12~14分		15~17分	18~20分
很差	差		满意		好	很好

（三）图表考核法

考核者可以以图表的方式标明员工的表现。由于简单易行，这一方法使用得最为普遍。在图表为每项职责确定的等级里，考核人员只需在图表内他认为适当的级别上打上标记，更详细的考核评价可以填写在每个被考核因素旁边的用来书写评价的空格内。图表法有其明显的缺陷。首先，这一方法常常将不同的特性或要素组合在一起，而考核者只能选择一个选项。另一个缺陷是，在这些等级表中，有时事项的说明性文字容易致使不同考核者产生不同的理解。像主动性和合作精神这些标准就容易引起不同的理解，特别是与"出色""一般""较差"这些考核文字同时出现时，更容易导致五花八门的解释。由于设计起来比较容易，各种各样的考核分级方式在许多考核中被广泛地采用。但是由于上述原因，对于那些过分依赖这些考核表的考核者来说，这种多样性往往使他们更容易出错。表9-12所示是图表考核法的一个例子。

（四）目标管理法

这种方法常用来考核经理层。因为该方法能够最大限度地保持个人与组织的目标一致性，降低经理层的工作行为与组织目标相悖或无关的可能性。它可以分为四步：

（1）第一步，分别为组织、组织内各个部门，各个部门的主管人员以至于每个员工制定具体的工作目标。目标可以分为要达到的具体结果以及用何种手段达到结果，或者是既关注结果又兼顾达到目的的手段。

（2）第二步，规定员工在限定的时间内要完成的工作绩效。目标管理法衡量员工为组织的成功所作的贡献，而不是衡量其工作行为。

（3）第三步，经常进行进度检查，衡量现状与期望中的目标之间的差距，以便作出进行何种培训的决策。同时提醒主管人员，组织里存在哪些可能影响员工绩效，而员工自己又无法控制的情况。

（4）最后，经常进行进度检查，为下一个阶段的工作制定目标，并且弄清如何才能完成上一阶段没有实现的目标。在此过程中，主管应该请下属共同参与，并作出相应的应变措施。那些能够出色完成目标的员工应该在下次更多地参与到目标的制定中。

表9-12 图表考核法工作绩效评价表举例

员工姓名_____ 职位_____
部　　门_____ 员工薪号_____
绩效评价原因：□年度例行评价　　□晋升　　　　□绩效不佳 　　　　　　　□工资　　　　　□试用期结束　□其他
员工到现职时间_____
最后一次评价时间_____　正式评价日期_____

说明
请根据员工所从事工作的现有要求仔细地对员工的工作绩效加以评价。请核查各代表员工绩效等级的小方框。如果绩效等级不合适，请以 N/A 字样标明。请按照尺度表中所标明的等级来核定员工的工作绩效分数，并将其填写在相应的用于填写分数的方框内。最终的工作绩效结果通过将所有分数进行加总和平均而得出。

评价等级说明
O：杰出(outstanding)。在所有各方面的绩效都十分突出，并且明显地比其他人的绩效优异得多。 　　V：很好(very good)。工作绩效的大多数方面明显超出职位的要求。工作绩效是高质量的并且在考核期间一贯如此。 　　G：好(good)。是一种称职的和可信赖的工作绩效，达到了工作绩效标准的要求。 　　I：需要改进(improvement needed)绩效的某一方面存在缺陷，需要改进。 　　U：不令人满意(unsatisfactory)。工作绩效水平总的来说无法让人接受，必须立即加以改进。绩效评价等级在一水平上员工不能增加。 　　N：不做评价(not rated)。在绩效等级水平表中无可以利用的标准或因时间太短而无法作出评价。

一般性的工作绩效评价要素	评价尺度	评价事实依据或评语
1. 质量：完成工作的精确度、彻底性和可接受性	O□100～90 V□90～80 G□80～70 I□70～60 U□60以下	分数　　　权重 _____ _____ _____ _____
2. 生产率：在某时间段中所生产的产品的数量和质量	O□100～90 V□90～80 G□80～70 I□70～60 U□60以下	分数　　　权重 _____ _____ _____ _____
3. 工作知识：实践经验和技术意见在工作中所运用的信息	O□100～90 V□90～80 G□80～70 I□70～60 U□60以下	分数　　　权重 _____ _____ _____ _____
4. 可信度：某一雇员在完成任务和听从指挥方面的可信任程度	O□100～90 V□90～80 G□80～70 I□70～60 U□60以下	分数　　　权重 _____ _____ _____ _____
5. 勤勉性：雇员上下班的准确程度、遵守规定的工间休息/用餐时间的情况以及总体的出勤率	O□100～90 V□90～80 G□80～70 I□70～60 U□60以下	分数　　　权重 _____ _____ _____ _____
6. 独立性：完成工作时不需要监督和只需要很少的程度的监督	O□100～90 V□90～80 G□80～70 I□70～60 U□60以下	分数　　　权重 _____ _____ _____ _____

（五）360度绩效考核

360度绩效考核是从上级、下级、同事、自我、客户全方位收集信息，提供反馈并考核绩效的方法。在中国的企业中，360度考核更多地理解为从领导、同事、自我和服务对象四个角度进行考核。理论上，该方法可以比单纯从员工的直线领导处得到更多、更全面的信息，从而对员工进行更加全面的评价；同时还可以避免直线领导的偏见，尽量避免员工对考核结果的不满情绪。此法的缺点是收集信息的成本过高。收集信息的来源及可能程度都会影响到考核结果的不确定性。大多数专家认为，仅仅使用360度绩效管理法来决定提升员工或增减薪酬的做法是危险的，可能给员工带来严重的不公平待遇。此外，从不同渠道获得的信息也需要花费大量的时间来分析。还要注意的是，要衡量好各个角度的权数，避免员工全部给自己打满分，而给同事打零分，这样的话，则失去了360度全方位考核的意义。该方法只有在那些开放程度高，员工参与气氛浓，员工具备活跃的职业发展体系的组织才能取得理想的效果。

（六）平衡记分卡法

最初主要应用于对部门的考核，近年来有一些国内外企业将平衡记分卡法应用于对员工的考核。其主要特点是，将各部门在日常工作中需要考虑的一些重要因素列为考核的内容，并给出他们各自成绩的一个最低可接受的绩效；在所有的指标都达到最低可接受指标基础上，根据加权计算的结果来决定这个部门的绩效。低于可接受指标的部门，其成绩为不合格。

【课后思考】

1. 怎样认识人力资源管理在企业管理中的作用？
2. 浏览与人力资源管理相关的网站、网页，思考目前中国企业人力资源管理面临的挑战。
3. 讨论分析有什么因素影响面试的效果。
4. 请分析薪酬设计的步骤。
5. 请思考培训规划的程序。

【技能训练】

如何撰写工作职位说明书和任职要求？

【自我检测】

一、单项选择题

1. 培训的需求分析一般来说从三方面入手，不涉及（　　）。

   A. 组织分析　　　B. 任务分析　　　C. 金融分析　　　D. 人员分析

2. 企业可以采用（　　）、人事记录以及雇员技能库等工具来了解内部人力资源供应状况。

   A. 工作公告　　　B. 广告　　　C. 校园招聘　　　D. 熟人推荐

3. 评价中心测评技术主要包括（　　）、公文筐处理和角色扮演。

   A. 人格测量　　　　　　　　　　B. 无领导小组讨论

   C. 360度评价　　　　　　　　　D. 比较法

4. ( )面试通常按照"START"模式进行面试。

A. 书面　　　　B. 多人　　　　C. 结构　　　　D. 行为

5. 绩效管理的过程的组织包括( )。

A. 绩效计划、绩效考核、绩效反馈与面谈以及绩效结果的应用

B. 绩效计划、绩效组织、绩效领导与控制

C. 绩效计划、绩效考核、绩效控制

D. 绩效考核、绩效评价

二、判断题

1. 工作职位说明书中不会包括工作关系方面的内容。　　　　　　　　　　（　）
2. 平衡记分卡法不能应用于对员工的考核。　　　　　　　　　　　　　　（　）
3. 猎头公司的服务费用通常不会很高。　　　　　　　　　　　　　　　　（　）
4. 行为模仿首先建立一个示范以供受训者参照,并在接下来的模仿中进行仿效。（　）

三、简答题

1. 人力资源管理与传统的人事管理有何区别?
2. 工作分析的内容主要包括哪些?
3. 什么是360度绩效考核?
4. 绩效管理比较法有哪些?
5. 如何撰写工作职位说明书和任职要求?

四、案例分析

金鑫公司的员工培训

金鑫公司为了让员工集体合作中充分发挥个人的创造力,处理好个人与团队的关系,按照计划于下周一将组织一次员工培训。方案如下:

活动形式:分组进行,集中讨论、总结

预计时间:20分钟

所需材料:无

场地要求:空地

操作步骤:

1. 把学员分成10人一组,让每组围站成一个向心圆圈。

2. 告诉学员游戏规则:先抬起你的右手,握住对面那个人的手;再抬起你的左手,握住另外一个人的手,这样就形成一张错综复杂的网链。现在的任务是,在不松开手的情况下,想办法把这张乱网解开。

3. 告诉大家一定能解开,但解开后的结果有两种:一种是个大圈,另一种是两个套着的环。

问题:你认为金鑫公司的这一培训方案效果将会如何?

第十章 领 导

【趣味阅读】

用人之道——去过庙的人都知道,一进庙门,首先是弥勒佛,笑脸迎客,而在他的北面,则是黑口黑脸的韦陀。但相传在很久以前,他们并不在同一个庙里,而是分别掌管不同的庙。弥勒佛热情快乐,所以来的人非常多,但他什么都不在乎,丢三落四,没有好好地管理账务,因此总是入不敷出。而韦陀虽然管账是一把好手,但整天阴着个脸,太过严肃,搞得人越来越少,最后香火断绝。佛祖在查香火的时候发现了这个问题,就将他们俩放在同一个庙里,由弥勒佛负责公关,笑迎八方客,于是香火大旺。而韦陀铁面无私,锱铢必较,则让他负责财务,严格把关。在两人的分工合作中,庙里一派欣欣向荣景象。

【管理启示】

领导就应该用人所长,把适合的人放在适合的位置上。

【学习目标】

1. 了解领导的含义,掌握领导的功能。
2. 掌握影响领导者素质、行为、情境因素等理论观点。
3. 能够运用领导的基本理论和方法解决实际问题。

【教学要求】

知识要点	能力要求	相关内容
领导概述	(1) 理解并掌握领导的基本含义 (2) 理解领导与管理的区别 (3) 理解领导的权力含义和来源	(1) 领导的概念及功能 (2) 领导与管理的区别 (3) 领导的权力
领导理论	(1) 理解并掌握领导素质理论 (2) 理解并掌握领导行为理论 (3) 理解并掌握领导权变理论 (4) 理解并掌握当代领导理论	(1) 前后期素质理论 (2) 四种领导行为理论 (3) 三种领导权变理论 (4) 两种当代领导理论

第一节　领导概述

领导不同于管理，领导需要真正能够起到"领而导之"的作用。一个成功的领导者，除了专业的能力要服人，更要懂得创造共同的愿景，激励成员士气，并且让部属跟着你有成长的机会。迪士尼创办人华特说："我不作画，也不出点子，我只是把自己当作一只小蜜蜂，从片厂一角飞到另一角，搜集花粉，给每个人打打气，这就是我的工作。"言语之间，领导者的角色不言而喻。领导是影响的艺术和过程，以使一群人能朝向组织目标心甘情愿地奋斗。下面我们进一步理解领导的含义。

一、领导的含义

领导可以作名词领导者用，也可以作动词用。管理学研究的领导是后者，是管理的一种职能。学者们对领导有着不同的理解，要给领导下个统一的定义很困难。

美国管理学家孔茨、奥唐奈和韦里奇认为领导是一种影响力，是对人们施加影响的艺术或过程，从而使人们情愿热心地为实现组织或群体的目标而努力。此定义着重三个要点：首先是影响力——领导的本质。只有拥有影响力的人才能成为领导者；其次，指出了领导是一个过程，是一种艺术，因为领导需要面对千变万化的情景和各不相同甚至相互冲突的背景文化，具有高度的复杂性和不确定性；第三，指出了领导的目的——使人们心甘情愿为实现组织的目标而努力。

我们认为，所谓领导就是领导者通过沟通、指导、灌输和奖惩等手段对组织成员施加影响的过程，从而使组织成员积极主动地为实现组织或群体的目标而努力。

二、领导的功能

领导就是沟通、指导、灌输和奖惩部下为实现组织目标而努力的过程，具有指挥、协调和激励三个方面的功能。

指挥功能，是指领导者需要头脑清醒、胸怀全局，能高瞻远瞩地帮助部下认清所处环境，指明活动的目标和达到目标的路径。

协调功能，是指领导者必须在各种因素的干扰下，来协调部下之间的关系和活动，朝着共同的目标前进。

激励功能，是指领导者通过为部下主动创造能力发展空间和职业发展生涯影响追随者的内在需求和动机，引导和强化追随者为组织目标而努力。

领导必须完成以上三个功能以实现组织目标，同时，在激励的过程又要满足追随者的需求。如果不能实现组织目标，领导是失败的；如果不能很好满足追随者的需求，领导将成无源之水，行而不远。

三、领导与管理的区别

管理者是被任命的，他们拥有合法的权力进行奖励和处罚，其影响力来自他们所在的职位所赋予的正式权力。相反,领导者则可以是任命的,也可以是从一个群体中产生出来的,建立于个人的影响力和专家权力等基础上,领导者可以不运用正式权力来影响他人的活动。因此,管理者应该是领导者,但领导者不一定是管理者。两者既可以是合二为一的,也可以是相互分离的。

领导从根本上来讲是一种影响力,是一种追随关系。人们往往追随那些他们认为可以满足自身需要的人,正是人们愿意追随他,他才成为了领导者。因此,领导者既存在于正式组织中,也存在于非正式组织中。管理者是组织中有一定的职位并负有责任的人,他存在于正式组织之中。

有的人可以运用职权迫使人们去从事某一件工作,但不能影响他人去工作,他并不是领导者;有的人并没有正式职权,却能以个人的影响力去影响他人,他是一位领导者。为了使组织更有效,应该选取领导者来从事管理工作,也应该把每个管理者都培养成好的领导者。但是并不是所有的领导者都具备完成其他管理职能的潜能,因此不应该所有的领导者都处于管理岗位上。一个人能够影响别人这一事实并不表明他同样也能够计划、组织和控制。

四、领导者的权力

（一）权力与领导关系

权力是一种控制力,又是一种影响力,是影响力的来源基础。权力对领导工作极为重要。首先,领导过程中影响他人的基础是权力,任何领导者的影响力都是依赖于正式权力或非正式权力来实现的。其次,组织中权力的配置决定了领导工作的方式。管理制度中权力集中与分散是造成集权式的领导者与民主式的领导者的重要原因。再次,正确地对待权力是领导工作成功的保证。权力本身的主要作用在于引而不发,而不是它的实际使用。组织运用惩罚权力的重要意义在于告诫员工其行为会带来什么后果。领导者希望通过引而不发的权力来建立一种符合组织要求的行为模式。

（二）领导权力的来源

目前对于权力来源的解释主要是根据 J.R.R 弗兰奇和 B.瑞文在《社会基础权力》中提出的五种来源:强制权、奖赏权、法定权、专家权和感召权。

1. 强制性权力,也称为惩罚权

强制性权力是指通过精神、感情或物质上的威胁,强迫下属服从的一种权力。从组织的角度来讲,如果 A 能解雇 B 或使其停职、降级,并且 B 很在乎他的工作,那么 A 对 B 就拥有了强制性权力。同样,如果 A 能给 B 分派他不喜欢的工作或以 B 感到尴尬的方式对待 B,那么 A 对 B 也拥有强制性权力。惩罚权源于被影响者的恐惧,追随者感到领导者有能力将自己不愿意接受的事实强加于自己,使自己的某些需求得不到满足。惩罚权在使用时往往会引起怨恨、不满,甚至报复行动,因此必须谨慎对待。

2. 奖赏性权力

奖赏性权力是基于被影响者执行命令或达到工作要求而给其进行奖励的一种权力。奖赏权源于被影响者期望奖励的心理,即追随者感到领导者能奖赏他,使他某些需要得到满足。这些需要是人们认为有价值的任何东西。在组织情境中,奖赏可以是金钱、良好的绩效评估、职位晋升、有趣的工作任务,也包括良好的工作环境等。奖赏权的关键是奖赏内容与被影响者的需求相一致,奖赏权的大小取决于人们追求这些东西的程度。例如,领导者给予某追随者一些重要责任,自认为对追随者是一种信任与提拔,但追随者却认为这样会使自己太累,心里感到不高兴。在这种情况下,领导者实际上没有真正实施奖赏权。

强制性权力与奖赏性权力实际上是一对相对的概念。如果你能剥夺他人的有价值的东西或给他造成不良的影响,那么你对他就拥有了强制性权力。如果你能带给他人某种积极的利益或帮助他免于消极的影响,那么你对他就拥有了奖赏性权力。与强制性权力一样,并非要成为管理者才能通过奖赏性权力来施加影响,诸如友好、接受和赞扬之类的奖赏,组织中的任何一个人都可以使用。

3. 法定性权力

法定性权力是指组织内各管理职位所固有的、法定的、正式的权力。按照组织条例规定或法规的规定,你的主管作为上级就合法地掌握对你所做事情的决定权和指挥权。合法权源于被影响者内在化的价值观,追随者认为领导者有合法的权力影响他,他必须接受领导的影响。

以上三种权力都与组织中的职位联系在一起,是从职位中派生出的权力,因此统称为职位权力。

4. 专家性权力

专家性权力是指由个人的特殊技能或某些专业知识而产生的权力。由于世界的发展日益取决于技术的发展,专门的知识技能也由此成为权力的主要来源之一。工作分工越细,专业化越强,组织目标的实现就越依赖专家。例如,因为我们知道医生具有特殊的技能,由此也具有了专家性权力,我们大多数人都听从于医嘱。

5. 感召性权力

这是与个人的品质、魅力、经历、背景等相关的权力,也常被称为个人的影响权。一些体育、文艺明星和传奇的政治领袖都具有这种权力,有着巨大而神奇的影响力。它是一种无形的、很难用语言来描述或概括的权力。它建立在超然感人的个人素质之上,这种素质吸引了欣赏它、希望拥有它的追随者,从而激起人们的忠诚和极大的热忱。

专家性权力和感召性权力都是与组织的职位无关的权力,因此也称为非职位权力。这种权力是由于领导者身上的某些特殊条件才具有的。例如,领导者具有高尚的品德、丰富的经验、卓越的专业能力、良好的人际关系、特殊的个人背景以及善于激励成员的管理能力等。这种来自个人的影响力通常在组织成员自愿接受的情况下产生影响力,易于赢得组织成员发自内心的长期的敬重和服从,而不会随着职位的消失而消失。显然,有效的领导者不仅要依靠正式的职位权力,还必须具有个人的影响力,这样才会使被领导者心悦诚服,才能更好地进行领导。

(三)权力的基础

权力往往由相互关系中流动资源的稀缺程度、重要程度和替代性程度所决定的。

如果你掌握的资源大部分人都掌握,那么你并不会因为掌握这种资源而拥有权力,只有当你掌握别人没有的资源时,你才有权力。例如,某领域专业能力世界领先的专家就拥有权力,因为他拥有别人没有的知识。重要程度是决定权力的重要因素。在现代社会拥有石油的人很有权力,因为石油是重要的战略性资源,但是几个世纪之前就并非如此。不可替代性也可决定权力的大小,如果某一雇员不能被轻易地替代,那么他的权力就要大一些。

（四）正确对待权力

领导者为了确保在实际工作中能够正确运用组织所赋予的职位权力和其个人的影响力,必须掌握正确对待权力的三条原则:

1. 慎重用权

领导者滥用权力,不但会阻碍组织目标的实现,还会导致人际关系恶化、组织凝聚力下降,最终会导致领导者权力的丧失。少数领导者头脑不够清楚,往往自觉或不自觉地炫耀手中的权力,以此树立权威。这种做法通常只能招致人们的反感和厌恶。好的领导者是用一种慎重小心的态度对待权力,该使用时使用,而决不夸大炫耀,十分珍惜组织给的权力和珍惜自己多年辛勤工作在群众中形成的威信。但在确实需要使用权力时,领导者又要当机立断、雷厉风行地使用权力来维护组织和个人的利益。

2. 客观公正用权

领导者运用权力最需要的原则是廉明、客观一致地使用权力。领导者必须使部下相信,在他使用权力时是不分贵贱、不徇私情、不谋私利的,是按照组织条例规定或法规的规定来办事的。

3. 例外处理

规章制度是组织成员应当共同遵守的行为准则,领导者必须维护规章制度的严肃性,按照规章制度的要求来正确使用手中的权力。但在特殊情况下,他应当有权进行特殊事情特殊处理。例外处理不是为了破坏规章制度,而恰恰是为了使规章制度在执行过程中表现得更加合理,更加符合实际情况。

第二节　领导素质理论

一、早期的领导素质理论

如果你问一问走在大街上的普通人,在他们心目中领导是什么样的,你可能会得到一系列的品质特征,如智慧、领袖魅力、决策力、热情、实力、勇气、正直和自信等等。这些回答反映出领导的素质理论的本质。

人们为理解领导而做的第一次有系统的研究,就是试图识别领导者的人格特征。这种理论假设领导者在个人品质方面具有与生俱来的素质,即领导者是天生的而非塑造出来的。在探索成功领导者具备的共性的素质上,研究人员采用了两种方法:一是将领导者与非领导者的素质相比较;二是将有效领导者的素质与无效领导者的素质相比较。

对于那些被公认为领导者的个体,如管仲、诸葛亮、曾国藩、穆罕默德、圣雄甘地等人,我们能够从他们身上分离出一个或几个非领导者所不具备的素质吗？关于领导素质论的大部分研究都是采用此类分离素质方法。从1904到1948年,理论界做了100多种有关领导特性的研究,但遗憾的是众多的努力都以失败告终。人们没有找到一些特质,总能对领导者与下属以及有效领导者与无效管理者进行区分。许多不容置疑的杰出领导者并不具备常人所认为的领导者素质,例如,管仲怯懦、不诚实——当过逃兵,欺骗过朋友。

二、后期的品质理论

现代管理学认为,对于一个成功的领导者来说,与生俱来的特殊品质并不是必需的。也有研究者发现领导者有六项品质不同于非领导者,即进取心、领导愿望、诚实与正直、自信、智慧和工作相关知识。表10-1所示简要描述了这些品质。

表10-1 区分领导者与非领导者的六项品质

品 质	内 涵
进取心	领导者表现出高努力水平,拥有较高的成就渴望。他们进取心强,精力充沛,对自己所从事的活动坚持不懈,并有高度的主动精神
领导愿望	领导者有强烈的愿望去影响和领导别人,他们表现为乐于承担责任
诚实与正直	领导者通过真诚无欺以及言行高度一致的行为在他们与下属之间建立相互信赖的关系
自 信	下属觉得领导者从没缺乏过自信。领导者为了使下属相信他的目标和决策的正确性,必须表现出高度的自信
智 慧	领导者需要具备足够的智慧来收集、整理和解释大量信息,并能够确立目标、解决问题和作出正确的决策
工作相关知识	领导者对于公司、行业和技术事项拥有较高的知识水平。广博的知识能够使他们作出富有远见的决策,并能理解这种决策的意义

然而,单纯的品质对解释领导来说并不充分,完全以品质为基础的解释忽视了情境因素。具备恰当的品质只能使个体更有可能成为有效的领导人,他还需要采取正确的活动。

王石的领导者角色定位

三、对领导素质理论的评价

总的来说领导素质理论并没有科学地解释领导问题。现实中并非所有的领导人都具有上述的素质,甚至有些领导者具有完全相反的素质,素质理论也没有考虑到情景因素和被领导者的情况,只研究领导者本身。

第三节 领导行为理论

由于在素质论的矿山中未能挖掘到金子,研究者开始把目光转向具体的领导者表现出的行为身上,希望了解有效领导者的行为是否有什么独特之处。比如,领导者倾向于更为民主还是更为专制?

研究者希望行为理论观点不但能提供更为明确的有关领导实质的答案,而且,如果成功的话,它所带来的实际意义将与素质论截然不同。如果素质论成功,会提供一个为组织中的正式领导岗位选拔"正确"人员的基础;如果行为研究找到了有关领导方面的关键决定因素,则可以通过训练而使人们成为领导者。

研究者在行为类型方面进行了大量的研究,在此我们简要介绍四种理论发现:勒温理论、俄亥俄州立大学的研究、密执安大学的研究和管理方格理论。

一、勒温理论

一般地说,不同的人在领导行为表现上会有很大的不同。所谓领导方式、领导风格或领导作风就是对不同类型领导行为形态的概括。在现实中,有的领导者和蔼可亲、平易近人;有的则严厉专断、高高在上。领导风格的差异不仅因为领导者的素质存在着不同,更主要是他们对任务和人员之间的关系有不同的理解,对于权力运用的方式有着不同的态度和实践。现实中究竟具有哪些领导方式,哪一种效果更好? 不同的研究者对领导行为有不同的分类角度,而且对于哪一种领导方式更好也持有不同的主张。在基于权力运用的分类上勒温和利克特的工作具有一定的代表性。

美国艾奥瓦大学科特·勒温在实验研究基础上,把领导者的行为方式划分为专权式、民主式和放任式。

(1) 专权式领导。所谓专权式领导是指领导者个人决定一切,布置下属执行。领导者要求下属绝对服从,并将决策看成是自己一个人的事情。在专制式领导行为中,领导者除了工作命令外,从不把更多的信息告诉下级,下级没有任何参与决策的机会,只能奉命行事;此类领导者主要靠行政命令、纪律约束、训斥惩罚来维护领导者的权威,很少或只有偶尔的奖励;领导者与下级保持相当的心理距离。

(2) 民主式领导。所谓民主式领导是指领导者在采取行动方案或做出决策之前会主动听取下级意见,或者吸收下级人员参与决策制定。在民主式领导行为中,领导者尽量照顾到组织每个成员的能力、兴趣和爱好;对下属工作的安排并不具体,个人有相当大的工作自由,有较多的选择性与灵活性;此类领导者主要运用个人的权力和威信,而不是靠职位权力和命令使人服从;领导者积极参加团体活动,与下级无任何心理上的距离。

(3) 放任式领导。所谓放任式领导,是指领导者极少运用其权力影响下属,给下级以高度的独立性,以致达到放任自流和行为根本不受约束的程度。

勒温根据实验得出的结论是:放任式的领导方式工作效率最低,只能达到组织成员的社交目标,无法完成工作目标;专制式的领导方式虽然通过严格管理能够达到既定的任务目标,但组织成员没有责任感,情绪消极,士气低落;民主式领导方式工作效率最高,不但能够完成工作目标,而且组织成员之间关系融洽,工作积极主动,富有创造性。

二、俄亥俄州立大学的研究

较为全面且重复较多的行为理论,来自20世纪40年代末期的俄亥俄州立大学进行的研究,研究者希望确认领导者行为的独立维度。他们收集了大量的下属对领导行为的描述,开始时列出了1 000多个因素,最后归纳出两大类,称之为"定规"和"关怀"维度。

定规维度指的是为了达到组织目标,领导者界定和构造自己与下属的角色的倾向程度。它包括试图设立工作、工作关系和目标的行为。具有高定规特点的领导者会向小组成员分配具体工作,要求员工保持一定的绩效标准,并强调工作的最后期限。

关怀维度指的是一个人具有信任和尊重下属的看法与情感的程度。高关怀的领导者帮助下属解决个人问题,友善而平易近人,公平对待每一个下属,并对下属的生活、健康、地位和满意度等问题十分关心。

以这些概念为基础进行的大量研究发现,一个在定规和关怀方面均高的领导者(高定规—高关怀型领导者)常常比其他三种类型的领导者(高定规—低关怀;低定规—低关怀;低定规—高关怀)更能使下属达到高绩效和高满意度(图10-1)。

但是,高—高型风格并不总是产生积极的效果。比如,当工人从事常规任务时,以高定规为特点的领导行为导致了高抱怨率、高缺勤率和高离职率,工作的满意度水平也很低。其

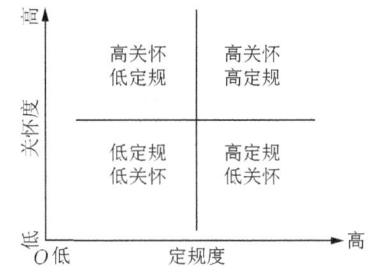

图10-1 领导行为四分图

他研究还发现,直接上级主管对领导者进行的绩效评估等级与高关怀性成负相关关系。总之,俄亥俄州立大学的研究说明,一般来说,高—高型风格能够产生积极效果,但同时也发现了足够的特例表明这一理论还需加入情境因素。

三、密歇根大学的研究

与俄亥俄州立大学的研究同期,密歇根大学调查研究中心也进行着相似的研究,即确定领导者的行为特点,以及它们与工作绩效的关系。

R.利克特和他的美国密歇根大学的同事也将领导行为划分为两个维度,称之为员工导向和生产导向。员工导向的领导被描述为重视人际关系,他们总会考虑到下属的需要,并承认人与人之间的不同。相反,生产导向的领导者倾向于强调工作的技术或任务事项,主要关心的是群体任务的完成情况,并把群体成员视为达到目标的工具。

R.利克特认为企业领导者不同的领导方式对生产率和员工的工作满意度有着极为重要的影响。采用生产导向型的领导方式则该企业生产产量虽不低,但有着较低的生产率和员工的满意度;采用员工导向型的领导方式,则该企业有着较高的生产率和员工的工作满意度。

四、管理方格理论

美国心理学家罗伯特·布莱克和简·莫顿两人发展了领导风格的二维观点,在"关心人"和"关心生产"的基础上提出了管理方格论,充分概括了俄亥俄州立大学的关怀与定规维度以及密执安大学的员工取向和生产取向维度。

管理方格如图10-2所示，它在两个坐标轴上分别划分出9个等级，从而生成了81种不同的领导类型。但是，管理方格理论主要强调的并不是产生结果，而是领导者为了达到这些结果应考虑的主要因素。当领导者在横轴的积分越高时，表示他越重视生产的因素，纵轴9分表示领导者对人最为关心。

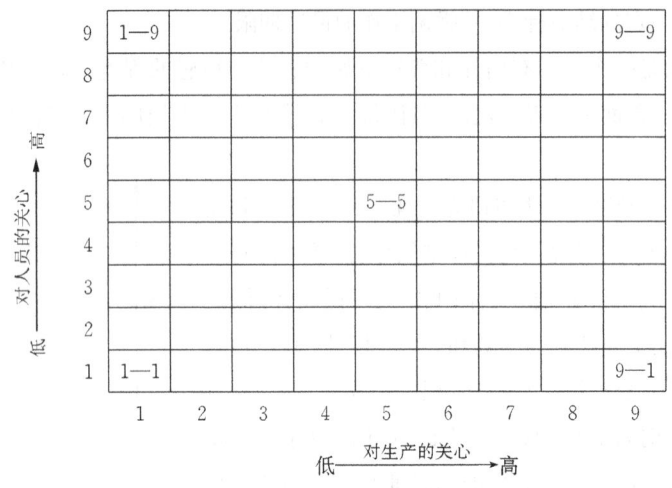

图10-2 管理方格

尽管在管理方格中存在81种类型，但布莱克和莫顿主要阐述了五种最具代表性的类型：

(1) 1—1 贫乏型：领导者付出最小的努力完成工作。

(2) 9—1 任务型：领导者只重视任务效果而不重视下属的发展和下属的士气。

(3) 1—9 俱乐部型：领导者只注重支持和关怀下属而不关心任务效率。

(4) 5—5 中庸型：领导者维持足够的任务效率和令人满意的士气。

(5) 9—9 团队型：领导者通过协调和综合工作相关活动而提高任务效率与工作士气。

从这些发现中，布莱克和莫顿得出结论：9—9风格的管理者工作最佳。遗憾的是，管理方格论并未对如何培养管理者提供答案，只是为领导风格的概念化提供了框架。在此基础上，研究者开始考察情境的影响，探究哪种领导风格适合什么类型的情境。

行为理论总结

以上我们阐述了几种从行为角度上对领导进行解释的最流行、最重要的尝试。在此方面还有一些其他尝试，但它们都与俄亥俄和密歇根的研究者一样遇到了同样的问题：在确定领导行为类型与成功的绩效之间的一致性关系上很不成功。事实上，不同的环境导致了不同的结果，因此很难作出概括性的陈述，行为理论欠缺的是对影响成功与失败的情境因素的考虑。

第四节 领导权变理论

人们越来越清楚地认识到，为了预测领导成功而对领导现象进行的研究其实比分离素质和行为更为复杂。由于未能在这些方面获得一致性的结果，人们开始重视情境的影响。领导风格与有效性之间的关系表明，X风格在A条件下恰当可行，Y风格则更适合于条件B，Z风格适合于条件

C。但是，条件A、B、C到底是什么呢？本节将介绍的领导权变理论回答上述问题。主要介绍其中的三种：菲德勒模型、领导生命周期理论和路径—目标理论。

最好的团队

一、菲德勒模型

第一个权变的领导模型是由弗雷德·菲德勒提出的。菲德勒权变模型指出，有效的群体绩效取决于与下属相互作用的领导者的风格和情境对领导者的控制和影响程度之间的合理匹配。菲德勒开发了最难共事者问卷（least preferred co-worker questionnaire，简称LPC问卷）以测量个体是任务取向型还是关系取向型。另外，他还分离出三项情境因素——领导者—成员关系、任务结构、职位权力。他相信通过操作这三项因素能产生与领导者行为取向的恰当匹配。

菲德勒LPC问卷由16组对应的形容词构成。菲德勒让作答者回想一下自己共事过的所有同事，从中找出一个最难共事者，在16组形容词中按1—8等级对他进行评估（得分越高表示越积极）。菲德勒相信，LPC问卷的回答，可以判断出人们最基本的领导风格。

如果以相对积极的词汇描述最难共事者（LPC得分高），则作答者很乐于与同事形成友好的人际关系，也就是说，如果你把最难共事的同事描述得比较有利，菲德勒称之为关系取向型。相反，如果你对最难共事的同事看法不很有利（LPC得分低），你可能主要感兴趣的是生产，因而被称为任务取向型。菲德勒运用LPC工具可以将绝大多数作答者划分为两种领导风格。当然，他也发现有一小部分人处于两者之间，菲德勒承认很难勾勒出这些人的个性特点。

非常值得注意的一点是，菲德勒认为一个人的领导风格是固定不变的，这意味着如果情境要求任务取向的领导者，而在此领导岗位上的却是关系取向型领导者时，要想达到最佳效果，则要么改变情境，要么替换领导者。菲德勒认为，领导风格是与生俱来的——你不可能改变你的风格去适应变化的情境。

用LPC问卷对个体的基本领导风格进行评估之后，需要再对情境进行评估，并将领导者与情境进行匹配。菲德勒列出了三项权变因素用以确定决定领导有效性的情境，它们是领导者—成员关系、任务结构和职位权力，其定义如下：

- ◆ 领导者-成员关系：领导者对下属信任、信赖和尊重的程度。
- ◆ 任务结构：工作任务的程序化程度（即结构化或非结构化）。
- ◆ 职位权力：领导者拥有的权力变量（即雇用、解雇、训诫、晋升和加薪）的影响程度。

菲德勒模型的下一步是根据这三项权变变量来评估情境。领导者—成员关系或好或差，任务结构或高或低，职位权力或强或弱，三项权变变量总和起来，便得到八种不同的情境或类型，每个领导者都可以从中找到自己的位置。菲德勒模型指出，当个体的LPC分数与三项权变因素的评估分数相匹配时，则会达到最佳的领导效果。菲德勒研究了12 000个工作群体，对八种情境类型的每一种，均对比了关系取向和任务取向两种领导风格，他得出结论：任务取向的领导者在非常有利的情境和非常不利的情境下工作得更好（图10-3）。也就是说，当面对第一、二、三和七、八类型的情境时，任务取向的领导者干得更好；而关系取向的领导者则在中度有利的情境，即第四、五、六类型的情境中干得更好。

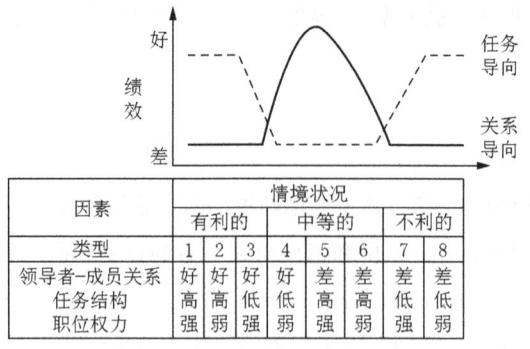

图 10-3 菲德勒模型

按照菲德勒的观点,个体的领导风格是稳定不变的,因此提高领导者的有效性实际上只有两条途径:①你可以替换领导者以适应情境。在棒球比赛中,教练可以根据击球手的情境特点而决定起用左手投手还是右手投手,从而获得比赛的胜利。再比如,如果群体所处的情境被评估为十分不利,而且之前又是一个关系取向的管理者进行领导,那么替换一个任务取向的管理者则能提高群体绩效。②改变情境以适应领导者。通过重新建构任务或提高或降低领导者可控制的权力(如加薪、晋职和训导活动),可以做到这一点。通过领导者与情境的匹配,会获得更高的群体绩效。

总之,有大量的研究对菲德勒模型的总体效率进行了考查,并得到了十分积极的结果,也就是说,有相当多的证据支持这一模型。但是,该模型目前也还存在一些欠缺:其一,假设一个人无法改变自己的领导风格来适合情境,不切合实际。其二,在 LPC 量表以及该模型的实际应用方面也存在着一些问题。这些权变变量对于实践者来说也过于复杂和困难,在实践中很难确定领导者—成员关系有多好,任务的结构化有多高,以及领导者拥有的职权有多大。

二、领导生命周期理论

领导生命周期理论是由科曼首先提出,后由保罗·赫西和肯尼斯·布兰查德予以发展,也称情境领导理论,这是一个重视下属的权变理论。赫西和布兰查德认为,依据下属的成熟度,选择正确的领导风格,就会取得领导的成功。这一理论常被作为主要的培训手段而应用,如《幸福》杂志论及 500 家企业中的北美银行、IBM 公司、美孚石油公司、施乐公司等都采用此理论模型,它还为所有的军队服务系统所承认。尽管对这一理论的效率尚未进行深入广泛的考察,但由于其广泛的接受性和很强的直观感知力,我们还是将其纳入进来介绍。

在领导效果方面,对下属的重视反映了这样一个事实,是下属们接纳或拒绝领导者。无论领导者做什么,其效果都取决于下属的活动。然而这一重要维度却被众多的领导理论所忽视或低估。

赫塞和布兰查德将成熟度定义为:个体对自己的直接行为负责任的能力和意愿。它包括两项要素:工作成熟度与心理成熟度。前者包括一个人的知识和技能。工作成熟度高的个体拥有足够的知识、能力和经验完成他们的工作任务而不需要他人的指导。后者指的是一个人做某事的意愿和动机。心理成熟度高的个体不需要太多的外部鼓励,他们靠内部动机激励。

情境领导模型使用的两个领导维度与菲德勒的划分相同:任务行为和关系行为。但是,赫塞和布兰查德更向前迈进了一步,他们认为每一维度有低有高,从而组合成以下四种具体的领导风格:

(1) 指示风格(高任务-低关系):领导者定义角色,告诉下属应该干什么、怎么干以及何时何地去干。

(2) 推销风格(高任务-高关系):领导者同时提供指导性的行为与支持性的行为。

(3) 参与风格(低任务-高关系):领导与下属共同决策,领导者的主要角色是提供便利条件与沟通。

(4) 授权风格(低任务-低关系):领导者提供极少的指导或支持。

赫塞-布兰查德理论的最后部分定义了成熟度的四个阶段是:

第一阶段,这些人对于执行某任务既无能力又不情愿。他们既不胜任工作又不能被信任。

第二阶段,这些人缺乏能力,但却愿意从事必要的工作任务。他们有积极性,但目前尚缺乏足够的技能。

第三阶段,这些人有能力却不愿意干领导者希望他们做的工作。

第四阶段,这些人既有能力又愿意干让他们做的工作。

图 10-4 概括了情境领导模型的各项要素。当下属的成熟度水平不断提高时,领导者不但可以不断减少对活动的控制,还可以不断减少关系行为。在第一阶段中,下属需要得到明确而具体的指导。在第二阶段中,领导者需要采取高任务—高关系行为。高任务行为能够弥补下属能力的欠缺;高关系行为则试图使下属在心理上"领会"领导者的意图。在第三阶段中出现的激励问题运用支持性、非指导性的参与风格可获最佳解决。最后,在第四阶段中,领导者不需要做太多事,因为下属既愿意又有能力担负责任。

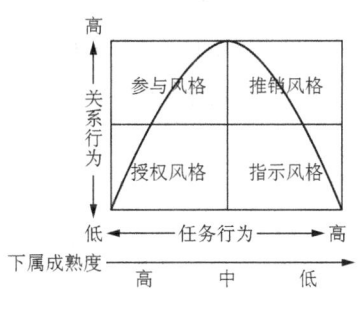

图 10-4 情境领导模型

敏锐的读者可能注意到,赫塞和布兰查德的四种领导风格与管理方格论的四个"角"极为相似,是否情境理论与管理方格论大体相同,二者的主要差异只是将 9-9 型的内容("一种适合于所有情况的风格")作了改动,认为"正确的"风格应与下属的成熟度相联系? 赫塞和布兰查德否认了这种看法。他们认为管理方格论强调的是对生产和员工的关注,是一种态度维度,而情境领导模型却相反,强调的是任务与关系的行为。尽管赫塞和布兰查德这样辩驳,但它们之间确实差异很小。如果认为情境领导理论是在管理方格论基础上的改进,它反映了下属成熟度的四个方面,则更易于加深对它的理解。

还有一个重要问题:是否有证据支持情境领导理论? 前面已指出,这一理论很少被研究者所重视。就目前的研究资料来看,对这一理论的结论应该比较谨慎。一些研究者认为有证据部分地支持这一理论,另一些人却指出没有发现这一假设的支持证据。因此,我们应慎重对待这个理论。

三、路径-目标理论

路径-目标理论已经成为当今最受人们关注的领导观念之一,它是由罗伯特·豪斯从俄亥俄州立大学的领导研究中与激励的期望理论中吸收了重要元素而开发的一种领导权变模型。该理论认为,领导者的工作是帮助下属达到他们的目标,并提供必要的指导和支持以确保各自的目标与群体或组织的总体目标相一致。"路径-目标"的概念来自这种信念,即有效领导者通过明确指明实现工作目标的途径来帮助下属,并为下属清理各项障碍和危险,从而使下属的工作更为容易。

豪斯确定了四种领导行为:

(1) 指示型领导:让下属知道期望他们的是什么,以及完成工作的时间安排,并对如何完成任务给予具体指导,这种领导类型与俄亥俄州立大学的定规维度十分近似。

(2) 支持型领导:十分友善,并表现出对下属需求的关怀,这种领导类型与俄亥俄的关怀维度十分近似。

(3) 参与型领导:与下属共同磋商,并在决策之前充分考虑他们的建议。

(4) 成就导向型领导:设定富有挑战性的目标,并期望下属实现自己的最佳水平。

与菲德勒的领导行为相反,豪斯认为领导者是灵活的,同一领导者可以根据不同的情境表现出任何一种领导风格。

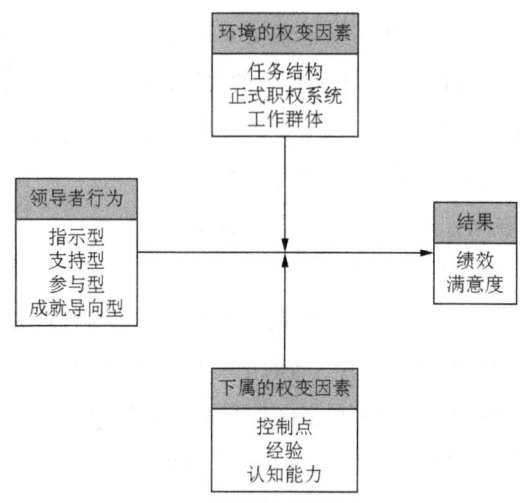

图 10-5 路径-目标理论模型

如图 10-5 所示,路径-目标理论指出了影响领导行为—结果关系的情境变量(权变变量)、下属控制范围之外的环境变量(任务结构、正式权力系统,以及工作群体)以及下属个性特点中的情境变量(控制点、经验和认知能力)。如果要使下属的产出最大,环境因素决定了需要哪种领导行为类型;下属的个人特点决定了个体对环境和领导者的行为特点如何解释。这一理论指出,当环境结构与领导者行为相比重复多余或领导者行为与下属特点不一致时,效果均不佳。

以下是由路径—目标理论得出的一些预测:

(1) 相比具有高度结构化和安排完好的任务来说,当任务不明或压力过大时,指导型领导导致了更高的满意度。

(2) 当下属执行结构化任务时,支持型领导导致了员工高绩效和满意度。

(3) 对知觉能力强或经验丰富的下属,指导型的领导可能被视为累赘多余。

(4) 组织中的正式权力关系越明确、越官僚化,领导者越应表现出支持型行为,降低指导型行为。

(5) 控制点为内部的下属,对指导型风格更为满意。

(6) 当任务结构不清时,成就导向型领导将会提高下属的努力水平,从而达到高绩效的预期。

对诸如这些假设的验证性研究的结果通常是令人振奋的。这些证据支持了理论背后的逻辑性。也就是说,当领导者弥补了员工或工作环境方面的不足,则会对员工的绩效和满意度起到积极的影响。当任务本身十分明确或员工有能力和经验处理它们而无需干预时,如果领导者还花费时间解释这些任务,那么下属会把这种指导性行为视为累赘多余甚至是侮辱。

第五节 当代领导理论

在变革的时代,社会正在寻求能扭转乾坤,指明发展方向,带领人们前进的英雄。每个组织也都追求独具慧眼的领导者——他们可以利用自己杰出的才能促使组织在激烈的竞争中获得成功。当代领导理论顺应了时代的发展,提出了诸多理论,其中领袖魅力型领导理论和变革型领导理论成为众望所归。

一、领袖魅力型领导理论

什么是领袖魅力?这是一个很难下定义的概念。罗伯特·豪斯较早对领袖魅力进行了系统研究。他认为魅力是远远超出一般的尊重、影响、钦佩和信任的,对追随者的情感具有震撼力的一种力量。有领袖魅力的人是一个偶像化的英雄,就像孔子一样。同许多伟大的领导者一样,伍秉鉴、艾尔弗雷德·斯隆和杰克·韦尔奇也都是世界企业界最富于领袖魅力领导者的典型。

大部分领袖魅力的领导研究,主要是确定具有领袖气质的领导者与无领袖气质的领导之间的行为差异。一些研究者试图确认有领袖魅力的领导者的个性特点。这方面最新最全面的分析是由麦吉尔大学的杰·康格和鲁宾德拉·卡农格进行的。他们的结论是,有领袖魅力的领导都有如下素质:①有一个他们希望达到的理想目标;②为此目标能够全身心的投入和奉献;③反传统;④非常固执而自信;⑤被认为是激进变革的代言人而不是传统现状的卫道士。表10-2总结了区别有领袖魅力的领导与无领袖气质的领导者的关键特点。

表 10-2 有领袖魅力的领导者的关键特点

特 点	含 义
自 信	有领袖魅力的领导者对他们自己的判断和能力有充分的信心
远 见	他们有理想的目标,认为未来定会比现状更美好。理想目标与现状相差越大,下属越有可能认为领导者有远见卓识
清楚表述目标的能力	他们能够明确地陈述目标,以使其他人都能明白。这种清晰的表达表明了对下属需要的了解,然后,它可以成为一种激励的力量
对目标的坚定信念	他们被认为是具有强烈奉献精神,愿意从事高冒险性的工作,承受高代价,为了实现目标能够自我牺牲
不循规蹈矩的行为	他们的行为被认为是新颖、反传统、反规范的。当获得成功时,这些行为令下属们惊诧而崇敬
变革代言人	他们被认为是激进变革的代言人而不是传统现状的卫道士
环境敏感性	他们能够对需要进行变革的环境约束和资源进行切实可行的评估

有领袖魅力的领导者对下属有什么影响呢? 有关此方面越来越多的研究表明,有领袖魅力的领导者与下属的高绩效和高满意度之间有着显著的相关性。为有领袖魅力的领导者工作的员工,会因为受到激励而付出更多的工作努力,而且,由于他们喜爱自己的领导,因而也表现出更高的满意度。

既然领袖魅力如此理想,人们是否可以学做有领袖魅力的领导者呢? 或者说具有领袖气质的领导者,天生就具有这些气质吗? 尽管仍有少数人强调领袖魅力不可能被学到,但大多数学者专家认为个体可以经过培训而展现领袖魅力的行为。比如,研究者使实际上是商业大学本科的在校学生成功地"扮演"了有领袖魅力的角色。他们指导学生清晰地表述一个极高的目标;向下属传达高绩效的期望,对下属达到这些目标所具备的能力表现出很有信心,重视下属的需要;学生们练习表现出有力、自信和动态的形象,并使用富有魅力的迷人语调。

为了进一步捕捉领袖魅力的动态和生动特征,这些学生还被训练使用具有领袖魅力的非常特点,他们或者坐在自己的办公桌上,或者在桌边漫步,身体向前倾向下属,保持直接的目光接触,以及呈现放松的姿态和生动的面部表情。研究发现,这些领导者的下属比无领袖魅力的领导者的下属表现出更高的工作绩效和对任务的适应性,以及对领导和群体的适应性。

但是有领袖魅力的领导者对于员工达到高绩效水平来说并不总是必须的,当下属的任务中包含观念性要素和思想性时,它最为恰当。这可以解释为什么领袖魅力的领导更多存在于政治、宗教中,或在一个引入重要新产品或面临生存危机的企业中,如康有为在亡国灭种的危机中吹响变革的号角,张瑞敏坚决砸坏劣质冰箱,从而赢得海尔公司员工的忠诚和坚定。

然而,当危机和剧烈变革的需要减退时,有领袖魅力的领导者事实上可能会成为组织的负担。为什么? 因为有领袖魅力的领导者过分地自信常常导致了许多问题。他们不能聆听他人所言,受到有进取心的下属挑战时会十分不快,并对所有问题总坚持自己的正确性,例如丘吉尔。

二、变革型领导理论

人们对变革型领导的兴趣可能来源于两个方面的原因：①组织变革成为潮流，很多大公司如IBM和GE等巨星企业实施了大范围的变革计划，企业需要变革型领导；②许多研究人员感到领导理论把注意力过分集中在素质、行为和情境上，已经在组织变革上失去了对领导者的洞察力。如何寻找杰克·韦尔奇成了重要问题。由于变革型领导也具有领袖魅力，因此这一主题与前面我们对领袖魅力领导的讨论有一定的重复之处。

本章中介绍的大多数领导理论（如俄亥俄州立大学的研究、菲德勒的模型、路径—目标理论）都讲的是事务型领导者。所谓事务型领导者，即致力于维持现状的守业式的领导者，其目的是为了维持秩序，使企业系统能高效、稳定地运行下去。这些领导者通过明确角色和任务要求而指导或激励下属向着既定的目标活动。但是还有另一种领导类型，他们是变革型领导者，鼓励下属为了组织的利益而超越自身利益，并能对下属产生深远而不同寻常的影响。他们关怀着每一个下属的日常生活和发展需要；他们帮助下属以新观念看待老问题从而改变了下属对问题的看法；他们能够激励、唤醒和鼓舞下属为达到群体目标而付出更大的努力。

我们不应认为事务型领导与变革型领导采取截然对立的方法处理问题。变革型领导是在事务型领导的肩膀上形成的。变革型领导所导致的下属的努力和绩效水平比单纯事务型好得多。此外，变革型领导也更具有领袖魅力。"单纯领袖魅力的领导仅仅是想让下属适应领袖魅力的世界就足够了，而变革型领导者则试图逐步培养下属的能力，使他们不但能解决那些由观念而产生的问题，而且完全能解决那些由领导者提出的问题。"

有相当多的证据支持变革型领导优于事务型领导。比如，对美国、加拿大和德国军队的官员进行的大量研究发现，在每个层面上，对变革型领导者的评估都比事务型领导更好。在联邦捷运公司中，那些被下属评估为更具变革型领导的管理者，被他们的直接上级主管评估为有更高成就的人和更应晋职的人。总之，所有证据表明，变革型领导与事务型领导相比，在低离职率、高生产率和高员工满意度之间有着更强的相关性。

在各行各业中都存在变革型领导，像亨利·福特实现了他的愿景，生产让人们买得起的、大规模制造的汽车；比尔·盖茨改变了软件行业，使得人们意识到软件比硬件更重要；杰克·韦尔奇使GE的市值提升了30多倍，排名世界第二位；乔布斯则因改变了手机等多个行业而令世界瞩目。

变革型领导拥有着巨大的潜力，他们可以给衰落的组织重新注入活力，能够帮助个人发现工作与生活的价值和兴奋点。但是，如果他们的目标和价值体系与文明社会的基本准则相悖，那么他们就会给社会构成极大的威胁。阿道夫·希特勒就是典型的例子。一个人具有激发起巨大的奉献、牺牲与热情的能力，并不能保证其事业是正义的，是值得人们为之付出的。

变革型领导不是总经理与首席执行官的专有权利。福特汽车公司在与密歇根大学商学院合作中，曾把上千名中层经理送去参加一项促进变革型领导方式的计划，通过这种方法，中层经理的传统角色产生了变革，这项训练包括商业环境变革分析、公司战略、人际关系和对变革需要的讨论，参与者评估他们自己的领导方式并发展了一项培训后实施的具体变革创意。在之后6个月中，经理人员们在工作中实施变革，几乎一半的创意造成了组织或工作单位的变革。这些变化中

54％是微小的、渐进的，或更个人化的。管理人员带来变革性变化，依赖于他们对这项培训的态度、他们的自尊水平以及在其工作中从其他人那里获得的支持的程度。但有一些管理人员并不像所希望的那样反应。总的来说，加入这一培训中的半数人变得更加富于变革性，而且已着手公司重大的变革性的改变。

【课后思考】

1. 教本课程的老师采用何种领导风格？是否有效？如果并不有效，你认为什么样的风格更为有效？
2. 什么是管理方格论？将其领导观与俄亥俄和密歇根研究小组的领导观进行对比。
3. "高—高"型是最有效的领导风格吗？请解释。
4. 在所有的行为理论中你认为存在哪些相似之处？
5. 对比赫塞—布兰查德的情境领导理论与管理方格理论。
6. 人们是否可以通过学习成为具有领袖魅力的领导？请解释。
7. 领袖魅力在组织中总是合适的吗？
8. 我们是否可以说女性或男性的领导风格更好？为什么？

【技能训练】

集体参与时间：40～60分钟

材料：历史上领袖人物画像，画像旁边贴一张空白的题板纸，给每个学生发一份表格（见"发放材料"）及两张投票用的小纸条。

活动目的：

(1) 可以帮助识别各种领导方式的一些明显特点，帮助领导者确定自己的领导方式。

(2) 活跃现场气氛。

程序：

(1) 材料中的表格发给学生。针对表格中的每个问题，从挂在墙上的领导者中选出一个相匹配的领导者，同一个领导者可以选择一次以上。填完表格后，请他们举手。

(2) 让他们互相看看其他人选择的是哪个领导者。大声地念出每个问题，让学生站在他们选的领导者的画像下面。

(3) 让学员说说他们选择这个领导者的理由，把原因写在画像旁边的题板纸上。

(4) 对于每个问题都重复一次这个过程。

(5) 让学生重新坐好。选出学生选得最多的两三个画像。

(6) 让小组回顾一下写在那些领导者旁边的题板纸上的意见，并提出那些领导者最有可能说的关于管理本质的典型语录。

分享：

(1) 有哪些领导者被选出来，使大家感到很奇怪吗？

(2) 有哪个领导者总是被选的对象吗？如果有，你认为为什么会这样呢？如果没有，是不是每一个领导者都具有一些共同的特征呢？在选择一人领导者时，是不是这些共性的特征常被提及呢？

(3) 你对不同的领导方式或管理风格有什么高见吗?
(4) 作为一个领导者和作为一个管理者有什么不同?
(5) 对于你自己的风格和偏好,你自己审视过吗?
(6) 如果你的职员站在你的画像下面,他们看重你的什么特征? 在什么情况下,他们会选择其他领导者?
(7) 有趣的要点:什么障碍(内部的和外部的)会阻碍你成为想成为的那个类型的领导者?
(8) 基于这一点思考,在今后的工作中,你会采取哪些不同的做法?

总结:
(1) 当有很多人参与这个活动时,你可以适当减少学员回答问题的数目,或者在选择领导者时,允许他们坐在座位上而不要站到画像下面。
(2) "处在首位的领导者"是一个短评,描述了一类人,他们通过一些技巧的组合,对人性、时机的把握,成为一个文化圣像。
(3) 很显然,并不是我们每个人都能成为处在首位的领导者。但是,任何一个领导者都必须严肃地对待下面这些问题:如何使人们具有完成任务的动力? 如何使所有人协调一致? 如何确保信息能够被一级级地传达? 如何发现最低级别的员工正在想什么以及在做什么? 当工作变得繁重时,怎样才能使他们不抱怨?
(4) 有效的领导者怎样调整自己的领导方式,使之适应员工和具体情况的需要。

附:发放材料:

"处在首位的领导者"是一个短语,描述了一类人,他通过一些技巧的组合,对人性、时机的把握,成为一个他那个时代的文化圣像。下面列出了一些处在首位的领导者,这些名字可能都是你们耳熟能详的。

显然、并不是我们每个人都能成为领导者,但是,任何一个领导者都必须严肃地对待下面这些问题:如何使人们具有完成任务的动力? 如何使人们协调一致? 如何确保信息能够被一级级地传达? 如何发现最低级别的员工正在想什么以及在做什么? 当工作变得繁重时,怎样才能使他们不抱怨?

从下面列出的处在首位的领导名单中,根据下面的每一个问题选择一个领导者必须基于你自己对该领导的特征、技巧和领导方式的感觉。

处在首位的领导:毛泽东、邓小平、亚伯拉罕·林肯、琼·阿切尔、比尔·盖茨、张瑞敏。

(1) 在你的工作中,哪个领导可能是最有效的沟通者?
(2) 在你的工作中,哪个领导在谈判过程中可能是最有才能的?
(3) 在你的工作中,哪个领导可能是最有效地解决问题的人?
(4) 在危机中,你会信任哪个领导?
(5) 哪个领导会对你的工作业绩有积极的评价?
(6) 哪个领导最适合做你的上级监管者?
(7) 作为一个管理者,哪个领导的风格与你自己的风格最为相似?

【自我检测】

一、单项选择题

1. 领导特质理论忽略了（　　）。
   A. 诚实和正直的行为表现　　　　　B. 领导者和成员间的交往以及情境因素
   C. 领导者的身体特质　　　　　　　D. 领导者应该能够创造愿景并解决问题

2. 赫塞和布兰查德的情境领导理论描述（　　）型领导风范，领导者与下属共同决策。
   A. 参与　　　　B. 告知　　　　C. 授权　　　　D. 推销

3. （　　）是充满热情而自信的，他的人格魅力和活动能力影响着人们以及某种特定的方式行事。
   A. 魅力型领导　　　　　　　　　　B. 团队领导者
   C. 冲突管理者　　　　　　　　　　D. 愿景型领导者

4. 根据情境领导理论，当下属处于第四阶段，既有能力又愿意工作时，领导者应采取（　　）。
   A. 指示型领导　　　　　　　　　　B. 推销型领导
   C. 参与型领导　　　　　　　　　　D. 授权型领导

5. 根据俄亥俄州立大学的研究，领导行为的（　　）维度被定义为管理者在工作中尊重下属的看法与情感并与下属建立相互信任的程度。
   A. 定规　　　　B. 物理　　　　C. 关怀　　　　D. 文化

6. 某公司销售部领导被批评"控制太多，领导太少"。据此，您认为该经理在工作中存在最有可能的问题是（　　）？
   A. 对下属的疾苦没有给予足够的关心　　B. 对销售目标关注度不够
   C. 事无巨细，亲力亲为，授权不够　　　D. 没有为下属制定详细明确的奋斗目标

二、判断题

1. 早期的领导理论关注领导者以及领导者与下属成员的相互作用。　　　　　　　　（　　）
2. 情境领导理论关注下属的成熟度。　　　　　　　　　　　　　　　　　　　　（　　）
3. 人们由于在组织中身处某一职位而获得的权利就是职位权利。　　　　　　　　　（　　）
4. 为魅力型领导工作的人肯付出更多的工作努力，但显示出较低的满意度。　　　　（　　）
5. 奖赏权利源自个人所具备的令人羡慕的资源或人格特点的权利。　　　　　　　　（　　）
6. 菲德勒的权变模型提出领导的有效性取决于下属的能力及他们的意愿。　　　　　（　　）

三、简答题

1. 请分别阐述四项早期的领导行为研究。
2. 请解释菲德勒的权变模型。
3. 领导者权力的五种来源是什么？
4. 区分交易型领导者和变革型领导者，以及魅力型领导者和愿景型领导者。
5. 下属能否显著影响领导者的效果？

四、案例分析

马云的领导力

马云说:"小企业成功靠精明;中等企业成功靠管理;大企业成功靠的是诚信。"但我相信马云的成功不仅仅是这其中的某一面,是多种因素的结合,而他的领导艺术也正蕴含于此!

"智慧,胸怀,眼光"——领导的有效法宝

1. 智慧

在阿里巴巴公司,人们之所以听谁的,不是因为这个人是CEO,是什么长,是什么主任,而是因为他说得对。这就要求一个企业领袖要有过人智慧以驾驭企业,而不是手中有多少股票。马云拥有的股份大概也只有10%左右的比例,这不足以驾驭阿里巴巴。从第一天开始,马云就没想过用控股的方式控制阿里巴巴。事实上,阿里巴巴也不允许任何一个股东或者任何一方投资者控制它。马云说:"我觉得这个公司需要把股权分散,管理和控制一家公司是靠智慧。"马云不仅没有控股阿里巴巴,甚至还是一个IT外行,也就是说在技术上也没能控制这家公司。可是,马云的公司还是连续四年被《福布斯》评为全球最佳B2B网站,马云的管理团队也成了哈佛MBA案例。马云告诉记者,"我虽没控股,但我控制了阿里巴巴这个团队。其实,我也没有控制团队。我永远相信一点,就是不要让别人为你干活。"这就是智慧的力量,它远胜于知识本身!

2. 胸怀

马云认为,作为一个一把手,有70%的人相信你的时候,你已经很幸福了,你不要为那30%的人耿耿于怀,心胸要宽点。因为这是个社会学概念,"六个人中一定有人杰,七个人中一定有混蛋。"马云要的是,每个人为一个共同的目标和理想去干活。他讨厌员工为他工作。他说,再有本事的企业领袖,也别指望你的员工会全听你的,这很不现实。就拿他今天讲的这个话题,如果大家听了以后全都同意他的看法,那他讲的一定是废话!

3. 眼光

在公司管理的过程中,要想真正领导这个团队就必须要有独到的眼光,必须比人家看得远,胸怀比人大。所以马云花好多时间参加各种论坛,全世界奔跑:看硅谷的变化,看欧洲的变化,看日本的变化,看竞争者,看投资者,看你的客户。马云一年365天,在杭州的时间少,而在国内外四处跑的时间反而多。他说,读千卷书还要行万里路,一个企业家老是窝在家里,他就会自大,就会狭隘,这对他的事业发展是十分不利的。

"当名好老师"——领导者的职责

1. 自我拥有健康的价值观

马云说,他见过世界上许多成功的企业,发现在那些成功的CEO的办公室里,办公桌前总是挂着自己最喜欢的人的照片,椅子后也都是挂着企业团队、个人朋友等支持、帮助过自己的人的照片。这些企业家的成功,是因为他们面对微笑,天天开心;因为他们拥有企业成长的最稳固的靠山。相反,那些失败的企业,整个屋子里都充满铜臭味。马云认为,当一个企业领导人满脑子都是美元、人民币的时候,他说话时肯定满嘴是港元,那他的企业就不会走得远。

2. 树立培养职工积极的价值观

谁都知道现在的阿里巴巴公司，有一个汇聚世界精英的团队。但是，平时在用人上，"精英"却不是首选，甚至连第二都排不上。阿里巴巴选的是对公司的价值观有认同感的人。但凡进公司就有一个月的专门培训，从第一天起，他们说的就是共同的价值观、团队精神。他们告诉刚来的员工，所有的人都是平凡的人，平凡的人在一起，做件不平凡的事。在阿里巴巴的平时考核中，业绩很好，也就是每年销售可以卖得特别高，但是根本不讲究团队精神，不讲究质量服务的人，他们会毫不手软的"杀掉"他！在马云的眼中，"创办一家伟大的公司比上市更为重要！"

3. 做好本职工作

平时，马云就爱去帮助别人。和其他老师一样，他希望自己的学生成为全校最好的学生，在社会上真正有用，并超过他。事实上，每位员工来公司的时候，第一堂课就是马云为他们上的。在阿里巴巴管理学院，马云上课教的不是理论，而是学校里学不到的企业实战案例。马云说："当老师很有意思。你如果把你自己懂的东西跟别人分享，那是无上的幸福。"成就百年老店："领导者应该是一位好'老师'！"

4. 从小做起

在中国，很多企业刚开张时，人还没几个，就在一个高档写字楼，租下了一个很大的办公室。这样，新招的员工看到这架子，就会觉得，这家公司肯定不错，好好在这里发展，会出人头地的。马云分析说，"这就给新员工对公司过高的心理期望值。其实，刚办的企业要发展，本身肯定有许多的困难，而新来的人却是冲着你的'好'，你的'规模'来的，对面临的困难总是估计不足。于是，久而久之，这家公司的人又会变得越来越少，最后，撑不下去。"就目前的阿里巴巴，可以说并不缺钱，但大多数分公司的办公地点，却都在居民点的单元房里。不仅是福州，就是东京、纽约，都有能力租当地最贵的办公地点，但阿里巴巴没有。为什么？他们要让所有的员工知道，来阿里巴巴，就是要把阿里巴巴从小做到大，把分公司的办公室从小单元房搬到当地最高级的写字楼。

5. 重人用人

在古代，"重人"是中国传统管理的一大要素。王者要夺取天下，治好国家，办好事业，人是第一位的。马云认为，一个企业最大的财富之一也是员工。因此他提出"把钱存在员工身上"的理念。阿里巴巴公司四年来扎根西子湖畔，在那里训练人马，训练团队，了解客户，了解市场，员工达到1400名，可能是当今中国互联网企业中员工人数最多的公司。马云说："我们认为与其把钱存在银行，不如把钱投在员工身上，我们坚信员工不成长，企业是不会成长的。"他解释说，"每个人都有潜力；你信不信，一百米跑13秒的你，如果后面是老虎在追，你一百米说不定就跑出11秒。这就是潜能，是一个企业领导需要去挖掘的工作。"所以当马云在回答记者"你认为这世上缺乏人才吗"，就十分肯定地说："不！"

问题：

1. 请问马云是何种类型的领导者？
2. 请问马云是如何施展个人领导才能的？

第十一章 激 励

【趣味阅读】

有一个人经常出差,经常买不到对号入座的车票。可是无论长途短途,无论车上多挤,他总能找到座位。他的办法其实很简单,就是耐心地一节车厢一节车厢找过去。这个办法听上去似乎并不高明,但却很管用。每次,他都做好了从第一节车厢走到最后一节车厢的准备,可是每次他都用不着走到最后就会发现空位。

他说,这是因为像他这样锲而不舍找座位的乘客实在不多。经常是在他落座的车厢里尚余若干座位,而在其他车厢的过道和车厢接头处,居然人满为患。他说,大多数乘客轻易就被一两节车厢拥挤的表面现象迷惑了,缺乏动机,不愿继续寻找。与生活中一些不善憧憬,没有手段自我激励的人,永远只能滞留在没有成功的起点上一样,这些不愿主动找座位的乘客大多只能在上车时最初的落脚之处一直站到下车。

【管理启示】

自信、执着、自我激励、勤于实践,会让你握有一张人生之旅永远的坐票。

【学习目标】

1. 了解激励的特点。
2. 掌握经济人、社会人、自我实现人、复杂人等主要概念。
3. 掌握各种激励原理的观点。
4. 能够运用激励的基本理论和方法解决实际问题。

【教学要求】

知识要点	能力要求	相关内容
激励概述	(1) 理解并掌握激励的基本含义 (2) 掌握激励的重要性 (3) 理解人的行为过程	(1) 激励的概念及特点 (2) 激励的重要性 (3) 激励的过程
人性认识	(1) 掌握人性的经济人、社会人、复杂人和自我实现人假设 (2) 理解并掌握X理论Y理论主要观点	(1) 人性的假设 (2) X理论和Y理论
激励理论	(1) 掌握并应用几种内容激励理论 (2) 掌握并应用几种过程激励理论	(1) 内容激励理论 (2) 过程激励理论

第一节 激励概述

激励是管理的措施。正如麦格雷戈（Douglas M.McGregor）所说："个人与个人之间的竞争，才是激励的主要来源之一。"在这里，员工工作的动力和积极性成了激励工作的间接结果。科学的激励制度包含有一种竞争精神，不同的激励类型对行为过程会产生程度不同的影响，所以激励类型的选择是做好激励工作的一项先决条件。管理学家的研究表明，员工的工作绩效是员工能力和受激励程度的函数，即绩效＝F（能力×激励）。如果把激励制度对员工创造性、革新精神和主动提高自身素质的意愿的影响考虑进去的话，激励对工作绩效的影响就更大了。物质激励是基础，精神激励是根本。在两者结合的基础上，逐步过渡以精神激励为主。激励的起点是满足员工的需要，但员工的需要因人而异、因时而异，并且只有满足最迫切需要（主导需要）的措施，其效价才高，其激励强度才大。因此，领导者必须深入地进行调查研究，不断了解员工的需要层次和需要结构变化趋势，有针对性地采取措施，才能收到实效。

一、激励的含义

激励如同众多被广泛使用却无法精确定义的词一样。在管理工作中，激励被认为是调动人们积极性的过程，如同其字面意思。详细一点的解释可理解成：为了特定目的而去影响人们的内在需要或动机，从而强化、引导或改变人们行为的反复过程。如下三点需要特别关注：

（一）激励的目的性

任何激励行为都有其目的性，这个目的可能是一个结果，也可能是一个过程，但必须是一个现实的、明确的目的。

（二）激励通过人们的需求或动机来强化、引导或改变人们的行为

从本质上说，激励所产生的行为是其主动、自觉的行为，而不是被动、强迫的行为。

（三）激励是一个持续反复的过程

激励是一个由多种复杂的内在、外在因素交织起来持续作用和影响的复杂过程，而不是一个互动式的即时过程。

激励是针对人的行为动机而进行的工作。企业领导者通过激励使下属认识到，用符合要求的方式做需要他们做的事会使自己的欲求得到满足，从而表现出符合组织需要的行为。为了进行有效的激励，收到预期的效果，领导者必须了解人的行为规律，知道职工的行为是如何产生的，产生以后会发生何种变化，这种变化的过程和条件有何特点等等。

二、激励的过程

激励是个人行为的强化，是引导个人最大限度地开发其内在潜力去实现组织目标的过程。人们为什么能够被激励，这要从人的行为模式开始分析。

行为科学认为，人的行为是由动机决定的，而动机则是由需要引起的。当人们有了某种需要

且未得到满足之前,就会处在一种不安和紧张状态之中,从而成为干某件事的内在驱动力。心理学上把这种驱动力叫做动机。动机产生以后,人们就会寻找能够满足需要的目标,而一旦目标确定,就会进行满足需要的行为活动。活动的结果如果未使需要得到满足,则会出现三种情况:或目标不变,重新努力;或降低目标要求,即降低要求得到满足的档次;再或变更目标,从事别种活动,以满足相同或类似的需要。如果活动的结果使自己得到满足,则人们往往会被自己的成功所鼓舞,产生新的需要和动机,确定新的目标,进行新的活动。因此,从需要到目标,人的行为过程是一个周而复始、不断进行、不断升平的循环。这个循环可以用图 11-1 来简单概括:

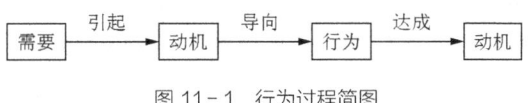

图 11-1 行为过程简图

上述分析表明:需要是人类行为的基础;不同的需要在不同的条件下会诱发出不同的行为;本期行为的结果会使人们产生新的需要,从而影响下期行为。领导者要正确地引导人们的行为,必须:①分析需要的类型和特点;②研究需要是如何影响人的行为以及影响程度是如何决定的;③探索如何正确评价人们的行为结果,并据此予以公正的报酬,使得人们保持积极、合理的行为,或改正消极、不合理的行为。

三、激励的重要性

激励在管理活动中起着重要的作用。任何组织都是由人创建、管理的,组织内的一切物流、资金流、信息流都是由人来运作的,因此人是决定组织成败的最关键因素之一。组织中人的积极性的高低直接影响工作的绩效,要想提高人的工作积极性就离不开激励。

激励的重要性体现如下作用中:
(1) 激励可以充分开发员工的潜力,保证工作的有效性和高效率。
(2) 激励可以提高员工的自觉性、主动性和创造性。
(3) 激励可以吸引、留住优秀人才。
(4) 激励可以提高员工的素质。
(5) 激励可以加强组织凝聚力。

第二节 关于人性的认识

一、经济人假设

"经济人"又称为"理性经济人",也称为"实利人"。这种假设起源于享乐主义,再经 19 世纪合理主义的影响而形成。此假设认为,人的一切行为都是为了最大限度地满足自己的利益,工作动机是为了获得经济报酬,或者为了避免惩罚。美国管理学家麦格雷戈把传统管理学对人的看法及"经济人"假设成为 X 理论,并概括为以下几点:

(1) 多数人十分懒惰，他们总想方设法逃避工作。

(2) 多数人没有雄心大志，不愿负任何责任，而甘心情愿受别人指导。

(3) 多数人的个人目标都是与组织目标相矛盾的，必须用强制、惩罚的方法，才能迫使他们为达到组织的目标而工作。

(4) 人大多缺乏理性，本质上不能自律，易受他人影响。

(5) 多数人工作都是为了满足基本的需要，只有金钱和地位才能鼓励他们工作。

据此，对"经济人"的管理就是要诱之以利、惩之以刑。管理工作的重点是完成生产任务，提高生产率，不关心人的感情和愿望。组织应以金钱激励员工的生产积极性，对消极怠工者采取严厉的惩罚措施。某些主管者也受"经济人"假设认识的影响，或者不自觉地以为，只要多花钱，采用高压手段就能调动积极性，其实结果并非如此。因此，了解"经济人"的假设，可以从反面提醒我们管理人员改正错误的管理方式和方法。

二、社会人假设

梅奥在20世纪30年代从霍桑试验研究中提出"社会人"假设。"社会人"的基本假设就是：①从根本上说，人是由社会需求而引起工作的动机的，并且通过与同事的关系而获得认同感。②工业革命与工业合理化的结果，使工作本身失去了意义，因此只能从工作上的社会关系去寻求意义。③员工的工作效率随着上司能满足他们社会需求的程度而改变。④在正式组织中存在非正式群体，这种非正式群体有其特殊的行为规范，对其成员有很大的影响。

梅奥认为，领导者要了解人，善于倾听和沟通员工的意见，使正式组织的经济需要同非正式组织的社会需要平衡。

由此而来的管理方式与根据"经济人"假设得出的管理方式完全不同。他们强调除了应注意工作目标（指标）的完成外，更应注意从事此项工作的人们的要求；不应只注意指挥、监督等，而更应重视员工之间的关系，培养和形成员工的归属感；不应只注意对个人的奖励，应提倡集体奖励制度。这种假设无疑比前一个假设进了一步。

三、自我实现人假设

"自我实现人"是美国管理学家、心理学家马斯洛提出的。所谓自我实现，指的是"人都需要发挥自己的潜力，表现自己的才能，只有人的潜力充分发挥出来，人的才能充分表现出来，人才会感到最大的满足"。这就是说，人们除了社会需求之外，还有一种想充分运用自己的各种能力，发挥自己自身潜力的欲望。因此，组织应创造条件，在让人们的这种欲望得到满足的同时，也让组织的目标得以实现。但马斯洛也承认，在现实中这种人极少，多数人不能达到自我实现人的水平，原因是社会环境束缚，没有为人们自我实现创造适当的条件。

麦格雷戈总结并归纳了马斯洛等人的观点，结合管理问题，提出了Y理论，强调自我实现人假设。其基本内容如下：

(1) 工作中的体力和脑力的消耗就像游戏休息一样自然。厌恶工作并不是普通人的本性。工作可能是一种满足（因而自愿去执行），也可能是一种处罚（因而只要可能就想逃避），到底怎样，要看可控制的条件而定。

（2）外来的控制和处罚的威胁不是促使人们努力达到组织目标的唯一手段。人们愿意实行自我管理和自我控制完成应当完成的目标任务。

（3）致力于实现目标是与实现目标联系在一起的报酬在起作用。报酬是各种各样的，其中最大的报酬是通过实现组织目标而获得个人自我满足、自我实现的需求。

（4）普通人在适当条件下，不仅学会了接受职责，而且还学会了谋求职责。逃避责任、缺乏抱负以及强调安全感，通常是经验的结果，而不是人的本性。

（5）大多数人，而不是少数人，在解决组织的困难问题时都能发挥较高想象力、聪明才智和创造性。

（6）在现代工业化社会的条件下，普通人的智能潜力只得到了部分的发挥。

四、复杂人假设

"复杂人"是德加·沙因在1965年出版的《组织心理学》中首先提出的。复杂人假设认为，人既不是单纯的"经济人"，也不是完全的"社会人"，更不是纯粹的"自我实现人"，而是因时、因地、因情况采取适当反应的"复杂人"。根据复杂人假设，一些学者提出了一种既区别X理论又区别Y理论的超Y理论，又称为"权变理论"。

复杂人假设主要观点如下：

（1）每个人都有不同的需要和不同的能力，工作的动机不但是复杂的而且变动性很大。人的许多动机安排在各种重要的需求层次之上，这种动机阶层的构造不但因人而异，而且同一个人在不同的时间和不同的地点也是不一样的。

（2）一个人在组织中可以学到新的需求和动机，因此一个人在组织中表现的动机模式是他原来的动机模式与组织经验交互的结果。

（3）人在不同的组织和不同的部门中可能有不同的动机模式，在正式组织中与别人不能合群，可能在非正式组织中能满足其社会需要和自我实现的需要。

（4）一个人是否感到心满意足，肯为组织出力，决定他本身的动机构造和他同组织之间的相互关系，工作的性质、本人的工作能力和技术水平，动机的强弱以及与同事相处的状况都可能产生影响。

工作价值的激励作用

（5）人可以依自己的动机、能力及工作性质对不同的管理方式做出不同的反应。

第三节 内容型激励理论

一、需要层次理论

（一）需要层次理论的观点

最著名的激励理论应该数亚伯拉罕·马斯洛的需要层次理论了。他提出每个人都有五个层

次的需要:

(1) 生理需要——食物、水、住所、性满足以及其他方面的生理需要。

(2) 安全需要——保护自己免受身体和情感伤害的需要。

(3) 归属需要——包括友谊、爱情、归属及接纳方面的需要。

(4) 尊重需要——内部尊重因素包括自尊、自主和成就感；外部尊重因素包括地位、认可和关注等。

(5) 自我实现需要——成长与发展、发挥自身潜能、实现理想的需要。这是一种追求个人能力极限的内驱动。

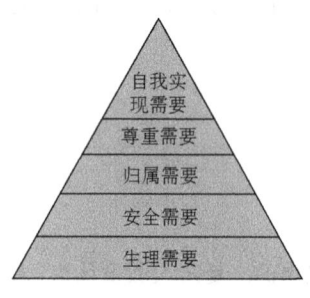

图 11-2 需要层次理论

当一种需要得到满足后，另一种更高层次的需要就会占据主导地位。如图 11-2 所示，个体的需要是逐层上升的。从激励的角度来看，没有一种需要会得到完全满足，但只要其得到部分地满足，个体就会转向追求其他方面的需要了。按照马斯洛的观点，如果希望激励某人，就必须了解此人目前所处的需要层次，然后着重满足这一层次或在此层次之上的需要。

马斯洛还将这五种需要划分为高和低两级。生理需要与安全需要称为较低级的需要，而归属需要、尊重需要与自我实现需要称为较高级的需要。高级需要是从内部使人得到满足，而低级需要则主要是从外部使人得到满足。事实上，从马斯洛的需要层次理论中会很自然得到这样的结论：在物质丰富的条件下，几乎所有员工的低级需要都得到了满足。

(二) 需要层次理论的启示

我们知道每个人的需要是不同的，但是马斯洛进一步告诉我们，就每个个体而言，他的需要也是分层次的。在管理工作中，我们要识别每个个体的需求层次对症下药。例如，刚进公司不久的员工一般而言在低级需求方面要求较多，而在公司工作过很久的员工或者中上层则在高级需求方面要求较多。

(三) 需要层次理论的评论

马斯洛的理论在 20 世纪六七十年代得到普遍认可，尤其是在管理实践者中，这要归功于该理论直观的逻辑性和易于理解的内容。但该理论缺乏实证研究的支持，而仅有的几项验证其效度的研究也缺乏说服力。

二、双因素理论

(一) 双因素理论的观点

双因素理论又称激励—保健理论，是美国心理学家弗雷德里克·赫茨伯格提出的。他认为个人与工作的关系是一个最基本的方面，而个人对工作的态度在很大程度上决定任务的成功与失败。为此，他调查了这样一个问题："人们希望从工作中得到什么？"他要求人们在具体情境下详细描述他们认为工作中特别好或特别差的方面。赫茨伯格对调查结果进行了分类归纳，如图 11-3 所示。

激励因素	保健因素
成就 认可 工作本身 责任 进步 成长	监督 公司政策 与主管的关系 工作条件 薪水 与同伴的关系 个人生活 与下属的关系 地位 稳定与保障
极满意　　　　　　　中性　　　　　　　极不满意	

图 11-3　激励因素和保健因素

在分析调查结果时,赫茨伯格发现,对工作感到满意的员工和对工作感到不满意的员工的回答十分不同。图 11-3 中左侧列出的因素是与工作满意有关的特点;右侧列出的因素是与工作不满意有关的特点。一些内在因素如成就、承认、责任与工作满意相关。当对工作感到满意时,员工倾向于将这些特点归因于他们本身;而当他们感到不满意时,则常常抱怨外部因素,如公司的政策、管理和监督、人际关系、工作条件等。

基于调查结果,赫茨伯格进一步指出满意的对立面并不是不满意,消除了工作中的不满意因素并不必定能使工作令人满意。如图 11-4 所示,赫茨伯格提出这之中存在着双重的连续体:满意的对立面是没有满意,而不是不满意;同样,不满意的对立面是没有不满意,而不是满意。

传统观点			
满意		不满意	
赫茨伯格观点			
激励因素		保健因素	
满意	没有满意	没有不满意	不满意

图 11-4　赫茨伯格对满意的观点

（二）双因素理论的启示

按照赫茨伯格的观点,导致工作满意的因素与导致工作不满意的因素是有区别的,因此管理者消除了工作中的不满意因素只能带来平和,而不一定对员工有激励作用。这些因素只能安抚员工,而不能激励员工。赫茨伯格称这些导致工作不满意感的因素为保健因素。当它们得到充分改善时,人们就没有不满意感了,但也不会感到满意。赫茨伯格认为,要想真正激励员工努力工作,必须注意激励因素,这些因素才会增加员工的工作满意感。

双因素理论揭示这样一个道理,提高员工的满意度不能从工作条件和工资等因素考虑,而要从员工发展空间、是否被认可等因素着手。但是,需要注意的是不考虑工作条件和工资会导致员工不满意度增加。

(三)双因素理论的评论

激励-保健理论在学术界同样存在着争议,批评意见来自以下几个方面:

(1) 赫茨伯格所采用的研究方法具有一定的局限性。人们容易把满意的原因归因于他们自己,而把不满意的原因归因于外部因素。

(2) 赫茨伯格研究方法的可靠性令人怀疑。评估者必须要进行解释,但他们有可能会对两种相似的回答作出不同的解释,因而使调查结果掺杂偏见。

(3) 缺乏普遍适用的满意度评价标准。一个人可能不喜欢他工作的一部分,但他仍认为这份工作是可以接受的。

(4) 激励-保健理论与前面的研究结论有一定的不一致,并且它忽视了情境变量。

(5) 赫茨伯格认为满意度与生产率之间存在一定的关系,但他所使用的研究方法只考察了满意度,而没有涉及生产率。为了使这一研究更为有效,人们必须假定生产率与满意度之间关系十分密切。

尽管存在诸多批评,赫茨伯格的理论仍然广为流传,大部分管理者都了解他的观点。职务丰富化的努力就是在赫茨伯格的激励-保健理论基础上产生的。

三、三种需要理论(成就需要理论)

(一)三种需要理论的观点

大卫·麦克莱兰等人提出了三种需要理论,他们认为个体在工作情境中有三种主要的动机或需要:①成就需要——达到标准、追求卓越、获得成功的需求;②权力需要——影响或控制他人且不受他人控制的欲望;③归属需要——建立友好亲密的人际关系的愿望。

一些人有强烈的内驱力要将事情做得更为完美,使工作更有效率,以获得更大的成功,但他们追求的是个人的成就感而不是成功之后所带来的奖励。我们将这种内驱力称为成就需要。麦克莱兰发现高成就需要者的不同之处在于:他们渴望把事情做得更完美;他们寻求那种能发挥其独立处理问题能力的工作环境;他们希望得到有关工作绩效的及时明确的反馈信息,从而了解自己是否有所进步;他们喜欢设立具有适度挑战性的目标。高成就需要者不是赌徒,他们不喜欢凭运气而获得的成功。他们愿意接受困难的挑战,并能承担成功与失败的责任,但他们不愿使结果受运气或他人的左右。也就是说,他们不喜欢接受那些在他们看来特别容易或者特别困难的工作任务。

高权力需要者喜欢"承担责任",喜欢竞争性和地位取向的工作环境。

麦克莱兰分离出的第三种需要是归属需要,这种需要一直未能引起研究人员的足够重视。高归属需要者渴望友谊,喜欢合作而不是竞争的环境,希望彼此之间的沟通与理解。

在大量研究的基础上,麦克莱兰对成就需要与工作绩效的关系进行了十分有说服力的推断。虽然权力需要和归属需要的研究相对较少,但其结果是较为一致的。首先,高成就需要者喜欢能独立负责、可以获得信息反馈和中度冒险的工作环境。在这种环境下,他们可以被高度激励。不少证据表明高成就需要者在企业中颇有建树,如在经营自己的企业、管理大公司中的一个独立部门及处理销售业务等方面。其次,高成就需要者并不必定就是一个优秀的管理者,尤其是对规模较大的组织而言。比如,大型组织(华为、腾讯)中的优秀管理者,也未必就是成就需要很高者。第三,归属需要与权力需要和管理的成功密切相关。最优秀的管理者是权力需要很高而归属需要很低的人。最后,员工可以通过训练来激发他的成就需要。如果某项工作要求高成就需要者,那么管理者可以通过直接选拔的方式找到一名高成就需要者,或者通过培训的方式培养自己原有的下属。

（二）三种需要理论的启示

不同类型的人适合不同的工作,这几乎成了共识。但是那些找工作被拒的人却不能理性认识这一点。有时候不是能力不够,而是真的不合适,不同组织、不同业务需要的人才是不同的,所以被拒绝也不用灰心,正所谓"天涯何处无芳草"。

（三）三种需要理论的评价

麦克莱兰的成就需要理论的现实意义在于如何了解员工的不同需要,从而为之匹配相适应的工作。因为这一理论的前提假设是这些需要是后天获得的,那么就可以通过对员工教育和培训,对其激励使其更好地完成岗位工作。

四、ERG 理论

（一）ERG 理论的观点

ERG 理论是美国耶鲁大学的克雷顿·埃尔德弗提出的人本主义需求理论。埃尔德弗在马斯洛需要层次理论的基础上概括、改进,提出了生存需要、相互关系需要和成长发展需要三大人类的核心需要。

ERG 与马斯洛需要层次理论的对应关系如下表：

表 11-1 ERG 理论与需要层次理论比较

ERG 理论	马斯洛需要层次理论
生存需要	生理和安全需要
相互关系需要	社会需要和自尊需要分类中的外在部分
成长发展需要	自尊需要分类中的内在部分和自我实现

埃尔德弗认为：①三种需要不具先后关系；②无论哪一层次,需要满足的越少,则越希望被满足；③较低层次需要满足后会增强对高层次需要的强度；④高成就需要挫折会退化并强化低层次需要满足。

马斯洛的需要层次是一种刚性的阶梯式上升结构,即认为较低层次的需要必须在较高层次的需要满足之前得到一定程度的满足,二者具有不可逆性。而相反的是,ERG 理论并不认为各类需要层次是刚性结构,比如说,即使一个人的生存和相互关系需要尚未得到完全满足,他仍然可以为满足成长发展的需要而工作,并且这三种需要可以同时起作用。

（二）ERG 理论的启示

该理论反映了一个现象：当某个人积极寻求物质享受时,不能就此认定此人太过物质,而应深入了解他是否在高层次需求受到了挫折,才会退化如此。此时,我们应该积极找到问题的根源,满足他的高层次需求。

（三）ERG 理论的评价

埃尔德弗的 ERG 理论在需要的分类和对需要的解释上并没有超越马斯洛的需要层次理论。如果认为马斯洛的需要层次理论是带有普遍意义的一般规律,那么,ERG 理论则偏重于带有特殊性的个体需要差异研究,因为 ERG 理论对不同需要之间联系的限制较少。

第四节　过程型激励理论

内容激励理论有助于管理人员了解那些与工作有关联的、激励员工的特殊因素,然而它并没有说明人们为了完成工作目标是如何对行为方式进行选择的。过程激励理论试图解释和描述整个过程,包括动机的形成和行动目标的选择等。

一、期望理论

对激励问题的最全面的解释应数美国行为学家弗鲁姆的期望理论,虽然它也受到了一些批评,但有大量研究支持这一理论。

（一）期望理论的观点

期望理论认为,当人们预期到某一行为能给个人带来既定结果,且这种结果有吸引力时,个人才会采取这一特定行为。它包括以下三项变量或三种联系:

(1) 努力-绩效的联系:个体感觉到通过一定程度的努力能达到一定的工作绩效。

(2) 绩效-奖赏的联系:个体对于达到一定工作绩效后即获得理想的奖赏结果的信任程度。

(3) 奖赏的吸引力:如果工作完成,个体所获得的奖赏对个体的重要性程度,且与个人的目标和需要有关。

虽然这些联系看起来有些复杂,其实并不难理解。我们可以将它们归结为以下这几个问题:我必须付出多大努力以实现某一工作绩效水平?我真的能达到这一绩效水平吗?当我达到这一绩效水平后会得到什么奖赏?这种奖赏对我有多大吸引力?它是否有助于我实现自己的目标?员工是否愿意从事某种工作,取决于个体的具体目标以及员工对工作绩效能否实现这一目标的认识。

图 11-5 为期望理论的一个简化模式,它表明了该理论的主要内容。一个人从事工作的动机强度取决于他认为自己能够实现理想的工作绩效的信念程度。如果这一目标得以实现,他是否会获得组织所给予的充分奖赏?如果组织给予了奖励,这种奖励能否满足他的个人目标?

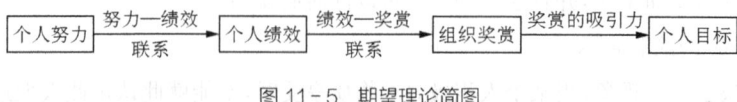

图 11-5　期望理论简图

期望理论包含如下四个步骤：

（1）员工感到这份工作能提供什么样的结果？这些结果可以是积极的，如工资、人身安全、同事友谊、信任、额外福利、发挥自身潜能或才干的机会等；也可以是消极的，如疲劳、厌倦、挫折、焦虑、严格的监督与约束、失业威胁等。也许实际情况并非如此，但这里我们强调的是员工知觉到的结果，无论他的知觉是否正确。

（2）这些结果对员工的吸引力有多大？他们的评价是积极的、消极的还是中性的？这显然是一个内部的问题，与员工的态度、个性及需要有关。如果员工发现某一结果对他有特别的吸引力，也就是说，他的评价是积极的，那么他将努力实现它，而不是放弃工作。对于相同的工作，有些人则可对其评价消极，从而放弃这一工作，还有人的看法可能是中性的。

（3）为得到这一结果，员工需采取什么样的行动？只有员工清楚明确地知道为达到这一结果必须做些什么时，这一结果才会对员工的工作绩效产生影响。比如，员工需要明确了解在绩效评估中"干得出色"是什么意思？使用什么样的标准来评价他的工作绩效？

（4）员工是怎样看待这次工作机会的？在员工衡量了自己可以控制的决定成功的各项能力后，他认为工作成功的可能性有多大？

我们可以用期望理论解释课程学习中遇到的现象：我们对课程的学习（努力），受到考试过程中能否正确作答（绩效）的影响。如果我们认为考试太难以致任何努力程度都无法完成考试，那么我们的积极性会受到相当大的影响。即使努力与绩效正相关，即努力了就能正确作答，如果你答对了分数（奖赏）却不高呢（因为老师看重字迹和排版等）？肯定，我们的努力积极性会受挫。再即使绩效和奖赏正相关，如果我们认为高分就是低能的表现呢？

因此，期望理论的关键在于：弄清个人目标以及三种联系，即努力与绩效的联系、绩效与奖赏的联系、奖赏与个人目标满足的联系。作为一种权变模式，期望理论认为没有一种普遍适用的原理能解释员工的激励问题。在教育系统中评分等级是激励学生学习积极性的常用手段，但是，只有当学生重视分数，知道如何做能得到理想分数，并且获得好成绩的可能性较大时，学生才会高度努力。

（二）期望理论的启示

组织在设定组织目标的时候必须考虑三个问题：①绩效实现的难度。太易对组织不利，也不容易形成激励；太难就会挫伤员工积极性，起到相反的作用。②实现后的评价。所谓"能者多劳，多劳多得"才能激励员工，如果不能正确评价员工绩效，会严重损坏积极性，滋长偷懒怠工的行为。③评价和报酬能否满足员工的个人目标。组织给予员工的一定要切合他们的需求，否则也不能起到激励作用。

以上三者缺一不可，否则，组织目标只会落空或者浮于形式。

（三）期望理论的评价

期望理论虽然能很好地解释很多问题，但是也存在一些问题。首先，它强调报酬和奖赏，我们需要假设组织所提供的奖赏与个体的需要保持一致。这一理论的基础是自我利益，它认为每一名员工都在寻求获得最大的满足感。其次，期望理论强调管理者应知道为什么某些结果对员工有吸引力，而另一些结果则无吸引力。在此基础上我们对员工评价积极的结果给予奖赏。第三，期望理论注重被期望的行为。可是员工知道他们期望的是什么吗？他们如何对此进行评估？最后，期望理论关心的是知觉，而与实际情况不相关，个体对工作绩效、奖赏、目标满足的知觉决定了他们的努力程度，而不是客观情况本身。

二、公平理论

（一）公平理论的观点

公平理论由斯达西·亚当斯提出，该理论认为每个人不仅关心由于自己的工作努力所得到的绝对报酬，而且还关心自己的报酬与他人报酬之间的关系。他们对自己的付出与所得和他人的付出与所得之间的关系作出判断。他们以对工作的付出，如努力程度、工作经验、教育程度及能力水平等为根据，比较其所得，如薪金、晋升、认可等因素，如果发现自己的付出—收入比和其他人相比不平衡，就会产生紧张感，这种紧张又会成为他们追求公平和平等的动机基础。

如果员工感觉不公平，那么他往往会采取如下的行动：

（1）改变自己的收支情况：以减少业绩、罢工、旷工等方式威胁，以要求增加工资，或者以怠工、泡病号、推卸工作来减少自己的投入。

（2）改变别人的收支情况："自己拿不到，大家都别想拿"；"谁多拿谁去干"。

（3）自我安慰：换一个比较对象，或者曲解自己或别人的收支情况。

（4）离开环境。

员工所选择的与自己进行比较的参照对象是一重要变量。我们可以划分出三种参照类型："他人""制度"和"自我"。"他人"包括同一组织中从事相似工作的其他个体，还包括朋友、邻居及同行。员工通过口头、报刊及杂志等渠道获得了有关工资标准、最近的劳工合同等方面的信息，并在此基础上将自己的收入与他人进行比较。

"制度"包括组织中的薪金政策与程度以及这种制度的运作。对于组织层面上的薪金政策，不仅包括那些明文规定，还包括一些隐含的不成文规定。组织中有关工资分配的惯例是这一范畴中主要的决定因素。

"自我"指的是员工自己在工作中付出与所得的比率。它反映了员工个人的过去经历及交往活动，受到员工过去的工作标准及家庭负担程度的影响。

（二）公平理论的启示

基于公平性的重要性，管理人员应该做到：首先，尽可能公平地对待每一个员工。作为员工来说，他不仅关心自己所得到的绝对报酬，也关心自己的报酬的相对性。如果员工认为受到不公平的对待时，他们就会试图采取我们前面提到的行为方式来改变境况，减轻不公平的感觉。其次，注意对有不公平感觉的员工进行心理疏导。一般来说，他们所选择的比较对象受主观影响较大。作为管理者，需要从心理上进行疏导，帮助他们树立正确的公平观，选择客观的公平标准，走出不公平感的阴影。最后，管理者应该制定一个能够让员工感到公平并且乐于参与和保持的报酬分配制度。在制定分配制度时，管理者应该尽可能了解组织中员工们所持有的公平标准是什么，是基于平均原则、贡献大小还是所承担的社会责任大小进行分配才最能够让员工产生公平感。

（三）公平理论的评价

大量研究支持了公平理论的观点：员工的积极性不仅受其绝对收入的影响，而且受其相对收入的影响。一旦员工感知到不公平，他们会采取行动纠正这种情境，其结果可能会降低或提高生产率，改善或降低产出质量，缺勤率或自动离职率提高或降低。

通过以上的讨论，我们发现公平理论也存在一定的问题，该理论在一些关键问题上并不十分明了。例如，员工如何来界定付出与所得？他们对两者又是怎样衡量的？不过，尽管存在诸多问题，公平理论仍不失为一个颇具影响力的理论，它有助于我们进一步深入研究员工的激励问题。

三、强化理论

（一）强化理论的观点

强化理论是美国心理学家斯金纳首先提出来的。最初该理论用于训练动物，后来进一步发展并用于人的学习上，现在，又被广泛地应用于激励人和改造人的行为。和其他理论不同，斯金纳的强化理论几乎不涉及主观判断等心理过程，只讨论刺激和行为的关系。与目标设定理论相对，目标设定理论认为个体的目标引导其活动，强化理论则认为人的行为是由外部因素控制的，认为行为是其结果的函数。

强化理论认为，无论是人或者动物，当行动结果对他有利时，他会趋向重复这种行为，反之则不会。斯金纳认为人类的行为可以用过去的经验解释，人们会通过对过去行为和对应的结果学习，影响将来的行为。因此，人们会凭借以往的经验来趋利避害，这种情况在心理学上被称为强化，故称强化理论。

(1) 正强化。正强化就是对个人的行为提供奖励，从而使这项行为得到进一步加强。这些行为一般是管理者所期盼的，符合组织目标的。正强化的刺激物不仅仅是金钱和物质，还有表扬、改善工作条件、提升等等。正强化存在的问题就是需要不断的供给加强，否则效果会减弱甚至消失。

(2) 负强化。负强化就是对那些不符合组织目标实现的行为进行惩罚，以使其减弱直至消除。负强化的刺激物可以是扣发奖金和批评等。与正强化相比，负强化效果更明显快速，但是也会引发一些问题，如由于负强化导致的长期压抑的情绪火山爆发式反弹等。

（二）强化理论的启示

(1) 奖惩结合。对所有行为进行奖励，或者只有奖励，等于没有奖励。同理，惩罚也是如此。正确的做法是奖惩结合，对某些特定的行为进行奖励和惩罚。

(2) 形式多样。奖励形式要多样化，切中个人需求要害，不能一刀切。

(3) 及时强化。及时强化能帮助员工判断其行为的好坏或者进展情况，有助于矫正偏差，同时起到防微杜渐的作用。

（三）强化理论的评价

强化理论的证据无疑对工作行为产生了重大影响，但是该理论的致命弱点在于它忽视了诸如目标、期望、需要等个体要素，而仅仅注重当人们采取某种行动时会带来什么样的后果。诸多被忽略的因素也是员工工作积极性存在差异的解释。

四、波特-劳勒模型

（一）波特-劳勒模型的观点

1986年，美国心理学家波特和管理学家劳勒在期望激励理论和公平理论的基础上，提出了一个更加完善的激励过程理论。这个理论认为个人之所以被激励，是因为根据过去的习得经验对未来报酬有某种期望。也就是说，过去的经验告诉人们，以前的工作与未来的报酬之间存在着某种因果关系，根据对这种因果关系的认识，人们在现在的工作中表现出一定程度的积极性，如图11-6所示。

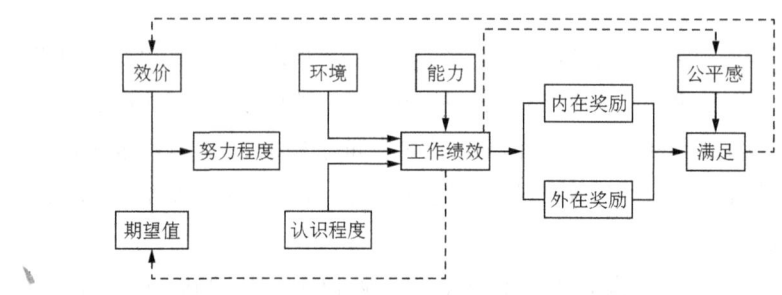

图11-6 综合激励模式

一个人的努力程度，即激励所发挥的力量取决于效价（报酬的价值）和期望值（通过努力达到绩效和该绩效导致个人所需特定结果的可能性）。工作业绩主要取决于个人努力程度，但同时，又要受此人完成该工作所需的特定能力以及他对该工作的认识程度的影响。工作业绩实现后会带来各种奖励和报酬，包括内在的报酬（如成就感和自我实现感等）和外在的报酬（如工作条件和身份地位的提高等）。工作业绩的取得与否或难易程度又会影响以后个人对公平程度的认识，而这个满意程度又会影响到下轮工作中对效价的认识。

（二）波特-劳勒模型的启示

从模型中可以看到，激励不是一种简单的因果关系，因此要使激励产生预期效果，必须考虑到奖励内容、奖励制度、组织分工、目标设置、公平考核等一系列的综合因素，还要注意个人的满意度在激励中的反馈。

波特和劳勒提出如下步骤改善管理人员的激励工作。

（1）判断每个人想要的结果。

（2）确定组织目标需要怎样的业绩。

（3）确认业绩是否可以达到。

（4）把个人想象的结果和组织需要的绩效联系起来。

（5）对各种冲突、矛盾的预期情形作全面的分析。

（6）确保优厚的报酬。

（7）确保整个制度的公平性。

（三）波特-劳勒模型的评价

波特和劳勒模型是迄今为止比较全面的激励模型，其中许多观点被多数人采用，并获得良好的效果，但是实践中也存在不少问题，如难以对效价和期望值明确说明等。

【课后思考】

1. 假如你赞同 Y 理论假设，你将如何去激励你的员工？
2. 阐述需要层次理论、因素理论的基本内容及其启示。
3. 对于管理岗位，具有高成就需要的个人是一个好的候选人吗？试说明之。
4. 试描述期望理论的主要内容。
5. 波特和劳勒的综合激励模式对管理者可以提供哪些启示？
6. 你认为有哪些因素会影响员工对组织分配制度是否公平的判断？这种不公平感受会引发员工行为的哪些变化？
7. 如果你要为公司开发一种奖金制度，你将要采用哪种理论的何种要素，为什么？

【技能训练】

从理论到实践

如果你作为一名管理者想要激励你的员工，那么你能从这一章的理论中得到哪些具体建议呢？在这方面没有一个简单的、放之四海而皆准的行为指南。但是，以下这些建议会对我们如何激励员工有实质性的帮助。

认清个体差异

几乎所有的当代激励理论都认为每个员工都是一个独特的、不同于他人的个体，他们的需要、态度、个性及其他重要的个体变量各不相同。比如，期望理论对内控型人比外控型人预测得更准确。为什么？因为前者认为自己的生活在很大程度上由自己所掌握，这与期望理论中的自我利益假设是一致的。

使人与职务相匹配

大量研究证据表明将个体与职务进行合理匹配能够起到激励员工的作用。比如，高成就需要者应该从事小企业的独立经营工作，或在规模较大的组织中从事相对独立的部门运作。但是，如果是在大型官僚组织中从事管理工作，候选人必须是高权力需要和低归属需要的个体。同样道理，不要让高成就需要者从事与其需要不一致的工作，当他们面对中度挑战水平的目标，并且具有自主性和可以获得信息反馈时，能够做得最好。但是记住，并不是每一名员工都会因工作的自主性、变化性和责任感而受到激励。这类工作只对高成就需要者具有很强的吸引力和激励作用。

运用目标

目标设定理论告诉我们，管理者应确保员工具有一定难度的具体目标，并对他们工作完成的程度提供反馈。对于高成就需要者来说，外部目标的重要性则比较小，他们靠内部动机激励，但高成就需要者在任何组织中显然都是少数。

目标是应该由管理者单独设定呢,还是应该让员工参与设定?答案取决于你对目标的可接受性和组织文化的认识。如果你预期到目标会受到抵制,那么使用参与做法将会增加目标的可接受性程度。如果参与做法与组织文化相抵触,则应由管理者单独设定目标。因为当两者相抵触时,员工们很可能会把参与做法看作被组织所操纵,因而会拒绝这种方式。

确保个体认为目标是可达到的

无论目标是否可以真正达到,如果员工认为目标无法达到,则他们的努力程度就会降低。因而管理者必须保证员工充满自信心,让他们感到只要更加努力,就可以实现绩效目标。对于管理者而言,这意味着员工必须能胜任他的工作,而且他们感到绩效评估系统是可靠而有效的。

个别化奖励

由于每位员工的需要不同,因此对某人有效的强化措施,可能并不适合于其他人。管理者应当根据员工的差异对他们进行个别化的奖励,管理者能够支配的奖励措施包括加薪、晋升、参与目标设定和决策的机会。

奖励与绩效挂钩

管理者必须使奖励与绩效相统一,只有奖励因素而不是绩效才能对其他因素起到强化作用。主要的奖励如加薪、晋升应授予那些达到了特定目标的员工。管理者应当想办法增加奖励的透明度,如消除发薪的保密性,代之以公开员工的工资、奖金及加薪数额,这些措施将使奖励更加透明,更能激励员工。

检查公平性系统

员工应当感到自己的付出与所得是对等的。具体而言,员工的经验、能力、努力等明显的付出项目应当在员工的收入、职责和其他所得方面体现出不同。但是,在公平性问题上,存在着众多的付出与所得的项目,而且员工对其重要性的认识也存在差异,因而这一问题十分复杂。比如,一项对比白领、蓝领员工的研究确定出将近20项付出与所得项目。研究发现,白领员工将工作质量、工作知识列在付出因素的首位,但蓝领员工却将这些因素列在付出因素的末位,他们认为最重要的付出因素是智力和个人对完成任务的投入,这两个要素对于白领员工的重要性程度却很低。在所得方面,也同样存在着差异,只不过差异不太显著。比如,蓝领员工将晋升放在很高的位置,但白领员工却将它的重要性排在第三位。这些差别意味着对某人具有公平感不一定对其他人也有公平感,所以理想的奖励系统就能够分别评估每一项工作的投入,并相应给予合适的奖励。

不要忽视金钱的因素

当我们专心考虑目标设定、创造工作的趣味性、提供参与机会等因素时,很容易忘记金钱是大多数人从事工作的主要原因。因此,以绩效为基础的加薪、奖励及其他物质刺激在决定员工作积极性上起着重要的作用。有一篇综述报告概括了80项激励方式及其对员工生产率影响的研究,其结论证实了这一观点:当仅仅根据生产情况来设定目标时,生产率平均提高了16%;重新设计激励机制以使工作更为丰富化,生产率水平提高了8%~16%;让员工参与决策的做法,使生产率水平提高了不到1%;然而,以金钱作为刺激物却使生产率水平提高了30%。在这里我们并不是要管理才仅仅注重金钱因素,而只是提供了客观的证据:如果金钱作为一种刺激手段被取消,那么人们就不会在工作中付出更多努力,但是取消目标、丰富化的工作或参与决策这些因素却不会出现这种状况。

【自我检测】

一、单项选择题

1. 根据需求层次论,雇主给员工提供健康保险,他是在关注员工的(　　)。
   A. 安全需要　　　　B. 社会需要　　　　C. 尊重需要　　　　D. 自我实现需要
2. 双因素理论提出者是(　　)。
   A. 大卫·麦克勒兰德　　　　　　　　B. 亚伯拉罕·马斯洛
   C. 道格拉斯·麦格雷戈　　　　　　　D. 弗雷德里克·赫茨伯格
3. 麦格雷戈的Y理论假设员工(　　)。
   A. 几乎没有野心　　　　　　　　　　B. 想要逃避责任
   C. 享受工作　　　　　　　　　　　　D. 需要紧密控制的有效工作
4. (　　)与其他动机理论不同,它认为激励个体的原因来自外部,而不是内部。
   A. 马斯洛的需求层次理论　　　　　　B. 目标设置理论
   C. 强化理论　　　　　　　　　　　　D. 成就理论
5. 在各种动机理论中,显然强化理论(　　)。
   A. 只用于高成就,激励因素来自内部的人
   B. 在公平理论中占有重要地位,有助于保持高绩效
   C. 加强来自工作满意的激励
   D. 以上都不是
6. (　　)是绩效工资方案的案例。
   A. 利润分成　　　　　　　　　　　　B. 计件工资方案
   C. 包干奖金　　　　　　　　　　　　D. 以上各项

二、判断题

1. 一般而言,动机是指个体为了达到一个目标而付出的努力。　　　　　　　　(　　)
2. 绩效工资方案倾向于与期望理论相冲突。　　　　　　　　　　　　　　　　(　　)
3. 在大多数情况下绩效工资计划表现出积极的结果。　　　　　　　　　　　　(　　)
4. 对于成就感高的员工应该多采取加薪的激励手段。　　　　　　　　　　　　(　　)
5. 工作扩大化是指通过增加工作范围横向扩张工作。　　　　　　　　　　　　(　　)
6. 为了保持员工的公平感,需要尽量缩小工资差距。　　　　　　　　　　　　(　　)

三、简答题

1. 请简述激励形成过程。
2. 请用需求层次理论设计不同的激励手段,以达到对不同的人性,激励效果最佳。
3. 金钱是否是一个有效的激励手段?

四、案例分析

老员工的薪酬困境

陈华已经在一家 IT 公司工作了 5 年。在这期间,他从普通编程员升到资深的编程分析员。他对自己所服务的这家公司相当满意,不管是工作职位还是收入,都让陈华感到有成就感,而且他还为工作中的创造性要求所激励。

一个周末的下午,陈华和他的朋友及同事王迪一起打高尔夫球。他了解到所在的部门雇了一位刚从大学毕业的编程人员,尽管陈华是个好脾气的人,但当他听说这位新来者的起薪仅比他现在的工资少 30 元时,不禁发火了。

下周一的早上,陈华找到了人事部主任李江林,问他自己所说的事是不是真的,李江林带有歉意地说,确有这么回事,但他试图解释公司的处境:"陈华,编程分析员的市场相当紧俏,为使公司能吸引合格的人员,我们不得不提供较高的起薪。我们非常需要增加一名编程分析员,因此我们只能这么做。"

陈华问能否相应调高他的工资。李江林回答:"你的工资需按照正常的绩效评估时间评定后再调。你干得不错!我相信老板到时会给你提薪的。"陈华在向李江林道了声"打扰了!"便离开了他的办公室,边走边不停地摇头,很对自己的公司的前途感到疑惑。

问题:

1. 本例描述的事件对陈华的工作动力会产生什么样的影响?
2. 哪一种激励理论可以更好地解释陈华的困惑?简述其理论内容。
3. 你觉得李江林的解释会让陈华感到满意吗?请说明理由。
4. 你认为公司应当对陈华采取什么措施?为什么?

第十二章 沟通管理

【趣味阅读】

有一个秀才去买柴,他对卖柴的人说:"荷薪者过来!"卖柴的人听不懂"荷薪者"(担柴的人)三个字,但是听得懂"过来"两个字,于是把柴担到秀才前面。

秀才问他:"其价如何?"卖柴的人听不太懂这句话,但是听得懂"价"这个字,于是就告诉秀才价钱。秀才接着说:"外实而内虚。烟多而焰少,请损之。(你的木材外表是干的,里头却是湿的,燃烧起来,会浓烟多而火焰小,请减些价钱吧。)"卖柴的人因为听不懂秀才的话,于是担着柴就走了。

【管理启示】

有效沟通是企业经营管理和我们个人在社会生活中经常遇到的基本问题,人与人之间要达成真正的沟通并不是一件易事,管理者在沟通过程中应注意避免沟通障碍,并能够克服所面对的沟通障碍,因此,掌握有效沟通的理论与方法是提高管理效率与效益的基础。

【学习目标】

1. 理解沟通的过程。
2. 了解组织沟通的类型。
3. 掌握人际沟通的障碍以及克服沟通障碍的方法。
4. 能够运用沟通的基本理论和方法解决实际问题。

【教学要求】

知识要点	能力要求	相关内容
沟通概述	(1) 理解并掌握沟通过程 (2) 掌握沟通的重要作用 (3) 识别沟通的类型	(1) 沟通的概念 (2) 沟通的重要性 (3) 沟通的类型
组织沟通	(1) 掌握沟通网络 (2) 掌握小道消息的传播方式	(1) 组织沟通网络 (2) 小道消息传播
沟通的障碍与改善	(1) 掌握沟通的障碍因素 (2) 掌握并应用改善沟通的方法	(1) 沟通的障碍 (2) 沟通的改善

第一节　沟通概述

一、沟通的含义

沟通就是人们在互动过程中,发送者通过一定渠道(也称媒介或通道),以言语、文字、符号等表现形式为载体,与接收者进行信息(包括知识和情报)、思想和情感等交流、传递和交换,并寻求反馈以达到相互理解的过程。具体而言,沟通有以下几个方面的含义:

（一）意义的传递

沟通中传递的信息包罗万象,可以是事实、情感、价值观,也可以是态度和意见观点。如果信息没有被传递给接收者,如,说话者没有听众,或写作者没有读者,就不能构成沟通。

一个良好的沟通者会谨慎区别基于推论的信息和基于事实的信息,也会完整地理解传递来的信息,即既要获取事实,又要分析发送者的价值观、个人态度,只有这样才能达到有效的沟通。

（二）信息不仅要被传递到,还要被充分理解

在沟通过程中,由于所有传递于沟通者之间的只是一些符号,而不是信息本身,发送者要把传递的信息翻译成符号,接收者则要进行相反的翻译过程。由于每个人的"信息—符号"储存系统各不相同,对同一符号常常存在不同的理解,由此导致了不少的沟通问题。因此,在传递过程中,还必须注意所传递的信息能被理解,才能达到沟通的目的。

（三）有效的沟通是双方准确地理解信息的含义

有人认为,有效的沟通就是使别人接受自己的观点;有人认为,有效的沟通是指沟通双方达成协议,而不是准确地理解信息的意义。实际上,沟通双方能否达成一致意见,对方是否接受你的观点,往往并不是沟通有效与否这个因素决定的,它还涉及双方根本利益是否一致、价值观是否相似等其他关键因素。

（四）沟通是一个双向的、互动的反馈和理解过程

沟通不是一个纯粹单向的活动,沟通的目的不是行为本身。如果接收者并未对你发出的信息作出反馈,那就没有完成沟通。

二、沟通的作用

沟通在管理中举足轻重,管理离不开沟通,没有沟通,就没有管理。一项调查表明,在企业中生产工人每小时进行16～46分钟的沟通信息活动;对于基层管理人员来说,他们工作时间的20%～50%用于同各种人进行语言沟通,如果加上各种方式的文字性沟通,诸如写报告,最高可达64%;而经理人员在工作时间内则有66%～89%的时间用于言语沟通,企业领导人经常开会,找人谈话,下基层,其中很大一部分工作属于沟通信息的内容。由此可见,组织中的每个人都用大量的时间进行着沟通。著名组织管理学家巴纳德认为:"沟通是把一个组织中的成员联系在一起,是实现共同目标的手段。"美国通用电气公司的前CEO杰克·韦尔奇认为,当今的企业比以往任何一个时

期更需要沟通。未来学家约翰·奈斯比特说:"未来竞争将是管理的竞争,竞争的焦点在于每个社会组织内部成员之间及其与外部组织的有效沟通上。"

沟通的作用主要体现在以下几个方面:

(一)沟通是实现组织中各个部门、各成员之间密切配合与协调的重要途径

由于现代组织是建立在职能分工基础上的,不同职能部门之间"隔行如隔山",不易相互了解和协作配合。通过有效的沟通,可以使组织内部分工合作更为协调一致,保证整个组织体系的统一指挥、统一行动,实现高效率的管理。

(二)沟通有利于满足员工的心理需要,改善人际关系

每个员工都有受人尊重、社交和爱的需要,人与人之间的沟通和交流可以使这些需要得到满足。经常的沟通和交流可以使人们彼此了解,消除彼此的隔阂和误会,消除和解决矛盾与纠纷,从而利于形成良好的人际关系。

(三)沟通是领导者激励下属、实现领导职能的基本途径

领导者运用领导艺术、采取各种符合员工心理和行为规律的激励措施来调动其积极性,而这一切行之有效的前提是一方面领导者要了解下属的需要,另一方面下属也要了解领导者的意图和想法,而这就需要通过沟通来实现。

(四)沟通是组织与外部环境之间建立联系的桥梁

任何组织在生产经营活动中都要与政府行政管理部门、供应商、债权人、投资者、竞争者、顾客等发生各种各样的关系。组织必须了解他们的需要和要求,然后才能采取措施予以满足,而这只有通过沟通才能实现。尤其是在市场竞争中,各种环境要素不断变化,更要求组织不断与外界保持经常性的沟通,以便于把握成功的机会。管理中应重视内外部信息的交流,从而为生产经营活动创造良好的内部环境,能够更好地适应外部环境的变化。

三、沟通过程

从外在形式上看,沟通是一个信息传递的过程。信息在发送者和接收者之间被传送,首先要被转化成信号形式(编码),然后通过媒介或通道传送至接收者,由接收者将收到的信号再转译过来(解码),完成了信息由一个人到另一个人的传递过程。图12-1反映了沟通的过程。

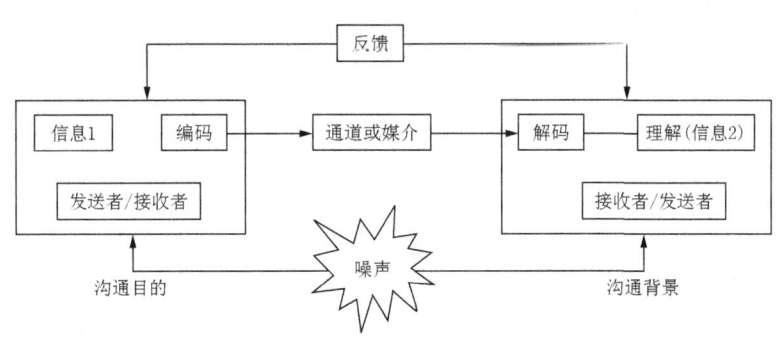

图12-1 沟通的过程

（一）发送者和接收者

信息的传递是沟通的核心，这意味着至少存在着一个信息的发送者和信息的接收者，传递才能完成。在完整的沟通过程中，两者的地位不是固定的，即信息的发送者在下一个信息传递过程中会成为信息的接收者。正是这种地位的互相转换和信息传递的循环往复，才使得沟通得以进行。

（二）通道或媒介

在沟通过程中，信息需要利用各种工具和方式进行传递。随着科技的发展，人们可以借用的沟通工具越来越多，沟通方式也更加灵活。衡量某种沟通工具或方式的要素主要有：反馈的迅速程度；对接收者环境信息的个性化；传递信息的能力。人们可以根据需要选择最合适的工具进行沟通。

（三）信息

信息包括传递的数据和给予数据特定含义的编码符号（语言和非语言）。语言和非言语符号自身没有任何意义，它们的意义是由发出者、接收者及情境或环境所创造，发送者的想法、观点和资料都可以成为要传递的信息。信息的质量高低要受到发送者知识、技能、态度、信念和价值观等多方面因素的影响。

（四）编码

赋予发送的信息以个性化的意义。语言和知识能力是编码的关键因素。

（五）解码

赋予接收到的信息以个性化的含义。例如，某部门内上、下级之间曾有如下对话：

领导：你这是什么意思？

下属：没什么意思，就是意思意思。

领导：你这就不够意思了。

下属：小意思，小意思。

领导：你这人真有意思。

下属：其实也没别的意思。

领导：那我就不好意思了。

下属：是我不好意思。

"意思"这个词在这段两个人、四句问答对话中的含义相同吗？

（六）反馈

接收者对信息的反应，即接收者把收到并理解了的信息返还发送者，以便发送者对接收者是否正确理解了信息进行核实，通过反馈，发送者可了解接收者对信息的理解情况。反馈使沟通成为一个动态的、双向的过程。

（七）噪声

噪声是指对信息的传送、接收或反馈造成干扰和扭曲的因素。噪声的来源是多方面的，有人为的或客观的。噪声的存在会影响接收者对信息的理解，使得沟通的效率大为降低。

（八）沟通的目的和背景

沟通的目的和背景是沟通活动进行的基础，它影响着沟通的方式和过程。

四、沟通类型

（一）按照沟通的方式进行划分

按照沟通的方式可划分为口头沟通、书面沟通、非语言沟通、电子媒介沟通等。这是组织中使用最普遍的沟通方式，它们之间的比较如表 12-1 所示。

表 12-1 沟通方式比较

沟通方式	举例	优点	缺点
口头	交谈、讲座、讨论会、电话	快速传递，快速反馈，信息量很大	传递中经过层次越多，信息失真越严重，核实越困难
书面	报告、备忘录、信件、文件、内部期刊、布告	持久、有形、可以核实	效率低、缺乏反馈
非语言	声、光、色信号、体态、语调	信息意义明确、内涵丰富、含义隐含灵活	传递距离有限，界限模糊只能意会，不可言传
电子媒介	传真、闭路电视、计算机网络、电子邮件、微信	快速传递，信息容量大，一份信息可以同时传递给多人、廉价	信息交流对技术、网络依赖较强

1. 口头方式

人们之间最常见的交流方式是交谈，也就是口头沟通。常见的口头沟通包括演说、正式的一对一讨论或小组讨论、非正式的讨论以及传闻或小道消息的传播。口头沟通的优点是快速传递和快速反馈。在这种方式下，信息可以在最短的时间里被传送，并在最短的时间里得到对方的回复。如果接收者对信息有所疑问，迅速的反馈可以使发送者及时检查其中不够明确的地方并进行改正。但是，当信息经过多人传送时，口头沟通的主要缺点便会暴露出来。在此过程中卷入的人越多，信息失真的潜在可能性就越大。每个人都以自己的方式解释信息，当信息到达终点时，其内容常常与最初大相径庭。如果组织中的重要决策通过口头方式上下传递，则信息失真的可能性相当大。

2. 书面方式

书面沟通包括备忘录、信件、组织内发行的期刊、布告栏及其他任何传递书面文字或符号的手段。为什么信息的发送者会选用书面沟通？因为它持久、有形、可以核实。一般情况下，发送者与接收者双方都拥有沟通记录，沟通的信息可以无限期地保存下去。如果对信息的内容有所疑问，可以过后查询。对于复杂或长期的沟通来说，这尤其重要。例如，编制一个新产品的市场推广计划可能需要做好几个月，大量工作如能以书面的形式记录下来，可以使计划管理者在整个计划的实施过程中有一个参考。所以，书面沟通比口头沟通显得更为周密，逻辑性强，条理清楚。但是，书面沟通也有缺陷。比如耗时，花费一个小时写出来的东西，往往只需 15 分钟左右就能说完。书面沟通的另一个主要缺点是缺乏反馈。口头沟通能使接收者对其所听到的东西提出自己的看法，而书面沟通则不具备这种内在的反馈机制。其结果是无法确保所发出的信息能被接收到，即使被接收到，也无法保证接收者对信息的解释正好是发送者的本意。

3. 非语言方式

一些沟通既非口头形式也非书面形式,而是通过非语言信息方式传递的。比如上课时,学生们表现出无精打采或在做其他事情,传达给老师的信息是学生们已经开始厌倦了;同样,当学生们纷纷把笔记本合上时,则意味着该下课了。非语言沟通中最常见的是体态语言和语调。体态语言,包括手势、面部表情和其他的身体动作,比如,一副怒吼咆哮的面孔所表达的信息显然与微笑不同。手部动作、面部表情及其他姿态能够传达的信息意义有攻击、恐惧、傲慢、愉快、愤然等。语调指的是个体对词汇或短语的强调。我们可以从下面的例子中体会语调对信息的影响。假设一名学生问老师一个问题,老师听完后,反问了一句:"你这是什么意思?"发问的声调不同,学生的理解和反应也不一样。轻柔、平稳的声调和刺耳尖利、重音放在最后一词所产生的意义完全不同。一般人们会认为,第一种语调表明某人在寻求更清楚的解释,第二种语调则表明了这个人的攻击性或防卫性。

一项研究发现:口头沟通中约有55%的信息内容是来自脸部表情和肢体动作,有38%是来自音调,而只有7%的信息内容是来自实际所使用的语言。常见的非语言沟通,包括脸部表情、肢体动作、实际身体碰触与说话语调。在组织中,非言辞沟通往往是一种最重要、内涵最丰富的沟通方式,但也是一种我们最不了解的沟通方式。基本上,组织中有一些重要且常用的非语言沟通方式。

4. 电子媒介

我们现在依赖各种复杂的电子媒介来传递信息。除了常见的电话、电报等之外,我们还拥有闭路电视、计算机、复印机、传真机等一系列电子设备。将这些设备与言语和纸张结合起来,就产生了更高效的沟通方式。其中发展最快的应该是互联网了。人们可以通过计算机网络快速传递书面及口头信息,如微信、电子邮件传递信息迅速而廉价,并可以同时将一份信息传递给若干人。

(二)按照组织系统划分,沟通可分为正式沟通和非正式沟通

1. 正式沟通

正式沟通是通过组织明文规定的渠道所进行的信息传递与交流。正式沟通畅通无阻,组织的生产经营活动及管理活动才会井然有序,反之,整个组织将陷入紊乱甚至瘫痪状态。因此,正式沟通渠道必须灵敏而高效。正式沟通的优点是正规、权威性强、沟通效果好,参与沟通的人员普遍具有较强的责任心和义务感,从而易保持所沟通的信息的准确性及保密性。管理系统的信息都应采用这种沟通方式。其缺点是对组织机构依赖性较强而造成速度迟缓,沟通形式刻板,如果组织管理层次多,沟通渠道长,容易形成信息损失。

2. 非正式沟通

非正式沟通是指在正式沟通渠道以外信息的自由传递与交流。我们称这种沟通为葡萄藤沟通。这类沟通主要是通过个人之间的接触来进行的。非正式沟通不受组织监督,是由组织成员自行选择途径进行的,比较灵活方便。员工中的人情交流、生日聚会、工会组织的文娱活动、走访、议论某人某事、传播小道消息等都属于非正式沟通。非正式沟通往往能表露人们的真实想法和动机,还能提供组织没有预料的或难以获得的信息。与正式沟通相比,非正式沟通有以下特点:

(1)信息交流速度较快。由于这些信息与沟通者利益相关或者是他们比较感兴趣的问题,再

加上没有正式沟通的那种程序,信息传播速度大大加快。

(2) 非正式沟通的信息比较准确。国外研究表明,它的准确率可高达 95%。一般来说,非正式沟通中信息的失真主要来源于形式上的不完整,而不是提供无中生有的谣言。人们常把非正式沟通与谣言混为一谈,这是缺乏根据的。

(3) 可以满足组织成员的需要。由于非正式沟通不是基于管理者的权威,而是出于组织成员的愿望,因此,这种沟通常常是积极的、卓有成效的,并且可以满足组织成员的安全的需要、社交的需要、尊重的需要。

(4) 沟通效率较高。非正式沟通一般是有选择地针对个人的兴趣传播信息,而正式沟通则常常将信息传递给不需要它们的人。

(5) 非正式沟通有一定的片面性。非正式沟通中的信息可能被夸大、曲解,因而需要慎重对待。

(三) 按照信息传递的方向划分,沟通可分为下行、上行、平行和斜向沟通

1. 下行沟通

下行沟通是指信息自上而下的沟通,如上级把组织战略目标、管理制度、政策、工作命令、有关决定、工作程序及要求等传递给下级。下行沟通顺畅可以帮助下级明确工作任务、目标及要求,增强其责任感和归属感,协调组织各层次的活动,增强上下级之间的联系等。但在逐层向下传达信息时应注意防止信息被误解、歪曲和损失,以保持信息的准确性和完整性。

2. 上行沟通

上行沟通是指自下而上的沟通,如下级向上级反映意见、汇报工作情况、提出意见和要求等。上行沟通是管理者了解下级和一般员工意见及想法的重要途径。上行沟通畅通无阻,各层次管理人员才能及时了解工作进展的真实情况,了解员工的需要和要求,体察员工的不满和怨言,了解工作中存在的问题,从而有针对性地作出相应的决策。上行沟通中应防止信息被层层"过滤",尽量保证信息的真实性和准确性。

3. 平行沟通

平行沟通是指组织内部平行机构之间或同一层级人员之间的信息交流。平行沟通是加强各部门之间的联系、了解、协作与团结,减少各部门之间的矛盾和冲突,改善人际关系和群际关系的重要手段。在图 12-2 中,分别标示了上、下行沟通和水平沟通。

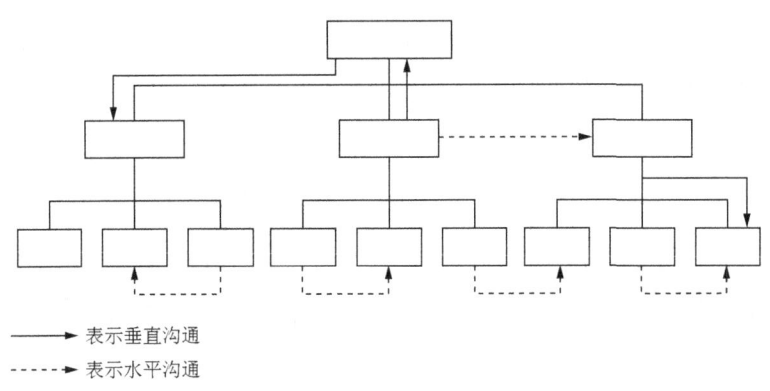

图 12-2 组织中的的上、下行沟通与水平沟通

4. 斜向沟通

斜向沟通是指处于不同层次且没有直接隶属关系的成员之间的沟通。这种沟通方式有利于加速信息的流动,促进理解,并为实现组织目标而协调各方面的努力。

管理中这四种沟通方式缺一不可。纵向的上行、下行沟通应尽量缩短沟通渠道,以保证信息传递的快速与准确;横向的平行沟通应尽量做到广泛及及时,以保证协调一致和人际和谐。同时,为加速信息流动可灵活运用斜向沟通。

(四) 按照是否进行反馈,沟通可分为单向沟通和双向沟通

1. 单向沟通

单向沟通是指沟通过程中,信息发送者与接收者之间的地位不变,一方主动发送信息,另一方主动接收信息,如广播电视信息、报告、演讲、发布指示、下命令等。这种沟通方式速度快,发送者不受接收者的挑战,能保持、维护尊严。因此,当遇到工作性质简单而又急需完成,或遇到紧急情况不需要或根本不允许商讨时,采用单向沟通方式效果较好。但由于接收者对信息内容的理解没有机会表达,单向沟通的准确性有时较差。另外,单向沟通缺乏民主性,容易使接收方产生抵触情绪。

2. 双向沟通

双向沟通是指在沟通过程中,发送者和接收者的地位不断变化,信息在双方间反复流动,直到双方对信息有了共同理解为止,如讨论、谈话、协商、谈判等。其优点是沟通消息的准确性高,接收者有反馈意见的机会,双方可以反复交流磋商,增进彼此的了解,加深感情,建立良好的人际关系。缺点是沟通过程中接收者要反馈意见,有时使沟通受到干扰,影响信息的传递速度。此外,由于要时常面对接收者的提问,发送者会感受到心理压力。

第二节 组织沟通网络

一、组织沟通网络形式

组织内沟通常常是多人一起参与的,多人参与的沟通,不是单一渠道和单一形式的沟通,而是把各种沟通方式组合起来形成了沟通网络。典型的正式组织沟通网络可以分为五种:轮式沟通、链式沟通、Y式沟通、环式沟通以及全渠道式沟通。

(一) 轮式沟通

所谓轮式沟通,是指信息发送者作为唯一的信息源和主导者,与所有信息接收者直接进行辐射式沟通。如管理者的报告会,如图12-3所示。

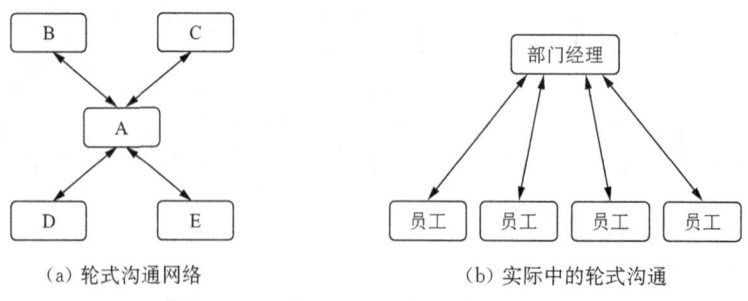

图12-3 轮式沟通

在轮式沟通中,所有的信息都来自一个核心人物,并返回中心人物。即通过这个核心人物来传送与接收信息,其他组织成员之间不必相互沟通,他们只需要从中心人物那里获取信息,并把必要信息传给他。轮状沟通网络通常存在于有集中的独立任务的指令群体中。就像一群同时向一个调度员报告的出租车司机一样,他们需要与调度员沟通信息,但他们之间不需要沟通。这种沟通传递迅速、易控制,在不影响绩效的情况下能节约大量时间。居中心地位的核心人物因信息多,有较大的权力,因而比较自信和有自主性,心理上也比较满足。但是,由于缺乏联系,各下级成员之间互不了解,信息闭塞,成员满意程度低,有利于保密,不利于协作。轮状网络不存在于团队中,因为团队成员需要经常的接触和交流,这不符合轮状网络的特征。

（二）链式沟通

所谓链式沟通,是指每一沟通环节既是上一沟通环节的信息接收者,又是下一沟通环节的信息发送者,如此环环衔接形成一个等级式的沟通链条。如上下级之间工作信息的上传下达,如图 12-4 所示。

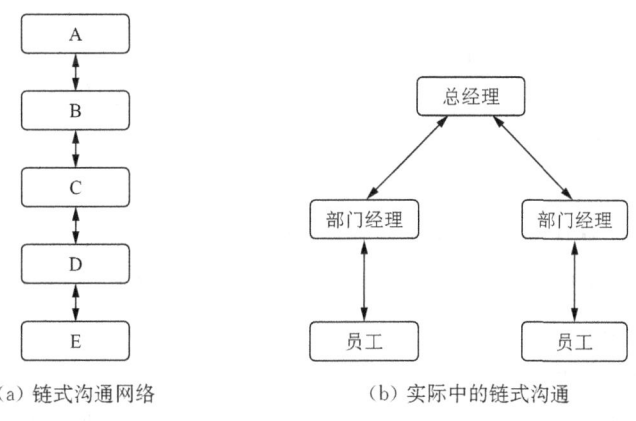

图 12-4 链式沟通

在链式沟通中,群体成员按照预定的顺序逐级传递信息,可由上向下传递,也可由下向上传递,没有横向联系。这种信息沟通网络具有传递速度快的特点,存在于具有顺序性任务依赖性的群体中,比如组装线工人。当群体工作必须按照预定顺序开展时,就存在链状沟通网络,因为成员需要与自己工序之前和之后的人进行交流。和轮状网络一样,链状结构不大可能存在于团队中,因为链状网络中的成员的接触是有限的。

（三）Y 式沟通

所谓 Y 式沟通,实际上是链式沟通与轮式沟通的一种组合形式。主要特点是出现了次生的主导者 C,在 C 之前是以 A 为主导的链式沟通,从 C 开始转换为以 C 为主导的轮式沟通。Y 式沟通是上下级沟通中最常见的形式,如图 12-5 所示。

（四）环式沟通

所谓环式沟通,是指链式沟通首尾衔接形成封闭的回路。它与链式沟通很相似,但没有了明确固定的等级结构和主导者,每一环节机会均等。

第二节　组织沟通网络

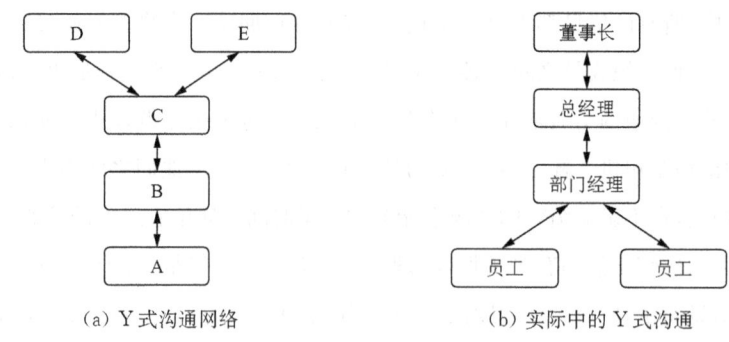

(a) Y式沟通网络　　　　(b) 实际中的Y式沟通

图 12-5　Y式沟通

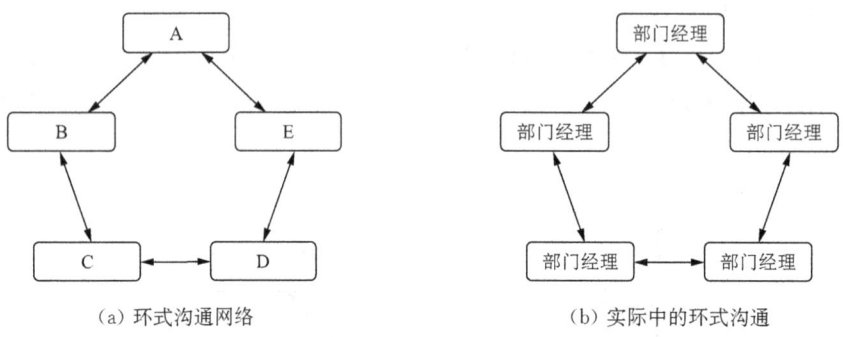

(a) 环式沟通网络　　　　(b) 实际中的环式沟通

图 12-6　环式沟通

在环式沟通中，群体成员交流的对象一般是与自己有相似的经历、信仰、专业技术、背景，人们也倾向于与那些办公室里和自己座位靠近的人交流。和轮式网络和链式网络一样，环式网络一般存在于非团队的群体中。

（五）全渠道式沟通

所谓全渠道式沟通（图12-7），是指所有沟通参与者之间都可以进行直接沟通，没有明确的等级结构和主导者。如所有参与者充分交流的座谈会。

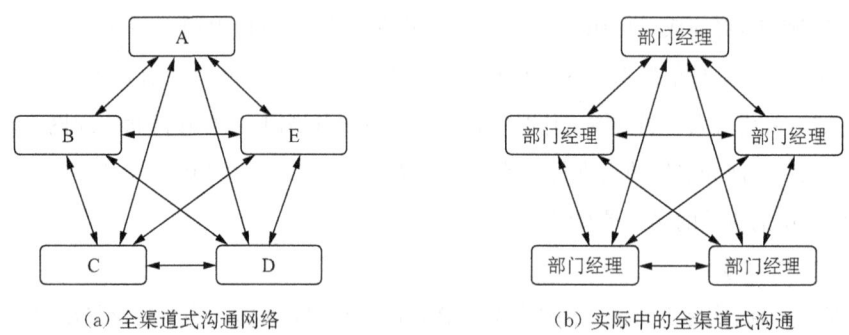

(a) 全渠道式沟通网络　　　　(b) 实际中的全渠道式沟通

图 12-7　全渠道式沟通

全渠道式沟通中组织内每一个成员都可直接地彼此互动和交换信息，无中心人物，所有的成员都处于平等地位，但由于缺乏中心人物，没有权威，信息传递速度也慢。全渠道式沟通网络存在于团队中，它的特征是高接触水平：每个团队成员都与任何其他一个团队成员进行沟通。高层管理团队、跨职能团队和自我管理团队中常存在全渠道沟通网络。这些团队中成员之间的任务互相依赖,因此需要信息向各个方向流动。专为团队工作设计的电脑软件能够帮助具有全渠道沟通网络的团队保持有效的沟通,因为这些软件为团队成员提供了一个分享信息的有效途径。

一般而言,各种沟通网络的适用性会受任务类型的影响。担负复杂与非例行性任务的组织,可能较适合采用能产生密切互动的沟通网络,例如全渠道式沟通;相反地,承担简单与例行性任务的组织,可能较适合采用集中式的沟通网络,例如轮式沟通。

二、不同沟通网络形式有效性的比较

一般来说,不同沟通网络形式的有效性可以从沟通机会的集中度、沟通的速度、沟通的准确性、沟通领导地位的形成、沟通的满意度等方面进行比较。沟通机会的集中度是指沟通中某些成员拥有比其他成员更多的沟通机会;沟通的速度是指信息流动、沟通完成的快慢;沟通的准确性是指沟通中信息保持完整、精确、不失真的水平;沟通领导地位的形成是指在沟通中某个成员以领导人的身份出现的明确性、可能性;沟通的满意度是指全体沟通参与者对沟通本身的平均满足水平。

在轮式这一沟通网络形式中,成员间缺少沟通,导致成员满意感降低,只有信息核心人物一个人得到满意。如果群体的任务复杂,那么这一沟通网络所带来的沟通质量将很低。但如果任务简单,而且成员都愿意接受核心人物的权威,那么它的沟通效果将是积极的,所以在解决简单任务时,最好使用轮式沟通网络。

链式沟通中人们只与群体中的某些人沟通,而他们各自又有沟通的对象,谁是领导不明确。在这种沟通网络中,成员的满意感比轮式强一些,在完成任务时的沟通速度中等、沟通链不长的情况下,沟通准确性高。其主要缺点是群体中的沟通机会集中度和领导地位出现的明确性有限。

环式与链式非常相似,唯一的区别是环式沟通网络形式的首尾两人有联系,其优缺点与链式的也很相似。

全渠道式沟通网络中,所有的人都可以与其他任何一人沟通,似乎每一成员都有决策权,其结果是领导不明确,但是,沟通速度快,群体成员满意感很高,尤其是完成复杂任务的绩效很高。

表 12-2 不同沟通网络形式的比较

比较项目	沟通网络形式				
	轮式	Y式	链式	环式	全渠道网络
沟通机会的集中度	很高	高	中等	低	很低
沟通领导地位的形成	很高	高	中等	低	很低
沟通的速度	简单任务高 复杂任务低	中等	中等	低	高
沟通的准确性	简单任务高 复杂任务低	高	高	低	中等
沟通的满意度	低	中等	中等	高	很高

表 12-2 汇总了不同沟通网络形式的有效性表现。显然,每种沟通网络均有优缺点,没有"全

能"的沟通网络。管理者对沟通网络形式的选择取决于其所关注的因变量或沟通的目的。比如，如果管理者关心的是成员的满意度，那么全渠道网络是最合适的；如果关心的是领导者对沟通的控制，那么轮式网络或Y式网络是合适的；如果关心的是沟通信息不失真或沟通速度更快，那么就要具体看沟通任务本身是比较复杂还是比较简单，再行定夺。

三、小道消息

（一）小道消息的传播方式

信息的传播不仅通过正式沟通渠道进行，有些消息往往是通过非正式渠道传播的。小道消息是其中较为普遍的一种。戴维斯曾对小道消息的传播进行了研究，发现有四种传播方式（图12-8）。

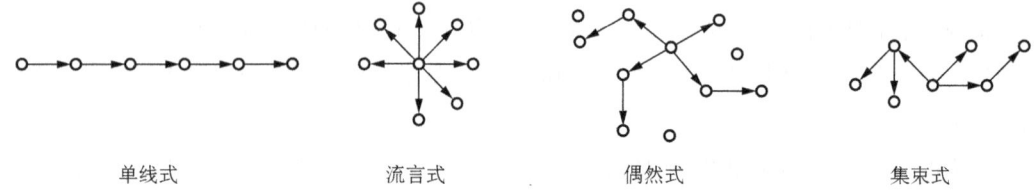

    单线式   流言式   偶然式   集束式

图12-8　四种小道消息传播网络

（1）单线式的传播方式是通过一连串的人把消息传播给最终的接收者，即由一个人转告另一人，后者再转告下一个人。这种方式类似正式沟通中的链式沟通，但没有固定的角色分工，也不要求反馈。无论什么人，只要拥有信息，都可以成为信源，然后一对一地传递下去，每一个环节都可以随时对信息进行加工。

（2）流言式是一个人主动把非正式消息传播给其他人，即由一个人告知所有其他人，犹如其独家新闻；也类似正式沟通中的轮式沟通，是一对多的沟通，但没有固定的角色分工和反馈要求。

（3）偶然式是按偶然的机会传播小道消息，即碰到什么人就转告什么人，并无一定中心人物或选择性。在沟通过程中，可能有几个中心人物，由他们转告若干人，往往表现出很大的随意性和偶然性，所以可能会出现沟通中的盲点。这是非正式沟通中最普遍的类型。

（4）集束式是把小道消息有选择地告诉自己的朋友或有关的人。戴维斯的研究结果证明，小道消息传播的最普通形式是集束式。例如，在一个大公司里，总经理准备邀请36名地位较高的经理到郊外野餐。在发出请帖之前，小道消息已经传播出去。据调查，36名被邀请的经理在接到请帖之前几乎全部知道了这个消息，而在未被邀请的地位较低的经理中，只有两个知道这个消息，这两个人之所以能够知道，还是因为传播消息者误认为这两人也在被邀请之列。这一实例表明，小道消息的传播者往往只把消息告诉经过选择的对象，即按集束式传播消息。

（二）小道消息发送与传播的特点

有研究表明，小道消息的发送与传播有如下特点：

1. 小道消息的传播者往往是固定的一些人

通常，小道消息由组织结构中地位较高的管理层人员向地位较低的基层人员发送与传播，由处于组织中心的总部人员向处于组织边缘的派出机构人员发送与传播,由组织中与外界沟通较多的"涉外"人员向接触外界较少的内勤人员发送与传播。前者之所以成为信息发送者,往往是由于他们具有信息获得与占有上的优势,并希望通过拥有与散布小道消息来体会和显示自己的优越感。后者之所以成为信息接收者,往往是由于他们即使是在正式沟通中也处于"神经末梢",具有某种"信息饥渴症",因此对于他们而言,能够获得沟通本身比沟通中得到的信息是否真实可靠更为重要。

2. 小道消息的内容往往是传递者关注的

小道消息的内容往往是沟通者关注的问题。戴维斯的研究表明,小道消息的内容有五个特点:

(1) 新闻越新鲜,人们议论越多;
(2) 信息对人们工作越有影响性,人们议论越多;
(3) 越为人们所熟悉的信息,人们议论越多;
(4) 人与人在生活上有关系者,最可能牵涉到同一谣传中去;
(5) 人与人在工作中常有接触者,最可能牵涉到同一谣传中去。

3. 小道消息的准确性不高

由于小道消息均以口头传播为主,故易于形成,也易于迅速消失,一般没有永久性的结构和成员,同时,因缺乏责任感和约束机制,往往较难控制与管理,所以小道消息传播内容容易失真。针对小道消息的准确性,赫尔希曾对6家公司的30件小道消息作过调查分析,发现有16件毫无根据,5件有根据也有歪曲,9件真实。

(三) 小道消息的管理

关于如何管理小道消息的传播,存在着不同的观点。一些人认为,传播小道消息是散布流言蜚语,应严加禁止;另一些人认为,通过非正式沟通渠道散布小道消息,可以满足组织内成员的需要,而且有助于弥补正式沟通渠道不灵活的缺陷,也能在企业中起积极作用。

应该说,小道消息传播是客观存在的,关键是管理者能否利用它为群体或组织的目标服务。一般来说,在一个企业里小道消息盛行是不正常的,会破坏企业的凝聚力,不利于企业的管理。研究表明,小道消息盛行常常是大道消息不畅的结果。因此,完善和疏通正式沟通渠道是防止小道消息传播的有效措施。另外,由于小道消息常常是组织成员忧虑心理和抵触情绪的反映。所以管理者应该通过谣传间接地了解员工的心理状态,研究造成这种状态的原因并采取措施予以解决。

第三节　沟通的障碍与改善

一、沟通的障碍

在沟通的过程中,由于外界干扰或其他原因,信息往往丢失或被曲解,使得信息的传递不能发挥正常的作用,因此组织的沟通存在着能否有效完成的问题。所谓有效沟通,简单地说就是传递和交流信息的可靠性和准确性高,它表明了组织对内外噪音的抵抗能力。影响有效沟通的障碍因素包括下列四类:

（一）个人因素

个人因素主要包括选择性接收、沟通能力上的差异和情绪的影响。

1. 选择性接收

所谓有选择地接收，是指人们总是根据自己的需要、动机、经验、背景及其个人兴趣有选择地接收信息，拒绝或片面地接受与他们的期望不一致的信息。研究表明，沟通过程中，在进行解码时，接收者会把自己的兴趣和期望带进信息接收活动中。人们往往听或看他们感情上能够接纳的东西，或他们想听或想看的东西，甚至只愿意接受中听的信息，拒绝不中听的。比如一个爱运动的男孩可能会对耐克的广告印象深刻，而不会留意雅诗兰黛的宣传。

2. 沟通能力

沟通能力上的不足会影响沟通的有效性。如信息发送者方面由于对信息含义理解不同、表达不够清楚、编码失误等造成沟通障碍。这类障碍一般是由于信息发送者使用了不恰当的符号，或信息编码过程中出现错误，这些都会影响信息接收者对信息的理解。信息接收者在接收信息时也可能会因为自身的问题造成沟通障碍，比如接收者在接收信息的过程中注意力不集中导致信息不完整，或者接收者不能理解对方的立场导致信息接收失真等。有的人不能口头上完美地表达，但却有很好的文字表述能力；另一些人口头表达能力很强，但不善于倾听；还有些人阅读较慢，并且理解起来比较困难。所有这些问题都会妨碍有效的沟通。

3. 情绪

在接受信息时，接收者的情绪也会影响到他对信息的理解。不同的情绪感受会使个体对同一信息的解释截然不同。极端的情绪体验，如狂喜或悲痛，都可能阻碍有效的沟通。这种状态常常使我们无法进行客观而理性的思维活动，而代之以情绪性的判断。

（二）人际因素

人际因素主要包括沟通双方的相互信任、信息来源的可靠性和发送者与接收者之间的相似程度。

1. 相互信任

沟通是发送者与接收者之间"给"与"收"信息的过程。信息传递不是单方向，而是双方面的事情，因此，沟通双方的诚实和相互信任至关重要。上下级间的猜疑只会增加抵触情绪，减少坦率交谈的机会，也就不可能进行有效的沟通。

2. 可靠性

信息来源的可靠性由四个因素所决定：诚实、能力、热情、客观。有时，信息来源可能并不同时具有这四个因素，但只要信息接收者认为具有即可。可以说，信息来源的可靠性实际上是由接收者主观决定的。就个人来说，员工对上级是否满意很大程度上取决于他对上级可靠性的评价。就团体而言，可靠性较大的工作单位或部门比较能公开、准确和经常地进行沟通，它们的工作成就也相应地较为出色。

3. 沟通双方间的相似性

沟通双方的特征（如性别、年龄、智力、种族、社会地位、兴趣、价值观、能力等）的相似性影响了沟通的难易程度和坦率性。例如，在沟通中年龄差距或代沟就是一个常见的问题。沟通双方特征的相似性影响了沟通的难易程度和坦率性。沟通一方如果认为对方与自己很相似，那么他将比较容易接受对方的意见，并且达成共识。相反，如果沟通一方视对方为异己，那么信息的传递将很难进行下去。

(三) 结构因素

结构因素包括地位差别、信息传递链、团体规模和空间约束四个方面。

1. 地位差别

研究表明,地位的高低对沟通的方向和频率有很大的影响。地位越悬殊,信息趋向于从地位高的流向地位低的。事实清楚地表明,地位是沟通中的一个重要障碍。

2. 信息传递链

一般来说,信息传递通过的等级越多,到达目的地的时间也越长,信息失真则越大。这种信息连续地从一个等级到另一个等级时所发生的变化,称为信息链传递现象。地位差别、信息传递链太长等因素可能造成信息过滤。信息过滤是指发送者有意操纵信息,以使信息显得对发送者或接收者更为有利的现象。比如,下级向上级汇报时报喜不报忧,下级就是在过滤信息。由于组织中收集的信息纷繁而复杂,加之管理者的精力有限,管理者往往要求下级对这些信息进行整合。在进行整合时,个人的兴趣和自己对重要内容的认识也加入进去,并因此导致过滤。另外,组织机构中的较多的层级数目也会加剧信息过滤,组织纵向的层级越多,过滤的机会就越多。

3. 团体规模

当工作团体现模较大时,人与人之间的沟通也相应变得较为困难,这可能部分地由于沟通渠道的增长大大超过人数的增长。

4. 空间约束

企业中的工作常常要求员工只能在某一特定区域内进行沟通。这种空间约束不仅不利于员工间的交往,而且也限制了他们之间的沟通。一般说来,两人间的距离越短,他们交往的频率也越高。

(四) 技术因素

技术因素主要包括语言差异、语言或非语言暗示和媒介的有效性。

1. 语言差异

一方面,不同的语言之间的差异会造成沟通的障碍,如不同民族的语言或者同一民族的不同方言的差异都会使得沟通更加困难;另一方面,在同一语言之间,同样的词汇对不同的人来说含义是不一样的。年龄、家庭、教育、经历、职业等因素都使我们对同一词汇产生不同的理解。同时,这些因素也会影响到我们表达思想时的语言选择以及语言风格。比如,"行话"就是由于工作经历的不同而导致的一种语言差异。在一个组织中,组织成员常常来自不同的背景,有着不同的语言风格,这可能导致沟通的障碍。另外,不同部门对相同的词语可能赋予不同的含义,比如使用"成本"一词,生产部门可能就是指生产产品的短期成本,而客户服务部门的意思可能包含长期成本。同样,纵向等级上也存在语言差异的问题。

2. 语言或非语言暗示

当人们进行交谈时,除了在声调、语气、语速等方面有不同的语言暗示外,还常常伴随着一系列有含义的动作。这些动作包括身体姿势、头的偏移、手势、面部表情、移动、触摸和眼神。这些非语言信号强化了所表述的含义。例如,沟通者双方眼神的交流,可能会表明相互感兴趣、喜爱、躲避或者攻击,面部表情会表露出惊讶、恐惧、兴奋、悲伤、愤怒或憎恨等情绪。身体动作也能传送渴望、愤恨、松弛等感情。如果不能正确理解语言或非语言暗示,往往会带来沟通障碍。

3. 媒介的有效性

管理者如何应对
工人的牢骚

信息沟通一定要通过媒介,在一定的渠道中进行。因此,沟通过程中可能由于媒介选择与信息信号选择不匹配导致无法有效传递;或者信息渠道本身条件差;或者传递技术的问题导致信息传递失误等都会使沟通出现问题。同时,环境中还存在着"噪声",这些干扰因素使正常的沟通发生困难,犹如无线电通信中受到诸如电源、电磁波的噪声干扰一样,最终可能使正常的通信中断。另外,反馈过程中,比如没有有效的反馈机制,也可能产生沟通障碍。

二、沟通的改善

沟通障碍的类型众多,身为管理者可以采用何种方式来克服沟通的障碍?以下的措施可以有助于改善沟通的障碍。

(一)有效倾听

有效倾听可以大幅降低沟通的不良。沟通不良大多是来自误解,而很多的误解可能来自没有保持有效倾听。很多时候,我们只是用"耳朵",而不是用"心"去听别人说话,虽然我们在听,但却没有真正听进去,或只是选择性地断章取义。有效倾听是积极的,而非消极的,是指主动地搜寻对方话中的意义,并应进入说话者的心中,了解对方所要沟通的观点。只是记住对方所说的话是被动地听。要做到有效地倾听,首先要非常专注,对于对方所说的话保持着高度的注意,同时不会预设立场。其次,要尽可能地设身处地,站在对方的立场,来了解对方所要表达的意思,并在确定了解对方的意思后,再进行回应。最后,有效倾听应该避免因过早地判断或诠释而扭曲了沟通者的原意,要避免不必要的误解以确保真正了解对方的意思,这样才能使倾听获得理想的效果。表 12-3 列出了有效倾听的十个关键要素。

表 12-3 有效倾听的关键要素

关键要素	差的倾听者	好的倾听者
1. 积极倾听	被动,身体后倾	问问题,解释对方所说
2. 找到兴趣点	不听枯燥内容	寻找机会,学习新内容
3. 抗拒分散精力的事物	容易分神	努力防止分散精力,容忍对方坏习惯,知道怎样集中注意力
4. 利用"思维"快于"说话"这一事实	面对说话慢的人容易走神	挑战、期待、在头脑中进行总结,区分事实的重要性,听出弦外之音
5. 作出反应	最低限度的反应	点头、表达兴趣、积极反馈
6. 判断内容而不是发送	内容不好就不想听	判断内容,忽略发送错误
7. 控制情绪	有成见,开始争论	完全理解后才做判断
8. 听取意见	听事实	听中心思想
9. 致力于倾听	没有精力输出,假装注意	全神贯注,积极的身体姿态,目光接触
10. 锻炼头脑	抵制难懂的内容,喜欢轻松娱乐的内容	把运用困难材料作为一种脑力锻炼

聆听是理解的关键,是一种能够加以提高的技能。约翰·W.纽斯特姆和基思·戴维斯提出了改善聆听的十条指南:①仔细听对方的叙述;②营造出轻松的谈话氛围,让谈话者不感到拘束;③向讲话者显示你是要倾听他的讲话;④克服心不在焉的现象;⑤以同情态度对待谈话者;⑥要有耐心;⑦控制自己的情绪;⑧争辩和批判要平和;⑨提问题;⑩聆听。

(二) 使用对方容易理解的语言

由于每个人所处的文化背景、所受的教育,以及所接触的群体都不同,其所使用的语言常常也不同,因此在沟通时,应尽可能选择对方可以理解的词语或逻辑,以使对方能够轻易并正确地理解信息。例如,对于不同专业的沟通对象,应尽量避免使用专业的术语。此外,举例也有助于沟通,但所举的例子应尽量与对方的生活环境相容,这样一来,除了能让对方容易理解外,也能产生亲切感,降低对方对沟通的抗拒。

(三) 开放的心胸

由于每个人或多或少都存在着一些主观偏见,在沟通时,我们往往很难避免这些主观偏见的影响。因此,良好的沟通者会懂得开放自己的心胸,撇开自己的成见,努力地从客观的角度来考虑对方的意见。

(四) 保持双向沟通

双向沟通是有效沟通的必要条件。单向的沟通只是说服与指示,会造成对方的反感,鼓励回馈是达成双向沟通的关键,因此沟通者应该主动地询问或鼓励对方回应,以获得对方对沟通讯息的回馈。沟通者应针对所欲沟通的信息提出一系列问题,以便确认对方对信息的正确了解;请对方重述沟通信息,有时是确保对方正确了解所欲沟通内容的一种很好方式。除了直接发问与复述信息之外,也可请收讯者对信息做出评论,如此更能了解他的反应和所持的真正看法。

三、有效沟通的 7C 原则

对于怎样实现有效的沟通,有人指出了有效沟通的 7 个"C",即实现良好人际沟通的准则:

(一) 可依赖性(credibility)

沟通应该从彼此信任的气氛中开始。信息的接收者应该相信沟通者传递的信息,并相信沟通者有足够的能力解决他们共同关心的问题。

(二) 一致性(context)

沟通计划必须与组织的情景要求相一致,必须建立在对环境充分调查研究的基础上。

(三) 内容(content)

信息的内容必须对接收者具有意义,必须与接收者原有价值观念具有同质性,必须能引起接收者的兴趣,满足他们的需要。

(四) 明确性(clarify)

信息必须用简明的语言表达,所用词汇对沟通双方来说都代表同一含义。复杂的信息要用列出标题的方法,使其明确与简化。

（五）持续性与连续性（continuity and consistency）

沟通是一个没有终点的过程，要达到渗透的目的必须对信息进行重复沟通，但又必须在重复中不断补充新的内容，这一过程应该持续地坚持下去。

（六）渠道（channel）

沟通者应该利用现实社会生活中已经存在的信息传递渠道，这些渠道多是被沟通者日常使用并习惯使用的。人们的社会地位及其他背景不同，对各种渠道都有自己的评价和认识，这一点在选择渠道时应该牢记。

（七）被沟通者的接受能力（capacity of audience）

沟通必须考虑被沟通者的接受能力。被沟通者的接受能力，主要包括他们接受信息的习惯、他们的阅读能力与知识水平。

【课后思考】

1. 简要描述沟通的过程。
2. 组织沟通网络都有哪几种形式。
3. 简述小道消息传播的方式有哪些。
4. "无异议通过"是不是就是"有效的沟通"？说明您的观点。
5. 请分析"言者谆谆，听者藐藐"反映出的沟通有效性问题。

【技能训练】

（1）班级内随机抽取5人，阅读伟人或企业家传记，总结他们的领导风格与特点，进行交流。
（2）深入到你所在的城市的一个大型连锁超市去调研，搜集有关沟通的案例，并结合相关理论知识进行分析。
（3）在老师指导下，围绕某一沟通过程编写情景短剧剧本，并进行表演。
（4）请你描述你面对沟通障碍时的心情和克服沟通障碍的方法。

【自我检测】

一、单项选择题

1. 有效的沟通是(   )。
   A. 双方意见达成一致　　　　　　　B. 双方准确地理解信息的含义
   C. 双方避免冲突　　　　　　　　　D. 双方快速完成传递信息
2. "小道消息"的发送与传播往往是(   )。
   A. 可以消除的
   B. 由地位较低的基层人员传向地位较高的管理人员
   C. 由组织"涉外"人员传向内勤人员
   D. 正式的
3. 信息的传递是沟通的(   )。
   A. 媒介　　　　B. 工具　　　　C. 形式　　　　D. 核心

4. 沟通中编码的关键因素包括(　　)。

　　A. 计算技能水平　　　　　　　　B. 语言和知识能力

　　C. 计算机水平　　　　　　　　　D. 沟通双方的关系

5. (　　)不是最常见的非言语沟通方式。

　　A. 语调　　　　B. 手势　　　　C. 面部表情　　　　D. 口头表达

6. 成员满意感最低的沟通网络方式是(　　)。

　　A. 轮式　　　　B. 链式　　　　C. Y式　　　　D. 全渠道式

7. 从影响沟通有效性的阻碍因素来分析,组织中下级向上级汇报工作时存在的"报喜不报忧"现象是(　　)。

　　A. 心理扭曲　　B. 信息过滤　　C. 情绪焦虑　　D. 夸大其词

8. 在沟通中,信息不仅要被传递到,还要被(　　)。

　　A. 听到　　　　B. 看到　　　　C. 充分理解　　　D. 想到

9. 小王在工作中常常"问过则拒",即拒绝听取领导对他的批评指导意见。从阻碍沟通的个人因素来看,是典型的(　　)在起作用。

　　A. 选择性接收　　　　　　　　　B. 上下级互不信任

　　C. 地位差异　　　　　　　　　　D. 语言差异

10. 朱经理一回到工厂就立即召开全员大会,向工人传达集团公司新的战略规划。朱经理采用了(　　)方式完成了与员工之间的沟通活动。

　　A. 上行沟通　　B. 指令沟通　　C. 斜向沟通　　D. 下行沟通

二、判断题

1. "遇到什么人就转告什么人,并无一定中心人物或选择性"是偶然式小道消息传播方式的特点。　　(　　)

2. 所谓倾听就是支起耳朵使劲听。　　(　　)

3. 无声表达的情绪不会影响沟通有效性。　　(　　)

4. 组织内的沟通活动只能起到促进各部门之间密切配合与协调的作用。　　(　　)

5. 非正式沟通主要通过个人自选途径来传递交流信息,又被称为葡萄藤沟通。　　(　　)

三、简答题

1. 如何理解沟通的含义?

2. 有效倾听的关键要素有哪些?

3. 有效沟通的7个"C"是什么?

4. 简述克服沟通障碍的关键是什么?

四、案例分析

心情沮丧的张勇

张勇是一位有5年工龄的模具工,工作勤奋,爱钻研。半年前,他利用业余时间独立设计制作了一套新型模具,受到设计部门的嘉奖。为了鼓励张勇的这种敬业精神,当时的生产部主任王先生特别推荐他上夜校学习机械工程学。从那以后,张勇每周有3天必须提早一小时下班,以便准时赶到夜校。这也是经原生产部王主任特许的,王先生曾说过他会通知人事处。

然而,上周上班时,张勇被叫到现任生产部主任陆先生的办公室进行了一次面谈。陆主任给了他一份处罚报告,指责他工作效率低,尤其批评他公然违反公司的规定,一周内3次早退。如果他继续这样下去,将会影响其他员工。因此,陆主任说要对他进行处罚,并警告说,照这样下去,他将被解雇。

当张勇接到处罚报告时,感到十分委屈。他曾试图向陆主任解释原因,然而,每次主任都说太忙,没时间与他交谈,并告诉他不许早退,要求他提高工作效率。张勇觉得这位新上司太难相处,心情十分沮丧。

问题:你认为是什么问题造成了张勇的沮丧?如果你是张勇,会怎么做?

五、【自测】你受人欢迎吗?

指导语:请你如实回答下列每一问题,A代表一直是的;B代表经常是的;C代表有时是的;D代表很少是的;E代表从来不是的。

请圈出相应的字母来表示你的答案。

1. 你是否觉得有许多同学都给你留下美好的印象,从而使你喜欢他们?　　A B C D E
2. 你的同学是否容易受人的感染,接受你提出的意见和建议?　　A B C D E
3. 当你生病休息在家时没有同学来看你会使你感到孤独吗?　　A B C D E
4. 当你离开原单位(或原小组)时,同学们感到依依不舍吗?　　A B C D E
5. 同学们感到有趣的事,你也感到有趣吗?　　A B C D E
6. 你经常为一点小事与同学争吵吗?　　A B C D E
7. 你愿意做一些同学们喜欢做的事吗?　　A B C D E
8. 你遇到新来的同学,是否很容易接近他们?　　A B C D E
9. 你与异性同学是否很难接近?　　A B C D E
10. 当你出差时遇见一位陌生人,你会很容易接近他并使他喜欢你吗?　　A B C D E
11. 同学们是否经常邀请你参加私人的聚会,并请你主持一些活动?　　A B C D E
12. 是不是很少有人欣赏、夸奖你的仪表、才能和品质?　　A B C D E
13. 接触过的同学,你能立即叫出他(或她)的姓名吗?　　A B C D E
14. 你能与各种性格的人打交道吗?　　A B C D E
15. 很少有同学来找你聊天吗?　　A B C D E
16. 同学们背后是否很少指责你,并能很快地原谅、理解你的过失和错误?　　A B C D E
17. 你能否在短期内与各种人物熟悉起来?　　A B C D E
18. 你是否不愿意与同学们一起参加集体活动?　　A B C D E
19. 你是否觉得与陌生人认识很容易?　　A B C D E
20. 你是否觉得应该主动关心同学?　　A B C D E

计分方式:

3的倍数题计分方法如下:

A＝1分;B＝2分;C＝3分;D＝4分;E＝5分。

其余各题计分方法如下：

A＝5分;B＝4分;C＝3分;D＝2分;E＝1分；满分100分,最低分20分。

70分以上:是一个很受人欢迎的人,具备从事人力资源管理工作的基本要求；

60～69分:是一个较受人欢迎的人,需要进一步提高自己；

50～59分:在同学的眼中印象还可以；

40～49分:勉强受人欢迎,不适合从事人力资源管理工作。

第十三章　控　制　基　础

【趣味阅读】

拉上那道窗帘

杰克逊纪念大厦外墙受到腐蚀，政府采取了许多措施，花了不少钱。但情况仍无改善。政府非常担心，派专家组调查原因。调查结果如下：

因墙壁每日被冲洗，导致受酸蚀损害严重。

为什么要每日冲洗呢？因为大厦每天被大量的鸟粪弄脏。

为什么有那么多鸟粪呢？因为大厦周围聚集了许多的燕子。

为什么燕子喜欢聚在这里？因为大厦上有燕子最喜欢吃的蜘蛛。

为什么这里的蜘蛛多呢？因为墙上有蜘蛛最喜欢的飞虫。

为什么这里的飞虫多呢？因为飞虫在这里繁殖得快。

为什么飞虫在这里繁殖得快？因为这里的尘埃最适于飞虫繁殖。

为什么这里的尘埃最适于飞虫繁殖？其实，这里的尘埃也无特别之处，只是配合了从窗子照射进来的充足阳光，特别刺激飞虫的繁殖欲，大量飞虫聚集在此超常繁殖，于是给蜘蛛提供了超常的美餐；蜘蛛超常聚集又引来燕子聚集流连，燕子吃饱了就近在大厦上排泄。

最后，解决问题的方法是——拉上窗帘。

【管理启示】

寻因在管理中至关重要。寻因，即找到问题的根本原因，是管理者实现控制的重要环节。

【学习目标】

1. 了解控制的含义，控制的对象。
2. 掌握控制的类型和过程。
3. 能够运用控制的基本理论和方法解决实际问题。

【教学要求】

知识要点	能力要求	相关内容
控制的概述	（1）理解并掌握控制的基本含义 （2）了解控制的对象 （3）识别控制的类型 （4）理解有效控制的原则	（1）控制的概念 （2）控制的对象 （3）控制的类型 （4）有效控制的原则
控制的过程	掌握控制的过程	控制的过程
控制的方法	掌握并应用三种控制的方法	控制的方法

第一节 控制概述

一、控制的含义

控制就其一般意义而言，就是依靠信息反馈来维持一个系统的原有状态，在发生偏差时，设法使它复原。控制的现象可以从生物、物理、机械以及社会生活的方方面面观察到，如恒温箱自动控制系统，人体的体温调节系统，人们在驾驶汽车、骑自行车的方向及速度控制行为等。

作为管理职能之一的控制，是指为了确保组织的目标以及为此而拟订的计划能够得以实现，各级主管人员根据事先确定的标准对于计划的进展情况进行测量和评价，并在出现偏差时及时进行纠正的过程。

简单来说，管理中的控制就是使事情按计划进行，就是纠偏，即纠正实际执行情况与所计划的理想状态之间的偏差。控制活动是使活动达到预期目标的保证，因此，控制是每个管理者的职责。无论哪一层级的管理者，都必须对计划的实施和目标的实现负责，因此，各级管理者都必须承担控制的职能。

二、控制的对象

管理者在组织运营中控制什么？总体上来看，许多控制活动都是集中在下面五个方面，即人员、财务、作业、信息和组织的总体绩效。

（一）人员

管理的任务是通过他人的工作来实现组织的目标。为了有效实现组织的目标，管理者需要而且必须依靠下属员工，因此，必须对下属员工的工作行为、工作绩效进行有效控制。在管理实践中，下列方法被管理者普遍采用。

（1）选人。雇用那些价值观、个性、能力符合管理者期望的人。

（2）目标。目标能指导、激励、限制下属员工的行为。

（3）职务。职务在很大程度上决定了人们从事的任务、工作的节奏和所负的责任。

(4) 标准化。组织中的正式规则、政策、职务说明和其他规章制度规定了可接受的和禁止的行为。

(5) 培训。向员工传授管理者期望的工作方法。

(6) 监督。管理者可通过监督来限制、纠正员工的行为。

(7) 绩效评价。促使员工努力使各项评价指标达到管理者期望的水平。

(8) 报酬。它可以强化和鼓励员工做出符合管理者期望的行为，消除不期望的行为。

（二）财务

企业的首要目标是获取一定的利润。在追求这个目标时，管理者主要是对组织的经营费用进行控制。如管理者可能仔细分析每季度的收支报告，以发现多余的支出；也可能通过财务指标的计算、分析，以确保有足够的资金支付各种费用，确保组织经营过程中债务负担不至于太重。

（三）作业

一个企业组织的成功，在很大程度上取决于它在生产产品和提供服务的功能上的效率和效果。具体表现在企业组织供、产、销三个方面。

典型的作业控制包括：评价购买的效率与效果，即以尽可能低的价格，及时提供符合企业组织所需的一定质量和数量的资源；监督生产活动以保证其按计划进行；保证所有生产所需的设备处于良好的状态之中；监督组织生产的产品和服务的质量，以保证组织目标的实现。

（四）信息

管理各项职能的有效发挥，都必须依靠信息，不精确、不完整、过多的或延迟的信息将严重阻碍管理者的行动。因此在企业组织中，必须有一种企业管理信息系统，其任务就是在正确的时间，以正确的数量，为一定的管理者提供正确的信息。

（五）组织绩效

管理者自然十分关心其组织绩效，因为组织绩效的好坏，直接影响组织的生存、发展，也会影响管理者的利益。但管理者并不是唯一的衡量组织绩效的人，潜在的投资者、潜在的贷款人、供应商、证券分析家也会做出判断。即使是雇员或是潜在的雇员也会对组织绩效做出评价，因为他要决定接受或拒绝一个组织为他提供的工作机会。

评价、衡量组织的绩效并没有单一的指标可利用。生产率、效率、利润、员工士气、产量、适应性、稳定性、管理水平等都是衡量组织绩效的重要指标，但是其中任何一个单独的指标都不能等同于组织的整体绩效。

三、控制的重要性

控制的重要性主要体现在以下几个方面：

(1) 在执行组织计划中的保障作用。在管理活动中所制定的计划是针对未来的，由于各方面原因，制定计划时不可能完全准确、全面，计划在执行中也会出现变化，因此，为了实现目标，实行控制是非常必要的。

(2) 在管理职能中的关键作用。有效的管理有四大职能,它们构成一个相对封闭的循环。控制工作是管理职能循环中最后的一环,它与计划、组织、领导工作紧密结合在一起,使组织的整个管理过程有效运转,循环往复。

四、管理控制的类型

控制工作自始至终贯穿在组织的整个经营过程中,根据时间、方式的不同,可把控制划分成不同类型。

（一）按控制方式分类

按控制方式的不同,可分为程序控制和目标控制。

1. 程序控制

程序控制是通过预先确定控制目标,并编制被控对象的行为程序来实现目标和确保控制的一种方式。它不仅要实现规定好的目标,而且对下属实现目标的行动方式、方法也要做出安排和规定。

2. 目标控制

目标控制没有给出被控对象实现其目标的行为方式和方法,只是指出目标,从而使被控对象以相当大的弹性和灵活性来应付实现目标过程中所出现的种种问题。

（二）按控制的时机、目的和对象分类

根据控制的时机、目的和对象的不同,可以把控制划分成前馈控制、同期控制和反馈控制,如图 13-1 所示。就一般而言,管理中采取的控制可以在行动开始之前、进行之中或结束之后进行,称为三种控制模型。第一种称为前馈控制或事前控制;第二种称为同期控制或事中控制;第三种称为反馈控制或事后控制。

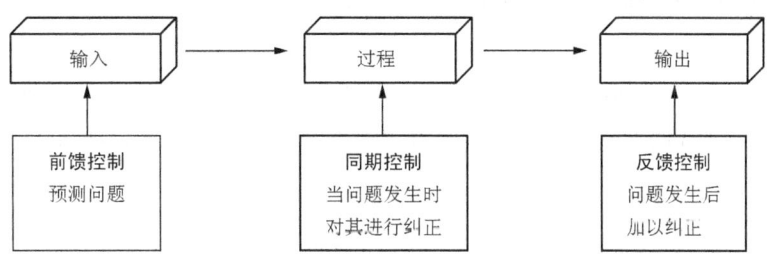

图 13-1 前馈控制、同期控制和反馈控制

1. 前馈控制

前馈控制也称为事前控制,是发生在实际工作开始之前,是未来导向的控制。质量控制培训项目、预测、预算、实时的计算机系统都属于前馈控制。前馈控制是管理层最渴望采取的控制类型,因为它能避免预期出现的问题,而不必等问题出现时再补救。

前馈控制是在企业生产经营活动开始之前进行的控制。管理过程理论认为,只有当管理者能够对即将出现的偏差有所觉察并及时预先提出某些措施时,才能进行有效的控制,因此前馈控制具有重要的意义。

前馈控制采用的普遍方式,是利用所能得到的最新信息,进行认真、反复的预测,把计划所要达到的目标同预测结果相比较,并采取措施修改计划,以使预测与计划目标相吻合。到目前为止比较先进的前馈控制技术之一是计划评审法,或称网络分析法。它可以预先知道哪些工序的延时会影响到整个工期,在何时会出现何种资源需求高峰,从而采取有效的预防措施与行之有效的管理办法。

在企业管理控制活动中,前馈控制的内容包括对人力资源、原材料、资金等的前馈控制。人力资源必须适应任务要求,并控制机构臃肿,人浮于事的现象;利用统计抽样来控制原料质量,根据抽样不合格率决定接受或退货;根据库存理论控制库存储备量等。

2. 同期控制

同期控制法也称为事中控制,即对经常性的重复出现的业务,要求执行人员按规定的标准化程序来完成,以保证业务活动质量达到控制目标和要求。同期控制要求所有的主要业务活动都要建立切实可行的办理程序,每道工序的最终点为程序控制点,每道工序的终点的生产者为质量控制者,对不合格的加工、不合格的产品有责任也有权提出改正,这样使每个人在生产过程都受到监控。同期控制法能避免业务工作的无章可循、职责不清、相互推诿,有利于及时处理业务、提高工作效率以及追究有关责任人的责任。

例如,按厨房生产流程,从加工、配制到烹调三个程序中,配制厨师对不合格的加工、烹调厨师对不合格的配制有责任也有权提出改正,这样使每个人在生产过程中都受到监控。

3. 反馈控制

反馈控制又称事后控制,是对既定的目标或期望值,对生产经营过程加以调整和影响。其中目标既包括企业内部的成本、生产计划,也包括来自外部的要求,比如公司上市、配股以及退市的条件限制,政府和市场分析师的预期等。调整的对象是人流、物流和价值流,绝不是信息流。信息流只是统一的物质流和价值流的反映,如果直接干扰信息流,使其"迎合"目标值,必然引起会计信息失真。

反馈控制是一种在计划执行一段时间或结束后进行的事后控制,主要为下一步计划的实施总结经验,常常是管理控制工作的主要形式,例如,工作总结、产品性能检验、市场信息反馈系统等。

五、有效控制的原则

控制的目的是保证企业活动符合计划的要求,以有效地实现预定目标。为此,有效控制应该遵守以下原则要求。

(一)适时控制

企业经营活动中产生的偏差只有及时采取措施加以纠正,才能避免偏差的扩大,或防止偏差对企业不利影响的扩散。及时纠偏要求管理人员及时掌握能够反映偏差产生及其严重程度的信息。如果等到偏差已经非常明晰,且对企业造成了不可挽回的影响后,反映偏差的信息才姗姗来迟,那么,即使这种信息是非常系统、绝对客观、完全正确的,也不可能对纠正偏差带来任何指导作用。

适时控制的最理想方法应该是在偏差未产生以前,就注意到偏差产生的可能性,从而预先采取必要的防范措施,防止偏差的产生。即使是某种企业无力抗拒的原因,使得偏差的出现不可避免,那么这种认识也可指导企业预先采取措施,消除或遏制偏差产生后可能对企业造成的不利影响。

图13-2纵轴表示反映产品某个质量特征或某项工作质量完善程度的数值,横轴表示取值(即进行控制)的时间,中心线CL表示反映质量特征的标准状况,UCL和LCL分别表示上、下质量警戒线。反映质量特征的数据如果始终分布在CL周围,则表示质量"在控制中";而一旦超越UCL或LCL,则表示出了质量问题。在这以前,质量控制人员就应引起警惕,注意质量变化的趋势,并制定或采取必要的纠正措施。

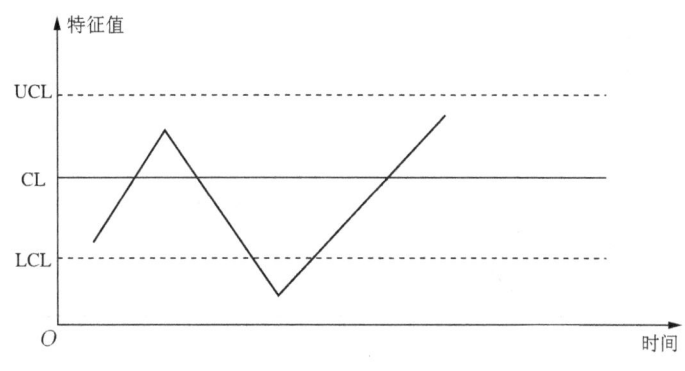

图13-2 质量控制预警系统

(二) 适度控制

适度控制是指控制的范围、程度和频度要恰到好处。这种恰到好处的控制要注意以下几个方面的问题。

1. 防止控制过多或控制不足

缺乏控制可能导致组织活动的混乱。但是控制程度必须适当,有效的控制既不能过多,也不能不足。因为过多的控制会对组织中的个人造成伤害,对组织成员行为的过多限制,会扼杀他们的积极性、主动性和创造性,会抑制他们的首创精神,从而影响个人能力的发挥和工作热情的提高,最终会影响企业的效率。同时,也要认识到,过少的控制将不能使组织活动有序地进行,就不能保证各部门活动进度和比例的协调,将会造成资源的浪费。此外,过少的控制还可能使组织中的个人无视组织的要求,我行我素,不提供组织所需的贡献,甚至利用在组织中的便利地位谋求个人利益,最终导致组织的涣散和崩溃。

2. 控制必须针对重点

任何组织都不可能对每一个部门、每一个环节的每一个人在每一个时刻的工作情况进行全面的控制。全面系统的控制代价极高,是不可能的,也是不必要的。适度的控制要求企业在建立控制系统时,利用ABC分析法和例外原则等工具,找出影响企业经营成果的关键环节和关键因素,并据此在相关环节上设立预警系统或控制点,进行重点控制,而且仅当偏差超过了一定限度以致足以影响目标的达成之后,才予以控制更正。

3. 控制应考虑经济性

控制活动是需要费用的,是否进行控制、控制到什么程度都要考虑费用问题,建立和维持控制的费用不应超过从它们中所获得的收益。生产中的质量控制说明了控制费用与收益是如何随控制程度而变化的。当标准较低时,操作工人在控制产品质量时的费用随着标准的提高,增长的幅度也不大。当标准较高时,操作工人控制产品质量的费用与标准的提高量成指数增长的关系,如图 13-3 所示。前一段曲线是线性关系,后一段曲线为指数关系。由此可以看出,标准不宜太高,要与实际情况相适应。其次,在产品质量检查方面也要考虑经济因素,是抽样检查,还是全部检查,管理者要对此做出适当的决策。具体考虑控制的经济性时,可以采用控制费用与收益的定量比较进行分析,只有在最佳范围内实施控制才是合适的。

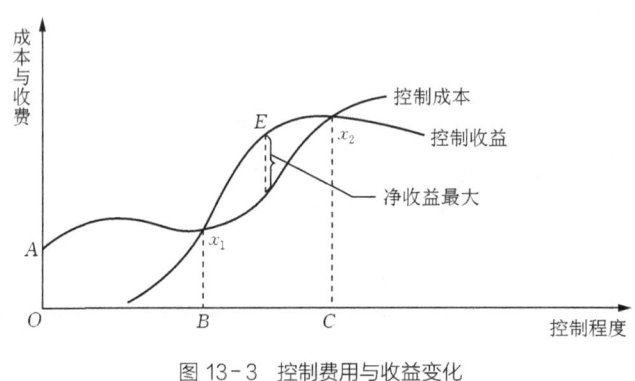

图 13-3 控制费用与收益变化

控制费用基本上随着控制程度的提高而增加,控制收益的变化则比较复杂。在初始阶段,较小范围和较低程度的控制不足以使企业管理者及时发现和纠正偏差,因此控制费用会高于可能产生的收益。随着控制范围的扩大和控制程度的提高,控制的效率会有所改善,能指导管理者采取措施纠正一些重要的偏差,从而使控制收益能逐渐补偿并超过控制费用。图 13-3 中,在点 E,控制净收益达到最大。在点 x_2,控制收益与控制费用曲线再度相交。自此点开始,控制所需的费用重新超过其收益。之所以会出现这种情况,是因为组织活动的主要偏差在点 x_2 以前已经解决,这以后的控制只能解决一些次要的、影响不大的问题,因此带来的收益甚小;同时,由于过度的控制会抑制组织成员的工作积极性,从而影响劳动生产率和经济效益的提高。

从理论上来说,控制程度在与交点 x_1 和交点 x_2 相对应的 B、C 两点之间为适度控制;低于点 B,为控制不足;高于点 C,为控制过剩。虽然在实践中企业很难确定各种控制的费用与收益之比,但这种分析告诉我们,过多的控制并不是带来较高收益的前提条件,企业应根据活动的规模特点和复杂程度来确定控制的范围和频度,建立有效的控制系统。

(三)客观控制

控制工作应该针对企业的实际状况,采取必要的纠偏措施,或促进企业活动沿着原先的轨道继续前进。因此,有效的控制必须是客观的,符合企业实际的,这是对控制工作的基本要求。

在整个控制过程中最易引起主观因素介入的是绩效的衡量阶段,尤其是对人的绩效进行衡量更是如此。这可能来自两种心理方面的作用,一种是晕轮效应,另一种是优先效应。晕轮效应是一种以点代面的效应。人们往往习惯于把人的行为中的某一点覆盖于人的全部行为之上。这种效应很容易引起判断上的主观性,造成评价上的偏差。比如,人们常说"情人眼里出西施",就是形容这种晕轮效应。所谓优先效应,是指人们往往把第一印象看得更加重要,以至于影响今后对人的评价,这也是心理作用。很显然,一个人在第一段时期工作的好与坏只能说明他那时的绩效情况,而不应以此来代替他今后的绩效情况。但是许多人没有意识到这一点。许多例子证明优先效应是随处可见的,像"要给人一个好印象"、"应踢好头三脚"等等。管理者要特别注意自己的评价工作,严防上述两种心理效应在评价工作中出现,因为如果没有对绩效的客观评价或衡量,就不可能有正确的控制。

要客观地控制,第一要尽量建立客观的计量方法,即尽量用定量的方法记录并评价绩效,把定性的内容具体化。第二是管理人员要从组织目标的角度来观察问题,应避免形而上学的观点,避免个人偏见和成见。

(四)弹性控制

企业在生产经营过程中可能会经常遇到某种突发的、无法抗拒的变化,这些变化使企业计划与现实条件严重背离。有效的控制系统应在这样的情况下仍能发挥作用,维持企业的正常运行,因此控制必须有弹性和灵活性,必须有替代方案。例如,应当允许企业随着生产的发展,并根据实际需要随时增加人员等。一般地说,弹性控制要求企业制定弹性的计划和弹性的衡量标准。

第二节 控制的过程

控制过程是一个三步骤的过程:制定控制标准、衡量工作成效、纠正偏差。

一、制定控制标准

标准是人们检查和衡量工作及其结果(包括阶段结果与最终结果)的规范,它构成了控制过程的基础。没有一套完整的标准,衡量绩效或纠正偏差就失去了客观数据。

事实上,标准的制定应该是属于计划工作的范畴,但由于计划的详细程度不同,它的内容不一定适合控制工作的要求,而且控制工作需要的不是计划中的全部指标和标准,而是其中的关键点。所以,管理者实施控制的第一个步骤是以计划为基础,制定出控制工作所需要的标准。

标准的类型很多,可以是定量的,也可以是定性的。一般情况下,标准应尽量数字化和定量化,以保持控制的准确性。在工商企业中,经常使用以下几种类型的标准。

(1)时间标准,是指完成一定工作所需要花费的时间限度。

(2)生产率标准,是指在规定时间里完成的工作量。

(3)消耗标准,是指完成一定工作所需的有关消耗。

(4)质量标准,是指工作应达到的要求,或是产品或劳务所应该达到的品质标准。

(5) 行为标准,是对员工的行为准则要求。

对不同的组织、计划和控制环节,控制标准也有所不同。比如麦当劳快餐店非常注重及时服务,它制定的控制标准其中就包括:①95%的顾客进店 3 分钟之内应受到接待;②预热的汉堡包在售给顾客前,其烘烤的时间不得超过 5 分钟;③顾客离开后 5 分钟之内所有的空桌必须清理完毕等。

(一) 确定控制对象

标准的具体内容涉及需要控制的对象。要制定一项正规的控制措施,首先就要明确是为谁制定的,即确定控制对象。那么,企业经营与管理中哪些事或物需要加以控制呢? 这是在建立标准之前首先要加以分析的。

无疑,经营活动的成果是需要控制的重点对象。控制工作的最初始动机就是要促使企业有效地取得预期的经营收益,而影响企业经营成果的各种因素,就是企业需要控制的对象。影响企业在一定时期经营成果的主要因素有:

1. 关于环境特点及其发展趋势的假设

企业在特定时期的经营活动是根据决策者对经营环境的认识和预测来计划和安排的。如果预期的市场环境没有出现,或者企业外部发生了某种无法预料和抗拒的变化,那么未来计划的活动就可能无法正常进行,从而难以为组织带来预期的结果。因此,制定计划时所依据的经营环境的认识应作为控制对象,列出"正常环境"的具体标志或标准。

2. 资源投入

企业经营成果是通过对一定资源的加工转换得到的,没有或缺乏这些资源,企业经营就会成为无源之水、无本之木。投入的资源,不仅会在数量和质量上影响经营活动的按期、按量、按要求进行,从而影响最终的物质产品,而且其取得费用会影响生产成本,从而影响经营的盈利程度。因此,必须对资源投入进行控制,使之在数量、质量以及价格等方面符合预期经营成果的要求。

3. 组织的活动

输入到生产经营中的各种资源不可能自然形成产品。企业经营成果是通过全体员工在不同时间和空间上利用一定技术和设备对不同资源进行不同内容的加工劳动才最终得到的。企业员工的工作质量和数量是决定经营成果的重要因素,因此,必须使企业员工的活动符合计划和预期结果的要求。为此,必须建立以下两个控制的对象:①员工的工作规范;②各部门和各员工在各个时期的阶段成果的标准,以使对他们的活动进行控制。

(二) 选择控制的重点

一般而言,整个管理活动难以全面观察。企业无力、也没有必要对所有成员的所有活动进行控制,因此必须在影响经营成果的众多因素中选择若干关键环节作为重点控制的对象。美国通用电气公司关于关键绩效领域的选择或许能给我们一些启示。

通用电气公司在分析影响和反映企业经营绩效的众多因素的基础上,选择了对企业经营成败起决定作用的八个方面,并为它们建立了相应的控制标准。这八个方面如表 13-1 所示。

表 13-1 通用电气公司关键绩效领域选择及控制标准

关键绩效领域	控 制 标 准
获利能力	利润率
市场地位	市场占有率、相对市场占有率
生产率	劳动生产率
产品领导地位	产品质量、原料成本和人工成本
人员发展	选拔和培训
员工态度	离职率、缺勤率、提出合理化建议的数量以及定期检查评价分析
公共责任	提供稳定的就业机会、参加公益事业等
短期目标与长期目标相平衡	合理制定和实施经营活动计划,统筹长期与短期的关系

通用电器公司一旦发现企业经营活动与上述八个方面的控制标准发生偏离,就会马上分析原因,采取相应的改善措施。

标准是衡量实际工作绩效的依据和准绳,标准来自组织计划目标,但不等于计划目标。标准的设立应该具有权威性,是可以用来对实际行动进行度量的。标准是通过计划职能产生的。如果管理者采用目标管理(MBO)方法,根据定义可以知道,目标是明确的、可证实的和可度量的。在这种情况下,这些目标是比较和衡量工作过程的标准。如果不采用 MBO 方法,则标准是管理者使用的具体的衡量指标,例如成本、利润、工时、单位产品的材料消耗定额等。我们的观点是,标准必须从计划中产生,计划必须先于控制。

二、衡量工作成效

企业经营活动中的偏差如能在产生之前就被发现,则可指导管理者预先采取必要的措施以求避免,这种理想的控制和纠偏方式虽然有效,但其现实可能性不是很高的。并非所有的管理人员都有远见卓识,同时也并非所有的偏差都能在产生之前被预见。在这种限制条件下,最满意的控制方式应是必要的纠偏行动能在偏差产生以后迅速进行,为此,要求管理者及时掌握反映偏差是否产生、并能判定其严重程度的信息。用预定标准对实际工作成效和进度进行检查、衡量和比较,就是为了提供这类信息。

(一) 衡量工作成效的目的

通过衡量成效,应达到以下几个方面的目的:

(1) 通过调查、汇报、统计、分析等,比较全面确切地了解实际的工作进展情况,掌握计划的执行进度。

(2) 找出实际成效与控制标准之间的差异,以便于找出组织目标和计划在实施中的问题,为纠正偏差和改进工作提供依据。

(3) 为主管人员评价和奖励下级提供依据。

(二) 衡量工作成效应注意的问题

为了能够及时、正确地提供能够反映偏差的信息,同时又符合控制工作在其他方面的要求,管理者在衡量工作成绩的过程中应注意以下几个问题。

1. 通过衡量成效，确定适宜的衡量频度

控制过多或不足都会影响控制的有效性。这种"过多"或"不足"，不仅体现在控制对象和标准数目的选择上，而且表现在对同一标准的衡量次数或频度上。对影响某种结果的要素或活动过于频繁的衡量，不仅会增加控制的费用，而且可能引起有关人员的不满，从而影响他们的工作态度；而检查和衡量的次数过少，则可能使许多重大的偏差不能被及时发现，从而不能及时采取措施。

以什么样的频度、在什么时候对某种活动的绩效进行衡量，取决于被控制活动的性质。例如，对产品的质量控制常常需要以小时或以日为单位进行，而对新产品开发的控制则可能只需以月为单位进行就可以了。需要控制的对象可能发生重大变化的时间间隔，是确定适宜的衡量频度所需考虑的主要因素。

管理人员经常在他们方便的时候，而不是在工作绩效仍"在控制中"（即可能因为人们采取的措施而改变时）进行衡量。这种现象必须避免，因为这可能导致行动的迟误。

2. 通过衡量成效，检验标准的客观性和有效性

衡量工作成效是以预定的标准为依据的，但利用预先制定的标准去检查各部门在各个阶段的工作，这本身也是对标准的客观性和有效性进行检验的过程。

检验标准的客观性和有效性，是要分析通过对标准执行情况的测量能否取得符合控制需要的信息。在为控制对象确定标准的时候，人们可能只考虑了一些次要的因素，或只重视了一些表面的因素，因此，利用既定的标准去检查人们的工作，有时并不能达到有效控制的目的。比如，衡量职工出勤率是否达到了正常水平，不足以评价劳动者的工作热情、劳动效率或劳动贡献；分析产品数量是否达到计划目标，不足以判定企业的盈利程度；计算销售人员给顾客打电话的次数和花费在推销上的时间，不足以判定销售人员的工作绩效。在衡量过程中对标准本身进行检验，就是指出被控制对象的本质特征，从而制定出最适宜的标准。要评价员工的工作热情，可以考核他们提供有关经营或技术改造合理化建议的次数；评价他们的工作效率，可以计量他们提供的产品数量和质量；分析企业的盈利程度，可以统计和分析企业的利润额及其与资金、成本或销售额的相对百分比；衡量推销人员的工作绩效，可以检查他们的销售额是否比上年或平均水平高出一定数量，等等。

由于企业中许多类型的活动难以用精确的手段和方法加以衡量，建立标准也就相对困难。因此，企业可能会选择一些易于衡量、但并不反映控制对象特征的标准。比如，科研人员和管理人员的劳动效果，并不总能用精确的数字表示出来，有关领导可能根据研究小组上交研究报告的数量和质量来判断其工作进展，或根据科室是否整齐划一、办公室是否挂满了各种图表来判断管理人员的工作努力程度。然而，根据这些标准去进行检查，得到的可能是误导信息：科研人员用更多时间去撰写数量更多、结构更严谨的报告，而不是将这些精力真正花在科研上；管理人员花更多的精力去制作和张贴更漂亮的图表，而不是用这些时间去扎扎实实地进行必要的管理基础工作。

衡量过程中的检验就是要辨别并剔除这些不能为有效控制提供必要信息，容易产生误导作用的不适宜标准。

3. 通过衡量成效，建立信息管理系统

负有控制责任的管理人员只有及时掌握反映实际工作与预期工作绩效之间偏差的信息，才能迅速采取有效的纠正措施，不精确、不完整、过多或延误的信息将会严重地阻碍他们的行动。通常，并不是所有的衡量绩效的工作都是由主管直接进行的，有时需要借助专职的检测人员。然而，管理人员所接受的信息通常是零乱的、彼此孤立的，并且难免混杂着一些不真实、不准确的信息。因此，应该建立有效的信息管理网络，通过分类、比较、判断、加工，提高信息的真实性和清晰度，同时将杂乱的信息变成有序的、系统的、彼此紧密联系的信息，并使反映实际工作情况的信息适时地传递给适当的管理人员，使之能与预定标准相比较，及时发现问题。这个网络还应能及时将偏差信息传递给予被控制活动有关的部门和个人，以使他们及时知道自己的工作状况、出错原因以及需要怎样做才能更有效地完成工作。建立这样的信息管理系统，不仅更有利于保证预定计划的实施，而且能防止基层工作人员把衡量和控制视作上级检查工作、进行惩罚的手段，从而避免产生抵触情绪。

三、纠正偏差

利用科学的方法，依据客观的标准，通过对工作绩效的衡量，可以发现计划执行中出现的偏差。纠正偏差就是在此基础上，分析偏差产生的原因，制定并实施必要的纠正措施。这项工作使得控制过程得以完整，并将控制与管理的其他职能相互联结；通过纠偏，使组织计划得以遵循，使组织机构和人事安排得到调整，使领导活动更加完善。为了保证纠偏措施的针对性和有效性，必须在制定和实施纠偏措施的过程中注意下列问题。

（一）进行偏差分析

通过实际业绩同控制标准之间的比较，就可以确定这两者之间有无差异。如果无差异，工作按原计划继续进行；如果有差异，则首先要了解偏差是否在标准允许的范围之内，如图13-4所示。如果在允许的范围之内，工作可以继续进行，但要对产生偏差的原因进行分析，以便改进工作，尽可能缩小偏差；如果偏差在允许的范围之外，则应当深入分析产生偏差的原因。弄清产生偏差的原因是采取相应措施的基础，偏差分析首先要确定偏差的性质和类型。偏差的产生，可能是在执行任务过程中由于工作失误而造成的，也可能是由于原计划不周所导致的，必须要对这两类

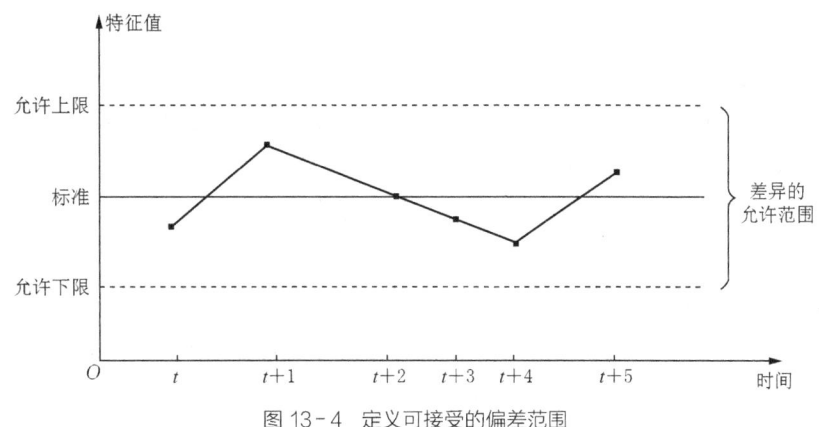

图13-4 定义可接受的偏差范围

不同性质的偏差作出准确的判断,以便采取相应的纠偏措施。

偏差可分为正偏差和负偏差。正偏差是指实际业绩超过了计划要求,而负偏差则是指实际业绩未达到计划的要求。这两种偏差的原因都需要进行分析。如果由于环境变化导致的是有益的正偏差,则需要修改原有计划以适应环境的变化。

(二) 确定纠偏措施的实施对象

如果偏差是由于绩效的不足而产生的,管理人员就应该采取纠偏行动。他们可以调整企业的管理战略,也可改变组织结构,或通过更完善的选拔和培训计划,或更改领导方式。但是,在有些情况下,需要纠正的可能不是企业的实际活动,而是组织这些活动的计划或衡量这些活动的标准。大部分员工没有完成劳动定额,可能不是由于全体员工的抵制,而是定额水平太高;承包后企业经理的兑现收入可高达数万、甚至数十万,可能不是由于经营者的努力数倍或数十倍于工人,而是由于承包基数不恰当或确定经营者收入的挂钩方法不合理;企业产品销售量下降,可能并不是由于质量劣化或价格不合理,而是由于市场需求的饱和或周期性的经济萧条。在这些情况下,首先要改变的不是或不仅是实际工作,而是衡量这些工作的标准或指导工作的计划。

预定计划或标准的调整是由两种原因决定的:一是原先的计划或标准制定得不科学,在执行中发现了问题;二是原来正确的标准和计划,由于客观环境发生了预料不到的变化,不再适应新形势的需要。负有控制责任的管理者应该认识到,外界环境发生变化以后,如果不对预先制定的计划和行动准则进行及时的调整,那么,即使内部活动组织得非常完善,企业也不可能实现预定目标;消费者的需求偏好转移,这时,企业的产品质量再高,功能再完善,价格再低,依然不可能找到销路,不会给企业带来期望利润。

(三) 选择恰当的纠偏措施

针对产生偏差的主要原因,可以制定改进工作或调整计划与标准的纠正方案。纠偏措施的选择和实施过程中要注意:

1. 使纠偏方案双重优化

纠正偏差,不仅在实施对象上可以进行选择,而且对同一对象的纠偏也可采取多种不同的措施。是否采取措施,要视采取措施纠偏带来的效果是否大于不纠偏的损失而定,有时最好的方案也许是不采取任何行动,如果行动的费用超过偏差带来的损失的话。这是纠偏方案选择过程中的第一重优化。第二重优化是在此基础上,通过对各种经济可行方案的比较,找出其中追加投入最少,解决偏差效果最好的方案来组织实施。

2. 充分考虑原先计划实施的影响

由于对客观环境的认识能力提高,或者由于客观环境本身发生了重大变化而引起的纠偏需要,可能会导致对原先计划与决策的局部甚至全局的否定,从而要求企业活动的方向和内容进行重大的调整。即当原有决策的实施表明将危及决策目标的实现时,要对目标或决策方案所进行的根本性修正。

3. 消除人们对纠偏措施的疑虑

任何纠偏措施都会在不同程度上引起组织的结构、关系和活动的调整,从而会涉及某些组织成员的利益,不同的组织成员会因此而对纠偏措施持不同态度,特别是纠偏措施属于对原先决策和活动进行重大调整的追踪决策。虽然一些原先反对初始决策的人会幸灾乐祸,甚至夸大原先决策的失误,反对保留其中合理的成分,但更多的人对纠偏措施持怀疑和反对的态度。原先决策的制定者和支持者因害怕改变决策标志着自己的失败,从而会公开或暗地里反对纠偏措施的实施;执行原决策、从事具体活动的基层工作人员则会对自己参与的已经形成的或开始形成的活动结果怀有感情,或者担心调整会使自己失去某种工作机会,影响自己的既得利益,而极力抵制任何重要的纠偏措施的制定和执行。因此,控制人员要充分考虑到组织成员对纠偏措施的不同态度,特别是要注意消除执行者的疑虑,争取更多人理解、赞同和支持纠偏措施,以避免在纠偏方案的实施过程中可能出现的认识障碍。

综上所述,控制过程基本是一个在标准形成、业绩衡量、比较和纠偏行动之间的连续循环过程,如图13-5所示。

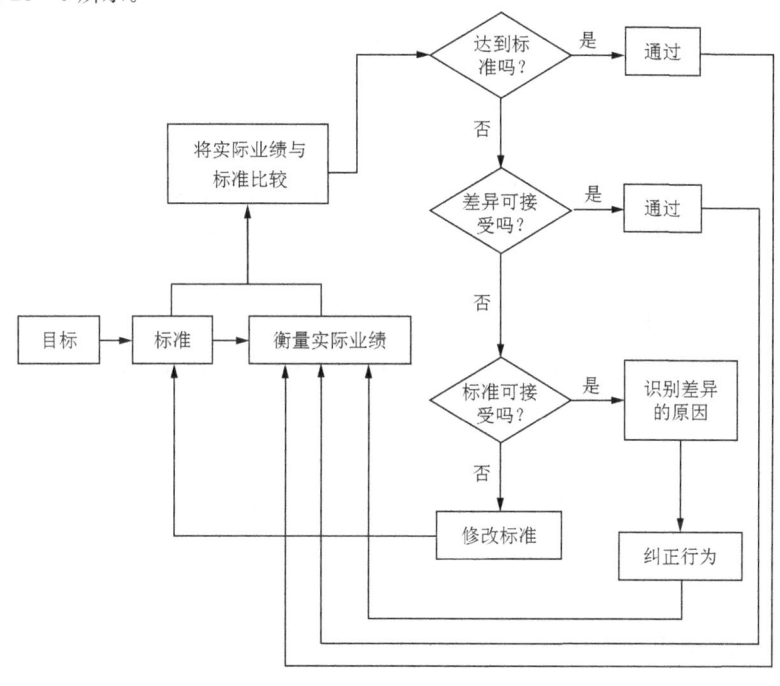

图 13-5 控制的过程

升级管控能杜绝事故吗

第三节 控制的方法

控制目标的实现,依赖于有效的控制方法。在控制活动中,经常采用的控制方法包括人力资源控制、财务控制、时间控制、质量控制、盈亏控制、网络规划等。本节将主要介绍财务控制方法、人员行为控制方法和综合控制方法中常用的标杆管理、平衡计分卡等几种方法。

一、财务控制方法

（一）财务控制的含义

财务控制是指组织通过对其财务活动进行组织、指导、监控和约束,促使其财务目标得以实现的管理活动,是现代财务管理的核心环节。财务控制的目标是组织价值最大化,通过财务控制使组织能以最低的耗费和最少的投入获得最大的收益。

财务控制的主体指对财务控制起决定作用的参与者,及财务控制的主动实施者,一般是组织的管理者。在企业中,各级财务活动相关人员都是财务控制的主体;政府的财政控制主要由财政部门负责。

(二)财务控制的对象

财务控制的对象是资金。为了能对组织的资金进行控制,在组织实际运作中,可将财务控制对象具体分为以下几类:

1. 收入控制

这是对成品资金通过销售转化为现金收入的控制,它一般也包括其他投资所获得的即期收入。在组织中,保证最大可能的产出并迅速将其转化为货币资金以维持组织的收支平衡,是财务控制的基本原则。

2. 支出控制

支出最小化原则是组织运作的基本原则。支出控制是对组织运作过程中各种资金支出的控制,它通常与收入控制结合在一起分析,组织财务控制中称之为收支平衡原则。

3. 收益控制

收益最大化是企业组织永恒的追求。收支平衡只能维持组织的运作,只有收入大于支出,组织的运作才有意义,才是组织所追求的目标。要实现组织运作的收益性,就必须实现组织资源的优化配置。

4. 资本结构控制

组织的资金运动周而复始,延绵不绝,从而形成相对稳定的资本结构。合理的资本结构有利于稳定与提高组织的信誉、信用,规避经营风险。

二、财务控制的常用方法

财务控制是指对企业的资金投入及收益过程和结果进行衡量与校正,目的是确保企业的目标并使为达到此目标所制定的财务计划得以实现。常用的财务控制方法有以下几种:

(一)财务报表法

财务报表法(financial statement)主要是用来追踪出入组织的商品和服务的货币价值,是组织监控流动性、总体财务状况、盈利能力这三方面状况的基本工具,被管理者、股东、金融机构、投资分析家及其他企业利益相关者广泛用来评估组织的业绩。

财务报表可按年、按月或按季编制。大多数公司普遍采用的财务报表是收入表、资产负债表和现金流量。

1. 资产负债表

资产负债表(balance sheet)显示的是组织在某特定时点的产物状况的总体信息。最简单的资产负债表包括组织的资产、负债和净值。组织的资产分为流动资产和固定资产;负债由流动负债和长期负债组成;组织的净值是总资产减总负债的剩余价值。表13-2为资产负债表的样本。

表 13-2 资产负债表

编制单位：××有限公司　　　　　　　　　　20××年12月31日　　　　　　　　　　单位：元

资　产	期末余额	年初余额	股东权益	期末余额	年初余额
流动资产：			流动负债：		
货币资金			短期借款		
交易性金融资产			交易性金融负债		
应收票据及应收账款			应付票据		
合同资产			应付账款		
预付款项			预收款项		
应收利息			应付职工薪酬		
应收股利			应缴税费		
其他应收款			应付利息		
存货			应付股利		
一年内到期的非流动资产			其他应付款		
其他流动资产			一年内到期的非流动负债		
**　流动资产合计**			其他流动负债		
非流动资产：			**流动负债合计**		
债权投资			非流动负债：		
持有至到期投资			长期借款		
长期应收款			应付债券		
长期股权投资			长期应付款		
投资性房地产			专项应付款		
固定资产			预计负债		
在建工程			递延所得税负债		
工程物资			其他非流动负债		
固定资产清理			**非流动负债合计**		
生产性生物资产			**负债合计**		
油气资产			股东权益：		
无形资产			实收资本（股本）		
开发支出			资本公积		
商誉			减：库存股		
长期待摊费用			盈余公积		
递延所得税资产			未分配利润		
其他非流动资产			**股东权益合计**		
非流动资产合计					
资产总计			**负债和股东权益总计**		

2. 利润表

利润表概括了组织在给定时期内的财务绩效,即告诉我们公司在这一段时间内赚了多少钱。在损益表中,从毛收入或销售开始,然后减去实现这些销售额所付出的费用,就可得到某段时间内赚到的利润,如表 13-3 所示。

表 13-3 利润表

编制单位:××有限公司　　　　　　20××年12月31日　　　　　　　　　　单位:元

项　　　目	本期金额	上期金额
一、营业收入		
减:营业成本		
税金及附加		
销售费用		
管理费用		
研发费用		
财务费用		
资产减值损失		
加:公允价值变动收益(损失以"—"号填列)		
投资收益(损失以"—"号填列)		
其中:对联营企业和合营企业的投资收益		
二、营业利润(亏损以"—"号填列)		
加:营业外收入		
减:营业外支出		
其中:非流动资产处置损失		
三、利润总额(亏损总额以"—"号填列)		
减:所得税费用		
四、净利润(净亏损以"—"号填列)		
（一）持续经营净利润		
（二）终止经营净利润		

3. 现金流量表

现金流量表记录了本财政年度资金的来源以及用于何种用途。现金流量表与损益表不同,它表明的是资金是如何运用的,而不是形成了多少利润或亏损。

（二）财务比率分析

财务比率分析(financial ration analysis)是指将财务报表中的相关项目进行对比,以此来解释企业财务状况的一种方法。比率分析通常是将资产负债表和收益表上的相关项目进行对比,形成一个比率,从中分析和评价企业的经营成果和财务状况,有助于发现或找出企业经营过程中存在的问题。以下将介绍几种常用的财务比率。

1. 流动比率

流动比率是企业的流动资产和流动负债之比,它是用来衡量企业偿还需付现流动债务能力的指标。一般而言,企业资产的流动性越大,偿还能力越强,反之则弱。当资产以现金的形式存在时,其流动性最强,但要防止为追求过高的流动性而导致财务资源的闲置。其计算公式为:

$$流动比率 = (流动资产总计 / 流动负债总计) \times 100\%$$

2. 速动比率

速动比率是速动资产与速动负债之比,是衡量企业流动资产中可以立即变现用于偿还流动负债的能力。速动资产是流动资产和存货之差,是指可以在短时间内变现的资产,而存货是属于非速动资产。当企业有大量存货且这些存货周转率低时,速动比率比流动比率更能精确反映客观情况。其计算公式为:

$$速动比率 = (速动资产 / 流动负债) \times 100\%$$

一般来说,速动比率与流动比率的比值在 1∶1.5 左右最为合适。

3. 资产负债比率

资产负债比率是企业负债总额与资产总额之比。它反映了企业所有者提供的资金与外部债权人提供的资金比率的关系,即反映了在总资产中多大比例的资金来源是通过借债筹集的,也可以衡量企业在清算时保护债权人利益的程度。只要企业全部资金的利润率高于借入资金的利息,且外部资金不在根本上威胁企业所有权的行使,企业就可以充分地向债权人借入资金以获取额外利润,其计算公式为:

$$资产负债率 = (负债总额 / 资产总额) \times 100\%$$

上述三个比率是可以帮助我们了解企业的偿还债务能力等债务状况,是评价企业偿债能力的指标。

4. 销售利润率

销售利润率是净利润与销售收入的百分率。它反映每一元钱收入带来净利润的多少,表示销售收入的收益水平,其计算公式为:

$$销售利润率 = (净利润 / 销售收入) \times 100\%$$

企业在增加销售收入的同时必须相应地获得更多的净利润,这样才能使销售利润率保持不变或有所提高。

5. 成本费用利润率

成本费用利润率是企业一定时期的利润总额与成本费用总额的比率,反映了企业在当期发生的所有成本费用所带来的收益能力。成本费用利润率越高,企业为取得利润而付出的代价越小,成本费用控制得越好,盈利能力越强。其计算公式为:

$$成本费用利润率 = (利润总额 / 成本费用总额) \times 100\%$$

6. 资本金利润率

资本金利润率是利润总额占资本金(实收资本、注册资金)总额的百分率,是反映投资者投入企业资本金的获利能力的指标。企业资本金是所有者投入的主权资金,资本金利润率的高低直接

关系到投资者的权益,是投资者最关心的问题。其计算公式为:

$$资本金利润率 = (利润总额 / 资本总金额) \times 100\%$$

对资本金利润率进行分析,首先应确定基准资本金利润率,并将其作为衡量资本收益率的基本标准。基准资本金利润率是指基准利润总额与资本金的比值。基准资本金利润总额是指企业在特定条件和一定的资本模式下,至少应实现的利润总额。若实际资本金利润率低于基准资本金利润率,表明企业获利能力严重不足。

以上三个比率是评价企业盈利能力的指标,反映了企业在一定时期从事某种经营活动的盈利程度及变化情况。

7. 存货周转率

存货周转率是销货成本与平均存货余额的比例关系,它能反映库存数量是否合理,能表明投入库存的流动资金的使用情况。当流动资产中的存货资产占的比重较大时,存货的变现能力将直接影响企业资产的利用效率,而存货的变现能力一般用存货的周转率来表示。存货周转率具体包括存货周转次数和存货周转天数。存货周转次数是销售成本与平均存货余额的比值;存货周转天数是用时间表示的存货周转率指标。其计算公式为:

$$存货周转率 = (销售成本 / 平均存货余额) \times 100\%$$

式中,

$$平均存货 = [(期初存货余额 + 期末存货余额)/2] \times 100\%$$

一般而言,存货周转速度越快,存货的占用水平越低,资产流动性越强,存货转换为现金或应收账款的速度越快。提高存货周转率可以提高企业资产的变现能力,但其分析应结合企业存货的构成和销售价格情况做出恰当判断。

8. 应收账款周转率

应收账款周转率是企业在一定时期内主营业务收入净额同应收账款平均余额的比率。应收账款周转率就是反映公司应收账款周转速度的比率,它说明一定期间内公司应收账款转为现金的平均次数。其计算公式为:

$$应收账款周转率 = (赊销收入净额 / 平均应收账款余额) \times 100\%$$

式中,

$$平均应收账款余额 = [(期初应收账款余额 + 期末应收账款余额)/2] \times 100\%$$

一般而言,应收账款周转率高,表明公司的收账速度快,平均收账期短,坏账损失少,资产流动快,偿债能力强,资产利用效率高。

以上两个比率是用来分析企业营运能力的指标,它们反映了企业经营效率的高低和各种资源是否得到了充分利用。

虽然良好的财务控制能达到上述的目标,但无论控制的设计和运行多完善,它都无法消除本身固有的局限性。如受成本效益原则的局限;财务控制人员因判断失误、忽略控制程序或认为作假等,致使财务控制失灵;管理人员的行政干预致使建立的财务控制制度形同虚设。因此,上述比率的使用应有其他控制手段补充。

（三）经营审计

审计是对反映企业资金运动过程及其结果的会计记录及财务报表进行审核、鉴定，以判断其真实性和可靠性，从而为控制和决策提供依据。经营审计是经济性、建设性、效率性的审计，它要对企业生产、经营、管理的全过程进行审计。经营审计的任务是，揭露管理过程中存在的问题和薄弱环节，探求堵塞漏洞和解决问题的有效途径，改善经营管理，提高经济效率。审计有三种主要类型：外部审计、内部审计和管理审计。

1. 外部审计

外部审计是由外部机构选派的审计人员对企业的财务报表及其反映的财务状况进行独立的评估。为了检查财务报表及其反映的资产与负债的账面情况与企业真实情况是否相符，外部审计人员需要抽查企业的基本财务记录，以验证其真实性和准确性，并分析这些记录是否符合公认的会计准则和记账程序。

2. 内部审计

内部审计提供了检查现有控制程序和方法能否有效地保证达成既定目标而执行既定政策的手段，主要是由企业内部专职人员对企业财务控制系统进行全面的评估。通过对现有控制系统有效性的检查，内部审计人员可以提供有关改进公司政策、工作程序和方法的建议，使公司政策符合实际，使工作程序更加合理化，从而更有效地实现组织的目标。

3. 管理审计

外部审计主要核对企业财务记录的真实性和可靠性，内部审计在此基础上对企业政策、工作程序与计划的遵循程度进行测定，而管理审计是由外部或内部的审计人员对管理政策及其绩效进行评估。为了保证某些敏感领域能得到客观评价，企业也常聘请外部的专家来进行管理审计。

管理审计的方法是利用公开记录的信息，从反映企业管理绩效及其影响因素的若干方面将企业与同行业其他企业或其他行业的著名企业进行比较，以判断企业管理经营的健康程度。

三、人员行为控制方法

控制工作从根本上说就是对人的控制，因为任何组织活动的展开都有赖于组织成员的努力，其他方面的控制也主要靠人来实施。如何选择员工和让员工行为更有效地趋向组织目标，这就涉及对员工行为控制的问题。人员行为控制分两个步骤——绩效评价和奖惩。

（一）绩效评价

这里的绩效评价是指对组织部门或个体行为的效能进行科学测量和评定的方法的总称。通常是采用鉴定式评价方法、实地审查方法、强选择列、对比列、偶然事件评价等方法对人员的行为进行控制。

（二）奖惩

奖惩就是通过为管理对象指定一系列的计划、目标、定额、指标等考核标准，对完成标准的员工给予奖励，对没有完成标准的员工给予惩罚来达到控制目的。奖励是一种积极肯定的方法，可以是物质奖励,也可以是精神奖励等,甚至可以通过让管理对象承担更关键的任务、多参与决策等方式给予其心理奖励。惩处是一种警戒的办法,它迫使管理对象改变自己的操作行为,努力去达到组织的预期目标。惩处的意义在于唤醒管理对象的责任心,具有警示的作用。当然,对于特别严厉的惩处要采取十分谨慎的态度。

此外,企业还经常采用规章制度或员工纪律系统的方法对人员的行为进行控制。

规章制度规定了在一个组织中员工必须遵守的行为准则,对员工的工作表现制定标准并且定期进行评价。

在工作中,缺勤、行为缓慢、工作马虎等不良行为可能会导致更加极端的行为——伪造记录、性骚扰、偷盗等。所以这些行为应该正式地列入员工纪律制度中,构建一个员工纪律系统,以其为警戒,通过惩戒来影响员工的行为。

管理者在以个案的方式执行纪律时,必须公平对待每一个错误。个人避免犯错的方法之一是记住纪律的"火炉规则"——当炉子热的时候不要去碰它。企业的发展需要管理者与员工的通力合作,只有两者行为和目标达成共识,企业的目标才能实现其经济效率。

四、综合控制方法

在经济飞速发展的今天,企业面临的经营环境越来越复杂,需要进行控制的组织层面越来越高,控制活动的范围越来越广,因此,企业必须采用综合的控制方法对企业运营的整个活动过程进行控制。最具代表性的两种综合控制方法分别是标杆管理控制和平衡计分卡控制。

(一)标杆管理控制

标杆管理控制(benchmarking),又称为基准管理,由美国施乐公司于1979年首创,是现代西方发达国家企业管理活动中支持企业不断改进和获得竞争优势的最重要的管理方式之一,西方管理学界将其与企业再造、战略联盟一起并称为20世纪90年代三大管理方法。标杆管理是指一个企业以比其绩效更高的同行企业为基准,将自己与高效企业进行比较、分析、判断,以便取得更好的绩效,不断超越自己,超越标杆,追求卓越,实现企业创新和流程再造的良性循环过程。其理论基础是由于大多数企业在某些活动、功能、流程等方面具有相似和相通之处,因此企业可以寻找和确定某些方面或整体绩效突出的企业,以激励自身绩效的改进。

标杆管理本质上是一种面向实践、面向过程的以方法为主的管理方式,其基本思想是系统优化、不断完善和持续改进。它是一种直接的、中断式的、渐进的管理方法,其思想是企业的业务、流程、环节都可以解剖、分解和细化。企业自己可以根据需要,寻找标杆进行比较学习,并且在学习中重新思考和设计经营模式,借鉴先进的模式和理念,再进行本土化改造,创造出适合自己全新的最佳的经营模式。

1. 标杆管理的要素

标杆管理的要素是界定标杆管理定义、分类和程序的基础。标杆管理主要有以下三个要素:

(1)标杆管理实施者,即发起和实施标杆管理的组织。

(2)标杆伙伴,也称标杆对象,即定为"标杆"被学习借鉴的组织,是任何乐于通过与标准管理实施者进行信息和资料交换,而开展合作的内外部组织或单位。

(3) 标杆管理项目,也称标杆管理内容,即存在不足,通过标杆管理向他人学习借鉴以谋求提高的领域。

2. 标杆管理的实施步骤

标杆管理的具体实施内容要因行业而异、因企业而异,因为不同企业、不同行业有不同的衡量标准,我们要根据企业自身所处的行业发展前景,结合企业的发展战略,考虑成本、时间和收益,来确定企业标杆管理的计划。通常情况下,标杆管理的实施步骤如下。

(1) 计划。在计划过程中,主要的任务是组建项目小组,担当发起和管理整个标杆管理流程的责任;选择标杆伙伴,明确标杆管理的目标;通过对组织的衡量评估,确定标杆项目;制定数据收集计划,如设置调查问卷,安排参观访问,充分了解标杆伙伴并及时沟通。开发测评方案,为标杆管理项目赋值以便于衡量比较。

(2) 内部数据收集与分析。在通过内部访谈和调查,收集内部一手研究资料的同时,收集并分析内部公开发表的信息,确定自己目前的做法与最好的做法之间的绩效差异,以此拟定未来的绩效水准,为进一步实施外部标杆管理提供资料和基础。

(3) 外部数据收集与分析。通过调查和实地访问收集外部一手研究资料和外部公开发表的信息,分析收集的有关最佳实践的数据,与自身绩效相比较,提出最终标杆管理报告。

(4) 实施与调整。这一步是前几步的归宿和目标之所在。根据标杆管理报告,确认正确的纠正性行动方案,制定详细实施计划,在组织内部实施最佳实践,并不断对实施结果进行监控和评估,及时做出调整,以最终达到增强企业竞争优势的目的。

(5) 持续改进。标杆管理是持续的管理过程,不是一次性行为,因此,为便于以后继续实施标杆管理,企业应维护好标杆管理数据库,制定和实施持续的绩效改进计划,不断学习和提高。

3. 标杆管理的局限性

虽然作为一种管理方法或技术,标杆管理可以有效地提升企业(产业或国家)的竞争力,但是企业实施标杆管理的实践也已证明,仅仅依赖标杆管理未必就一定能够将竞争力的提高转化为竞争优势,有的企业甚至陷入了"标杆管理陷阱"之中,这就意味着标杆管理还存在许多局限。

(1) 标杆管理导致企业竞争战略趋同。标杆管理鼓励企业相互学习和模仿,因此,在奉行标杆管理的行业中,可能所有的企业都企图通过采取诸如提供更广泛的产品或服务以吸引所有的顾客细分市场等类似行动来改进绩效,在竞争的某个关键方面超过竞争对手。模仿使得从整体上看企业运作效率的绝对水平大幅度提高,然而企业之间相对效率差距却日益缩小。普遍采用标杆管理的结果必然使各个企业战略趋同,各个企业的产品、质量、服务甚至供应销售渠道大同小异,市场竞争趋向于完全竞争,造成在企业运作效率上升的同时,利润率却在下降。以美国印刷业为例,在1980年,利润率维持在7%以上,在普遍实施标杆管理之后,到1995年已降至4%~6%,并且还有继续下降的趋势。所以说标杆管理技术的运用越广泛,其有效性就越是受到限制。

(2) 标杆管理陷阱。由于科技的迅速发展,使得产品的科技含量和企业使用技术的复杂性日益提高,模仿障碍提高,从而给实施标杆管理的企业带来了严峻的挑战:能否通过相对简单的标杆管理活动就能获得、掌握复杂的技术和跟上技术进步的步伐?如果标杆管理活动不能使企业跨越与领先企业之间的"技术鸿沟",单纯为赶超先进而继续推行标杆管理,则会使企业陷入繁杂的"落后—标杆—又落后—再标杆"的"标杆管理陷阱"之中。例如 IBM、通用电器和柯达等公司在复印机刚刚问世时,曾标杆复印机领先者施乐公司,结果 IBM 和通用电器陷入了无休止的追赶游戏之中,无法自拔,最后不得不退出复印机市场。

（二）平衡计分卡控制

平衡计分卡(balanced score card,简称 BSC),是 1992 年由哈佛大学商学院教授罗伯特·S.卡普兰和复兴国际方案总裁戴维·P.诺顿设计的,其应用领域涉及各行各业。平衡计分卡最突出的特点是将企业的愿景、使命和发展战略与企业的业绩评价系统联系起来,它把企业的使命和战略转变为具体的目标和评测指标,以实现战略和绩效的有机结合。平衡计分卡以企业的战略为基础,并将各种衡量方法整合成一个有机的整体,它既包括了财务指标,又通过顾客满意度、内部流程、学习和成长的业务指标,来补充说明财务指标,这些业务指标是财务指标的驱动因素。

1. 平衡计分卡的基本内容

平衡计分卡是企业管理过程的核心组织框架,平衡计分卡的四个方面及其之间的相互关系如图 13-6 所示。

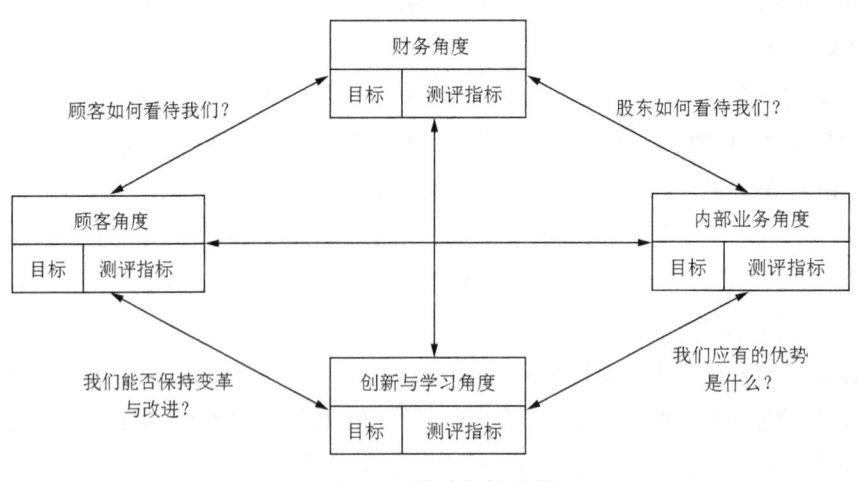

图 13-6　平衡计分卡控制图

（1）财务方面。财务方面的目标是解决"股东如何看待我们"的问题。告诉管理者他们的努力是否对企业的经济效益产生积极的影响,可以说财务方面是其他三个方面的出发点和归宿。平衡计分卡上的财务方面列出了组织的财务目标,并将财务目标转化为财务指标,衡量战略的执行和实施是否在为最终的经营成果的改善做出贡献。

（2）顾客方面。顾客方面的目标是解决"客户如何看待我们"的问题。计分卡上的顾客方面,体现了企业对外界变化的反映,管理者们确认了组织将要参与竞争的客户和市场部分,并将目标转化为一组指标。

（3）内部经营过程。其目标是解决"我们应有的优势是什么"的问题,报告企业内部效率,关注导致企业整体绩效更好的过程、决策和行动,特别是对客户满意度有重要影响的企业过程。计分卡中的内部经营过程方面,为吸引和留住目标市场上的客户,满足股东对财务回报的要求,管理者需要关注对客户满意度和实现组织财务目标影响最大的那些内部过程，并为此设立衡量指标。

(4) 学习和成长方面。其目标是解决"我们能否保持变革与改进"的问题，将注意力引向企业未来成功的基础。计分卡中的学习和成长方面确认了组织为实现长期的业绩而必须进行的对未来的投资。

2. 平衡计分卡的流程

平衡计分卡中的目标和评估指标来源于组织战略，它把组织的使命和战略转化为有形的目标和衡量指标。计分卡中的目标和衡量指标是相互联系的，这种联系不仅包括因果关系，而且还将结果的衡量和引起结果的过程的衡量相结合，最终反映组织战略。平衡计分卡的基本原理和流程如下：

(1) 公司的愿景与战略的建立与倡导。公司首先要建立愿景与战略，使每一部门可以采用一些绩效衡量指标去完成公司的愿景与战略；另外，也可以考虑建立部门级战略。同时，成立平衡计分卡小组或委员会去解释公司的愿景和战略，并建立财务、客户、内部流程、学习与成长四个方面的具体目标。

(2) 绩效指标体系的设计与建立。本阶段的主要任务是依据企业的战略目标，结合企业的长短期发展的需要，为四类具体的指标找出其最具有意义的绩效衡量指标。并对所设计的指标要自上而下、从内部到外部进行交流，征询各方面的意见，吸收各方面、各层次的建议。这种沟通与协调完成之后，使所设计的指标体系达到平衡，从而能全面反映和代表企业的战略目标。

(3) 加强企业内部沟通与教育。利用各种不同沟通渠道如定期或不定期的刊物、信件、公告栏、标语、会议等使各层管理人员了解公司的愿景、战略、目标与绩效衡量指标。

(4) 确定每年、每季、每月的绩效衡量指标的具体数字，并与公司的计划和预算相结合。注意各类指标间的因果关系、驱动关系与连接关系。

(5) 绩效指标体系的完善与提高。首先对于平衡计分卡在该阶段应重点考察指标体系设计是否科学，是否能真正反映本企业实际。其次要关注采用平衡计分卡后，对于绩效的评价中的不全面之处，以便补充新的测评指标，从而使平衡计分卡不断完善。最后要关注的是已设计的指标中的不合理之处，要坚决取消或改进，只有经过这种反复认真的改进才能使平衡计分卡更好地为企业战略目标服务。

3. 平衡计分卡的实施条件

每一个企业由于经营范围不同，所以会得出不同的计分卡，即使同一类型的企业，也会由于战略目标不同而得到不同的计分卡，因此，实施平衡计分卡方法要考虑企业的具体条件。一般实施条件有：

(1) 管理质量高。企业管理质量要求越高，管理越能达到程序化、规范化和精细化，使企业战略的每一层次都能有效实施，最后达到预期目标。

(2) 信息度高。企业应该提供自动化方法，对纳入平衡计分卡解决方案中的所有数据进行收集与摘要；并使用现有的营运、分析及通信工具，使信息准确、可靠、及时、快捷。

(3) 员工素质水平高。员工素质水平的情况影响平衡计分卡实施的效果，特别是高层和中层员工的素质水平。

(4) 对企业战略的合理分解,是平衡计分卡成功实施的关键。企业战略要进行层层分解,转化为一系列可衡量、可实施的具体目标,并在实施过程中进行合理的调整与修正。

【课后思考】

1. 为什么要进行管理控制?
2. 不同类型的控制有何特点?
3. 平衡计分卡控制的优缺点分别有哪些?

【技能训练】

开发你的绩效反馈技能

技能介绍

作为一名管理者,你会在重要的绩效反馈会议上利用反馈控制来解决绩效问题。

练习该技能的步骤

(1) 预先确定绩效反馈会议的时间并为此做好准备。你可能犯下的最严重的错误之一是漫不经心地对待反馈控制。只是把员工叫到跟前并向他提供零乱的绩效反馈,这对你和你的员工没有多大益处。要想使绩效反馈变得有效,你必须预先计划并精心准备,找出你想要解决的问题,并引用具体例子来强化你想要表达的内容。此外,为与员工的会谈留出足够时间,确保你与员工的会谈只有当事人才能听到,并且不会被打扰。这可能意味着把你办公室的门关上(如果你有办公室),不接电话,等等。

(2) 让员工感到轻松。不管你对员工的绩效持什么态度,你必须为这名员工创建一种支持的氛围。你要认识到,提供和获得绩效反馈是一件会引起情绪波动的事情,即便绩效反馈是积极的。通过让你的员工感到放松创建一种支持氛围,在这种氛围中,你和员工之间容易互相理解。

(3) 确保员工知道这次绩效反馈会议的目的。这次会谈的目的是什么?任何员工都会对此进行猜测。清晰、明确地指出你将要做什么,这能为接下来的内容奠定良好基础。

(4) 强调具体事件而不是整体工作行为。绩效反馈应当是具体的,而不是泛泛而谈。总体的陈述往往是模糊的,不能提供多少有用的信息——尤其是当你想要纠正某个问题时。

(5) 尽量保持评价的公正性和客观性,并且是与工作相关的。绩效反馈应当更侧重于描述,而不是判断和评估,尤其是当你提供负面的反馈时。无论你多么失望,都要尽量使反馈与工作相关,并且永远不要因为员工的某个不当行为而批评他的人格。你要纠正的是与工作相关的行为,而不是这名员工。

(6) 用确凿的数据来支持绩效反馈。告诉员工你是通过什么方式对他的绩效作出结论的。确凿的数据可以帮助员工认同某些具体的行为。找出那些圆满完成的"事情"并提供详尽的评价。如果你要批评员工,首先要摆明事实:他没有很好地完成工作。

(7) 将负面反馈指向员工能够控制的工作相关行为。负面反馈应当指向员工能够采取某些措施来加以改进的工作相关行为,指出他能够采取什么措施来改善这种情况。这样做有助于缓和批评意见,并且为知道问题所在但却不知道如何改正的员工提供指导。

(8) 让员工发表意见。你要了解员工如何看待你所说的话,尤其当你解决员工的某个问题时。当然,你不是指望员工提出各种借口,但是你确实需要和他进行换位思考,也许是其他什么因素导致了这个问题。让员工发表意见可以使他参与进来,而且可能会提供一些你之前没有意识到的信息。

(9) 确保员工明确、完整地整理这次绩效反馈。绩效反馈必须足够简明和完整,从而使员工能够明确、完整地理解你所说的内容。你可以采用积极倾听技巧中的方法,让你的员工重述绩效反馈的内容,以核查他是否完全理解了你的意思。

(10) 制定一项详细的未来行动计划。提供绩效反馈之后,整件事情还没有结束。良好的绩效必须得到强化,并且要设置新的绩效目标。不过,当存在的问题是不良绩效时,你必须花时间来帮助员工制定一项具体的、逐步实施的行动计划来纠正这种情况。这项计划应包括该员工必须做什么,何时去做,以及你将如何监督他们,尽你所能来帮助该员工,但你需要明确指出,实施这些纠正措施的是他自己而不是你。

技能实践

假设你想要获得或改进某种技能,或者改变某种习惯。也许你想学习一门外语,开始锻炼身体,戒烟,提高滑冰技术,或者花钱更节省。出于这次技能实践的目的,假设你有3个月时间来启动你的项目和获得所需资金。起草一项行动计划,简要勾勒出你需要做什么、何时去做以及如何了解自己是否成功实现计划中的每个步骤。注意要符合实际,但也不要把自己的眼光放得太低。

评估你的计划。你会获得哪些外部帮助或资源?你可以通过什么方式获得它们?把这些内容添加到你的计划中。其他某个人是否可以遵循你制定的这些步骤来实现你设置的目标?你还需要对该计划作出哪些调整?

【自我检测】

一、单项选择题

1. 控制过程的基础是(   )。
   A. 建立标准   B. 衡量绩效   C. 确定偏差   D. 采取纠正措施

2. 预算是数字化的计划,是一种典型的(   )。
   A. 前馈控制   B. 同期控制   C. 反馈控制   D. 周期控制

3. 俗语"治病不如防病,防病不如讲卫生",体现出在以下控制方法中,最重要的是(   )。
   A. 前馈控制   B. 过程控制   C. 反馈控制   D. 间接控制

4. 某商场为提高服务质量,聘请有关专家在售货现场对销售人员进行指导,这是一种(   )。
   A. 前馈控制   B. 同期控制   C. 反馈控制   D. 间接控制

5. 企业经营活动中产生的偏差只有及时采取措施加以纠正,才能避免偏差的扩大,或防止偏差对企业不利影响的扩散,这体现了控制的(   )。
   A. 适时控制原则   B. 适度控制原则   C. 客观控制原则   D. 弹性控制原则

6. （　　）是指控制的范围、程度和频度要恰到好处。
A. 适时控制　　　　B. 适度控制　　　　C. 客观控制　　　　D. 弹性控制

7. 考虑到企业在生产经营过程经常可能遇到某种突发的、无力抗拒的变化，控制应当（　　）。
A. 适时控制　　　　B. 适度控制　　　　C. 客观控制　　　　D. 弹性控制

8. 以下的控制方法中，（　　）不属于财务控制的常用方法。
A. 财务报表法　　　B. 财务比率法　　　C. 经营审计　　　　D. 标杆管理控制

9. 平衡记分卡控制中，（　　）方面的目标是解决"我们应有的优势是什么"的问题。
A. 财务　　　　　　B. 顾客　　　　　　C. 内部经营过程　　D. 学习和成长

10. 平衡记分卡控制中，（　　）方面的目标是解决"我们能否保持变革与改进"的问题。
A. 财务　　　　　　B. 顾客　　　　　　C. 内部经营过程　　D. 学习和成长

二、判断题

1. 控制的主要目的是要确保组织计划和目标的实现。　　　　　　　　　　（　　）
2. 没有计划，就谈不上控制。　　　　　　　　　　　　　　　　　　　　（　　）
3. 最为有效的控制类型是同期控制。　　　　　　　　　　　　　　　　　（　　）
4. 有效的控制必须是客观的，符合企业实际的，这是对控制工作的基本要求。（　　）
5. 平衡计分卡控制图中的"内部经营过程"解决的是"股东如何看待我们"的问题。（　　）

三、简答题

1. 简述控制的对象有哪些？
2. 简述控制有哪些常见的类型。
3. 简述控制的基本过程。
4. 建立有效控制系统应该遵循哪些原则？
5. 简述标杆管理的实施步骤。

四、案例分析

安全事故发生后的控制

桂林机务段是隶属于铁道部柳州铁路局的一个基层单位，拥有职工1 300人，担负着柳州—永州区段的列车牵引任务。该段有两大主要车间：运用车间和检修车间。运用车间负责76台内燃机车的牵引任务，共有正副司机700多人。检修车间负责全段机车的检修任务，共有职工200多人。

段长张广明毕业于上海交通大学，在该段工作近30年。2004年11月3日，全段实现了安全运输生产8周年，其成绩在全局名列前茅，因此段长召开了全段庆功大会，并请来了局里的主要领导。可是会开到一半，机务处打电话给局长：桂林机务段司机由于违反运输规章，造成冒进信号的险性事故。庆功会被迫停开，局长也阴沉着脸离开会场。其实段长早感觉到存在许多安全隐患，只是由于该段安全天数较高，因此存在着麻痹思想。他连夜打电话通知各部门主任，查找本部门的安全隐患，第二天召开全段中层干部会议，要求各主任会上发言。

第二天，会议在严肃的气氛中召开。段长首先发言："这次发生险性事故主要责任在我，本人要求免去当月的工资和奖金,其他段级领导每人扣400元,中层干部每人扣200元。另外,我宣布原主管安全的副段长现分管后勤,他的职务暂时由我担任。"

随后,各段长进行发言。运用车间主任说:"这次事故虽然主要是由于司机严重违反规章操纵所致,其实车间一直努力制止这种有章不循的现象,但效果一直不明显。主要问题是:司机一旦出车,将会离开本单位,这样车间对司机的监控能力就会下降;司机能否完全按章操纵,基本上依靠其自觉程度,而司机的素质目前还没有达到这种要求。车间共有管理干部和技术干部二十多名,我们也经常要求干部到现场,但由于司机人数较多,并且机车的利用率很高,因此对司机的监控具有很大的随意性和盲目性。干部中好人现象严重。干部上车跟乘时,即使发现司机有违章操纵行为,也会替其隐瞒,使司机免于处罚。"

检修车间主任说:"这次事故虽然不是由于机车质量造成的,但是检修车间还是存在很多安全隐患。首先,职工队伍不稳定,业务骨干时有跳槽。因为铁路局是按照机修车间定员160人发工资,而检修车间现员230人左右,超员近70人,这样摊到我们头上的工资就很少了,这是职工不稳定的主要原因。"

检修主任继续说:"火车提速后,对机车的质量要求更高,而我段的机车检修水平目前还达不到这种要求。第一,机车的检修作业标准较为过时,缺乏合理性,实用性,可控性。工人按此标准,劳动效率不高,而且漏检漏修现象时有发生。第二,车间的技术人员多是刚毕业的大学生,虽然有理论基础,但解决实际技术问题的能力不强。第三,对发生率较高的机车故障难题一直没有解决好。"

教育主任说:"这次事故反映了我段职工素质不高。目前,我段的职工培训工作开展不是很顺利,各车间都以生产任务繁重为由不肯放人脱产学习。因此,每年的职工脱产学习计划很难实现。另外,每年一次的职工业务考试没有起到真正督促职工学习的作用。考试结束后只是将成绩公布,对职工考试成绩好坏一视同仁。"

人事主任说:"这次事故从某种意义上说是由于司机疲劳所致,因为现在的司机经常请假,造成司机人手不够,因此司机连续工作,休息时间不能得到保证。司机经常请假的原因是由于吃大锅饭造成的,干多干少一个样。"

段长说:"几位主任讲得都很好,将我段管理上存在的一些弊病都找出来了,会后各有关部门要针对这些弊病迅速制定整改措施。我相信,只要我们共同努力,工作的被动局面会很快扭转的。"

问题:

1. 事故发生后段长的一系列做法说明了什么?
2. 对会上几位主任的发言中所提到的难题,有什么解决办法?

第十四章 企业运营中的控制

【趣味阅读】

1905年,在沙俄海军中发生了"波坦金"号战舰兵变。

事件是由食物中的肉汤引起的:

一天,船员们发现他们吃的俄罗斯肉汤是用生了蛆的肉做的,于是全体船员拒绝吃这种肉汤。

船长见状,不得不让军医去检查肉汤。军医报告说,肉中没有白蛆,只有几处苍蝇卵,并建议用醋加水冲洗一下吃。

但是,船员们仍然拒绝吃这种汤,有人还借此来煽动反叛情绪。船长警告船员,谁再继续反抗就要被吊死在甲板上。但大多数人仍然采取抵制态度。船长无可奈何,一方面命令将肉汤密封起来分析检验,一方面向司令部报告这一情况。这时,副船长却采取了强硬态度,他重新集合队伍,并叫水手长召来了行刑队,要逮捕领头闹事的人。

船员们在领头人的带动下,纷纷从各处取出武器,接管了这只船,并把船长、副船长和大多数军官或枪杀,或扔进了大海。

【管理启示】

从这个故事中,可以看出控制的难度在于控制过多与过少都不足取。要想达到控制目的,措施既要有力,又要适当;既不能软弱,又不能过头,否则会事与愿违。

【学习目标】

1. 掌握企业运营中库存控制的两种常用方法:ABC库存控制法和经济订货批量模型。
2. 了解企业运营中的设备控制。
3. 掌握企业运营中成本控制的方法和策略。
4. 掌握企业运营中风险控制的过程和步骤,以及四种常用的控制方法。

【教学要求】

知识要点	能力要求	相关内容
企业的运营过程	(1) 了解企业的运营过程 (2) 识记运营管理的概念	(1) 企业的运营过程 (2) 运营管理

续 表

知识要点	能力要求	相关内容
库存控制	(1) 理解库存的概念 (2) 掌握库存控制的 ABC 分析法、经济订货批量法	(1) 库存的定义 (2) 库存控制的两种常用方法
设备控制	(1) 了解设备控制的概念 (2) 了解设备的维护和修理 (3) 了解设备的更新和改造	(1) 设备控制的概念 (2) 设备的维护和修理 (3) 设备的更新和改造
成本控制	(1) 掌握成本控制的方法 (2) 掌握成本控制的策略	(1) 成本控制的方法 (2) 成本控制的策略
风险控制	(1) 掌握风险控制的过程和步骤 (2) 掌握风险控制的四种常用方法	(1) 风险控制的过程和步骤 (2) 风险控制的四种常用方法

第一节　企业运营过程

生产是人类社会获得一切财富的源泉。不从事生产活动,人类就无法生存,社会也无法发展。所以,自从企业这种组织形态出现以来,生产职能一直就是企业安身立命之本。随着时代的发展,人类社会生产活动的内容、方式不断发生变化,生产活动的领域也不断扩大。因此,现在的生产管理(production management)被很多人改为运营管理(operation management)或者生产运营管理(production/operation management)。杰伊·海泽在《运作管理》(第八版)里将运营管理定义为"一种通过管理输入和输出并创造出来的商品和服务的整个过程"。所谓运营管理,就是对整个过程的管理,当中涉及生产的方方面面。本书认为,运营管理就是把各种资源转化为产品和服务的过程的管理。图 14-1 以一种简化的形式描述了这个过程。系统吸收各种投入要素(人员、技术、资本、设备、材料和信息),并通过不同的流程、程序、工作活动等方式将它们转化为服务和产品。

图 14-1　企业运营过程

运营管理对组织和管理者都非常重要,有以下三个原因:①运营管理涵盖服务业和制造业;②运营管理对有效率、有效果地管理生产率至关重要;③运营管理对组织在竞争中获得成功发挥着战略性的作用。

第二节 企业运营中的库存控制

一、库存的含义

国民经济的各个行业,尤其是制造业和服务业都会遇到库存问题。库存管理包含仓库管理和库存控制两个部分。仓库管理是指库存物料的科学保管,以减少损耗,方便存取;库存控制则是要求控制合理的库存水平,即用最少的投资和最少的库存管理费用维持合理的库存,以满足使用部门的需求和减少缺货损失。优秀的库存管理是绝大多数企业及其供应链成功运作的关键。

从狭义上理解,库存即存放在仓库中暂时未被利用的物品。从广义上理解,凡是处于暂时闲置状态,尚未被利用的各类资源可被视为库存,与这种资源是否存放在仓库中、是否处于运动状态没有关系。放在仓库里是闲置,准备被利用、运输中的货物,是为了未来需要而闲置在途中,是一种在途库存。

二、库存的目标

现代管理要求在充分发挥库存功能的同时,应尽可能降低库存成本。这是库存控制的基本目标。

库存控制应实现以下目标:

(1) 保持运营过程的独立性。给予工厂充足的原材料供应会使工厂运营的灵活性增强。

(2) 可以满足不同的订单要求。在生产过程中,如果能准确地知道需求数量当然是最好的。但在实际的生产运营过程中需求量是很难完整并准确得知的。所以,一个安全和适当有缓冲作用的库存就是处理不确定性的基础。

(3) 增强生产计划的柔性。库存储备能缓解生产系统要尽早生产出产品的压力,也就是说,生产提前期宽松了。因此,在制定生产计划时,可以通过加大生产批量使得生产流程更加平稳,并降低生产成本。

(4) 为不同种类原材料的运输提供安全保障。当在供应商那里下了订单以后,总会有你意想不到的原因导致你的订货不能按时送到,例如供应商货场突发的意外,海运途中恶劣的天气等。

(5) 获得经济订货规模效益。订货需要成本,包括人工、电话、打印、包装等,因此,每次订货数量越大,订单数量就越少。此外,从运输成本方面考虑,企业也偏好较大的订单,货运量越大,单位运输成本就越低。

三、库存 ABC 管理

企业的库存物品种类繁多,对企业的全部库存物品进行管理是一项复杂而繁重的工作。对每种物品都给予同样的关注和管理是不必要的,也是难以做到的。应该对重点物品进行重点管理,以提高管理的效率。ABC 分析法便是库存控制中常用的一种重点控制法。

（一）ABC 分析法的基本思想

意大利经济学家帕累托在调查 19 世纪意大利城市米兰的社会财富分配状况时发现,米兰市社会财富的 80% 被占人口总数 20% 的少数人占有,而占人口 80% 的多数人,仅占有社会财富的 20%。帕累托根据统计结果,按从富有到贫穷的顺序排列,绘制成为人所熟知的帕累托图。后来,帕累托分类法不断应用于管理的各个方面。1951 年,戴克(H. F. Dickie)将其应用于库存控制,命名为 ABC 法。

ABC 分析法把企业占用 65%～80% 价值,而品种数仅为 15%～20% 的物品划为 A 类;把占用 15%～20% 价值,品种数为 30%～40% 的物品划为 B 类;把占用 5%～15% 价值,品种数为 40%～55% 的物品划为 C 类。对 A、B、C 各类物品采用不同的管理方式,增强管理的针对性,以达到简化管理程序、提高管理效率的目的。

（二）ABC 分析法的运用

1. A 类物品

A 类物品是控制的重点。应该严格控制其库存储存量、订货量、订货时间,在保证需求的前提下,尽可能地减少库存,节约流动资金。

2. B 类物品

B 类物品可以适当控制。在力所能及的范围内,应适度地减少 B 类库存。

3. C 类物品

C 类物品可以简单控制,增加订货量。应加大两次订货期间的时间间隔,在不影响库存控制整体效果的同时,减少库存管理工作的工作量。

需要注意的是,在实际的库存物品分类工作中,当考虑到资金占用情况的同时,要兼顾供货和物品重要程度等因素。一些特别关键或供应较难保障的物品,虽然占用资金不多,但需要按 A 类物品对待。

四、库存控制模型（经济订货批量）

从图 14-2 中可以看出,当时间为 0 时储存量为 Q,随着生产的进行,物资陆续领出,库存呈线性递减。当库存量降到 R 时,采购人员就得以批量 Q 的数量去订购,并要求在时间 T_L 内送到,以保证生产的进行。

设 A 为该物资全年需要量,M 为物资单价,C 为单位物资全年持有费用,P 为每次订购费用。因库存在 Q 与 0 之间均匀变动,则其理论上的库存量平均值为 $Q/2$。于是,全年持有费用为 $QC/2$。全年订购费用为每年订购次数 A/Q 与 P 的乘积。全年物资费用为 AM,则全年费用 T 为：

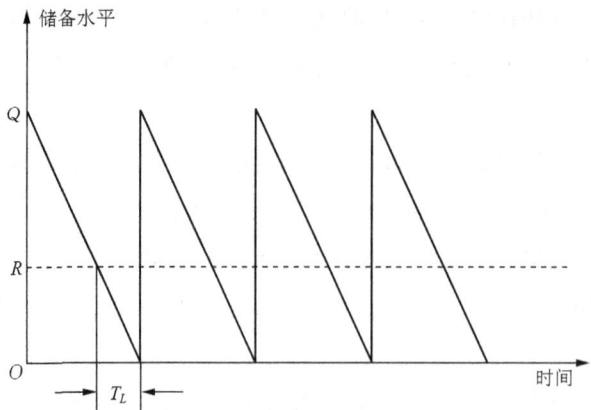

图 14-2 定量储存模型

$$T = \frac{CQ}{2} + \frac{AP}{Q} + AM$$

式中，AM 为全年固定的物资费用；$\frac{CQ}{2} + \frac{AP}{Q}$ 为全年可变费用。

可变费用的大小随着 Q 的变化而变化。式中，C、P、A、M 都是常量，故 T 实际上只是 Q 函数。现要知 Q 为多少才能使 T 最小，这可用求极小值的方法求得，即令一次求导后为 0，得

$$\frac{\mathrm{d}T}{\mathrm{d}Q} = \frac{C}{2} - \frac{AP}{Q^2} = 0.$$

解得

$$Q = \sqrt{\frac{2AP}{C}}$$

再求二次导数：

$$\frac{\mathrm{d}^2 T}{\mathrm{d}Q^2} = \frac{2AP}{Q^3} > 0$$

因而求得经济批量(简称 EOQ)Q_0 为：

$$Q_0 = \sqrt{\frac{2AP}{C}}$$

因此，只要知道 A、P、C 三个数值，就可以算出 Q_0。

[例 14-1] 某厂每年需要某种零件 4 000 件，该零件单价 10 元，每只零件每年的持有费用为 5 元，每次订购费用为 100 元，求经济批量。

解：由题意可知，$A = 4\,000$ 件，$P = 100$ 元，$C = 5$ 元／件，$M = 10$ 元／件，则经济批量为：

$$Q_0 = \sqrt{\frac{2AP}{C}} = \sqrt{\frac{2 \times 4\,000 \times 100}{5}} = 400(\text{件})$$

第三节 企业运营中的设备控制

一、设备管理概述

（一）设备及设备管理的含义

1. 设备

设备也称为装备或机器，通常是指在人类生产活动或其他活动中能起到工具作用的物体。在企业生产中，设备主要指除土地和建筑物以外的有形固定资产，如各种机器、机械电子装置、各种车辆等。可从设备在生产中的不同用途，将其分为以下几类：

（1）生产工艺设备，是指用以改变工作对象的形状或性能，使其产生物理或化学变化的各种设备，如金属切削机床、石油精馏塔等。

（2）辅助生产设备，是指用于生产服务的各种设备，如机械制造企业中的运力设备、运输设备等。

（3）科学研究设备，是指用于科学试验的各种设备，如计量设备、测试设备等。

（4）管理用设备，是指用于企业管理机构中的各种设备，如计算机、复印机、电传机等。

（5）公用福利设备，是指用于企业公用福利服务的各种设备，如企业内用于通信、医疗、餐饮等的设备。

2. 设备管理

设备管理是指依据企业的生产经营目标，通过一系列的技术、经济和组织措施，对设备寿命周期内所有设备的物资运动形态和价值运动形态进行的综合管理工作。

设备管理可分为前期管理和后期管理两部分。具体可分为以下内容：

(1) 选择和购置企业生产所需的设备。

(2) 组织安装和调试将投入运行的设备。

(3) 正确合理地使用投入运行的设备。

(4) 精心维护和及时检修设备。

(5) 适时改造和更新设备。

前两项内容属于设备的前期管理，后三项内容属于设备的后期管理。本节主要讨论设备的后期管理。

（二）设备管理的发展过程

设备管理的发展史主要体现在设备维修方式的演变上，可大致划分为以下几个发展阶段。

1. 事后维修

事后维修是指设备发生故障后，再进行修理。这种修理法事先不知道故障在什么时候发生，缺乏准备，因而，修理停歇时间较长。此外，因为修理是无计划的，常常打乱生产计划，影响交货期。事后修理是比较原始的设备维修制度。目前，除在小型、不重要设备中采用外，已被其他设备维修制度所代替。

2. 预防维修

第二次世界大战时期,军工生产很忙,但是设备故障经常导致生产停顿。为了加强设备维修,减少设备停工修理时间,出现了设备预防维修制度。这种制度要求设备维修以预防为主,在设备使用过程中做好维护保养工作,加强日常检查和定期检查,根据零件磨损规律和检查结果,在设备发生故障之前有计划地进行修理。由于加强了日常维护保养工作,使得设备有效寿命延长了,而且由于修理的计划性,便于做好修理前准备工作,使设备修理停歇时间大为缩短,提高了设备有效利用率。

3. 生产维修

预防维修虽有上述优点,但有时会使维修工作量增多,造成过分保养。为此,1954年又出现了生产维修。生产维修要求以改善企业生产经营效果为目的来组织设备维修。其特点是,根据设备重要性选用维修保养方法。重点设备采用预防维修,对生产影响不大的一般设备采用事后修理。这样,一方面可以集中力量做好重要设备的维修保养工作,同时又可以节省维修费用。

4. 维修预防

人们在设备的维修工作中发现,虽然设备的维护、保养、修理工作对设备的故障率和有效利用率有很大影响,但是设备本身的质量对设备的使用和修理往往有着决定性的作用。设备的先天不足常常是修理工作难以进行的主要原因。因此,1960年出现了维修预防的设想,这是指在设备的设计、制造阶段就考虑维修问题,提高设备的可靠性和易修性,以便在以后的使用中最大可能地减少或杜绝设备故障,一旦故障发生,维修工作也能顺利进行。维修预防是设备维修体制的一个重大突破。

(三)设备综合工程学

设备正日益朝着大型化、复杂化、精密化或超小型化、连续化、超高温、超高压等方向发展,所需设备投资不断增加,如使用不当,将会影响企业的经济效益。高度机械化、自动化是现代化工业的特点,但在机械化、自动化程度较高的工厂,设备一旦发生故障而停工,就会打乱生产计划,影响交货期。严重的设备事故,不仅造成废次品,甚至危及人身安全。大量使用机器设备,会使废水、废气等的排放量增加,对环境造成严重污染。由于设备的低效率,或者漏气、漏水、漏油等原因,造成贵重资源和能源的浪费;设备的严重腐蚀、磨损现象,造成检查、加油、清洁、修理等维护人员的增加和费用的提高。

所有这些,都对设备管理提出了新的课题,设备综合工程学就是在这种形势下产生和发展起来的一种新型的设备管理方法和体制。设备综合工程学有以下五个特点:

1. 把设备的最经济寿命周期费用作为其研究目的

设备的寿命周期费用是指设备从研究设计开始,到制造、安装、运转、维修、改造、直至更新,整个过程(或称设备一生)所发生的全部费用。

寿命周期费用可划分为两个部分,其一为设置费,包括研究、设计、制造等费用。外购的设备,设置费包括售价、运输及安装费用;其二为维持费,指设备投入运转以后发生的全部费用。如操作人员工资、能源消耗费、维护修理费以及固定资产税金等费用。以寿命周期费用最经济作为评价设备的目标,就是要求在选购设备时,不仅要考虑设置费,同时要考虑维持费。售价低的设备,如其维持费高,就不一定是经济的设备。

单纯考虑寿命周期费用尚不全面,还要求设备的综合效率要高。设备的综合效率是指设备在整个寿命周期内设备的输出与输入之比,即

$$设备综合效率 = 设备寿命周期输出 / 设备寿命周期输入$$

其中,设备的输入,即设备的寿命周期费用;输出则可用设备在整个寿命周期内的产出量来表示。但要求是在产品质量(Q)、成本(C)、交货期(D)、安全与环境保护(S)、劳动情绪(M)等达到规定条件下的生产量(P)。

2. 把与设备有关的工程技术、财务、管理等方面结合起来进行综合性管理

设备综合工程学要求对设备进行全面、综合的管理,要运用工程技术、管理数学、经济学、心理学等多方面的知识。这是管理现代化设备的客观需要。

3. 研究提高设备的可靠性、维修性设计,提高设计的质量和效率

设备的设计对其效率有决定性的作用,设备生产率、精度、维修性、可靠性、环保性、节能性等要求,主要取决于设计,因此,设备综合工程学要求研究设计的可靠性和维修性。可靠性高、维修性好的设备,寿命周期费用低,产品产量、质量、交货期易于保证,产品成本低,操作安全,因此,可以提高设备效率。

4. 把设备的一生,即整个寿命周期作为管理和研究的对象

设备综合工程学把设备当作一个系统,并以它的整个寿命周期为管理和研究对象。这是系统的观点和方法在设备管理中的应用,是对设备的设计、制造、使用、维修、革新改造以至更新等各个阶段,进行全面的、综合的、技术和经济的管理。

5. 强调设备的设计、使用和费用的信息反馈

设备综合工程学要求建立设计、使用和费用的信息反馈过程,即将设备在使用过程中发生的问题、维修过程的情况以及各种与设备有关的费用发生资料,反馈给设计制造部门,以便改进或研制更高质量的设备。为此,要求设备生产厂和用户之间疏通信息反馈的渠道。

简而言之,设备综合工程学是一门以设备一生为研究对象,以提高设备综合效率、使其寿命周期费用最经济为目的的综合性管理科学。

二、设备的维护和修理

（一）设备磨损理论

1. 设备磨损类型

设备在使用过程中会发生磨损,设备在闲置过程中也会发生磨损,这些磨损包括有形和无形磨损。

（1）有形磨损。有形磨损又称为实物磨损,是指设备在使用或闲置的过程中所发生的实体上的磨损或损失。可分为第一种有形磨损和第二种有形磨损。

第一种有形磨损:运行中的设备在力的作用下,零部件产生磨损、振动和疲劳现象,致使机器的实体产生的磨损。

第二种有形磨损:设备在闲置过程中,由于自然力的作用而锈蚀,或由于管理不善和缺乏必要的维护而自然丧失精度和工作能力,致使设备遭受的磨损。

(2) 无形磨损。无形磨损不表现为实体的变化,却表现为设备原始价值的贬值。设备的无形磨损也包括两种情况:

第一种无形磨损——经济性无形磨损:由于相同设备重置价值的降低而带来的原有设备价值的降低,因而产生的无形磨损。

第二种无形磨损——技术性无形磨损:由于不断出现性能更加完善、效率更高的设备而使原有设备在技术上显得陈旧和落后,因而产生的无形磨损。

2. 设备磨损规律

设备管理工作也和其他管理工作一样,首先必须掌握设备出故障的规律,才能对症下药,比较精确地判断设备发生故障的原因,并且可以根据设备出故障的规律安排好生产和维修的时间,避免生产与维修的冲突。一般来说,在正常情况下设备有形磨损可分为三个阶段,即初期磨损阶段、正常磨损阶段和急剧磨损阶段,如图 14-3 所示。

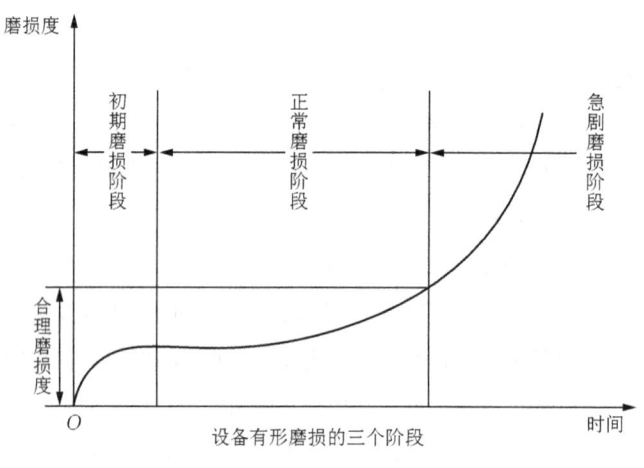

图 14-3 设备有形磨损的三个阶段

(1) 初期磨损。零件的表面宏观几何和微观几何都要发生明显变化,磨损速度很快。这一阶段对设备来说没有什么危害,而是设备进入正常运转的必经阶段,有时这一阶段又叫"磨合"。例如,一辆刚买回来的自行车不一定轻便好骑,而骑了一段时间之后就感到轻便了,这是因为自行车上有相对运动的零件经过磨合后,处于一种良好的配合状态。再如汽车,新的汽车在投入使用时,时速必须限制在某一速度以内,例如 60 km/h,目的也是使零部件充分磨合而不损坏车辆。如果将新车速度开到 100 km/h,那么就会影响汽车的使用寿命。不过,初期磨损期一般很短。

(2) 正常磨损。经初期磨损后,设备各个部分进入了正常工作状态,这时候只要工作条件稳定,零件的磨损是比较缓慢的。这一阶段的长短代表着一个零件的寿命周期长短。为了延长零件的使用寿命,这一时期要加强设备的日常保养工作,及时清扫和润滑。

(3) 急剧磨损。零件是有一定寿命的。经过一定时间以后,零件由于疲劳、腐蚀、氧化等原因,正常磨损关系被破坏了,这时候的磨损速度非常快,短时间内就可以使零件丧失应有的精度或强度。如果没有及时更换,就可能导致整台设备不能正常工作,甚至出现重大事故,导致设备报废。因此,在实际工作中是不容许零件进入急剧磨损期的。

3. 设备故障规律

设备故障规律与设备磨损规律相对应,设备从投产起一直到严重磨损的全过程,其故障变化分为早期故障期、偶发故障期和劣化故障期。一台机器设备从生产到大修或报废,其故障的发生是有一定的统计规律的,根据实验研究得知,一般呈现图14-4所示的曲线分布(又称浴盆曲线)规律。

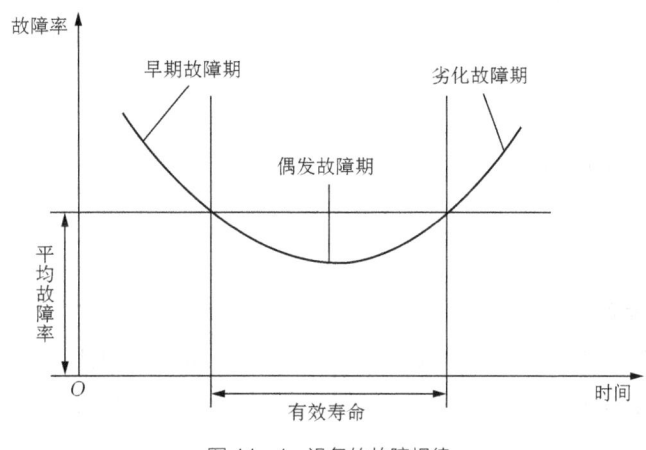

图 14-4 设备的故障规律

(1) 早期故障期:这个时期的故障主要是由于设计上的疏忽、制造上的不良、使用上的欠佳造成的。这时要找出设备可靠性低的原因,进行初级检查和调整,以保证设备运行稳定可靠。

(2) 偶发故障期:这个时期的故障大部分是因维护不良和操作失误造成的。这时应加强对工人的技术教育,提高工人的技术水平。

(3) 劣化故障期:这个时期的故障多是由于零件老化、严重磨损造成的。这时应加强设备的维修保养、认真检查和计划修理工作,事先更换磨损零件,以延长设备的有效寿命。

设备故障率曲线变化的三个阶段,真实地反映出设备从磨合、调试、正常工作到大修或报废故障率变化的规律,加强设备的日常管理与维护保养,可以延长偶发故障期。准确地找出拐点,可避免过度修理或修理范围扩大,以获得最佳的投资效益。

(二) 设备的维护和检查

1. 设备的维护保养

设备的维护保养是设备自身运动的客观要求。设备的维护保养的目的,是及时处理设备在运行过程中,由于技术状态的发展变化而引起的大量、常见的问题,随时改善设备的技术状况,保证设备正常运行,延长设备的使用寿命。

设备的维护保养,按其工作量的大小,可以分为日常保养、一级保养和二级保养。

2. 设备的检查

设备的检查是对设备的运行情况、工作精度、磨损程度进行检查和校验。通过检查全面掌握设备的技术状况变化和磨损情况,及时查明和消除设备隐患,针对检查发现的问题,改进设备维修工作,提高修理质量和缩短修理时间。

设备的检查按检查的时间间隔可分为日常检查和定期检查;按技术功能可分为技能检查和精度检查。

(三) 设备的修理

设备修理是指通过修复或更换零部件,调整精度,排除故障,恢复设备原有功能而进行的技术活动。设备修理包括恢复性修理和改善性修理两种类型。

恢复性修理是指通过更换或修复已经磨损、腐蚀或老化的零部件,以恢复设备的功能,延长其物质寿命。通常所说的设备修理指恢复性修理。改善性修理则是结合修理,对设备中故障率高的部位进行改装或改造,使故障率减少或不再发生故障。

三、设备的更新与改造

(一) 设备的更新

1. 设备更新的方式

设备更新是指用比较先进、经济的设备,来替代技术上不能继续使用或经济上不宜继续使用的设备。设备更新是消除设备的有形磨损和无形磨损的重要手段,进行设备更新的目的是为了更好地提高企业装备的现代化水平,更快地形成新的生产能力,以更好地实现企业的目标,提高企业经济效益。

设备更新一般有三种方式:

(1) 原型更新(简单更新)——主要消除设备的有形磨损。原型更新是指把使用多年、大修多次、再修复已不经济的设备更换一台同型号的设备,这种方式只能满足工艺要求,在没有新型号设备可以替换的情况下采用。

(2) 新型更新(技术更新)——既可以消除设备的有形磨损,也能消除设备的无形磨损。新型更新是用质量好、效率高、能耗少、环保好的新型设备,替换技术性能落后又无法修复改造或者修理、改造不经济的老设备。这是设备更新的主要方式。

(3) 设备技术改造(现代化改造)——设备技术改造是指采用先进技术改变现有设备的结构或给旧设备装上自动上下料、自动测量、自动控制等装置,改善现有设备的性能,使之达到或局部达到新设备的水平。

上述设备更新的三种形式,都有它存在的一定客观必要和约束条件,因此,它们之间是互相补充的关系。

2. 设备更新的对象

国家有关技术改造的文件中规定,凡属下列情况之一者可以更新。

(1) 设备磨损严重,大修后精度性能仍不能满足规定工艺要求和产品质量的。

(2) 设备损耗虽在允许范围之内,但技术已经陈旧落后,技术经济效果很不好的。
(3) 设备役龄长,大修和技术改造虽然能够恢复精度及性能,但经济效果上不如更新的。
(4) 耗能大或严重污染环境,危害人身安全与健康,进行改造又不经济的。
(5) 国家有关部门规定淘汰的设备。

(二) 设备技术改造

设备改造与设备更新都是解决设备陈旧问题的一种经常性手段,但两者各有特点。设备改造对于解决设备陈旧问题来说,具有以下优点:

(1) 设备改造与设备更新相比,针对性强,对生产的适应性好。
(2) 设备改造较之全部更新投资少、时间短、人工省、收效快,具有更好的经济效益。

设备改造的方式分为局部的技术更新和增加新的技术结构。局部的技术更新是采用先进技术改变现有设备的局部结构。增加新的技术结构是指在原有设备基础上增添部件、新装置等。经过改造的设备,应达到质量性能好、生产效率高、节约能源和原材料、不污染环境等方面的要求。

第四节 企业运营中的成本控制

成本控制(cost control)是指在企业生产经营过程中,按照既定的成本目标,对构成产品成本费用的一切耗费进行严格的计算、调节和监督,及时揭示偏差,使产品实际成本被限制在预定的目标范围之内。科学地组织成本控制,可以用较少的物质消耗和劳动消耗取得较大的经济效果,不断降低产品成本,提高企业管理水平。

在企业发展中,成本控制处于极其重要的地位。如果同类产品的质量、性能相差无几,决定产品在市场竞争的主要因素则是价格,而决定产品价格高低的主要因素则是成本,因为只有降低了成本,才有可能降低产品的价格。

一、成本控制的标准

成本控制的标准可以多种多样。根据成本形成的不同阶段和成本控制的不同对象确定的成本控制标准,主要有以下几种:

(一) 目标成本

在产品设计阶段,通常是以产品目标成本或分解为每个单部件的目标成本为控制标准。目标成本是在预测价格的基础上,以实现产品的目标利润为前提而确定的。按一般情况来说,新产品投产以后成本水平的高低,在很大程度上取决于产品设计。所以,把产品设计成本控制在目标成本范围以内,也就保证了在新产品正常投产以后能够取得预期的经济效益。

(二) 计划指标

在编制成本计划后,可以以成本计划指标,如产品单位成本、可比产品成本降低率和降低额、费用节约以及废品降低率等计划指标作为成本控制标准。为了便于掌握,还应根据需要将上述计划指标进行必要的分解。可以按生产单位、管理部门分解,也可以按不同产品和每种产品的工艺阶段、零部件或生产工序进行分解。以分解后的更加具体的小指标进行控制，可使成本控制工作落实到每个责任单位和各有关具体人员，并把成本控制与成本计划、成本核算紧密结合起来。

（三）消耗定额

在产品生产过程中，可以以各项消耗定额作为成本控制的标准。消耗定额是在一定的生产技术条件下，为生产某种产品或部件而需要耗费的人力、物力、财力的数量标准，它包括材料物资消耗定额、工时定额和费用定额等。凡是能制定定额的，都应制定出消耗定额或支出标准。用这些定额或标准控制生产过程中的物质消耗和人力消耗，是保证降低产品成本的必要手段。

（四）费用预算

对企业经营管理费用的开支，一般采用经费预算作为控制标准。特别是对那些与产品生产无直接关系的间接费用，更需要编制费用预算。实践证明，通过预算控制费用支出，是促使各部门精打细算、节省开支的有效方法。

应当指出，企业的成本控制标准并不是一成不变的。在执行过程中，要经常注意各种标准的先进性和适用性，以便积累资料，及时加以修正。

二、成本控制的步骤

成本控制是现代成本管理工作的重要环节，是落实成本目标、实现成本计划的有力保证。成本控制一般包括以下几项基本步骤：

（一）制定成本控制标准，并据以制定各项节约措施

成本控制标准是对各项费用开支和资源消耗规定的数量界限，是成本控制和成本考核的依据。没有这个标准，也就无法进行成本控制。

（二）执行标准

执行标准，即对成本的形成过程进行具体的监督。根据成本指标，审核各项费用开支和各种资源消耗，实施增产节约措施，保证成本计划的实现。

（三）确定差异

核算实际消耗脱离成本指标的差异，分析成本脱离差异的程度和性质，确定造成差异的原因和责任归属。

（四）消除差异

发动员工积极参与成本标准的实现，提出降低成本的新措施或修订成本标准的建议，改进成本控制方法，使成本进一步降低。

（五）考核奖惩

考核成本指标，把成本指标考核纳入经济责任制，实行物质奖励。实行成本控制要求企业各级管理人员重视成本控制工作，保持成本标准的先进合理性，建立健全经济责任制，明确权责划分和奖惩办法，树立全面经济核算观点，正确处理产量、质量和成本的关系。

三、成本控制的方法与策略

（一）成本控制方法

成本控制方法就是在企业生产经营活动中依据成本标准，对实际发生的生产耗费进行控制的方法。选择成本控制方法首先需要了解成本的特性与分类，通常可以从三个方面考虑：

（1）对于变动成本可采取按消耗定额和工时定额进行控制的方法。

（2）对于固定成本可采取按计划或预算进行控制的方法。

（3）从成本控制的范围来讲，直接生产成本可将指标分解落实到生产班组、员工；间接生产成本则应将指标分解落实到有关职能归口部门、员工。

进行成本控制，只有运用一定的控制手段，才能达到控制的目的。比较常见的、对各个成本费用项目都适用的，主要有以下几种方法：

1. 凭证控制

凭证是记录经济业务、明确经济责任的书面证明。通过各种凭证，可以检查经济业务的合法性和合理性，控制财务收支的数量和流向。

2. 厂币控制

厂币是企业发行用于厂内结算的一种货币。企业根据成本计划和费用预算中规定的各项费用支出指标，向各单位发放厂内货币，各单位在领用材料、转移在制品、发放工资和支付费用时，要支付厂币。月末进行结算，如有结余即为成本费用节约额。可见，厂币也是对成本费用进行控制的一种手段。

3. 制度控制

制度是职工进行工作和劳动的规范，是企业生产经营管理各方面工作正常运转的保证，具有很强的约束力。严格执行各项制度，对成本控制会起到积极的作用。

此外，还可用标准成本法、责任成本法等进行成本控制。

（二）成本控制策略

1. 建立激励约束机制，费用与任务挂钩，控制销售费用

例如，对市场营销部门实行销售费用与订货生效合同、合同条款与付款方式、货款回收等挂钩；实行除保底工资如基础工资、技能工资、单位承担的社会统筹、劳保、医疗、福利、咨询服务费、广告费等不纳入承包范围，其余如效益工资、办公费、差旅费、业务费以及超额完成货款回收任务及超基价销售收入额度等纳入考核，形成责、权、利三者统一的机制。同时，制定销售的最低限价，保证必要的利润，对销售合同价格、回款情况予以核实后，才能够提取费用。

2. 优化设计工艺，力求产品成本事前控制

重视产品开放与技术创新，抓源头、降成本是非常重要的。在设计工艺上狠下功夫，如采用CAD辅助设计、CAPP工艺设计项目；让技术开发人员到高等院校深造，强化培训；与科研单位联合引进新技术等；在产品设计上要同时考虑性能和成本的要求；对设计部门进行经济责任考核。另外，通过工艺路线优化及根据工艺定额指定指标，防止超定额及以大代小、以厚代薄、以优代劣

等情况发生;对超计划、超定额或不按规定程序发料予以惩罚,对材料节约予以奖励。

3. 严格控制采购成本

采购成本是控制成本的重要一环。可通过实行采购材料招标管理,或者通过互联网等多种途径获取材料价格信息,对不同的商家予以比较、筛选,并根据收集的价格信息及对市场的预测,对每种材料采购价格制定一个最高限价,并随市场行情及时调整限价,采购部门接受财务部门的价格监控,从而使采购成本明显得到控制等。

4. 考核工时费用率,控制生产可控成本

根据企业实际情况,将费用由控制总额改为与生产任务挂钩,并以考核工时费用率为基础,改变"无论任务多少,费用还得照花"的局面。财务部门通过认真核算,下达工时费用率考核指标,用控制工时费用率来达到控制工时费用、降低可控成本的目的。

5. 严格控制非生产经营性支出,控制可控费用

对可控费用方面始终贯彻年初下达的成本费用计划,并遵循日常控制成本、月度分析成本、年终考核成本这一原则;对非生产经营性支出更是如此。

6. 清仓查库,减少资金占用,处理积压物资,节约挖潜

采取积极措施,通过设备、工具、设计、工艺、检验等部门配合,认真清理积压闲置物资,处理变现,盘活资产等,都可以起到控制成本的作用。

7. 加强质量成本控制,减少内外质量损失

推行质量成本核算是要用最佳的质量成本获得更多的经济效益。通过对企业内、外事故质量成本的核算归集,管理部门按一定时间提供事故质量费用的金额明细及总额交质量管理部门。对出现质量问题的责任单位,质管部门逐一落实,年终奖惩考核,分析原因,寻求改进措施,并上报总工程师,为决策提供依据,以避免再发生类似的事情。

8. 建立严格的成本控制考核机制,奖惩兑现

在成本控制上只有严格按制度办事,才能真正达到成本费用降低的目的。当然,成本控制工作是一个复杂的系统工程,只有领导重视、全员参与,才能做好。

第五节 企业运营中的风险控制

风险无处不在,在经济全球化不断发展的今天,对风险进行管理已经成为一种共识和普遍的需求。实行全面风险管理是现代企业管理的重要内容,关系到企业战略的实现,关系到企业持续、健康、稳定的发展。许多发达国家经过对如何控制和管理风险进行了多年的研究,已经由起初的认识风险、重视风险管理逐步完善到建立现代的全面风险管理体系或标准。其中最著名的是美国COSO委员会1992年颁布的《COSO内部控制框架》和2004年颁布的《COSO全面风险管理整合框架》。美国还针对安然、世通等财务丑闻,进一步加大了监管力度,专门出台了《萨班斯法案》,对上市公司内控体系建设、信息披露等作了严格的规定,从而加强对风险的管理和控制。

近年来,我国也对风险管理和控制进行积极的探索和实践。2006年国务院国资委制定了《中央企业全面风险管理指引》;中天恒管理咨询公司和中天恒会计师事务所于2007年推出了《3C框

架:中国式全面风险管理标准》,得到了企业家的广泛关注。实行风险管理,加强风险控制,既可以使风险处理的社会成本降低,又可以使社会的经济效益增加。

一、风险的概述

风险是指在某一特定环境下,在某一特定时间段内,某种损失发生的可能性。风险是由风险因素、风险事故和风险损失等要素组成的。换句话说,是在某一个特定时间段里,人们所期望达到的目标与实际出现的结果之间产生的距离称之为风险。

(一)风险的构成要素

风险是由多种要素构成的,这些要素的作用决定了风险的产生和发展。一般来说,风险是由风险因素、风险事故和损失等要素构成的,风险因素、风险事故和损失之间存在一定的内在联系,下面简要介绍风险的几种构成要素。

风险因素是指引起或增加风险发生可能性或扩大损失幅度的原因和条件。

风险事故也称为风险事件或者风险源,是指引起损失的直接原因,也就是说,风险事故是促使风险有可能变为现实的事件。

损失是指非故意的、非计划的、非预期的经济价值的减少。这一定义包含两个重要条件:一是非故意的、非计划的和非预期的;二是造成经济价值的减少。这两个条件缺一不可,否则不能构成损失。损失包括实质损失、费用损失、收入损失和责任损失四种。

风险因素、风险事故和损失这三者之间存在着一定的因果关系,即风险因素的存在和增加引起风险事故,风险因素是风险事故发生的潜在原因;而风险事故一旦发生,便会导致损失,如图 14-5 所示。

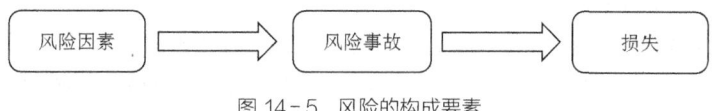

图 14-5 风险的构成要素

(二)风险的特征

1. 风险存在的客观性

风险是客观存在的,是不以人的意志为转移的。风险的客观性是风险产生和发展的自然基础。人们只能在一定的范围内改变风险形成和发展的条件,降低风险事故发生的概率,减少损失程度,而不能彻底消除风险。

2. 风险的损失性

风险发生后必然会给人们造成某种损失,然而对于损失的发生,人们却无法预料和确定。人们只能在认识和了解风险的基础上严防风险的发生和减少风险所造成的损失,损失是风险的必然结果。

3. 风险损失发生的不确定性

风险是客观的、普遍的,但就某一具体风险损失而言其发生是不确定的,是一种随机现象。例如,火灾的发生是客观存在的风险事故,但是就某一次具体火灾的发生而言是不确定的,也是不可预知的,需要人们加强防范和提高防火意识。

4. 风险存在的普遍性

风险在生产生活中无处不在、无时不有,并威胁着人类的生命和财产的安全,如地震灾害、洪水、火灾、意外事故的发生等。随着人类社会的不断前进和发展,人类将面临更多新的风险,风险事故造成的损失也可能越来越大。

5. 风险的社会性

没有人和人类社会就谈不上风险。风险与人类社会的利益密切相关,时刻关系着人类的生存与发展,具有社会性。随着风险的发生,人们在日常经济和生活中将遭受经济上的损失或身体上的伤害,企业将面临生产经营和财务上的损失。

6. 风险发生的可测性

单一风险的发生虽然具有不确定性,但对总体风险而言,风险事故的发生是可测的,即运用概率论和大数据法则对总体风险事故的发生是可以进行统计分析的,以研究风险的规律性。风险事故的可测性为保险费率的厘定提供了科学依据。

7. 风险的可变性

世间万物都处于运动、变化之中,风险也是如此。风险的变化,有量的增减,有质的改变,还有旧风险的消失和新风险的产生。风险因素的变化主要是由科技进步、经济体制与结构的转变、政治与社会结构的改变等方面的变化引起的。

二、风险管理与风险控制

（一）风险管理的起源和发展

20世纪30年代以前,风险管理未能引起人们的重视。自从美国1929年爆发经济危机以后,风险管理引起了人们的重视。1931年,美国管理协会保险部首先倡导风险管理,1932年,美国纽约几家大公司成立纽约保险经济协会,定期讨论有关风险管理的理论与实践问题,风险管理逐步兴起。20世纪60年代,一批风险管理的著作问世,而对风险管理学系统的研究以阿瑟·威廉姆斯和理查德·M.汉斯合著的《风险管理与保险》的出版为标志。20世纪70年代,随着布雷顿森林体系的崩溃,国际金融局势动荡不安,加上日益激烈的市场竞争,企业进入一个更具风险的世界。许多发达国家建立起全国性或地方性的风险管理协会,企业中的风险管理部门也逐步形成。1975年,美国成立了风险与保险协会(RIMS),该协会于1983年颁布了"101条风险管理准则",标志着风险管理的发展进入了一个新的水平。与此同时,由英国兴起的风险管理运动扩展到世界各地,1986年,11个欧洲国家建立了"欧洲风险研究会",并于1986年10月,在新加坡召开了风险管理国际学术讨论会,标志着风险管理运动成为全球性运动。

（二）风险的类别

风险可以分为战略风险、财务风险、运营风险、市场风险和法律风险。

战略风险,是指公司由于战略失误所引发的损失风险。

财务风险,是指公司财务活动引发的损失风险。

运营风险,又称经营风险,是指由日常实体(非财务)经营活动所引发的损失风险。

市场风险,是指未来市场价格(利率、汇率、股票价格和商品价格)的不确定性对企业实现其既定目标的不利影响。市场风险可以分为利率风险、汇率风险、股票价格风险和商品价格风险,这些市场因素可能直接对企业产生影响,也可能是通过对其竞争者、供应商或者消费者间接对企业产生影响。

（三）风险控制的内容

风险控制就是通过管理体系的调节实现对不确定因素的掌控,从而使管理系统达到适合企业运作的状态。通俗理解,风险控制是指风险管理者采取各种措施和方法,消灭或减少风险事件发生的各种可能性,或者减少风险事件发生时造成的损失。损失前的管理和控制就是保证企业价值最大化且预防由于法律和合同责任导致的损失；损失后的管理和控制则保证公司有稳定的盈利并且使财务困境发生的可能性最小,从而使公司能够持续经营。

控制活动通常包括两个要素:政策和程序。政策在于规定应该做什么；而程序在于规定怎么做,使政策产生效果。政策是程序的基础。通过制定政策和程序,企业人员在政策指导下,按照程序工作,可以对风险进行一定程度的控制。

风险控制的内容是复杂多样的,因企业性质、业务规模等的不同而不同。每个企业都有自己一套目标和执行方法,所以风险应对策略和相关的风险控制措施就会存在差别。企业经营的环境和行业以及其活动的性质和范围,同样影响其风险控制。

风险应对策略不同,风险控制的措施就不同,采取风险控制措施要考虑企业的应对策略。与风险应对策略相一致,风险控制措施可以分为规避、降低、转移、接受等策略下的应对风险的措施。比如降低风险策略是指一般通过防范性措施、减少损失措施和降低损失程度措施、应急计划、对人员的教育和培训、风险分离与风险分散等具体措施来实现。又比如风险利用策略下风险控制可采取配置、多样化、创造、重新设计等控制措施。

（四）风险管理过程和步骤

标准的风险管理过程可以被分为四个部分:识别、量化、管理和控制,如图14-6所示。每个组成部分都是链条上的关键一环,为了使管理过程有效,必须正确执行这些步骤。

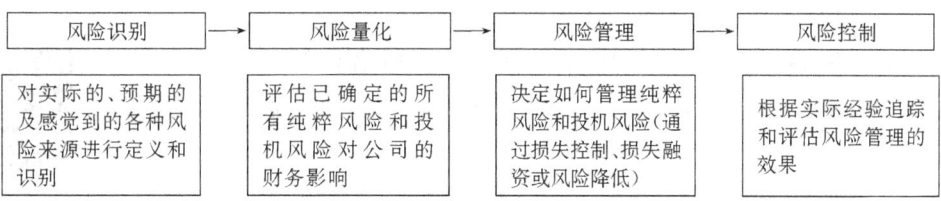

图14-6 风险管理的过程

企业风险管理的步骤一般分为以下四点:

(1) 风险识别,包括了解风险环境、分析风险特征、区分风险类别。

(2) 风险计量,包括损失频率估计、损失程度估计、风险衡量方法(数理统计、概率论),并计算量化风险等级。

(3) 选择风险管理工具,包括控制风险、分散风险、转嫁风险、自留风险。

(4) 实施与评估,包括执行风险管理方案、反馈信息、调整修正、效果评价。

（五）风险控制的四种基本方法

1. 风险回避

风险回避是投资主体有意识地放弃风险行为,完全避免特定的损失风险。简单的风险回避是一种最消极的风险处理办法,因为投资者在放弃风险行为的同时,往往也放弃了潜在的目标收益。所以一般只有在以下情况下才会采用这种方法：

(1) 投资主体对风险极端厌恶。

(2) 存在可实现同样目标的其他方案,其风险更低。

(3) 投资主体无能力消除或转移风险。

(4) 投资主体无能力承担该风险,或承担风险得不到足够的补偿。

2. 损失控制

损失控制不是放弃风险,而是制定计划和采取措施降低损失的可能性或者是减少实际损失。控制的阶段包括事前、事中和事后三个阶段。事前控制的目的主要是为了降低损失的概率,事中和事后的控制主要是为了减少实际发生的损失。

3. 风险转移

风险转移,是指通过契约或非契约的方式将风险转移给他人承担的行为。通过风险转移过程有时可大大降低经济主体的风险程度。风险转移的主要形式是合同和保险。

(1) 合同转移。通过签订合同,可以将部分或全部风险转移给一个或多个其他参与者。

(2) 保险转移。保险是使用最为广泛的风险转移方式。

4. 风险保留

风险保留,即风险承担。也就是说,如果损失发生,经济主体将以当时可利用的任何资金进行支付。风险保留包括无计划自留、有计划自我保险。

(1) 无计划自留,指风险损失发生后从收入中支付,即不是在损失前做出资金安排。当经济主体没有意识到风险并认为损失不会发生时,或将意识到的与风险有关的最大可能损失显著低估时,就会采用无计划保留方式承担风险。一般来说,无资金保留应当谨慎使用,因为如果实际总损失远远大于预计损失,将引起资金周转困难。

(2) 有计划自我保险,指可能的损失发生前,通过做出各种资金安排以确保损失出现后能及时获得资金以补偿损失。有计划自我保险主要通过建立风险预留基金的方式来实现。

死板的控制
带来更大损失

（六）企业如何进行内部控制和风险管理的建设

一般来说,企业进行内部控制和风险管理建设时,应当从以下三个方面进行：

首先,明确内部控制和风险管理的目标。内部控制的目的就是在保证企业经营管理合法合规、资产安全、财务报告以及相关信息真实完整、经营效率和效果提高的基础上,着力促进企业实现发展战略。

其次,完善内部控制和风险管理环境。包括建立合理有效的内部控制和风险管理组织体系,打造良好的风险管理文化,加强风险管理信息系统的建设等,为企业进行内部控制和风险管理打好基础。

最后,建立一套适合自身实际特点的内部控制和风险管理流程和方法。这些基本流程包括收集风险管理初始信息,进行风险评估,制定风险管理策略,提出和实施风险管理解决方案以及风险管理的监督和改进等方面。

【课后思考】

1. 请思考 ABC 库存控制方法的优缺点。
2. 请思考如何进行有效的成本控制。
3. 请比较风险控制的四种基本方法。

【技能训练】

企业运营控制能力的训练

(1) 教师通过图表、多媒体分析演示,让学生了解企业运营中的控制方法与工具。如表 14-1 管理日清表。

表 14-1 管理日清表

姓　　名		所在部门		岗　位		上报部门		日清日期	
指标\项目		计划工作			实际结果			自我评价	
重点工作									
例行工作									
临时任务									
创新工作/问题点									
总评结果		审核意见:					签字:	日期:	

1. 日清上报时间最晚应在次日中午 12 时以前
2. 日清评审完成时间应在日清的次、次日中午 12 时
3. 出差期间按原规定

(2) 组织学生去企业调研、进行管理者访谈,填写日清表。
(3) 学生分组:5 人左右 1 组,指定组长。
(4) 总结企业运营中是否存在失控现象,提出有效控制建议。

【自我检测】

一、单项选择题

1. ABC 分析法把企业占用 65%~80% 价值,而品种数仅为 15%~20% 的物品划为(　　)。
   A. A 类　　　　B. B 类　　　　C. C 类　　　　D. D 类

2. ABC 分析法中(　　)类物品是控制的重点。
   A. A　　　　　B. B　　　　　C. C　　　　　D. D

3. 1960 年出现了(　　)的设想,是指在设备的设计、制造阶段就考虑维修问题,提高设备的

可靠性和易修性。

  A. 事后维修   B. 预防维修   C. 生产维修   D. 维修预防

  4. (　　)是指运行中的设备在力的作用下,零部件产生磨损、振动和疲劳现象,致使机器的实体产生的磨损。

  A. 第一种有形磨损   B. 第二种有形磨损

  C. 第一种无形磨损   D. 第二种无形磨损

  5. (　　)阶段的零件磨损是比较缓慢的。

  A. 初期磨损   B. 正常磨损   C. 急剧磨损

  6. (　　)的故障主要是由设计上的疏忽、制造商的不良、使用上的欠佳造成的。

  A. 早期故障期   B. 偶发故障期   C. 劣化故障期

  7. 以下哪种设备更新的方式是既可以消除设备的有形磨损,也能消除设备的无形磨损。(　　)

  A. 原型更新   B. 新型更新   C. 设备技术改造

  8. 风险是由三个因素构成的,不包含以下的因素是(　　)。

  A. 风险因素   B. 风险衡量   C. 风险事故   D. 损失

  9. (　　)是指由日常实体(非财务)经营活动所引发的损失风险。

  A. 战略风险   B. 财务风险   C. 运营风险   D. 市场风险

  10. 以下哪种风险控制方法是指制定计划和采取措施降低损失的可能性或者减少实际损失。(　　)

  A. 风险回避   B. 损失控制   C. 风险转移   D. 风险保留

二、判断题

  1. 设备在闲置过程中不会发生磨损。　　　　　　　　　　　　　　　　　　　　(　　)

  2. 在正常情况下设备有形磨损可分为三个阶段,即初期磨损阶段、正常磨损阶段和急剧磨损阶段。　　　　　　　　　　　　　　　　　　　　　　　　　　　　　　　　(　　)

  3. 在成本控制上只有严格按制度办事,才能真正达到成本费用降低的目的。(　　)

  4. 对总体风险而言,风险事故的发生是不可预测的。　　　　　　　　　　　　(　　)

  5. 风险转移是投资主体有意识地放弃风险行为,完全避免特定的损失风险。(　　)

三、简答题

  1. 简述 ABC 库存控制法。

  2. 画出设备故障率曲线,并对其三个阶段进行解释。

  3. 简述成本控制的步骤。

  4. 解释风险控制的四个步骤。

  5. 有哪些常用的风险控制的方法?

四、案例分析

斤斤计较的洛克菲勒

  19 世纪石油巨头众多,最后却只有洛克菲勒独领风骚,其成功绝非偶然。有关专家在分析他的致富之道时发现,精打细算是他取得成就的主要原因。

洛克菲勒踏入社会后的第一个工作,就是在一家名为体威·泰德的公司当簿记员。这为他以后的数字生涯打下了良好的基础。由于他勤恳、认真、严谨,不仅把本职工作做得井井有条,还几次在送交商行的单据上查出了错误之处,为公司节省了数笔可观的支出,因此深得老板的赏识。

后来,洛克菲勒拥有了自己的公司,他更加注重成本的节约,提炼每加仑原油的成本也要计算到小数点后第3位。

他每天早上一上班,就要求公司各部门将一份有关净值的报表送上来。经过多年的商战洗礼,洛克菲勒能够准确地查阅报上来的成本开支、销售以及损益等各项数字,并能从中发现问题,以此来考核各个部门的工作。

1879年,他质问一个炼油厂的经理:"为什么你们提炼一加仑原油要花1分8厘2毫,而东部的一个炼油厂干同样的工作只要9厘1毫?"

他就连价值极小的油桶塞子也不放过,曾写过这样的信:

"……上个月你汇报手头有1 119个塞子,本月初送去你厂10 000个,你厂使用9 527个,而现在报告剩余912个,那么其他的塞子哪里去了呢?"

洞察入微,刨根问底,不容你打半个马虎眼,这正是后人对他的评价。

问题:你认为"洛克菲勒斤斤计较"反映了他在管理中比较注重什么?

第十五章　管理前沿专题

【趣味阅读】

从前,在一个森林里,有一只两头鸟,名叫"共命"。这只鸟的两个"头"相依为命,凡遇事两个"头"都会互相讨论一番,从而采取一致的行动,比如到哪里去寻找食物,在哪儿筑巢栖息等。可有一天,一个"头"不知为何对另一个"头"发生了误会,结果谁也不理谁,以致最后互相仇视。其中一个"头"想尽办法希望能够和好,而另一个"头"则不睬也不理,根本没有和好的意思。不久,这两个"头"就为了食物开始发生争执,友善的"头"建议多吃健康的食物以增强体力,可另一个"头",则坚持要吃"毒草",以便毒死对方来消除心中的怒气。和谈无法继续,于是只好各吃各的,最后两头鸟终因吃了过多有毒的食物而死去。

【管理启示】

一个成功的管理者,不仅能够主动了解外部用户的需要,对内部关系也要能够善于协调和控制,承认并学会欣赏人与人之间与生俱来的差异性,包容员工多样化的差异,让组织自然融入一个有序磨合的状态,并将其糅合成一种向心力,制造出上下一心的和谐氛围。

【学习目标】

1. 了解中国企业发展及现状。
2. 掌握企业社会责任和核心竞争力的问题。
3. 掌握创业型企业的管理方法。
4. 了解企业社会责任的概念、本质及特点。
5. 把握处理企业社会责任与企业发展关系的原则。
6. 了解企业社会责任的主要内容。

【教学要求】

知识要点	能力要求	相关内容
中国企业发展现状	(1) 理解中国大企业的发展趋向 (2) 了解中国中小企业发展特征	(1) 中国大企业发展及现状 (2) 中国小企业发展及现状

续 表

知识要点	能力要求	相关内容
企业社会责任问题	(1) 能够正确理解企业社会责任的含义 (2) 理解处理企业社会责任与企业发展关系的原则 (3) 识记 SA8000	(1) 企业社会责任的概念 (2) 处理企业社会责任与企业发展的原则 (3) SA8000 的主要内容
创业企业管理问题	(1) 识记创业管理的内涵 (2) 理解新创企业的特征 (3) 应用新创企业危机的管理对策	(1) 创业管理内涵 (2) 新创企业的特征 (3) 新创企业的危机与危机管理

第一节 中国企业发展现状

一、中国大企业发展现状

改革开放以来,企业通过资本运营和企业并购重组不断壮大。2002—2012 年,中国 500 强企业每年都有大量企业进行并购重组,通过这种方式迅速扩大规模。数据表明,在 500 强中,有 100 多家企业每年并购重组大约四五百家企业,实现企业的迅速成长;成为中国 500 强的企业一般都不是单体企业,而是集团性企业;中国 500 强排名靠前的企业一般都是"跨省公司",做不到跨省发展难以成为国家级大企业。大企业必须突破行政边界谋求发展,能利用好、整合好政府资源、政府利益、政府关系。

从国家发改委 2012 年的报告中可以看出,中国前 500 家大企业总体规模持续扩张,但增长速度有所放缓;行业持续多元化发展,国有经济仍占据主导地位;大企业集团区域发展,仍呈现出明显的不平衡性。中国前 500 家大企业分布在 54 个行业中,其中原材料采选及加工业、批发业、电力、机械制造等行业具有一定优势,但行业分布总体呈多元化趋势。从中国前 500 家大企业的所有制情况看,国有经济仍占据主导地位,多种所有制经济共同发展的局面继续保持。2011 年,中国前 500 家大企业集团总体规模继续扩张,增速明显提高,前 500 家大企业集团营业收入总额达 422 581.36 亿元,是 2010 年的 1.29 倍。2011 年,中国前 500 家大企业集团千亿俱乐部扩容,行业多元化特征明显,前 500 家大企业集团中营业收入达到千亿元以上的企业集团共有 99 家,比 2010 年增加 26 家。2011 年,中国前 500 家大企业集团分布在 48 个行业中,行业多元化特征明显,从营业收入超过千亿元的企业集团的行业性质来看,主要分布在能源业、原材料及加工业、批发业、电力、机械制造业等优势行业,行业分布总体呈多元化趋势。中国前 500 家大企业集团兼并重组活跃,产业结构、地区结构发展不平衡,按三次产业分类,2011 年中国前 500 家大企业集团中,第二产业在总体上仍表现出明显优势。第一产业企业集团只有一家进入前 500 家,营业收入为 1 040 亿元,占前 500 家大企业集团总营业收入的 0.25%;第二产业企业集团有 362 家,营业收入为 313 235.81 亿元,占前 500 家大企业集团总营业收入的 74.12%;第三产业企业集团有 137 家,营业收入为 108 305.48 亿元,占前 500 家大企业集团总营业收入的 25.63%。可以看出,第二产业企业集团在企业数量、营业收入方面均表现出明显的优势。

2011年中国前500家大企业集团与世界500强企业比较,增速高于世界500强平均水平,与世界500强企业差距进一步缩小。根据美国《财富》杂志公布的统计数据,2011年中国大陆共有70家企业集团(79家中国企业)进入世界500强企业名单,创历史最好成绩。进入世界百强的中国大陆企业有9家。除企业集团个数外,中国前500家大企业集团与世界500强企业的营业收入差距也在不断缩小。根据美国《财富》杂志公布的世界500强企业统计数据计算,2011年中国前500家大企业集团的营业收入总额相当于世界500强企业营业收入总额的22.18%。此外,2011年中国前500家大企业集团平均营业收入增长速度为29.40%,继续高于世界500强(增长速度为13.41%),而且已经连续4年高于世界500强。中国前500家大企业集团与世界500强差距在逐渐缩小。另外,我国前500家大企业集团与世界500强差距的缩小还表现在其他多个方面,如围绕提高产业集中度、应对金融危机而进行的大企业兼并重组步伐加快,企业的国际化经营水平不断提升,国际品牌知名度逐渐增强。

虽然近年来中国前500家大企业集团实现了跨越式的发展,无论是从规模还是数量上,取得了较大的进步,与世界500强的差距有所减少,但由于中国企业集团成长时间短、积累的先进经验不足,与世界500强相比仍存在较大差距。同时还应当看到,中国前500家大企业集团多集中于具有垄断优势的大型国有企业,它们依靠资源垄断、规模经营和低成本换来企业盈利,但这并非真正意义上市场竞争的结果,大企业集团长期以来形成的粗放型增长方式没有得到根本性改变。与国际先进企业相比,中国前500家大企业集团在资源整合、创新能力、品牌影响力、人才培养、体制机制、自主知识产权和核心技术以及国际化能力等方面仍显不足,在一定程度上制约了企业的持续发展能力。从长远来看,提高资源整合能力,加快技术创新,调整优化产业结构和企业结构,加强企业的品牌建设,加强企业深层次的文化和价值理念建设,加快转变经济增长方式,推动民营企业发展,增强对国际化环境变化的应对能力,是我国大企业集团健康可持续发展的必经之路。

总的来看,中国前500家大企业还需要在做"强"方面做出更多的努力,才能真正与世界500强企业同台竞争。中国仍处在工业化中期,面临产业结构调整的压力,要不断提高企业特别是大型企业的自主创新能力,强化供应链管理,建立营销网络,培育自主品牌,推动产业升级和结构调整。

(1)国际金融危机给中国大企业发展带来了机遇与挑战。由美国次贷危机引发的国际金融危机蔓延到全球,对世界各国经济造成了巨大的打击。虽然中国经济的基本面貌相对较好,但是受到全球投资低迷和外贸市场萎缩的影响,中国经济的增长速度也因此受到了影响。全球经济复苏还需要一段时间,长期以来国际经济贸易保持较快增长的趋势将不复存在,中国大企业的发展将面临严峻的考验。

我国政府根据国内外宏观经济形势,提出了促进经济平稳较快发展的一系列措施,包括实行积极的财政政策和适度宽松的货币政策,努力扩大内需和拉动投资;实施汽车、钢铁、船舶、石化等重点行业的调整和振兴规划;大力支持科技创新和节能减排,推动经济结构调整和发展方式转变,发展高新技术产业;加快完善城乡社会保障体系;稳定股市和房市,保持金融稳定。其积极效果将会逐步显现,这为中国大企业积极应对国际金融危机创造了有利的条件。国际金融危机爆发后,在对抗国际金融危机的过程中,中国经济表现得相当出色,中国经济已经先于其他主要经济体出现了平稳回升的态势,这将有利于促进国际资本、技术和人才向中国转移。这为中国大企业提供了机遇,应该以此为契机,依靠国内、国外两个市场,进一步实施"引进来、走出去"的战略方针,突破资源、资本、技术和人才瓶颈,实现跨越式发展。

(2) 我国工业化、城市化不断推进,大企业集团大有可为。从中长期看,我国正处于工业化和城市化加速发展的时期,经济持续快速增长的态势不会改变。预计到2015年我国的城市化率将超过50%。工业化和城市化的加速推进将给中国大企业集团带来巨大的市场空间。在这个过程中,社会需求结构不断升级,城乡居民的消费需求结构不断升级,医疗保健、交通通信、教育文化娱乐服务和杂项商品与服务所占的比重则逐步上升,要素供给结构逐步调整,对大企业快速转型不断调整产品结构,加大科技创新力度,加强经营管理,努力实现发展方式由粗放型向集约型转变,提出了迫切要求。

(3) 搞好战略储备,整合国内国外资源,努力提高大企业竞争力。大企业应该抓住当前国际能源、原材料市场价格相对处于低位运行的状态和我国外汇储备相对充足这一历史机遇,加快国内外能源、原材料基地建设进程,搞好战略储备,为今后更好地参与国际竞争做好准备。积极推进企业兼并重组,加快大企业国际化进程。大企业不仅应该积极参与本土企业的兼并重组,整合国内资源,在国内竞争中不断壮大,更应该以国际金融危机为契机,积极进行跨国并购,整合国际资源,加快国际化进程,在国际竞争中不断成长。

(4) 提高自主创新能力,积极引进先进技术。创新是企业发展的动力之源。大企业必须努力积累技术资源,培养科技创新能力,发展对所在行业有重大影响的专有技术和主导产品,走在自主创新的前列。加大研发投入,引进先进技术。积极引进海外的高端人才,努力培养自己的高端人才,要做到能招来人、用好人、留住人和发展人。

(5) 实现企业管理的国际化水平,努力提高企业核心竞争力。我国大企业的管理水平与世界先进水平相比还具有一定的差距,因此应充分重视管理的作用,进一步加强和改善企业管理,苦练内功,努力提高企业核心竞争力。应树立积极发展的理念,根据自身的内部情况和外部市场、行业环境,积极寻找发展的突破口,制定和实施企业战略,努力提升竞争优势。应正确把握国内国外两个市场的特点和趋势,找准市场定位,加强和改善营销管理,树立良好的企业形象和品牌形象,不断提升自身的市场地位。应加强和改善人力资源管理,制定相应的员工激励措施,改善企业组织结构,构建和发展企业文化,充分发挥员工的主观能动性,让员工和企业共同发展。应化国际金融危机的压力为动力,加强和改善财务管理,努力提高自身的融资能力和资金运营能力,认真吸取国际金融危机的教训,强化内部控制,努力防范各种经营风险。

二、中国中小企业发展现状

中小企业的划分标准由国务院负责企业工作的部门根据企业职工人数、销售额、资产总额等指标结合行业特点制定。中小企业的划分标准是随着国家、地区、行业内经济发展水平的变化而不断调整的。

从当前世界经济发展的角度看,中小企业的生存和发展既是各国经济的重要组成部分,又是一大世界性的难题。美国小企业局(SBA)《小企业状况:总统报告(1998)》认定中小企业是"美国经济的基石";欧盟《欧洲小企业宪章》(2000)视小企业为欧洲经济脊梁,是就业机会增长的主要源泉、诞生新观念的温床,更是欧洲社会与地区一体化的主要驱动力。英国政府(2001)认为中小企业的发展关系到英国经济的未来。国外有观点认为,中小企业是市场竞争的推进器,中小企业推动了所在行业的竞争,促进了经济结构的重构;中小企业是就业的主渠道。据 SBA 统计,美国 20 世纪 90 年代 2/3 的新增就业机会是由中小企业创造的;中小企业是经济增长的助力器与危机的缓冲带,中小企业同时也是创新的先锋队,据估计,20 世纪 60% 的重要发明是独立发明人或中小企业的贡献。中小企业发展在我国也存在一个不断被认识的过程,特别是从计划经济向市场经济过渡过程中,中小企业在促进经济结构调整、吸纳社会就业、提高创新能力、增加税源、增加出口等方面都发挥着日益重要的作用,已经成为我国拉动经济增长的重要力量。

根据国家统计数据库数据显示:根据现行的《中小企业标准暂行规定》我国中小企业在数量上已经达到 4 200 多万户,占全国企业总数的 95% 以上。在工商注册登记的中小企业已经超过 1 000 万家,占全国注册企业总数的 99.1%,流通领域中小企业占全国零售网点的 90% 以上。而且值得注意的是,随着国家经济结构的不断调整和经济发展水平的不断提高,在一些高新技术产业如软件开发、生物医药、微电子产业等行业中,中小企业占有很大比重,对国民经济的发展有很重要的影响作用。

我国中小企业的特征是数量多、分布广,涉及行业广泛,中小企业是现代国民经济的重要组成部分,有着广泛的社会经济基础,因此中小企业的数量都占据着绝对的优势。

中小企业资金筹集渠道狭窄,导致中小企业资金不足,缺乏发展动力;中小企业规模较小,存在产品质量和科技含量低,造成其市场竞争力差,市场影响力小;中小企业收集分析市场信息的能力弱,对经济景气变动、金融环境及产业形势变化,无法及时辨别,抗风险能力弱。因而其寿命周期都比较短,每年都有大量中小企业倒闭,同时又有大量中小企业创立,新旧中小企业的更新速度较快。

我国中小企业集中于劳动密集型产业,规模小,技术装备差,在人口众多、经济落后、技术装备差的现阶段,这是一个客观的、不可避免的现状。

企业所有权与经营权高度统一,所有者与经营者合二为一的条件下,企业目标与所有者目标高度一致,这使得中小企业富有活力,灵活多变;同时,企业内部组织结构简单,管理人格化,没有过多的管理层次,管理权力统一集中于所有者一人手中。管理者与一般从业人员之间的距离较短,且多具有一定的关系,如血缘、亲缘、地缘等,因此组织、协调、指挥、监督的过程较为迅速。

中小企业人员流动快,缺乏高素质人才。中小企业由于自身规模和企业实力的局限,往往难以吸引高级人才的加入,也难以支付高级人才所需的高额薪金。对于企业已经拥有的人才,中小企业又往往因为老板情结、管理问题、企业文化和福利等问题,难以稳定下来充分利用。由于中小企业缺乏稳定、优秀的工作团队,其生存和发展常遇到很大的困难。

第二节　企业社会责任问题

一、企业社会责任的含义

对企业社会责任概念的理解,要从企业管理与社会发展整体关系的角度出发,全面分析企业的经营活动对社会的影响力。作为市场经济主体的企业不仅是一个从事生产、交换、消费活动的经济组织,而且也是人类社会中担当一定权责的公民;企业的发展不仅要与人的发展高度统一,而且要与自然环境和社会环境高度协调。企业作为社会公民,应当为相关利益主体承担广泛的责任,使企业在谋求商业目的的同时,能够通过自己负责任的行为,倡导并履行主流的社会价值观念和道德理想。企业在为社会创造价值的同时,还必须承担起社会责任。

企业对于社会的责任有两类,即基础责任和其他责任。基础责任是由企业内部管理需要而产生的一种责任。企业对于社会的基础责任立足于企业本身的良性发展。企业健康发展,能够为社会创造更多的财富,为社会提供更多的工作岗位,这是企业作为社会一分子存在的基本意义,是企业的基本责任。其他责任,也称第二类责任,是在第一类责任基础上所连带产生的其他责任。企业在承担基础责任的过程中,必然会产生外部性的问题,这些外部性的问题将对社会产生好的或坏的作用。解决外部性问题,就涉及企业要承担的第二类社会责任。

企业社会责任(corporate social responsibility,CSR)概念可以分为广义和狭义两个方面内容。广义的企业社会责任是指企业作为社会基本的单元细胞,应该对社会发展做出自己的贡献,并履行自己相应的服务社会、贡献社会的责任。企业作为社会的普通公民,在享受一定权利的同时,也应尽到一个公民应尽的责任和义务。狭义的企业社会责任是指企业在创造经济利益、获取经济效益,即获取利润、对股东利益负责的同时,还要承担对员工、对消费者、对社区和环境等方面的社会责任,其基本内容主要包括遵守商业道德、生产安全、职业健康、保护劳动者的合法权益、保护环境、支持慈善事业、捐助社会公益、保护弱势群体、促进社会信用体系建设等。本节将企业社会责任的概念界定为后者。

企业社会责任超越了以往企业只对股东负责的范畴,强调对包括股东、员工、消费者、社区、客户、政府等在内的利益相关者的社会责任。企业社会责任最基本的是企业的法律责任,包括遵守国家的各项法律,不违背商业道德;在高层次上则是企业对社区、环境保护、对社会公益事业的支持和捐助。

二、企业社会责任的演变

"企业社会责任"的概念起源于欧洲,早期企业组织是一个以营利为目的的生产经营单位,利润最大化是其追求的永恒主题,它没有责任也没有义务去完成本应由政府或社会完成的工作,其行为只要不违法,以何种手段和方式去追求利润都无可厚非。美国著名经济学家弗里德曼认为,企业不采用欺骗和舞弊等手段实现它的收益目标,就是为整个社会谋求了最大的利益。这种过分狭窄的企业经营目标,虽推动了社会经济的高速发展,但各种社会公害也相伴而来。如严重的环境污染损害了消费者的利益,危害企业雇员安全及影响了雇员健康,社会贫富悬殊等,这对社会生活和经济的持续发展产生了重大影响,使西方国家政府及社会公众不得不开始重视企业履行社会责任的问题,即要求企业在实现利润最大化的同时,兼顾企业职工、消费者、社会公众及国家的利益,履行保护环境、消除污染等社会责任,将企业的经营目标与社会目标统一起来。

企业的社会责任的产生是由于随着社会化大生产和工业化革命以及随后资本的不断扩张而引起一系列社会矛盾,如贫富分化、社会穷困等,特别是劳工问题和劳资冲突等而引起的问题。有的学者把企业社会责任的产生和发展分成四个阶段。

第一阶段:作为1873~1896年第一次经济大危机的结果,巨大的产业垄断资本主宰社会经济生活,资本大规模扩张,经济实力迅速增强。与之相伴而行的是掠夺性的开采、歧视性的定价、工人超负荷的工作和低廉的工资,由此引发了大规模的罢工和社会公众的强烈不满。鉴于此,西方国家的政府开始通过立法的形式来限制企业的一些经营行为。

第二阶段:20世纪30年代的第二次经济大萧条,公众普遍抱怨企业对因倒闭而造成的工人失业不负责任,银行倒闭给储户的投资带来了惨重的损失,大股份公司通过市场与经营运作戕害中小股东的利益。大萧条以后,资本主义各国普遍推行凯恩斯主义和福利主义政策,国家的经济功能和对社会经济生活的干预得到全方位的强化,政府不但通过立法方式硬性要求企业约束自己的经营行为,而且还要求企业实施就业机会均等政策并为企业的员工提供适当的社会保险和福利。

第三阶段:20世纪60年代,尤其自1973年第三次经济危机开始以来,垄断化和国家化的趋势发生了根本性的逆转。以企业为中心的现代资本主义社会使劳动者面临更加严峻的处境,竞争加剧,收入减少,在劳资对抗中处于不利地位。工会在多样化的经济形式和经济活动中缺乏统一的行动能力,干涉能力也大大降低。而且社会与公众对垄断和劳资关系状况的意识逐步淡化,而对生活质量、健康状况和环境质量等问题日益重视,国家对环境保护和环保标准等方面的立法与执法也越来越严厉。尤其突出的是烟草商们被要求将"吸烟有害健康"印制在外包装上,甚至烟草广告也受到严厉的限制。自此,许多企业已不再是被动地接受社会责任,而是将社会责任潜移默化为一种理念和价值观。

第四阶段:20世纪80年代初期,大规模的资本国际流动、国际企业并购以及贸易自由化谈判加快了经济全球化的进程,赋予企业的社会责任以新的形式与内容,可持续发展问题和企业社会责任的国际合作问题被提升到了国际社会和各国政府的议事日程上,而且成为企业界普遍关注的热点。一方面,企业根据社会要求和环境保护原则进行大规模的生产工艺革新和技术改造,以适应新的技术标准、环境标准和贸易标准;另一方面,许多跨国公司在对高耗能、重污染的生产项目进行国际转移时,越来越多地受到来自东道国政府的限制以及合作伙伴要求进行技术改造和污染治理等方面讨价还价的压力。再就是新的反垄断和保护社会公众利益等方面的立法数量急剧增加,如反资本垄断基础之上的反技术垄断,反核武器扩散和核试验,烟草实施高税收,烟酒等特殊产品实行专卖制度等。从各国的情况来看,有酒类立法的国家达70多个。这种专卖是市场经济条件下的专卖,它既不是政府包办的专卖,也不是统购包销或由一个公司垄断经营,而是通过专卖法或专卖条例实行生产许可与批发零售许可制度。

三、企业社会责任的特点

企业社会责任的本质是在经济全球化背景下企业对其自身经济行为的道德约束,它既是企业的宗旨和经营理念,又是企业用来约束企业内部包括供应商经营行为的一套管理体系。企业社会责任守则不同于其他的技术标准,它超越了以往企业只是强调技术性指标,把赚取利润作为唯一目标这样的传统理念,而更强调在生产过程中对人的价值的关注,注重生产过程中人的健康、安全和应该享有的权益。企业社会责任还强调企业对消费者、对环境保护和对社区参与等的社会价值,注重企业对社会的贡献,具有社会性、法制性、公开性和标准性。

(一)企业社会责任的社会性特点

中国企业社会责任在不同的发展阶段呈现不同特点,但企业社会责任的社会性属性成为企业社会责任的主要特点。正是由于企业利益与社会利益事实上不可分割,企业在履行社会责任时,所采取的一些行为兼具自身与社会双重影响属性。企业社会责任的本质,就是一种企业自身对人类社会所承担的义务。企业社会责任具有社会属性,是社会对企业组织的外在要求。

(二)企业社会责任的法制性特点

企业的社会责任是法定的必须承担的责任,其特点是具有法定性和强制性,因而企业是否真正履行这种责任,直接涉及法律问题,属于法制性责任。在强调企业社会责任强制性特点的同时,必须将企业社会责任管理与企业经营目的联系在一起。企业生产目的具有营利和服务社会双重目的,在给企业制定法制规条的同时,必须注意不给企业增加额外负担。

(三)企业社会责任的公开性特点

企业社会责任管理的公开性,首先要求管理体系和组织设计的规范和公开性,维持组织管理活动的透明度。其次,要求企业信息渠道的畅通和透明,建立相应的信息沟通路径,保证直率、公开地沟通信息。再次,要求产品服务信息的公开和管理活动的公开性,以更好地为社会服务。最后,是适应企业社会责任管理公开性的需要,企业公开参与社会公益活动,社会各界人员参与企业决策。这样,就能有效兼顾社会利益,更好地履行企业的社会责任。

(四)企业社会责任的标准性特点

20世纪90年代以来,国际社会责任运动蓬勃发展,与之相应的社会责任标准化问题也逐渐为国际社会所重视。2002年,应国际标准化组织(ISO)消费者委员会的提议,国际标准化组织理事会要求技术管理局考虑是否在社会责任领域制定国际标准。ISO/TMB于2003年初成立了咨询组,研究社会责任标准化问题,并于2004年4月底提交了关于社会责任领域最新发展状况的技术报告草案。2004年6月21日至22日,ISO在瑞典斯德哥尔摩召开了社会责任领域标准研讨大会。可以说,社会责任及其标准化问题已成为当前国际标准化活动的一个热点,并引起国际社会广泛关注。而目前在社会责任领域,我国还没有相应的标准化组织,为全面跟踪并尽早介入ISO在社会责任领域的标准化活动,确保我国有关方面专家实质参与社会责任领域国际标准化活动,以在ISO制定社会责任国际标准中充分发挥我国的影响和作用,积极开展国内社会责任标准化工作,政府主管部门应给予积极的支持。

四、社会责任 SA8000 标准

(一) SA8000 的定义

SA8000 即"社会责任标准",是 Social Accountability 8000 的英文简称,是全球首个道德规范国际标准。为了配合国际主要买家对社会责任管理体系的需求,国际社会责任管理体系组织(social accountability international)的咨询委员会集合了来自工会、人权组织、儿童权益组织、学术组织、零售商、制造商、承包商、非政府组织、顾问公司、会计公司及验证机构的代表,于 1997 年 10 月订立了 SA8000 国际标准。这是全球第一个有关社会责任管理体系、道德规范的国际标准。根据《国际劳工组织公约》《世界人权宣言》《联合国儿童权益公约》以及《联合国消除一切形式歧视妇女行为公约》等原则所制定的 SA8000,内容覆盖及贯穿公司各个部门管理体系的制定及操作,使其在经营上达到 SA8000 标准的各种要求。此标准适用于世界各地任何行业、不同规模的组织与公司,其宗旨是确保生产商及供货商所提供的产品皆符合社会责任的要求。和 ISO 9000 质量管理标准一样,SA8000 标准也由独立的认证机构提供认证,成功通过认证机构审核的公司可以获得认证机构颁发的认证证书。获证企业还要接受定期的监督审核,以确保公司不断改善工作条件。与 ISO 9000 标准不同的是,SA8000 标准不仅是一个管理体系标准,还是一个社会责任表现的标准。任何企业或组织可以通过 SA8000 认证,向客户、消费者和公众展示其良好的社会责任管理表现,从而获得市场机会。SA8000 标准适用于世界各地任何行业、不同规模的公司。其依据与 ISO 9000 质量管理体系及 ISO 14000 环境管理体系一样,都为一套可被第三方认证机构审核的国际标准。

(二) SA8000 的主要内容

SA8000 标准主要内容涉及四个方面,共有 9 项条款。

1. 有关核心劳工标准方面的内容

(1) 童工(child labour)。在中国,童工是指未满 16 周岁的劳动者。要求不应使用或者不应支持使用童工,应与其他人员或利益团体采取必要的措施确保儿童和青少年接受当地义务教育,不得将儿童和青少年置于不安全或不健康的工作环境或条件下。

(2) 强迫劳动(forced labour)。不使用或不支持使用强迫劳动;不扣押身份证或收取押金。

(3) 结社自由及集体谈判权利(freedom of association and right to collective bargaining)。尊重结社自由及集体谈判权利;法律限制时,应提供类似方法;不歧视工会代表。

(4) 歧视(discrimination)。不从事或不支持雇用歧视;不干涉信仰和风俗习惯;不容许性侵犯。

(5) 惩戒性措施(disciplinazy practices)。不使用或不支持使用体罚、辱骂或精神威胁。

2. 有关工时与工资方面的内容

(1) 工作时间(workinghours)。要求用人单位遵守标准和法律规定,至多每周工作 48 小时;至少每周休息一天;每周加班不超过 12 小时,特殊情况除外;额外支付加班工资。

(2) 工资报酬(compensation)。用人单位支付给员工的工资不应低于法律或行业的最低标

准,并且必须足以满足员工的基本需求,并以员工方便的形式如现金或支票支付;对工资的扣除不能是惩罚性的;应保证不采取纯劳务性质的合约安排或虚假的学徒工制度以规避有关法律所规定的对员工应尽的义务。

3. 有关健康与安全方面的内容

健康与安全(health and safety)内容包括提供安全健康的工作环境;任命高层管理代表负责健康与安全;健康与安全培训;健康与安全检查,评估和预防制度;厕所、饮水及食物存放设施;工人宿舍条件。

4. 有关管理系统方面的内容

管理体系(management system)包括政策;管理评审;公司代表;计划与实施;供应商、分包商和分供商的监控;处理考虑和采取纠正行动;对外沟通;核实渠道;记录等。

当SA8000的以上内容与国内法发生冲突时,一般来说"不优先适用国内法,也不优先适用SA8000,而要采用最严格的标准"。

五、处理企业社会责任与企业发展关系的原则

(一) 企业社会责任要符合"五大利益"原则

1. 合法利益

合法利益指的是企业的经营内容应当符合法律的规定。只有建立在合乎法律规范的基础之上,企业的进一步发展才会得到保障,例如,企业不得进行非许可营业,不能从事在登记范围之外的经营活动,不以合法行为掩盖非法目的等。

2. 价值利益

企业承担恰当的社会责任体现出企业的自我价值和社会价值的统一。企业作为营利性组织,有追求正当合理的经济利益的权利;另外,企业所生产的产品也需要建立在不损害其他社会成员利益的基础之上,同时还需要具有肯定性的社会使用价值。

3. 秩序利益

企业对于社会的损害莫过于违反商业规则,破坏正常的经济秩序。企业只有在良好的经济秩序中才能获得发展,而在一个混乱的市场环境下企业的市场交易成本无疑会变得很高。企业只有在内部行为规范和外部竞争行为等方面建立和维护良好秩序,才有可能获得长期的稳定发展。

4. 长期利益

企业在处理承担社会责任与推动企业发展的关系时,应当追求可持续发展的观念,使得企业承担社会责任能够最大化地促进企业长远发展。这就需要把握适度和持续的原则,即企业对于社会责任的承担既要和自身的能力相符合,又要服从企业持续经营的战略目的。

5. 生态利益

人类社会的发展是建立在自然社会的基础之上的。在现代社会,人类对自然资源的索取力度不断加大,自然环境也承载了越来越多的人类的"生态足迹"。企业作为社会一分子,应自觉地采用低能耗、低污染的科技技术,保护自然资源和生态环境。

（二）企业社会责任要与企业发展状况相结合的原则

对于企业来说，首要的社会责任就是怎样为社会创造更好的产品和服务，这是核心的问题。由于不同的企业在规模、产品、战略、制造过程、营销战术、内部文化等方面存在差异，管理的价值观等不同，企业社会责任也体现出差异性。因此，没有一个固定的社会责任的公式适用于所有企业。同时，承担社会责任就意味着要支付"责任成本"，企业必须有能力自行消化这些成本，不能全部转嫁给消费者，增加消费者负担，或者损害股东、员工的合法正当权益。所以，在法律法规要求的领域之外，企业应当根据自身实力，按照国家政策、社会价值观等引导，通过研究公共政策的总体框架决定应尽的社会责任。同时，还要随着社会环境和国家政策的变化来适时调整其社会责任战略。

（三）企业社会责任要与社会发展状况相结合的原则

虽然说企业履行社会责任会使消费者受益，但是企业在履行社会责任后，势必会带来产品成本的提高，进而产品的价格也会相应提高。在我国还未完全实现小康的情况下，人们的收入水平还相对较低，高价的附加社会责任的产品并不是大多数消费者所能接受的。例如，超市里真正无公害水果的价格要高出普通水果价格许多，这并非一般消费者所能承受。因此，企业承担社会责任必须是循序渐进的，要考虑到社会的承受能力，不能把过多的成本转移到消费者身上，要使其与经济社会发展相适应。

（四）企业社会责任要与国家发展状况相结合的原则

据统计，全国工商注册登记的中小企业占全部注册企业数的99%，中小企业工业总产值和实现利税分别占全国的60%和40%左右，约75%的城镇就业岗位来自中小企业。我国的中小企业往往资金不足，处于资本原始积累阶段，处在力争在激烈的竞争中站稳脚跟的阶段，比较脆弱。所以，若是要求这些中小企业全部达到与国外发达国家企业相同的企业社会责任标准，一定会使许多中小企业难以支撑下去，这在一定程度上会影响我国经济的发展。企业的成长处于初级阶段，经济水平停留在一个较低水平，企业对于社会责任的实现就不可能具有很高的水平。因此，国家制定和实施企业社会责任相关制度标准，必须在符合我国企业和经济发展实际情况的基础上进行。

六、企业社会责任的具体体现

随着社会责任观念的导入，企业的目标已经从单纯地追求利润最大化向企业利益、消费者利益和社会利益结合方面转化，我们称这种管理目标为社会责任目标，它属于宏观利益方面的企业目标。具体来说，企业社会责任目标是指企业履行现代企业管理理论与履行其社会责任所要达到的目的，可分为对股东、员工、消费者、政府、社区、环境等的责任。

（一）企业对股东的责任

企业对股东的基本责任就是对法律所规定的股东权利的尊重。法律的规定是每一个企业所必须遵循的伦理底线，超过这个界限就成了企业不道德行为，是对股东的严重不负责任。其次，企业对股东的资产安全和收益负主要责任。投资人把自己毕生的积蓄托付给企业，希望得到丰厚的回报。企业应该满足股东的这个基本愿望,而不应拿股东的钱去做不道德的违法的事。再次,企业有责任向股东提供真实的经营和投资方面的信息。企业必须保证通过财务报表和公司年会等渠道向股东所公布信息的真实性、可靠性,任何瞒报、谎报企业信息,欺骗股东的行为都是不道德的,企业要对此负道德和法律双重责任。

(二) 企业对员工的责任

员工是企业的核心,企业必须做好这方面的工作。首要的是对员工的福利、安全、教育方面的责任。企业必须健全劳动保障制度,保证职工有安全、卫生的工作环境;企业要关心职工的福利,在工资待遇、医疗保险、养老保险、失业保险等方面承担直接或间接的责任;企业还应不断地对员工进行思想教育和业务培训,提高职工的文化水平和技术素质,使其能够适应企业和个人的发展需要,为企业和社会作出更大的贡献。

(三) 企业对消费者的社会责任

对消费者负责是企业的基本责任。企业的活动由多方面、多环节集中到一点,就是为社会生产、为社会服务。为此,企业的整个流程都与社会有关,要做到不偷工减料、不搞虚假广告、不制造伪劣产品;对自己向消费者提供的产品质量或服务质量承担责任,履行对消费者的承诺;同时在产品质量或服务质量方面接受政府和公众的监督。

(四) 企业对政府的责任

企业之所以存在、获利和发展,不是仅靠企业自己,这与整个国家和社会是分不开的。政府的财政取之于民,很大一部分来自企业,企业如果不尽其缴税的义务,偷税、逃税、漏税,就会制约政府的功能,对社会和民众都不利。因此,企业应该按照相关的法律、法规的规定照章纳税并承担政府规定的其他责任义务,接受政府的干预和监督。

(五) 企业对资源环境的责任

资源开发过度、资源浪费和环境污染是社会可持续发展所面临的重要问题,而企业活动是造成这些问题的重要因素。社会发展依赖于企业的发展,没有企业发展的社会发展是不可想象的,解决企业发展与社会发展在资源、环境方面矛盾的合理选择在于企业履行在资源、环境方面的社会责任。企业的这种社会责任要求企业一方面要按照有关法律的规定尽可能合理地利用资源,减少对环境的污染程度;另一方面,企业要承担治理由企业所造成的资源浪费和环境污染的相关费用。

(六) 企业对社区的责任

企业是在一定的社区环境中生存和发展的,因此,重视社区关系,搞好邻里关系,也是企业应该承担的社会责任。企业应根据自身的条件和可能,积极参与和支持发展社区文化教育事业、福利事业,关心和赞助社区的慈善事业,关心、参与和社区有关的社团活动,同当地政府和居民公众团体建立良好的关系,促进当地经济和社会的发展。

(七) 企业参与公共事业的责任

这也是关于企业社会责任的争论焦点。对于企业是不是应该做"好事",存在不同的看法:一种是不该做,认为那是企业的额外负担,不利于企业的生存和发展;一种是可做可不做,有条件的不妨做一些,但那是出于自愿的;还有一种是要做能做,责无旁贷。从世界范围来看,已经向第三种或正在向第三种倾斜。原因是当代世界已是一个共生的社会,不仅存在着相当多的弱势群体,并且还出现了各种社会问题。除了政府要提供服务外,还要依靠社会的帮助,而企业正是最具有实力的社会团体,企业是否参与所带来的结果大不一样。企业的这一责任往往是通过设立慈善基金或以向社会慈善机构和福利机构捐款、捐物的方式来资助社会慈善事业,以表明对社会的责任心。另外,企业还往往以企业名义直接出资承担其他公益事业,如城市绿化、保护动植物、资助知识竞赛和群众性娱乐活动及体育运动等。

企业承担社会责任影响了相关者的活动,进而产生了社会成果和企业成果。当然,这种付出并不是单方面的付出,同样会给企业带来好处,如声誉的提高、企业形象的树立等。正是由于这些动机,企业才会考虑承担更多的社会责任。

总之,企业社会责任是经济社会发展到一定历史阶段对企业提出的期望与要求。企业履行社会责任不仅可以促进经济社会的良性发展,也是提高企业自身竞争力和降低经营风险的有效途径。

第三节 创业型企业管理问题

创业是指发现、创造和利用商业机会,筹集、配置各种资源,致力于价值创造的活动过程。创业的过程是创业者个人价值的实现过程,是企业成长不可逾越的阶段,也是新兴产业产生、成长和发展的微观过程之一。随着经济发展和社会转型,近年来,创业活动在我国的发展如火如荼,逐渐形成一股热潮。创业管理不同于成熟企业的经营管理。创业管理体现了企业在创业初期的管理特点和业务运作规律,它是企业处于孵化时期所进行的管理。创业管理的本质特征包括把握机会、整合资源、价值创造、顾客导向、超前行动、变革和创新。学者提出了一些创业管理概念模式,这些模式都非常重视创业者的功能,把创业家作为创业和创业管理活动的灵魂、中心,这对创业活动的稳定发展是至关重要的。

一、创业管理的内涵

创业管理不同于成熟企业的经营管理。创业企业往往是刚刚诞生的小企业,一般来说,不可能像成熟企业那样具有完善的组织结构、适当的生产规模、明确的经营战略、成熟的生产技术、稳定的销售渠道以及成型的管理模式。成熟企业可以凭借上述优势进行更集中、更系统的全面优化管理,以实现企业既定的战略创业和创业管理目标;而处于创业阶段的新企业,由于企业的组织、规模、技术等还不完善,不可能像成熟企业那样进行精细、全面、规范的管理,所以其管理的目的主要是为了能够在市场中顽强地生存下来。创业管理体现了企业在创业初期的管理特点和业务运作规律,它是企业处于孵化时期所进行的管理。

创业管理的内涵包含了如下内容:

(一)创业管理是以生存为目标的管理

新事业的首要任务是从无到有,把自己的产品或服务卖出去,掘到第一桶金,从而在市场上找到立足点,使自己生存下来。在创业阶段,生存是第一位的,一切围绕生存运作,一切危及生存的做法都应该避免。所以,在创业阶段最忌讳的是提出不切实际的扩张目标,盲目铺摊子、上规模,其结果可能导致企业猝死。在创业阶段,亏损、赚钱、再亏损、再赚钱,或许要历经多次反复,直到能够持续稳定地获利,证明新事业探索到了可靠的商业模式,才算度过了创业的生存阶段,也才有了进一步追加投资的价值。新创企业要超越已有的竞争对手,一定要探索到新的成功的商业模式,这是创业管理的本质所在。

(二) 创业管理是主要依靠自有资金创造自由现金流的管理

现金对企业来说就像人的血液,企业可以承受暂时的亏损,但不能承受现金流的中断。所谓自由现金流,是指不包括融资、资本支出、纳税和利息支出的经营活动净现金流。自由现金流一旦出现赤字,企业将发生偿债危机,可能导致破产。自由现金流的大小直接反映企业的赚钱能力,它不仅是创业阶段也是成长阶段管理的重点。创业管理要求创业者必须锱铢必较,千方百计增收节支,加速周转,控制发展节奏。

(三) 创业管理是充分调动所有人做所有事的团队管理

新企业在初创时,尽管建立了正式的部门结构,但很少有按正式的组织方式运作的。比较典型的情况是,虽然有名义上的分工,但运作起来是哪急、哪紧、哪需要,就都往哪里去。这种状态,看似"混乱",实际上是一种高度"有序"的状态。每个人都清楚组织的目标和自己应当如何为组织目标做贡献,没有人计较得失,没有人计较越权或越级,相互之间只有角色的划分,没有职位的区别,这才叫做团队。这种运作方式才能培养出团队精神、奉献精神和忠诚。即使将来事业发展了,组织规范化了,这种精神仍然存在,并成为企业文化的核心。在创业阶段,创业者必须打造出真正的团队,否则很难成功。这种在创业阶段打造出来的团队凝聚力,是企业进一步发展的根基。

(四) 创业管理是奉行顾客至上,诚信为本的管理

创业的第一步,就是把企业的产品或服务卖给顾客,正如马克思所说,这是一种惊险的跳跃。顾客不肯付钱,产品或服务卖不出去,企业怎么收回成本并获利。企业是基于生存的需要才把顾客当作衣食父母的。一个企业的核心价值观不是后人杜撰的,也不是所谓专家赋予的,而是在创业阶段历经辛苦自然形成的。

(五) 创业管理是一种综合性的、不确定性的及动态的管理

创业是一个复杂的、综合性很强的过程,因此,创业管理是一门涉及方方面面的综合性的交叉学科。创业成功的必要条件是懂得如何管理所面临的不确定性,创业管理被认为是一种风险管理的学问,它促使人们以这种承担风险的态度来经营企业。创业本身是一个动态发展的过程,创业管理伴随着企业的创立、成长与壮大,是一个动态的管理过程。

二、创业管理的意义

创业管理则是创业成功的保障,具有以下重要意义。

(一) 丰富企业管理的理论体系

以往企业管理理论基本不涉及创业管理的内容,换言之,创业管理理论内容在以往的企业管

理理论中是一块空白区域。通过对创业活动的管理实践,一方面为创业管理理论本身的研究提供了更多的视角和素材,有利于推动创业管理理论的进一步发展;另一方面,也丰富了企业管理理论的内容,完善了现代企业管理的理论体系。

(二) 降低创业的机会成本

通俗地讲,机会成本是指为了得到某种东西而要放弃另一些东西的最大价值。通过创业管理,创业者能够有效识别和把握创业机会,选择最适宜的行业进行创业,能避免失去最有利的创业机会,从而降低创业的机会成本。

(三) 提高成功创业的有效性

通过创业管理,创业者能够有效进行创业的战略规划,实施具体的创业项目运营。这样,一方面,可以提高创业者在创业过程中的理性程度,从而提高创业成功的几率;另一方面,可以帮助创业者有效地配置创业资源,提高创业资源利用的效率和效果,促使创业成功。

三、 新创企业的特征

与成熟企业相比,新创企业具有自己独有的特征,因此新创企业的管理方式与成熟企业的管理方式存在一定的差异。

(一) 容易创建

新创企业由于自身在资金、人才等方面的不足,创业时一般不轻易涉足进入和退出障碍都比较高的行业。在大多数情况下,小企业比较集中的行业,进入障碍较低。大量新兴企业之间的过度(甚至是无序)竞争,必然导致一方面是大量的企业在竞争中退下阵来,倒闭破产;另一方面是那些成功的企业在原来基础很薄弱的情况下实现跳跃式发展。

(二) 自筹资金经营

相对于大企业,规模较小的新创企业在筹资方面要困难得多。许多国内外学者都已证实,资金短缺是新创企业所面临的首要经营难题。自筹资金兴办企业,利用企业盈利滚动发展便成为新创企业的又一显著特征。自筹资金经营,使企业所有权比较集中,经营权也比较集中,从积极的方面看,这有助于培养和强化创业者的企业家精神。

(三) 对创业者本人的依赖性强

这是新创企业最明显的特点。对于大多数新创企业来说,企业的创业者往往也是企业资产的所有者。他们凭借对资产的所有权而集中了企业经营所必需的各种决策权力,使新创企业的竞争力状况在很大程度上几乎完全依赖于创业者本人。小企业间的竞争多表现为经营者个人间的竞争。企业经营者个人对小企业的成败起决定性作用。他们往往集责、权、利三位于一体,实现所有权与承担风险的统一,领导企业、决策自主与担负责任的统一,所有者经济上的存在与企业的存在之间的统一。

(四) 管理结构简单

由于新创企业的经营者集中了企业经营所必需的各种决策权力,以至于没有必要建立复杂的组织机构。同时,新创企业多处于创业初期,资金上的困难迫使新创企业保持组织结构的简单和压缩开支。新创企业管理结构简单主要表现在:组织结构简单,决策权比较集中,所有权与经营权统一,决策权、指挥权与监督权划分不明确,通过非正式渠道沟通频繁等。

（五）富于创新精神

新创企业经营者之所以更富有创新精神,一方面是受经济与心理方面需求满足的驱动;另一方面是创业者利益与企业利益休戚相关,甚至融为一体。强烈的开拓意识和承担风险的勇气等促使创业者和企业积极创新,善于发现潜在的盈利机会并极力捕捉每一个盈利机会。不断创新使企业富有灵活性,为发现和捕捉盈利机会而接近顾客,并通过降低成本、精简组织机构等实实在在的措施增加盈利。

（六）受环境的影响程度大

新创企业大多都针对外部环境中存在的某种机会而创业,以至于一旦出现机会,便会在短时间内涌现大量的企业;另一方面,由于新创企业拥有或所服务的顾客少、信息拥有量相对不足、企业规模实力弱等特点,而难以了解整体环境变化,更谈不上驾驭环境变化。因此,小企业被动接受环境的影响,风险很大。

上述六个特征紧密关联,甚至互为因果。例如,因为容易创建、受环境的影响程度大等原因,使新创企业具有较大的创新压力;新创企业经营者的创业动机和在企业中的主导地位,使他们有较强的创新动力;管理结构简单又为新创企业的创新创造了有利条件。

四、新创企业的管理特征

由于新创企业具有以上的特征,新创企业的管理也随之表现出不同的特点。与成熟、规模较大的企业相比,新创企业管理通常具有小企业管理的特点:

（一）新创企业计划工作的特征

新创企业一般规模较小,但企业规模小并不意味着计划工作容易或不重要。在许多情况下,小企业因面临市场和产品周期的快速变化而格外关注经营计划,依靠其灵活性和短期的快速反应能力适应未来的变化。新创企业的经营者因缺乏制定计划的技能及数据资料而需要用更多的时间制定计划。但他们不必像大企业制定计划那样考虑得宽泛而长远。新创企业的经营者因创业和经营的艰难,很容易陷入日常的事务处理活动中,他们虽然是企业的创业者或所有者,但他们也必须像企业其他员工一样从事具体的工作,具有双重身份。另外,小企业因不愿或无力承担高昂的管理费用,通常不会聘用专职的管理人员,管理工作分工和专业化程度比较低。这也是促使经营者陷入日常事务之中的主要原因。因此,小企业改进工作计划的首要任务是让经营人员把时间从处理眼前事务转向未来收益上。

（二）新创企业组织结构特征

企业的规模和组织的复杂性之间有直接的联系,或者说,相关性很强。当一个企业的规模发展得过于庞大时,运行效率必然下降。然而企业规模过小则又难以组建起能够满足经营要求的高层管理团队,因为企业不会去承担比较高的管理成本,企业的管理体系没有建立起来,也使得人们认为企业没有那么多的管理工作要做。所以,新创企业的组织结构往往比较简单,规模也很小。新创企业组织很少采用部门化,没有明确的分工,管理简单,不需要明确的控制和协调。

(三) 新创企业领导方式的特征

由于规模小、实力较弱而且风险较大,新创企业吸引有能力的人才更加困难。但新创企业在人才招聘上也有一定的优势:一是晋升速度快和机会多;二是涉及的经营活动范围广;三是快速积蓄经验;四是人际关系简单;五是个人的贡献很容易被识别;六是工作安全性并不比大企业差。在领导方式上,新创企业由于没有一整套规范化的组织结构体系,所以经营者的领导方式便在很大程度上取决于经营者的个人风格,并在具体的领导方式上表现出各种各样的形式。一般来说,新创企业的领导方式比较倾向于实质性的集权,也可能走向另一个极端,即比较放任。当然,随着企业不断发展和壮大,企业经营者的领导方式也会发生一定程度的变化。在沟通和人际关系方面,新创企业整体就好像是一个非正式组织,其正式组织和非正式组织往往融为一体。

(四) 新创企业控制方式的特征

新创企业要想长期生存,经营者必须平衡增加价值或用更少的成本维持目前的价值关系,成本会计系统和成本控制对新创企业来说十分重要,因为新创企业更多的是产量或销量导向而非利润导向。企业中财务控制的基础是预算,其中费用标准可以列入控制规范之内,预算是控制费用开支的依据。有些新创企业试图不进行预算,即使这样,企业也应该有一个大概的费用标准和执行规范,当费用超出预计的标准时,就应该调查原因。

五、 新创企业的危机管理

(一) 新创企业的主要危机与风险

任何创业都不可能没有风险。一般来说,从创业初期的资金分配与调度、人才招募、营销策略、管理技巧,以及随之而来的市场潮流变化、竞争、应对策略等,例如景气变动、竞争对手的消长、股东意见不合、产品或服务不再流行、执行业务的危险性等,这些风险甚至会导致创业失败。

1. 资金短缺

只有提供足够的现金,企业才能生存。没有必需的现金,必将影响企业的盈利能力和偿债能力,从而影响企业的信用等级和资金周转,甚至资不抵债,走向破产。对于创业中的中小企业,由于融资条件苛刻,只能主要依靠自有资金运作来创造自由现金流。所谓企业的自由现金流,就是不包括融资,不包括资本支出以及纳税和利息支出的经营活动净现金流。自由现金流受阻出现赤字,企业将发生偿债危机,可能导致破产。

也有些创业者对现金流入的状况预料不足,结果周转不灵,即使事业有机会,也撑不到业务起飞。在没有足够的流动资金的前提下就贸然创业,很可能在创业后经营不是很顺利的时候,需要坚守一段时日时,就因为没有充足的流动资金而不得不提前关门。现金流风险产生的主要原因有:过分注意利润和销售的增长,忽视现金管理;固定资产投资过多,使资金沉淀;不考虑条件和时机,盲目扩张。

2. 盲目跟风

有些创业者在确定经营方向时爱盲目跟风,哪行赚钱就做哪行,对市场上冒出的暂时需求匆忙做出反应。然而,市场运作有其自然周期,"一窝蜂"热潮有时意味着"恶性竞争"即将来临。而事实上,多数经营者缺乏全面管理的能力;没有建立必要的财务会计的管理系统,企业的重大决策缺乏可靠依据;草率估算或低估企业的资金需求;错误选择设备和技术,因此,创业前周密的市场调查和理性的分析尤为重要。

相当一部分企业,初创时期对市场判断过分乐观,不是真正了解潜在市场的需求量,错误预估市场占有率,对销售渠道和竞争对手的情况了解不清。不了解竞争对手的经营运作情况,也不去仔细分析竞争对手的经营策略,不清楚对手下一步将有什么措施和手段来对付自己。特别是不去分析双方的优劣所在,一味凭自己的感觉行事,没有对市场进行充分的调查,选择的第一个产品就没有找准市场定位。再加上对市场容量、竞争态势的错误判断,新产品一面市就在市场遭到重创,到头来往往吃尽苦头,成功的企业一半以上的成功因素就在于迈好这第一步,而创业失败的企业案例中,30%的企业也夭折在这一关。

3. 管理不当

创业者管理经验不足,管理无章朝令夕改,常常在错误中学习,但却耗费了公司的许多资源,无法建立一套合理、弹性与有效率的制度。比如用人不当,造成不必要的内耗;比如财务制度有漏洞,让员工有损公肥私的机会。有些时候由创业者本人一个人管理全部业务的局面难以为继,但却不愿意或不放心授权别人分担责任,也不愿意建立一个管理班子;不采用有效的领导和管理方式,工作不论轻重,都要亲自动手或存在心理障碍,认为"只有我才能干好",对下级缺乏信任感,重"利"轻"义"。在创业过程中,许多的创业者强调创业员工的忠诚,而不重视员工的利益。一旦员工提出利益的要求,创业者就视为不忠,从而影响彼此的有效沟通甚至是合作,这一现象尤其在规模较小的企业更为常见。利益是任何员工生存和成长的根本物质基础,如果创业者忽视这一问题,不但难以吸引优秀的人才,就是已有的人才也将流失。

(二)新创企业的危机管理对策

1. 制定明确的战略

(1)企业要明确生存是新企业的核心战略。新企业的首要任务是从无到有,首先必须在市场上找到立足点,使自己生存下来。那么如何生存呢?只有赚钱,快速形成企业利润。一定要探索到新的成功的生存模式,这是企业在创业初期的战略核心和管理的本质所在。

(2)小企业在创业初期,为了生存,要想获得利润,通常有两条途径:选择代理其他知名品牌的产品或者自主研发自有品牌产品。如果自身资金、技术实力不够,可以选择代理其他知名品牌的产品,这样可以通过销售市场和消费者认同的成熟产品获得虽然利润微薄但比较稳定的收入。很多处在创业初期的小公司通常在没有自身品牌产品,或者自有产品未推向市场或在市场上没打开局面之前,通过代理销售其他知名品牌的产品获得资金和收入的来源。选择产品代理,最重要的是看清代理产品的发展前景。选择代理产品时,要看产品的品质是否良好,代理市场是否规范,厂家对代理商的支持是否到位等。在选择代理公司或产品时,可能要选择的是代理成熟公司的产品或新上市的产品。成熟的产品市场知名度较高,客户容易接受,但其代理体系已经比较完善,可能不会拿到其高级代理资格,同时这种产品的市场竞争比较激烈,不容易拿到比较好的折扣。如果选择刚投入市场的产品或厂家,这类厂商比较依赖代理商,可能给出比较优惠的政策和价格,但代理商要自己做的市场投入比较大,是否选择成熟公司或产品要视综合情况而定。

2. 必要的现金流保障

现金对企业来说就像是人的血液,企业可以承受暂时的亏损,但不能承受现金流的中断,许多企业都因为现金流的断裂而无法继续运营。据调查,中关村90%的企业启动资金是自筹的。如果是一个小企业,注册资金大多是50万元。这笔钱大约在初期用于租场地、聘请员工、产品研发等,有的几个月就消耗一空。如果不能很快将产品或技术转换成现金,企业的生存将面临威胁。许多人在创业之初并没有考虑到流动资金的重要性,低估了财务上的需要,财务预算有缺口,同时在营运或生产上也无法有效运用资金,因此难以创造盈余。一方面,新创企业在未获收入之前,应该尽量维持企业资金保证;另一方面,企业也需要尽快获得稳定的销售收入和利润。

3. 创业团队建设

(1) 合伙人选择。许多公司是由两个或几个合伙人共同创立的,也有相当的公司因合伙人意见不合,结果因为无法决策,或内耗严重,导致公司解散。创业之初,创业合伙人可能大都是朋友,但是经过一段时间的磨合之后,或许有的人不能认同理念,或许有的人有其他的打算,或许有的人不称职,创业团队都要经过一个痛苦的"洗牌"过程,所以创业时对待合伙问题要非常慎重。为防止由于合伙人的问题导致公司的变故,首先要明确是否真的需要合伙人精神上的支持,还是自己的知识和基本技能有漏洞,需要他人弥补。如果要选择合伙人,一定要慎重,同时要用一些书面的形式将双方的权利和义务事先明确。

(2) 建立优势互补团队。中小企业创业之初,创业团队尽可能覆盖关键的领域,在营销、内部管理、财务、生产等领域尽量能够互补;有忙外的有忙内的,而不是一个人什么都管,一个人没有精力管,实际上也管不了。创业管理是充分调动"所有的人做所有的事"的团队管理方式,虽然有名义上的分工,但运作起来是哪急、哪紧、哪需要,就往哪里去。这种看似的"混乱",实际是一种高度"有序"的状态。要保证团队成员间通畅的沟通渠道,进行持续不断的沟通。团队开始工作时要沟通,遇到问题时要沟通,解决问题时也要沟通,有矛盾时更要沟通。沟通的时候要多考虑团队的远景目标和未来的远大理想,多想有利于团队发展的事情,要使每个人都清楚组织的目标和自己应当如何为组织目标作贡献,没有人计较得失,没有人计较越权或越级,相互之间只有角色的划分,没有职位的区别。

【课后思考】

1. 你认同企业"大"、自然"强"这一观点吗?
2. 小企业的特征有哪些?
3. 企业履行社会责任与企业发展是一致的吗?
4. 不同类型企业的社会责任问题有差异吗?
5. 创业企业可能遇到的危机有哪些?如何避免?

【技能训练】

当你发现了一个好的商机,但欠缺足够的资源而需要组建一个创业团队时,你打算如何组建这支团队,组建一支怎样的团队,以保证团队的凝聚力和战斗力?

请具体陈述你的做法与理由。

【自我检测】

一、单项选择题

1. 管理学研究的社会责任是指(　　)。
   A. 管理者的社会责任　　　　　　　　B. 公众的社会责任
   C. 政府的社会责任　　　　　　　　　D. 企业的社会责任

2. 企业对竞争对手承担责任,目的是为了(　　)。
   A. 合作共存　　　B. 有序竞争　　　C. 社会福利　　　D. 限制新进入者

3. 在沟通和人际关系方面,新创企业整体就好像是一个(　　)。
   A. 正式组织　　　B. 非正式组织　　C. 人群聚合体　　D. 非法组织

4. 在选择代理公司或产品时,可能要选择是代理(　　)或新上市的产品。
   A. 成熟公司的产品　　　　　　　　　B. 创业期公司的产品
   C. 欲转行公司的产品　　　　　　　　D. 大公司的产品

5. 总的来看,中国前500家大企业还需要在做(　　)方面做出更多的努力。
   A. "大"　　　　　B. "强"　　　　　C. "小"　　　　　D. "弱"

二、多项选择题

1. 反对企业承担社会责任的主要理由是违反利润最大化原则、(　　)和缺乏责任及缺乏广泛的公众支持等。
   A. 冲淡目标　　　　　B. 权力过大　　　　　C. 不能补偿成本
   D. 利益相关者的要求　E. 缺乏技能

2. 企业对员工的责任有(　　)。
   A. 不歧视员工　　　　B. 信任员工　　　　　C. 定期或不定期培训员工
   D. 营造良好工作环境　E. 善待员工

3. 企业对环境责任主要体现为(　　)。
   A. 推动环保技术的运用　B. 三废治理　　　　　C. 开发"绿色产品"
   D. 治理环境　　　　　　E. 实现生产零污染

4. 企业对顾客应承担的社会责任主要由(　　)。
   A. 提供安全的产品构成　　B. 提供正确的产品信息构成
   C. 提供售后服务构成　　　D. 提供必要的指导构成
   E. 赋予顾客自主选择的权利构成

5. 企业社会责任的具体表现除企业对环境、企业对员工、企业对顾客的责任以外,还应包括

( )承担的责任。

  A. 企业对投资者　　　　B. 企业对竞争对手　　　C. 企业对股东

  D. 企业对政府　　　　　E. 对社区

 6. 提高员工道德素质的途径有设定工作目标、(　　)、对绩效进行评价、(　　)、进行独立的社会审计、建立道德准则、(　　)和在道德方面领导员工等。

  A. 挑选员工　　　　　　B. 培训员工　　　　　　C. 提供保护机制

  D. 进行道德教育　　　　E. 不歧视员工

三、判断题

1. 社会责任是指企业在法律和经济的义务之上，追求对社会有利的长期目标的义务。(　　)
2. 现代社会经济观认为，公司不是一个仅对股东负责的独立实体，同时要对产生和支持它的社会负责。(　　)
3. 企业所承担的社会责任与其经营绩效之间的关系是无法衡量的。(　　)
4. 问题的强度越大，管理者越不容易采取道德行为。(　　)
5. 正式的规章制度与管理者个人的道德水平无关。(　　)
6. 对员工的培训不是企业对员工负责的行为，而是企业为了提高生产率的客观要求。(　　)

四、简答题

1. 简要概括我国大企业的发展状况。
2. 简要概括我国中小企业的特征有哪些？
3. 企业社会责任的具体表现有哪些？
4. 如何理解创业管理？
5. 新创企业的主要危机与风险有哪些？

五、案例分析

担起社会责任的广汽丰田

  2013年岁末，广汽丰田接连获得权威媒体颁发的"2013年度中国企业社会责任杰出企业奖"等11项企业社会责任(CSR)大奖，并包揽了"2013全国百强雇主""中国低碳典范企业奖""企业社会责任优秀案例卓越奖(幸福方向盘)"等多个CSR细分奖项，在员工关怀、环境保护、安全慈善公益等领域全面开花，以不断完善、不断创新的企业社会责任体系，为即将进入十年的企业公益之路写下完美注脚。

  广汽丰田自2004年成立起，就围绕"饮水思源，感恩戴德"的企业精神，紧密贴合社会需求，按照必尽责任、应尽责任、愿尽责任三个层次全方位构建企业社会责任体系，不仅在产品品质和服务品质上对消费者负责，还通过打造和谐的职场环境践行对员工的职责，更在环保、教育、安全和慈善等方面积极开展公益活动，可谓是"企业公民"的先行者。

高品质产品与服务

  对于企业而言，为消费者提供高品质的产品和服务是最基本也是最重要的社会责任。在传承丰田品质精髓的基础上，广汽丰田将精益化生产方式和现代化改善结合，形成了一套完善的品质管理和保障体系,贯穿设计、采购、制造、质检等整个制造产业链,为卓越的产品品质提供了强大的保障,被誉为"21世纪丰田全球模范工厂"和"TPS革新基地"。2012年在丰田全球工厂品质检查中,广汽丰田第二生产线更获得了"零不良率"的最好成绩,为高品质产品奠定了牢固基石。

除了"硬件"过关,广汽丰田还非常注重培养员工"顾客第一、品质第一"的意识。在生产现场,每个员工都将出品视为直接面对顾客检验的产品,而非"一道工序",广汽丰田还将开展覆盖每个岗位的"自主监察计划",在品质保障方面不留一个死角。

构建低碳"花园工厂"

"作为汽车企业,我们一直在思考如何为消费者提供幸福汽车生活的同时减少对环境的影响、促进社会经济的可持续发展,同时,还要保证员工充分共享企业发展的成果,这是企业应尽的社会责任。"广汽丰田副总经理文大力说。

自成立起,广汽丰田就将环保视为履行企业社会责任的重要内容,将绿色经营理念贯穿于工厂生产、渠道销售、零部件供应每一个环节,全面实现了低碳产品、低碳工厂、低碳销售渠道"三位一体"的发展模式,构筑起一条100%全渠道绿色产业链。

除了在自身发展过程中关注环境、社会的可持续发展,广汽丰田还将人文关怀和企业社会责任延伸至8 500多名员工,努力从人事体制建设、薪酬福利体系建设和构建和谐职场等方面为员工打造一个和谐、幸福的职场大家庭;16项法外福利为员工提供全面保障,工资集体协商制度为员工争取最大利益,11个文体协会为员工带来丰富的业余活动……真正让员工实现"快乐地工作、体面地做人、健康地生活"。在智联招聘的最佳雇主评选中,广汽丰田连续两年获评"广州最佳雇主",更在2013年荣膺"全国雇主百强";同时被《羊城晚报》评为2013年度"广东省最佳雇主",引起社会各界的广泛关注。

三大公益品牌

在广汽丰田看来,在做好生产经营的基础上,通过公益活动回馈社会,带动更多企业和公众参与公益,将企业打造成为向外辐射正能量的平台,是更高层面的企业社会责任。以环保公益和安全公益为例。在环保公益方面,广汽丰田从2006年就开始实施"饮水思源"环保行动,有规划地开展植树造林和增殖放流活动,迄今在南沙累计植树3 630棵、在河源龙川县种植水源涵养林89 000棵,放养鱼苗逾1 537万尾,为改善生态环境做出了积极的贡献,被授予"2013年度环保公益奖"可谓实至名归。在安全公益上,广汽丰田通过打造"幸福方向盘"安全行动培养公众文明出行的良好习惯,经过三年探索和发展,"幸福方向盘"公益品牌不断完善,由广场活动走向社区和家庭,以广州为中心辐射珠三角地区,带动越来越多人关注交通安全,获得多方认可,被评为"企业社会责任优秀案例卓越奖"。

问题:

1. 结合广汽丰田的例子,谈谈你对企业社会责任的认识。
2. 本案对我国企业发展有何启示?

参考文献

[1] 戴淑芬,刘明珠.管理学教程[M].4版.北京:北京大学出版社,2013.
[2] 陈洪安.管理学原理[M].2版.上海:华东理工大学出版社,2013.
[3] 陈建华.管理学[M].郑州:河南大学出版社,2013.
[4] 胡海波.中国管理学[M].北京:经济管理出版社,2013.
[5] 胡凌云.管理学原理[M].武汉:武汉大学出版社,2013.
[6] 陈阳,禹海慧.管理学原理[M].北京:北京大学出版社,2013.
[7] 熊勇清.管理学100年[M].长沙:湖南科学技术出版社,2013.
[8] 王建民.战略管理学[M].3版.北京:北京大学出版社,2013.
[9] 张永军.管理学前沿研究报告[M].北京:经济管理出版社,2013.
[10] 陈文汉,蔡世刚.管理学[M].北京:北京大学出版社,2012.
[11] 高爱霞,满广富.管理学实用教程[M].北京:北京大学出版社,2012.
[12] 王慧娟,彭傲天.管理学[M].北京:北京大学出版社,2012.
[13] 李先江.管理学[M].北京:北京大学出版社,2012.
[14] 雷金荣.管理学原理[M].北京:北京大学出版社,2012.
[15] 张建华,冯瑞.现代管理学[M].北京:中国经济出版社,2012.
[16] 汤石章,李寿德,简兆权,等.管理学原理[M].上海:上海交通大学出版社,2012.
[17] 杨苗,宋国学,吴正刚.改革与创新:管理学问题研究[M].哈尔滨:黑龙江大学出版社,2012.
[18] 刘汴生.管理学:理论与实务[M].北京:北京大学出版社,2012.
[19] 孙晓红,闫涛.管理学[M].大连:东北财经大学出版社,2012.
[20] 丁家云,谭艳华.管理学理论、方法与实践[M].合肥:中国科学技术大学出版社,2010.
[21] 林根祥,潘连柏.管理学原理[M].武汉:武汉理工大学出版社,2009.
[22] 任莉.管理学技能教程[M].北京:海洋出版社,2008.
[23] 陈嘉莉.管理学原理与实务[M].2版.北京:北京大学出版社,2011.
[24] 施芳.管理学原理及应用:管理就在你身边[M].昆明:晨光出版社,2008.
[25] 邵喜武.管理学实用教程[M].北京:北京大学出版社,中国农业大学出版社,2010.
[26] 张润兴.管理学实用教程[M].北京:北京大学出版社,2013.
[27] 陈传明,周小虎.管理学原理[M].北京:机械工业出版社,2007.
[28] 王新宏.现代管理学[M].天津:天津大学出版社,2008.

[29] 熊勇清.管理学(原理、方法与案例)[M].北京:北京交通大学出版社,2010.

[30] 泰勒.科学管理原理[M].马风才,译.北京:机械工业出版社,2007.

[31] 威廉·大内.Z理论[M].朱雁斌,译.北京:机械工业出版社,2007.

[32] 赫伯特·西蒙.管理行为[M].詹正茂,译.北京:机械工业出版社,2007.

[33] 李亚.中国民营企业企业文化建设报告2012[M].北京:中国经济出版社,2013.

[34] 黎群,李卫东.中央企业文化建设报告[M].北京:中国经济出版社,2013.

[35] 杨君茹.企业文化影响员工满意度的实证研究[M].北京:中国社会科学出版社,2010.

[36] 李世化.管理学和你想象的不一样[M].北京:石油工业出版社,2011.

[37] 刘雪梅,胡建宏.管理学原理与实务[M].北京:清华大学出版社,2011.

[38] 徐丙臣.管理学理论与实践[M].北京:中国经济出版社,2011.

[39] 黄贵庭.新编现代管理学[M].北京:企业管理出版社出版,2011.

[40] 邓志阳.管理学[M].2版.广州:暨南大学出版社,2011.

[41] 马海牡.管理学理论与方法[M].北京:北京大学出版社,2011.

[42] 郭占元.管理学理论与应用[M].北京:中国经济出版社,2011.

[43] 冯光明.管理学[M].北京:北京邮电大学出版社,2011.

[44] 张满林.管理学理论与技能[M].北京:中国经济出版社,2010.

[45] 廖建桥.管理学[M].武汉:华中科技大学出版社,2010.

[46] 李海峰,张莹.管理学——原理与实务[M].北京:人民邮电出版社,2010.

[47] 陈立富,刘保海,夏保京.管理学——理论与方法[M].上海:第二军医大学出版社,2010.

[48] 胡昌平.管理学基础[M].上海:复旦大学出版社,2010.

[49] 赵倩.管理学新编:基于能力培养的视角[M].南京:东南大学出版社,2010.

[50] 罗宾斯,德森佐.管理学原理[M].6版.大连:东北财经大学出版社,2010.

[51] 肯·史密斯,迈克尔·希特.管理学中的伟大思想——经典理论的开发历程[M].北京:北京大学出版社,2010.

[52] 李丽娟.管理学原理[M].北京:北京理工大学出版社,2010.

[53] 李向峰.从零点开始学点管理学[M].北京:中国纺织出版社,2010.

[54] 黄大勇.管理学[M].重庆:重庆大学出版社,2010.

[55] 吴彬,李敬银,徐彬.管理学教程[M].北京:中国经济出版社,2010.

[56] 邓燊,王福胜,李艳君.现代管理学[M].上海:上海交通大学出版社,2010.

[57] 朱礼龙.管理学[M].合肥:合肥工业大学出版社,2009.

[58] 王雪峰,段学红.管理学基础[M].北京:中国经济出版社,2009.

[59] 周三多,陈传明,鲁明泓.管理学:原理与方法[M].5版.上海:复旦大学出版社,2009.

[60] 许玉林.组织设计与管理[M].上海:复旦大学出版社,2010.

[61] 李仲杰.工程项目施工组织设计与进度管理[M].武汉:华中科技大学出版社,2013.

[62] 王超逸.国学与企业文化管理[M].北京:中国经济出版社,2009.

[63] 芮明杰.管理学[M].3版.北京:高等教育出版社,2009.

[64] 王璞.新编战略管理咨询实务[M].北京:中信出版社,2005.

[65] 潘云良,苏芳雯.海尔管理教程[M].北京:中共中央党校,2007.

[66] 李德俊.车间生产计划组织与设备管理[M].北京:煤炭工业出版社,2010.

[67] 田永宽.简单管理——不能不借鉴的海尔管理实战篇[M].青岛:青岛出版社,2006.

[68] 沈永刚.现代设备管理[M].2版.北京:机械工业出版社出版,2010.

[69] 侯章良,刘立新.战略管理最重要的5个工具[M].广州:广东经济出版社,2008.

[70] 杨锡怀,王江.企业战略管理[M].3版.北京:高等教育出版社,2010.

[71] 李剑锋.组织行为管理[M].4版.北京:中国人民大学出版社,2010.

[72] 陈锡康,朱道立,陈剑.中国管理研究与实践[M].上海:复旦大学出版社,2011.

[73] 李石华.趣味管理学[M].郑州:郑州大学出版社,2007.

[74] 王珍,卢启程.管理学基础学习指南与习题集[M].北京:中国林业出版社,2007.

[75] 张中华.管理学通论[M].2版.北京:北京大学出版社,2008.

[76] 芮明杰.管理学:现代的观点[M].上海:上海人民出版社,2005.

[77] 斯蒂芬·P.罗宾斯.管理学[M].11版.北京:中国人民大学出版社,2012.

郑重声明

高等教育出版社依法对本书享有专有出版权。任何未经许可的复制、销售行为均违反《中华人民共和国著作权法》，其行为人将承担相应的民事责任和行政责任；构成犯罪的，将被依法追究刑事责任。为了维护市场秩序，保护读者的合法权益，避免读者误用盗版书造成不良后果，我社将配合行政执法部门和司法机关对违法犯罪的单位和个人进行严厉打击。社会各界人士如发现上述侵权行为，希望及时举报，我社将奖励举报有功人员。

反盗版举报电话　（010）58581999　58582371
反盗版举报邮箱　dd@hep.com.cn
通信地址　北京市西城区德外大街 4 号　高等教育出版社法律事务部
邮政编码　100120

高等教育出版社

教学资源索取单

尊敬的老师：

　　您好！

　　感谢您使用孙丽君、王满四主编的《管理学》(第二版)。为便于教学，本书另配有教学课件等相关教学资源，如贵校已选用了本书，您只要添加服务 QQ 号 800078148，或把下表中的相关信息以电子邮件或邮寄方式发至我社即可免费获得。

我们的联系方式：

联系电话：(021)56718921/56718739　　电子邮箱：800078148@b.qq.com

QQ：800078148(教学资源)　　管理类教师论坛 QQ 群：191853602

地址：上海市虹口区宝山路 848 号　　邮编：200081

姓　　名		性别		出生年月		专　　业	
学　　校				学院、系		教研室	
学校地址						邮　　编	
职　　务				职　　称		办公电话	
E-mail						手　　机	
通信地址						邮　　编	
本书使用情况	用于＿＿＿＿学时教学，每学年使用＿＿＿＿册。						

您对本书有什么意见和建议？

您还希望从我社获得哪些服务？

☐ 教师培训　　　　　　　　　　☐ 教学研讨活动

☐ 寄送样书　　　　　　　　　　☐ 相关图书出版信息

☐ 其他＿＿＿＿＿＿＿＿＿＿＿＿＿＿＿＿＿＿＿＿＿＿＿＿＿